比較民事手続法

吉村徳重

比較民事手続法

——民事手続法研究 Ⅲ——

学術選書
43
民事訴訟法

信山社

はしがき

論文集「民事手続法研究」第三巻「比較民事手続法」は当初の出版計画では、「アメリカ民事手続法研究」の表題を予定していた。しかし、その後に執筆した「比較民事紛争処理手続の分析視角」や「ベトナム民事訴訟法の制定」および「ベトナム民事訴訟法の今後の課題」をも、第三巻に「第一編　総論」および「第五編　ベトナム民事訴訟法」として収録することとしたため、第三巻の表題を「比較民事手続法」とすることにした。

民事手続法の比較法的研究といっても、その研究の基本的視角は研究者の研究課題や論文執筆の目的などによってさまざまである。日本民事手続法を直接の研究課題とする筆者にとっては、日本法形成の歴史的背景や現代社会における市場経済の国際化を考慮すれば、ドイツ法（大陸法）やアメリカ法（英米法）との比較法的研究が不可欠である。また、民事紛争処理手続全体を視野に入れれば、日本と共に伝統的に儒教の影響によって「和をもって貴しとなす」ところから調停や和解を重視してきた中国法（極東法）との比較も重要となる。日本の民事手続法は歴史的にこれらのすべての法圏の影響を受けながら発展してきたのであるから、これらの法圏を視野に入れた比較法的研究が要請される。「第一編　総論　第一章　比較民事紛争処理手続の分析視角」は、このような視点から、民事手続法の比較法的研究によって、日本法の位置づけと将来展望をした論稿である。本論文集第三巻「比較民事手続法」の「総論」とした所以である。

ドイツ法との比較法的研究は、ドイツ民事訴訟法を継受して成立した日本民事訴訟法の研究にとって不可欠であるところから、論文集第一巻・第二巻（「民事判決効の理論（上）・（下）」）および第四巻（「民事紛争処理手続」）の各所において、日本民事手続法の解釈論や改正論を展開する当然の前提としてきたといえる。

これに比べ、戦後の日本民事訴訟法改正に影響を与えてきたアメリカ法との比較法的研究は、判例法の歴史的展開によって形成されたアメリカ法の歴史的背景を検討することなしには、法典法としての日本法の解釈論の根拠とはならないように思われる。そのような配慮から、アメリカ民事手続法については、法典訴訟の歴史的形成（第二編）、訴訟物（「訴訟原因」）の展開（第三編）の検討を行った上で、判決効（客観的範囲、判決理由中の判断の拘束力、主観的範囲拡張とデュー・プロセス）（第四編）の研究を行い、これを踏まえて日本法の解釈論の指針を提唱したのである。

さらに、中国法との比較法的研究は、ことに民事紛争処理手続全体を視野に入れてみれば、中国法が極東法および社会主義国家法としての特徴を持つところから、この論文集の出版計画を立てた頃から興味を持って研究してきた。西南学院大学において新たに担当することになった「比較民事紛争処理手続」の講義を準備する必要があったためでもある。その成果を独立した論稿として第三巻に収録できなかったことは残念であるが、現状では、総論での言及にとどめざるを得ない。

ただ、第三巻「比較民事手続法」に収録した「ベトナム民事訴訟法」（第六編）は、極東法と社会主義国家法としての特徴を備えている点では中国法ときわめて類似している。市場経済の導入（ドイモイ）によって増加する経済紛争に対応できる民事訴訟法の変革を迫られている点でも、中国法と同様の課題に直面している。法整備支援の結果として制定された現行のベトナム民事訴訟法は、かなり大幅に改善されたが、市場経済の浸透に対応するためには、なお多くの課題を抱えている。ただ、この論稿は支援活動に従事してきた者として、日本法との比較法的視点からなお改善すべき多くの点があることを指摘するという目的によるものであって、日本法の解釈の指針となる比較法的研究ではない。

以下では、論文集第三巻「比較民事手続法」に収録した論文の出典を挙げ、簡単にコメントすることにする。

第一編　総　論

第一章　「比較民事紛争処理手続の分析視角」井上正治先生追悼論集「刑事実体法と裁判手続」（二〇〇三年、九州大学出版会）

第二編　アメリカ民事訴訟法の形成

第二章　「英米法における法典訴訟の形成――訴訟物論の歴史的背景」九州大学法政研究三〇巻三号（一九六三年）

第三編　アメリカ民事手続法における訴訟物の展開

第三章　民事手続における訴訟物論の展開（原題「アメリカにおける訴訟物論の展開」）民事訴訟雑誌一一号（一九六四年）

第四章　訴訟物をめぐる学説の展開（原題「アメリカにおける訴訟物をめぐる学説の展開」）中村宗雄先生古希祝賀記念論集『民事訴訟の法理』（一九六五年）

第四編　アメリカ民事手続法における判決効

第五章　既判力（レス・ジュディカータ）の客観的範囲（原題「アメリカにおける既判力の客観的範囲」）九州大学法政研究三二巻二＝六号（一九六六年）

第六章　判決理由中の判断の拘束力（コラテラル・エストッペル）（原題「判決理由中の判断の拘束力――コラテラル・エストッペルの視点から」）九州大学法政研究三三巻三＝六号（一九六七年）

第七章　判決効の主観的範囲拡張（原題「アメリカにおける既判力拡張の一側面」）九州大学法政研究二九巻一＝二号（一九六三年）

第八章　判決効の主観的拡張とデュー・プロセス（原題「判決効の主観的拡張とデュー・プロセス――アメリカ法の視点から（一）（二）」）九州大学法政研究四四巻一号・二号（一九七七年）

第五編　ベトナム民事訴訟法

第九章　「ベトナム民事訴訟法の制定――成立の背景と審理手続の基本的特徴」（第一審手続を中心として）」ICD NEWS 21号（二〇〇五年）

第一〇章　「ベトナム民事訴訟法の今後の課題――日本民事訴訟法との比較法的視点から」ICD NEWS 26号（二〇〇六年）

第六編　判例研究

一　「選任による送達受領代理人」Agent authorized by appointment, National Equipment Rental Ltd. v. Szukhent, 375 U. S. 311（1964）アメリカ法（一九六五年）

二　「非居住者の裁判権の取得」Wangler v. Harvey, 41 N. J. 277, 196 A. 2d 513（1963）アメリカ法（一九六五年）

三　「州裁判所の裁判権」Durfee v. Duke, 375 U. S. 106（196）アメリカ法（一九六五年）

四　Collateral Estoppel Little v. Bluue Goose Moter Cosch Co., 346Ill. 266. 178 N. E. 496（1931）我妻栄編集代表『英米判例百選』（一九六四年）

五　Res Judicata ―― Rule against splitting a cause of action Sutcliffe Storage & Warehouse Co. Inc. v. United States, 162 F. 2d 849（1947）我妻栄編集代表『英米判例百選』（一九六四年）

六　「既判力と争点効」Blonder-Tongue Laboratories, Inc. v. University of Illinois Foundation, 402 U. S. 313（1971）田中英夫編『英米判例百選Ⅱ私法』（一九六四年）

「第一編　総論　第一章　比較民事紛争処理手続の分析視角」は、西南学院大学における最終講義の原稿に加筆したものであり、永年にわたり民事手続法の比較法的研究を行ってきた過程で考えてきたことを、巨視的な視点からまとめた「比較民事紛争処理手続」の鳥瞰図（a bird's-eye view）である。

「第二編　アメリカ民事訴訟法の形成」、「第三編　アメリカ民事手続法における訴訟物の展開」、「第四編　アメリカ民事手続法における判決効」として収録したアメリカ民事手続法に関する論文のほとんどは、一九六三年から一九六七年までに発表されたものである（一九七七年発表の第八章は例外）。これは、筆者がアメリカ留学から帰国してドイツ留学に出発するまでの五年足らずの間に、アメリカ留学中に蓄積したアメリカ民事手続法の歴史的形成過程についての知見を基礎として、帰国後、その歴史的形成が訴訟物（「訴訟原因」）や判決効につきいかに反映したかを文献資料によって検証した成果であるといえる。

「第八章　判決効の主観的拡張とデュー・プロセス」は、その後一〇年を経過するうちに、日米双方において、クラスアクションなどをめぐってこの問題についての判例や議論が進展したことを受けて検討した論稿である。本論文集第二巻「民事判決効の理論（下）」第一九章「既判力の第三者への拡張」（一九八四年）（同書一七五頁以下）、第二〇章「判決効拡張と手続権保障——身分訴訟を中心として」（一九七八年）（同書二一三頁以下）などで展開した日本法に関する解釈論の基礎となったものである。

「第五編　ベトナム民事訴訟法」は、日本の国際協力機構（ＪＩＣＡ）による法整備支援の成果として制定されたベトナム民事訴訟法につき、支援活動に従事してきた者として、日本民事訴訟法との比較法的見地からその問題点を指摘した論稿である。

「第六編　判例研究」は、アメリカ民事手続法に関する判例につき、編者の依頼を受けて執筆したものである。これも、アメリカ留学から帰国した後のことであった。

このようにして、論文集「民事手続法研究」の第一巻、第二巻に続いて、第三巻「比較民事手続法」を刊行することになった。これはもっぱら信山社の渡辺左近さんをはじめ編集部の皆さんのご配慮のお陰であることはいうまでもない。また、第三巻の校正作業についても、西川佳代教授（國學院大學）、安西明子教授（上智大学）のご助力を得ることができた。これらの方々のご親切なご協力に心からの感謝を申し上げる。

二〇一一年一月

吉村徳重

目　次〔第三巻〕

目　　次〔第３巻〕

比較民事手続法

第一編　総　論

第一章　比較民事紛争処理手続の分析視角

はじめに

本稿の表題の一部である「比較民事紛争処理手続」は、筆者が平成七年四月から勤務した西南学院大学法学部において担当した講義科目の科目名の一つである。これは同学部に国際関係法学科を新設する際に設けられたユニークな講義題目であり、筆者は、就任以来、平成一四年三月に同大学を退職するまで七年間にわたって、楽しみながらこの講義を続けてきた。そこで、この講義で言いたかったことのエッセンスをまとめてみたいと考え、本稿の表題を最終講義の題目としたのである。したがって、本稿は筆者の大学における最終講義に最小限の加筆をしたものに過ぎないが、個人的には永年にわたり民事手続法の比較法的研究をしてきた過程で考えてきたことを、いわば巨視的な視点からまとめた比較民事紛争処理手続の鳥瞰図（a bird's-eye view）である。ここに深い感謝の想いをこめて本稿を恩師井上正治先生の霊前に捧げさせていただくことにした次第である。

一　各国民事紛争処理手続の比較法的検討の視角

ここに、「比較民事紛争処理手続の分析視角」と名づけたのは、各国の民事紛争処理手続を比較法的に分析するについて基本的な視角となるものを提示し、その視角から見た各国民事紛争処理手続の比較法的特徴を検討したうえで、今後のわが国民事紛争処理手続のあるべき方向を展望しようという趣旨である。そこで、そのような分析視角となるものを提示することから始めることにする。

(1)(イ)　民事紛争処理手続の伝統的・法文化的特徴と国際的平準化（グローバリゼーション）の傾向

各国の民事紛争処理手続を比較法的に検討するについては、その伝統的法文化的特徴を明らかにすることがその出発点となる。各国の法制度はそれぞれに異なった歴史的伝統や法文化を持っているところから、相互に共通する基本的な特徴を持ついくつかのグループを分類する法圏論ないし法家族論によって比較法的にその特徴を明らかにする方法がとられるのが一般である。(1) 民事紛争処理手続についても、この法圏論によってその伝統的法文化的特徴を明らかにした上で、近年における国際化の流れの中で民事紛争処理手続もまた国際的に平準化（グローバリゼーション）の傾向があるという視点を提示したい。もちろん、各国の民事紛争処理手続もまた永い伝統に根ざした法文化の所産であって、その歴史的特徴が根本的に払拭されることはないといえるが、少なくとも表面的には、一定の範囲で平準化の傾向がみられるのである。この視角は、後述の(2)、(3)、(4)のテーマにおいて、具体的に展開されることになるが、要するに、この伝統的な法文化的特徴と平準化の傾向がどのような形で相互に絡まりあいながら進行しつつあるのかということがここでの視角である。(2)

(ロ)　伝統的法文化的特徴としての法圏論（法家族論）による、英米法（アメリカ法）、大陸法（ドイツ法）、極東法ないし社会主義法（中国法）と日本法の位置づけ

こうした視角によって民事紛争処理手続を比較法的に検討するについては、まず、その出発点として伝統的法文化的特徴を示す法圏論ないし法家族論によって、いくつかの典型的な民事紛争処理手続を取り上げる必要がある。そこで、英米法の典型としてのアメリカ法および大陸法の典型としてのドイツ法を取り上げ、これらとは対照的な特徴を持つ手続として極東法ないし社会主義法と位置づけられる中国法を対比することにしたい。日本法

は、民事紛争処理手続全体としては極東法と位置づけられながら、民事訴訟手続としては明治民訴法におけるドイツ法の継受に始まり、戦後はアメリカ法の影響も受けたといわれるように、法圏論的にもさまざまな歴史的特徴を持つといえる。法制度の比較法的検討をする一つの目的が、各国の法制度の特徴を比較法的に対比することによって、日本法の比較法的特徴と課題を明らかにし、その将来を展望することにあるとすれば[(3)]、ドイツ法、アメリカ法及び中国法を各法圏ないし法家族の典型として抽出し、これらの制度との対比の上で日本法を位置づけることが重要であると考えるからである。

(2)(イ)　裁判外紛争処理（ＡＤＲ）を含む民事紛争処理手続全体の比較法的特徴、ことに西洋法と極東法の分類の検討

民事紛争処理手続を裁判手続だけでなく裁判外紛争処理（ADR: Alternative Dispute Resolution）をも含む民事手続全体として捉え、その比較法的特徴を対比すれば、中国法を中心とし日本法を含めた極東法という一種の法圏を分類することができるという見解がある[(4)]。法律に準拠した裁判手続を中心とする西洋法に対して、伝統的に必ずしも法律にこだわらない調停や和解を重視する極東法は基本的に異なるという視角である。このような分類は果たして正しいのか。また、どのような歴史的背景や根拠によってそのような差異が生まれたのか。

(ロ)　裁判外紛争処理手続の歴史的変容、ことにアメリカ法を中心とした西洋法におけるＡＤＲの展開と中国法（極東法）における判決重視の傾向

歴史的に見れば、法圏論として西洋法に対して極東法を分類することは正しかったとしても、近年この裁判重視の西洋法に対する調停重視の極東法という特徴が変わりつつあるということが指摘できる。つまり、裁判外紛争処理手続の活用につき歴史的変容が生じており、特にアメリカを中心として西洋諸国においても、ＡＤＲ、つまり裁判に代わる紛争処理手続が、調停（mediation）を中心とする様々な裁判外手続として、活用されるようになっていることがその一つである[(5)]。

他方、中国法においては、従来は裁判手続外の人民調停（調解）だけでなく、裁判手続においても法院調停（調解）が重視され、判決ではなく調解によって解決できる割合の高い裁判官が優秀であると評価されてきた。しかし、近年、特に市場経済導入後には裁判手続において調解（日本での訴訟上の和解に近い）を追求して判決をしない（久調不決）のではなく、むしろ調解不調のときは速やかに法に従った判決をすべきことが強調されている。(6) 要するに、調停重視の極東法と裁判重視の西洋法とを対置してきた分類の仕方にある種の平準化が生じているのである。

(3)(イ)　訴訟手続における審理原則の比較法的検討　その一　当事者主義と職権主義の対立
民事紛争処理手続の中で裁判手続ことに訴訟手続に焦点をあててみると、その審理手続の方式つまり審理原則について、当事者が主導性を持つ当事者主義に対して裁判所が主導権をもつ職権主義を対比することができる。アメリカ法の当事者対立主義（Adversary System）は、審判の対象の特定とその判断資料である事実や証拠の提出については、ドイツ法と日本法の処分権主義（Verfügungsmaxime）・弁論主義（Verhandlungsmaxime）と同様に、ともに当事者が権限と責任をもつ当事者主義であるのに対して、中国法の職権探知主義は裁判所がこの点についても権限をもつ全面的な職権主義であると分類することができる。(7)

他方、訴訟手続の進行については、中国法が裁判所の権限とするのは当然であるが、さらに、ドイツ法と日本法でも裁判所が権限と責任を持つとする職権進行主義がとられている。これに対して、アメリカ法の当事者対立主義のもとでは手続進行をも対立当事者の主導性に委ねることを原則とする点で当事者進行主義をとっているといえる。(8)

(ロ)　その平準化の傾向　中国法における当事者の証拠提出責任の強化（当事者主義化）とアメリカ法における裁判官の訴訟管理者としての権限強化（職権進行主義化）
比較法的には相互に対極にあるといえる中国法の職権探知主義とアメリカ法の当事者対立主義との双方にそれ

ぞれその緩和化の傾向が見られるという視点である。すなわち、一方、中国法においては、特に市場経済導入に伴う経済紛争の増加に対応して、民事訴訟における証拠の収集提出については、当事者の挙証責任（証拠提出責任）が強調され、裁判所の職権探知はその補充にとどめるべきであるとする傾向が見られるようになった。(9) これは事実や証拠の収集・提出について、職権探知主義から当事者主義への移行を示すものであり、職権探知主義と当事者主義（弁論主義）との間の一定の平準化であるといえよう。

他方、アメリカ法では民事訴訟の審理運営について、審判の対象である請求や事実・証拠の提出だけでなく、手続進行についても当事者主導を重視するところに特徴があるといわれてきたが、近年においては、事件処理の効率的運営（Case Management）のために、裁判官の管理者的役割（Managerial Judge）が強調され、手続進行についての権限が強化される傾向が見られる。(10) これは当事者進行主義と職権進行主義との間の一定の平準化であるといえる。

(4)　裁判手続における審理原則　その二　集中審理（英米法）と並行審理（大陸法）の比較法的特徴とその国際的平準化

最後に、英米法の集中審理と大陸法の並行審理の対立とその平準化の傾向という視点である。英米法では訴訟審理は陪審制を原則とするところから、トライアル（Trial）は必ず集中的に行わなければならない。これに対して、大陸法では、陪審制をとらないところからその必要はないとしていわゆる並行審理が行われてきた。(11) これは同一の裁判所が同時にいくつもの事件につき並行的に審理を続けていく方式であって、同一事件については何回も期日を繰り返しながら審理を続けるという意味で五月雨式審理といわれてきた。これも近年の改正によって、大陸法でも集中審理方式を取り入れる傾向があり、平準化の傾向が見られるという視点である。(12)

（1）　法圏論ないし法家族論について、大木雅夫・比較法講義（東京大学出版会・一九九二年）一一五頁以下、ツヴァイゲルト＝ケッツ、大木雅夫訳・比較法概論　原論（上）（東京大学出版会・一九七四年）一〇七頁以下参照。

(2)　谷口安平「比較民事訴訟法の課題・序説」京大法学部百周年記念論文集第三巻（一九九九年）五一九頁以下参照。谷口教授は、比較民事訴訟法における多様なアプローチを検討したうえで、世界の民事訴訟における価値の同一化の傾向がある一方、各国の法律家のあり方を含めた法文化の違いを看過すべきでないとしている。
(3)　谷口前掲注(2)五三八頁以下は、これを比較法の実用的側面として理由があるとするが、同時に、いずれの法制度もその社会の文化と不可分に結びついていることに留意すべきであると説く。
(4)　ツヴァイゲルト＝ケッツ、大木雅夫訳・比較法概論　原論（下）（東京大学出版会・一九七四年）六四五頁以下参照。
(5)　後述二(2)(ハ)西洋法における裁判外紛争処理手続の変容参照。
(6)　後述二(2)(ニ)(a)　裁判手続における調停重視から法による裁判重視への移行参照。
(7)　後述三(1)(イ)(a)　処分権主義・弁論主義と職権探知主義の対立参照。
(8)　後述三(1)(ロ)(a)　当事者進行主義と職権進行主義の対立参照。
(9)　後述三(1)(イ)(b)　中国法における当事者の証拠提出責任の強化と審判方式改革の動き参照。
(10)　後述三(1)(ロ)(b)　アメリカ法における裁判官の訴訟管理者としての権限強化の傾向参照。
(11)　後述三(1)(ハ)(a)　集中審理と並行審理の対立参照。
(12)　後述三(1)(ハ)(b)　ドイツ民事訴訟法の改正による集中審理の実現、日本民事訴訟法については、三(2)(ロ)(a)　準備手続の整備と集中証拠調べ参照。

二　民事紛争処理手続の伝統的法文化的特徴と国際的平準化の傾向

(1)　伝統的法文化的特徴としての法圏論による各国紛争処理手続の歴史的背景

(イ)　法圏論による英米法（アメリカ法）と大陸法（ドイツ法）の分類の歴史的背景

そこで、民事紛争処理手続の伝統的な特徴と平準化の傾向が、具体的にどのように交錯しながら展開しているのかを検討したい。そのためには、伝統的法文化的特徴としての法圏論によって各国の民事紛争処理手続を分類する必要がある。第一に、英米法と大陸法の分類がその歴史的な背景を異にする点にあることはいうまでもない。英米法は、判例法として形成された法の体系であって、歴史的には、イギリス国王のコモンロー裁判所（King's Court）による判例法が、イギリス国家全土に共通する普通法（Common Law）として形成され、これが近代資本主義経済の進展に伴う近代法として妥当するようになった法体系である。これは同時並行的に、イギリスの衡平法裁判所（Court of Chancery）において形成された判例法である衡平法（Equity Law）によって補充され、やがてイギリスの旧植民地全体に拡がり、現代の英米法を形成するに至ったのである。ことに、裁判手続については、一九世紀に入って普通法と衡平法を融合して合理的な訴訟手続を形成する改革運動が起こり、アメリカのニューヨーク州におけるフィールド法典（一八四八年）の制定をきっかけとしてアメリカの各州やイギリス（Judicature Act, 1875）においても近代的な統一訴訟手続が形成された。これは普通法におけるトライアル（Trial）前のプリーディング（Pleading）が訴訟方式（forms of action）ごとに異なった複雑な手続を要したことなどの難点を解決するための改革であって、近代資本主義国家の法にふさわしい当事者主義による予測可能な合理的訴訟手続が成立したのである。アメリカにおける民事紛争処理手続の中核をなす裁判手続も、このような歴史的背景をもつ英米法の典型的な訴訟手続の一つである。(1)

これに対して大陸法は、欧州大陸各国がローマ法の継受を経て、国家全土に共通する補充法としての普通法（Gemeines Recht）を形成し、これが近代資本主義経済の進展に伴い一定の改革を経て、近代法にふさわしい法典法として形成された市民法の体系である。大陸法のなかでもドイツ法系とフランス法系とでは、伝統的法文化をはじめ近代法としての法典化の時期や経緯の違いなどによる相違はあるが、近代法典法の体系としての基本的枠組は共通であるといえる。ことに、一八七七年に成立したドイツ民事訴訟法典（CPO）は、ナポレオン法典としてのフランス民事訴訟法典（code de procédure civile, 1806）の強い影響を受けたドイツ各邦（Land）の立法や統一法典草案を踏まえて制定された。[2] この立法過程からみても、ドイツ民事訴訟法は近代法としての当事者主義的手続を基本とする大陸法の典型的な訴訟手続法の一つである。

(ロ) 大陸法（法典法）の一変容としての社会主義法であるソ連法の形成と社会主義法と伝統的紛争処理手続の融合としての中国民事裁判手続法

第二に、欧州大陸において法典法として形成された大陸法の一変容として、ソビエト連邦においては社会主義法、つまり、社会主義経済国家の法としての法典法が形成された。社会主義経済が国家的計画経済であることと対応して、その基本的経済構造に関する紛争については国家の行政機関による処理に委ねられたが、民事裁判手続も検察機関の監督的関与を認めるほか、裁判所の職権による積極的関与を認める職権主義的裁判手続が形成された。[3] この社会主義法は、ソ連邦崩壊までは東欧やアジアの社会主義諸国を含む社会主義法圏を形成してきた。[4]

中華人民共和国（一九四九年建国）の法制度も、基本的にはこの社会主義法圏に属するといえるが、特に紛争処理手続については、中国の伝統的紛争処理方式と融合した職権探知主義をとる裁判手続となった。すなわち、中国の伝統的裁判の観念によれば、裁判とは当事者を説得し心服させる（説理＝心服）という儒教教義の伝統に根ざした教諭的調解手続であるとされてきた。この伝統的な裁判手続は、建国前解放区時代の「紛争の現場に入り、紛争を調査し理解して、調解を主として解決する」という「馬錫五審判方式」や建国後の「大衆により、調査研究を行い、現地で解決し、調停を主とする」という十六文字方針（依拠群衆、調査研究、就地解決、調解為主）の経験を経て、社会主義的な職権探知主義と融合し、現在の中国民事裁判手続が形成されたということができる。その結果、現代の中国民事裁判手続では裁判所の積極的な職権探知による真実解明（事実求是）を背景として、当事者を説得して教諭的調解（人民内矛盾の解決）を目指すことが目的とされてきた。[5] 他方で、共同体的紛争解決のための調解手続も、やはり儒教の影響をうけた伝統的な裁判外の民事調停として活用されてきたし、現代でもいわゆる人民調解を中心とする多様な調停手続として活用され続けているということができる。[6]

(ハ)　日本の民事裁判手続はドイツ法の継受によって成立し、戦後アメリカ法の影響により当事者主義的な手続構造を徹底した。

現代日本の民事裁判手続は明治二三（一八九〇）年制定の民事訴訟法に始まるが、これはドイツ民事訴訟法（一八七七年）の継受によって成立した。したがって、日本民事訴訟法は、大陸法のドイツ法系として、処分権主義や弁論主義の当事者主義的な手続構造をもつが、大正一五（一九二六）年の大幅改正では、職権進行主義をより徹底することになった。さらに、戦後の昭和二三（一九四八）年には、アメリカ法の影響をうけて、職権証拠調べを廃止し、証人の交互尋問制を採用するなどにより当事者主義的な手続構造をより徹底した。(7)しかし、他方、民事紛争処理手続全体を見れば、裁判所における裁判上の和解（起訴前の和解と訴訟上の和解）や民事・家事調停だけでなく、裁判所外での様々な裁判外紛争処理を重視するという伝統的な紛争処理手続を依然として維持してきたという特徴を持つといえる。(8)

(2)　民事紛争処理手続全体の比較法的特徴と国際的平準化の傾向

そこで、こうした歴史的な背景を前提として、まず、裁判外手続を含む民事紛争処理手続全体の比較法的特徴はどういうものかを見ていきたい。

(イ)　民事紛争処理手続としての裁判手続と裁判外紛争処理手続

まず、ここで民事紛争処理手続というのは裁判手続と裁判外手続を含む手続であって、一方の裁判手続は客観的な法規範に従った裁判による法的な紛争処理手続であり、他方の裁判外紛争処理手続（ＡＤＲ）は必ずしも法規範にはこだわらない、様々な手段による非法的な紛争処理手続ということができる。この裁判外紛争処理手続には、裁判所内で行われる民事・家事調停や裁判上の和解のほか、裁判所外における紛争当事者間の示談や和解、さらには、第三者の関与する仲裁、調停、あっせん、相談など多様な手続がある。(9)

(ロ)　西洋法に対する極東法の分類

そこで、第二の視角として前述した西洋法に対置して極東法を分類する見解を検討する。比較法学者によれば、欧米を中心とする西洋法では、法治主義、法と法律家への信頼、法に従った裁判による紛争処理を重視するのに対して、中国を中心とし日本を含む極東法では、徳治主義、法と法律家への不信、裁判に代わる調停による紛争処理を重視する特徴があるとして、西洋法に対して極東法という法圏を分類する見解が有力であった(10)。民事紛争処理手続としては、法に従った裁判手続によって紛争を解決することを重視する西洋法圏に対して、裁判によって決着をつけるよりは裁判外の調停手続によって円満な解決を図ることを重んずる極東法圏を対置する立場である。そして、極東法圏のこうした特徴の根拠として、法規範よりは儒教の影響により社会的地位に応じた「礼」の規範を重視する伝統的法文化をあげるのが一般である(11)。また、日本法については、ドイツ、アメリカ法などの影響による法制度を整備してきたのに、並行的に調停手続が重視される背景につき、その前近代的法意識や義理人情重視の国民性などを指摘する見解もあった(12)。他方こうした根拠付けに対しては一面的に過ぎるとする反論も有力である(13)。たしかに、近代化の流れの中で、権利意識の高揚を恐れた為政者が、裁判手続を利用しにくいままに放置しながら、明治初期の「勧解」やその後の調停の制度化により、調停重視の方向に誘導してきたことも否定できない。裁判制度を利用しやすくする必要があるという問題は、日本で現在進行中の司法制度改革の直接的な根拠でもあった(14)。いずれにしても、極東法圏とされる中国や日本において、裁判手続に代わって、あるいは裁判手続と並んで、調停手続が活用されてきたことは紛れもない事実である。

これに対して、西洋法圏では、裁判手続が民事紛争処理の中核となる手続であるが、裁判手続に代わる裁判外手続としては、伝統的に仲裁手続が利用されてきた。ことに、一九世紀末から二〇世紀にかけて欧米の仲裁手続制度は急速な進歩を遂げたといわれる(15)。これは当時の欧米における経済活動の急速な進展につれて、通常の裁判所では十分な経済的・専門的知識を欠いていたために、絶えず分業化・専門化する経済生活に対応できず、商人階級の実際的要求を満足させることができなかったためであるといわれる。そこで、商人仲間において、各職業部門における専門家・経験者を仲裁人として、その判断に委ねる仲裁手続制度が整備され活用されるようになった。ただ、こうして発展した仲裁手続制度としての常設的仲裁裁判所は、各種商人団体が専門家を仲裁人としてその判断を裁判に代えることにした制度であって、調停手続に比べれば、むしろ裁判手続に近い紛争解決制度であるといえる。その意味では、裁判外手続としても、調停を重視する極東法圏とはやはり対照的であるということができる。

(ハ)　西洋法における裁判外紛争処理手続の変容

(a)　アメリカにおける調停を中心とした多様な裁判外紛争処理手続（ＡＤＲ）運動の展開

ところが、この三〇年位の間に、このように西洋法と極東法とを法圏として対置してきた状況が劇的に変動しつつあることを指摘したい。それは一九七〇年代以降の欧米、ことにアメリカにおいて、調停（mediation）を中心とした多様な裁判外紛争処理手続（ＡＤＲ）を活用する運動が拡がっていったことに始まる。(16)

①　その背景　この動向の背景としてどのような状況があったのであろうか？　それは六〇年代末から七〇年代にかけて、アメリカにおいて裁判所に持ち込まれた訴訟事件が激増したという状況による、といわれている。つまり、訴訟事件の急激な増加のために大幅な訴訟遅延をきたすこととなり、これが紛争当事者にとっても弁護士費用を含む訴訟費用の高騰をもたらし、ひいては裁判手続の利用をも困難にした。そこで、裁判外紛争処理の活用によってこのような難点を解消しようとしたのである。

しかし、さらに、このような動向が七〇年代のアメリカで顕著になったことの社会的な背景として、次のような新しいタイプの訴訟の急増を生み出した産業構造の変化をあげることができる。その一つは大量生産大量消費の進展につれ、消費者訴訟や環境訴訟などのいわゆる現代型訴訟が続発するようになったことである。もう一つは、産業化の進展につれ共同体（community）の崩壊現象ないし都市化現象がますます進行し、従来は共同体内で処理されてきた紛争の多くがもはや内部では処理できなくなったことである。その結果、家事紛争、借家紛争、学校内紛争、近隣紛争などの共同体内の紛争が多数裁判所に持ち込まれるようになった。このような新しいタイプの紛争は、従来の裁判手続による法律至上主義や白黒決着型の処理によっては必ずしも適切な解決をえられないこともあって、調停（mediation）を中心とする裁判外紛争処理が要望されたのである。(17)

②　その展開　そこで、まず、この要望に対応する形で、一九六〇年代末から七〇年代にかけてアメリカの各地において近隣紛争処理センター（NJC: Neighborhood Justice Center）と呼ばれるボランティアによる共同体内の紛争処理センターが作られるようになった。そういう状況をみた連邦司法省が四年間に限って財政的な支援（LEAA: Law Enforcement Assistant Administration）をしたこともあって、この種のＮＪＣが、名称は様々であるが、アメリカの各地に増設され、財政支援終了後もさらに拡がっていった。(18)

この非営利型のＡＤＲは、従来から存在したアメリカ仲裁協会（American Arbitration Association）のように大規模なＡＤＲ組織によるものもあるが、多くは中小規模の特定分野や特定地域を対象とする組織であって、地域内での近隣紛争、学校紛争、家事紛争、借家紛争、消費者紛争などを調停によって解決するものが多い。一九七〇年代後半から盛んになりその半数以上は八〇年代以降に設立された。一九九〇年代には全米で四〇〇を超える程に急増したということである。(19)

このように裁判外紛争処理（ＡＤＲ）運動は、当初はボランティアによる非営利型のものから出発したが、ついで、一九七〇年代中期以降には商業ベースで紛争処理サービスを提供する営利型のＡＤＲが生まれてきた。そこでは、調停や仲裁のような伝統的な処理手続に限らず、当事者が双方の弁護士の弁論を聞いたうえで解決をするミニ・トライアル（mini-trial）や私設裁判官による擬似裁判をするプライベット・ジャッジ（private judge）などの様々な裁判外処理手続も提供する。とりわけ、一九八〇年代になるとかなり大規模なＡＤＲ企業も急増し、これを利用するものも多様かつ多数になっていった。例えば、企業も企業間紛争の解決のために、費用のかさむ裁判の代わりにこの営利型ＡＤＲを利用することも多いといわれる。

さらに、一九八〇年代中期以降には、裁判所に付設されたＡＤＲが各地の州裁判所に取り入れられるようになり、やがて連邦地方裁判所にも拡大されることになった。ＡＤＲを裁判所に導入するには様々な方法がとられた。財政的に苦しんでいる私設ＡＤＲを裁判所に取り込む方法、裁判所自らが開発する方法、既存の訴訟手続を活用する方法などである。すでに、七〇年代後半から裁判官の訴訟管理者としての積極的な役割が強調され、プリトライアル・カンファレンスにおける和解の推進が図られていた。その結果、訴訟事件の九〇％がトライアル前の和解によって解決されるようになったといわれる。一九八〇年代半ば以降の裁判所へのＡＤＲの導入はその流れにも沿うものであり、そこでは和解だけでなく、調停、仲裁、ミニ・トライアル、早期中立評価など多様なものが試みられるようになった。こうした様々な裁判所付設のＡＤＲがまず各州の裁判所に導入されるようになり、やがて連邦地方裁判所にも拡大されることになった。ことに一九九〇年の民事司法改革法（Civil Justice Reform Act）および一九九四年の連邦ＡＤＲ法の制定によって包括的に連邦地方裁判所にＡＤＲを導入することになったのである。(20)

③　ＡＤＲ運動の理念の変遷　　このようにして展開したＡＤＲ運動は、一九六〇年代末から一九七〇年代にかけての草創期においては、従来の裁判手続では対処できない家庭内紛争や近隣紛争などの共同体紛争を共同体と一体となって解決するという理念に基づくものであった。近隣紛争処理センター（ＮＪＣ）のなかでも、例えば、サンフランシスコ共同体委員会（Community Board Program in San Francisco）のように、ボランティアによるコミュニティ・ベースでこの理念を忠実に貫こうとして、寄附金だけによって運営をしようと努力をしたが、次第に伸び悩むようになっていったものも多い。その結果、多くのＮＪＣは州政府や地方自治体の財政的援助を受けるか、裁判所と何らかの形で連絡を取り、ついには裁判所の訴訟手続の中に取り込まれていくものも出るようになった。さらに、営利型ＡＤＲなどの多様なＡＤＲが展開するようになって、当初の共同体の再生ないし活性化による共同体紛争の解決という理念から、裁判所の過重負担軽減ないし裁判の時間や費用の効率化などの多

様な価値実現を理念とするものに変遷していったということができる。(21)

(b)　ＡＤＲのアメリカにおける定着と他の西洋諸国（英・仏・豪州）への波及

いずれにしても、こういう形でアメリカでのＡＤＲ運動はアメリカ全土に着々と拡がり定着していったといえる。そして、この現象は、さらにアメリカだけではなく、他の西洋諸国、イギリス、オランダ、フランスなどにも拡がり、さらに、オーストラリア・ニュージーランドの豪州でも調停を中心としたＡＤＲが活用されているということである。(22)したがって、裁判外紛争解決手続として調停を活用する点に西洋法に対する極東法の特徴があるとする従来の法圏分類はもはや通用しなくなっていることを意味するのであって、これは一種の平準化と呼ぶことができる。

(二)　中国法における法による裁判手続の重視と仲裁手続の整備

(a)　裁判手続における調停重視から法による裁判重視への移行

他方、中国法においては調停重視の伝統的な紛争処理がその特徴であることは既に指摘した。すなわち、裁判外の調停手続として人民調停をはじめとする多様な民間調停が活用されているだけではなく、裁判手続においても法院調解により「調解を主とし」、「調解を重んじなければならない」とする伝統的調停重視の原則がとられてきた。「調解を主とした」裁判手続は前述した「馬錫五審判方式」や「十六文字方針」以来の伝統であり、一九八二年に実施された中華人民共和国民事訴訟法（試行）においては「調解を重んじなければならない」（同六条）と明文化されることになった。裁判の実務においても民事訴訟事件の七〇％から八〇％は法院調解により解決されていたといわれ、調停で解決できる裁判官が最も優秀であると評価されるようになった。(23)

しかしこの調停重視の傾向は多くの問題を生むことにもなった。まず、裁判官は調停による解決率を追求し、明らかに調停に適しない事件でも調停を繰り返して、手続を長引かせて判決をしない（久調不決）という状況が続くようになった。また、裁判官が調停を成立させるために強引に調停案を当事者に強制して、一方当事者の利益を損なうこともしばしばであるともいわれた。このような状況は法院調解や裁判官に対する不満や不信感を生むことにもなった[24]。

そこで、一九九一年に制定された現行民事訴訟法は、「調解を重んじる」という文言を削除し、「自由意思と合法の原則に基づく調解」を宣言し、「調解が成立しないときは、すみやかに判決を下さなければならない」と規定したのである。この法改革は、さらに、基本的には、次のような背景によるものであったと考えられる。すなわち、一九七八年の改革解放後の市場経済導入によって、次第に、取引経済が普遍的な拡がりをみせるようになった結果、経済紛争が増大し、裁判所に持ち込まれるようになった。従来の国家計画経済のもとでは経済的な紛争は基本的には国の指導によって解決されることが原則であって、私人間の紛争として裁判所に持ち込まれることはほとんどなかった。ところが市場経済の導入によって、経済紛争が多発して、それをめぐる訴訟事件が急増することになった。これは後で述べる、裁判手続における審理原則の改革問題にも関連するが、調停重視の傾向に対しても、調停をまとめようとして手続が長引き一向に判決がなされない（久調不決）という状況が続くのは困る。経済紛争は法に従った判決によってできるだけ早期に解決し、実務上も予測可能な透明性のある紛争処理ルールを確立すべきであるという要求が背景となったと考えられる[25]。

(b)　仲裁手続の整備とその活用

他方、これまでは欧米における裁判外手続の特徴であった仲裁手続が中国でも整備されることになった。従来も仲裁委員会と呼ばれる多様な仲裁機関があったが、国際経済貿易紛争仲裁委員会（民間仲裁）のほかは、それぞれの所轄の行政管理局に属する仲裁委員会による仲裁であって、当事者の合意を前提としない行政庁による強制仲裁（行政仲裁）であった。この仲裁判断に対しては、人民法院への上訴が認められたが、官僚主義的な問題が出てきたといわれる[26]。

一九九五年に施行された中華人民共和国仲裁法は、これまで行政庁ごとに分散していた強制的仲裁（行政仲裁）に代わり、仲裁の合意を前提とする統一的な仲裁制度（民間仲裁）を確立することになった。これによって、社会主義的な市場経済の発展のために経済紛争の公正で迅速な解決をはかることが目指されたのである。この統一的な仲裁機関を持つ新しい仲裁手続は、国家機関などの干渉を受けない自立性と独立性の保障された公正な民間の仲裁手続であって、国内仲裁、渉外仲裁ともに取り扱う終審的な紛争解決手続である。この新しい仲裁手続によって既にかなり多くの紛争が解決されているといわれる。これは仲裁人の忌避制度を整備していることや仲裁人を著名な専門家の兼任制としていかなる干渉や指導も受けないよう配慮していることなどによって、その公正さに対する信頼があるからであるといわれている。(27)

(c)　人民調停を中心とした民間調停の状況

法院調停以外の調停手続にはさまざまなものがある。人民調停委員会による人民調停の他にも、そのような組織をもたない近隣間の大衆調停、行政機関内部の職員・労働者間の紛争を調停する行政調停、社団内部の成員間の紛争を調停する社団調停、仲裁手続で行われる仲裁調停などがある。(28)

その中でも人民調停がもっとも活用されていることはいうまでもない。人民調停委員会の組織は広範であり、百万余りの調停委員会が全国各地に存在し、調停員は一千万人余りにも及ぶといわれる。彼らは本来すべて自ら志願し無償で活動するボランティアであり、紛争当事者からも費用を取ることはない。もっとも、市場経済の浸透につれて、一定水準の調停委員を無報酬で確保することが難しいという問題が生じているようである。いずれにしても、人民調停はすべての民間の紛争を対象にし、当事者の中立がなくとも紛争に介入して調停を行うが、当事者の合意がなければ成立しない。自発的に介入するのは調停が紛争の発生ないし激化を予防することを目的とすると考えられているからであるといわれる。いずれにしても、調停により紛争を解決するという伝統が脈々として民衆の中に生き続けていることは確かである。(29)

(ホ)　民事紛争処理手続の国際的平準化の傾向とその限界

(a)　国際的平準化の傾向

このように各国の民事紛争処理手続をその全体的な広がりからみてくると、それぞれの国でその具体的な背景は異なるが、裁判手続だけではなく、裁判外手続、しかも調停を中心とした多様な裁判外手続が並存して展開しつつあることを指摘することができる。その意味では、もはや裁判重視の西洋法と調停重視の極東法という対置は意味を失い、西洋法においても調停手続が活用され、東洋法においても裁判手続の重要性が強調される傾向にあることは明らかである。しかもこの傾向は、その典型としてのアメリカ法と中国法においてみたように、それぞれの国における経済構造の深化や市場経済の国際的浸透を背景とする側面があることも否定できない。このような意味においてこれを民事紛争処理手続の国際的平準化の傾向と見ることができると考える。

(b)　法文化的背景の差異による紛争処理実態の相違

①　裁判外紛争処理の多様化傾向と比較法的特徴　しかし、このような国際的平準化の傾向を指摘できるとしても、そこには自から限界があると思われる。それぞれの国にはそれぞれに伝統的に固有の法文化的背景があり、紛争処理の内容も国に従って違っている。具体的には裁判外紛争処理といっても、例えばアメリカで行われているADRは、仲裁や調停にかぎらず、ミニ・トライアルやプライベット・ジャッジのように、正式の法廷ではなくて当事者の合意に基づくADRとしての簡単な審理手続を経た裁判予測に立った合意形成によって紛争処理をするものなど様々である。これらの手続は対審的な構造をとり、両当事者やその代理人が相対席して審理をする手続をとるのが一般である。調停手続でも、アメリカでは、まず当事者対席の下に手続をはじめ、必要に応じて交互面接を入れることもあるが、原則として当事者対席の手続によって自律型の調停をするのが一般である。(30)自律型の調停とは当事者の自律的な判断による合意形成を尊重し、調停員はそのために当事者の話し合いを促進する役割を果たす調停のことである。これに対して、日本や中国の調停手続は交互面接によって行われることが多く、調停員は当事者を説得して調停をまとめる説得型の調停をすることが多い。(31)

説得型と自律型の対比は、さらに規範型と非規範型の対比に連なるといえる。規範型とは、調停委員が法規範や社会規範を説きながらこれを説得の手段として合意を図ろうとするやり方である。中国ではむしろ積極的にそうした規範的な判断を示して教育することによって当事者を説得して合意を図ることが奨励されているようである。これに対して、アメリカのコミュニティベースのＮＪＣにおけるボランティアによる調停では、調停員は非法律家であることが多いが、法律家であっても法的判断は示さないのが原則であるとされている。[32]もっとも、ミニ・トライアルやプライベット・ジャッジのように法的判断を示す裁判予測により当事者間の合意を図るＡＤＲでは、規範的自律型のＡＤＲということになる。日本では、調停員が法律家であるか否かで対応は異なると思われるが、規範的な判断を示して説得する規範的説得型の調停が多いといえる。[33]

(b)　西洋法における米・独の相違　　このように同じ裁判外紛争処理手続でも、その具体的な内容は国々によって様々であり、平準化といっても国際的な傾向としての外形上の平準化であって、個別具体的な内容までも平準化されているわけではない。これはそれぞれの国が独自の伝統的法文化をもつところからみて当然のことであると考える。例えば同じ西洋法であっても、アメリカ法とドイツ法では、裁判手続の審理原則については英米法と大陸法の伝統的違いによる相違があることは後述するが、裁判外紛争処理手続の利用状況も全く異なるといえる。アメリカにおいてＡＤＲ運動が急速な展開を示し多様な裁判外手続が活用されていることは既に述べた。これに対して、ドイツにおいても裁判外紛争処理手続（ＡＤＲ）として、各種職業団体の調停所（Schlichtungsstelle）や大都市にある公共情報＝和解所（Öffentliche Rechtsauskunfts- und Vergleichsstelle）などの多様な裁判外紛争処理機関がある。しかし、例えば医療紛争についての医師会の鑑定＝調停所（Gutachter- und Schlichtungsstelle）などの一部を除いては余り活用されているとはいえない状況にある。これはドイツの裁判手続が利用しやすいこと、裁判による権利保護を求める国民性があること、ＡＤＲに手続保障や公正さなどの問題があることなどの様々な原因によるとの指摘がされている。[34]いずれにしても、ドイツでは裁判手続が紛争解決の中心的な役割を果たしているのであって、裁判外手続がこれに劣ることのない紛争解決機能を果たしているとはいえないように思われる。このように、同じ西洋法圏においても、民事紛争処理手続として裁判手続と裁判外手続とをともに備えていても、その活用状況はそれぞれに異なってくるということができる。

（１）以上の経過の詳細につき、吉村徳重「英米法における法典訴訟の歴史的形成」法政研究三〇巻三号（一九六三年）七五頁（本書五三頁）以下、同「アメリカにおける訴訟物論の展開」民訴雑誌一一号（一九六四年）三〇頁（本書八七頁）以下参照。

（２）Vgl. Rosenberg-Schwab-Gottwald, Zivilprozessrecht, 15. Auf. (1993) S. 20ff.

（３）藤田勇・概説ソビエト法（東京大学出版会・一九八六年）一頁以下、とくに、ソ連法の紛争解決機構と民事裁判手続につき、八三―一一三頁および三一三―三一七頁参照。

（４）ツヴァイゲルト＝ケッツ、大木雅夫訳・比較法概論　原論（下）（東京大学出版会・一九七四年）五四一頁以下、特に、その司法制度については五八三―五九九頁、福島正夫編・社会主義国家の裁判制度（東京大学出版会・一九六五年）一頁以下など参照。

（５）王亜新「中国民事裁判における職権探知方式とその変化（一）（二）」民商一〇二巻六号、一〇四巻二号（一九九一年）一頁以下〔同・中国民事裁判研究（日本評論社・一九九五年）所収〕、高見沢磨「中華人民共和国における紛争と紛争解決（一）～（八）」（一九九五年・一九九六年）〔同・現代中国の紛争と法（東京大学出版会・一九九八年）一五頁以下、七九頁以下所収〕、斎藤明美・現代中国民事訴訟法（晃洋書房・一九九二年）一―一八頁、四三―八一頁など参照。

（６）楊栄馨「中国の調停制度―主として民間の調停を中心として―」（シンポジウム・現代中国における仲裁と調停）、法政研究六八巻二号（二〇〇一年）四四頁以下、王亜新「中国の人民調停と弁護士」第二東京弁護士会編・弁護士会仲裁の現状と展望（判例タイムズ社・一九九七年）四三頁以下、高見沢前掲注(５)一五頁以下、特に現行人民調停制度については、同三二頁以下参照。

（７）兼子一・民事訴訟法体系（酒井書店・一九五四年）五八頁以下、同・民事法研究第二巻（酒井書店・一九五四年）一頁以下参照。

（8）　比較法的視点から、日本法のこうした特徴を強調するツヴァイゲルト＝ケッツ前掲注(4)六六〇頁以下参照。

（9）　この点につき、吉村徳重「裁判外紛争処理の現状と将来」民事訴訟法の争点（新版）（一九八八年）五四頁〔第四巻「民事紛争処理手続の研究」所収〕、同「民事紛争処理の多様性と訴訟の機能」法政研究五一巻一二号（一九八四年）一五三頁〔第四巻「民事紛争処理手続の研究」所収〕参照。

（10）　ツヴァイゲルト＝ケッツ前掲注(4)六四五頁以下参照。Cf. René David, Introduction to the Different Conception of the Law, International Encyclopedia of Comparative Law, vol.2, chap. 1, 1975, p.3 et. seq.

（11）　これは、中国法についての比較法の古典的文献である、エスカラ・谷口知平訳・支那法（有斐閣・一九六五年）以来、その影響による西洋比較法学者の通説的立場であるといわれる。大木雅夫・日本人の法観念（東京大学出版会・一九八三年）一五頁参照。

（12）　川島武宜・日本人の法意識（岩波書店・一九六七年）一五頁以下、cf. Y. Noda, The Far Eastern Concept of Law, International Encyclopedia of Comparative Law, vol.2 chap. 1, 1975, pp.120-137.

（13）　J. O. Haley, The Myth of the Reluctant Litigation, Journal of Japanese Study Vol.4 No.2 (1978) pp.359-390（加藤新太郎訳「裁判嫌いの神話（上）（下）」判例時報九〇二号、九〇七号）、大木・前掲注(11)二一五頁以下参照。

（14）　「司法制度改革審議会意見書」（二〇〇一年六月）ジュリスト一二〇八号一八五頁以下、とくに一九〇頁など参照。

（15）　中田淳一・訴訟及び仲裁の法理（有信堂・一九五三年）三〇一頁以下参照。

（16）　吉村徳重「裁判外紛争処理の動向とその分析」法政研究五一巻三＝四号（一九八五年）二五一頁以下〔第四巻「民事紛争処理手続の研究」所収〕、小島武司・調停と法—代替的紛争解決手続（ＡＤＲ）の可能性—（中央大学出版会・一九八七年）三五頁以下、六七頁以下、一八九頁以下、山田文「裁判外紛争解決制度における手続法的配慮の研究—アメリカ合衆国の制度を中心として—（一）～（三）」法学五八巻一号四五頁・二号六五頁・五号九九頁（一九九四年）など参照。

（17）　以上につき、吉村・前掲注(16)二五二—二五四頁参照。

（18）　吉村・前掲注(16)二六〇—二六四頁参照。

（19）　三木浩一「アメリカ合衆国連邦地裁における訴訟付属型ＡＤＲ」石川明・三上威彦編著・比較裁判外紛争解決制度（慶応義塾大学出版会・一九九七年）七三頁。以下の叙述についても同論文七六頁以下参照。

(20) 連邦地裁における司法改革によるＡＤＲの展開について、古閑裕二「アメリカ合衆国における民事司法改革―Civil Justice Reform Act of 1990を中心として―（上）（下）」法曹時報四五巻一一号一頁、四五巻一二号一頁（一九〇〇年）、橋本聡「紛争処理の柔軟化と多様化―アメリカ合衆国連邦地方裁判所を例に―（一）（二）」民商一〇五巻三号六六頁・四号四九頁（一九九二年）、連邦ＡＤＲ法との関係については、山田文「アメリカにおけるＡＤＲの実情（上）（下）」ＮＢＬ七一八号四〇頁・七二〇号七一頁（二〇〇一年）参照。

(21) 三木・前掲注(19)七八頁以下、理念変遷の具体的な背景につき、吉村・前掲注(16)二六〇頁以下参照。なお、コミュニティ・ボードの紹介として、竜崎喜助「地域社会の私的紛争解決制度―アメリカ合衆国のコミュニティ・ボードの例」判例タイムズ五五七号（一九八五年）〔同・証明責任論（有斐閣出版サービス・一九八七年）二九三頁以下所収〕参照。

(22) アニー・デ・ロー「イギリスおよびオランダにおける最近のＡＤＲの発展についての諸考察」石川・三上・前掲注(19)六一頁以下、赤羽智成「オーストラリア Mediation 制度の概要とその問題点」同書一四一頁以下参照。

(23) 高見沢・前掲注(5)四四頁以下、斎藤・前掲注(5)五二頁以下、周康「中国における法院調解制度の検討」石川・三上・前掲注(19)二〇三頁以下、江偉・李浩・王強義・中国民事訴訟法の理論と実際（成文堂・一九九七年）一一〇頁以下など参照。

(24) 高見沢・前掲注(5)四六頁、八三頁、斎藤・前掲注(5)五四頁、江偉他・前掲注(23)一一三頁など参照。

(25) 江偉他・前掲注(23)一二七頁、斎藤・前掲注(5)五四頁参照。なお、王亜新「中国の民事裁判における実体法規範の役割について（一）～(四)」民商一〇七巻一・二・四＝五・六号（一九九二年・一九九三年）〔同・前掲注(5)所収〕八三頁以下は、この現代中国における裁判手続の傾向を調停重視による個別了解モデルと法による判決重視の一般妥当性モデルのアンビバレンスとして分析する。また、季衛東「調停制度の法発展メカニズム―中国法制化のアンビバレンスを手がかりとして―（一）～(三)」民商一〇二巻六号四五頁・一〇三巻一号四六頁・同二号一六頁（一九九〇年）は、両者を近・現代中国における法規範発展の重層的プロセスとして統一的に理解しようとしている。

(26) 楊栄馨「中国における仲裁の立法と実務」前掲注(6)シンポジウム・現代中国における仲裁と調停、法政研究六八巻二号（二〇〇一年）二七頁以下参照。

(27) 文正邦「「仲裁法」と市場経済下の裁判制度改革」アジア法研究センター編「中国の仲裁法と仲裁制度」立命館

法学二四六号（一九九六年）六九三頁以下、楊・前掲注(26)三〇頁以下参照。
(28)　楊・前掲注(6)四四頁参照。
(29)　楊・前掲注(6)四五頁以下、高見沢・前掲注(5)三二頁以下参照。なお、田中信行「人民調停と法治主義の相克」岩波講座現代中国第一巻（岩波書店・一九八九年）二七九頁以下は、人民調停の歴史的変遷を論じ、市場経済導入後の法治主義の確立への対応を問題としている。
(30)　ＮＪＣにおける調停手続のマニュアルについて、吉村・前掲注(16)二七二頁参照。もっとも、実態としては交互面接も頻繁に行われているとの報告もあり、一概に断定できないようである。笠井正俊「比較法的視点からみたわが国ＡＤＲの特質―アメリカ法から」ジュリスト一二〇七号（二〇〇一年）五七頁、六二頁以下参照。
(31)　調停手続における第三者機関の判断・説得・誘導・強制機能や交渉促進機能などの役割について、棚瀬孝雄「裁判外の紛争処理機関」新実務民事訴訟講座（一）（日本評論社・一九八一年）一二九頁、一三五頁以下、吉村・前掲注(9)「裁判外紛争処理の現状と将来」五六頁参照。
(32)　小島・前掲注(16)二五六頁以下（日米調停制度の比較）参照。もっとも、この点についても退職裁判官や弁護士の行う調停は、法的評価を示す傾きがあるといわれる。笠井・前掲注(30)六二頁以下参照。
(33)　棚瀬孝雄「裁判外紛争処理の理念と実践」小島武司・伊藤真編・裁判外紛争処理法（有斐閣・一九九八年）一四頁以下、山田文「裁判外紛争処理と交渉」同書二〇四頁参照。なお、調停の類型化について、棚瀬孝雄「法化社会の調停モデル」法学論叢一二六巻四・五・六号（一九九九年）一二二頁参照。
(34)　ハンス・プリュッティング「ドイツ側からみた裁判外の紛争解決（ＡＤＲ）」石川・三上・前掲注(19)一九頁以下、三上威彦「ドイツの裁判外紛争解決制度（ＡＤＲ）について」同書三五頁以下、同「比較法的視点からみたわが国ＡＤＲの特質―ドイツ法から」ジュリスト一二〇七号（二〇〇一年）六五頁参照。

三　民事裁判手続における審理原則の比較法的特徴と日本法の位置

(1)　審理原則の比較法的特徴　その一　当事者主義と職権主義の対立とその平準化

(イ)　処分権主義・弁論主義と職権探知主義の対立とその平準化

(a)　処分権主義・弁論主義と職権探知主義の対立

ところで、裁判外手続とともに紛争処理の中心的な役割を果たしている裁判手続には国によって様々な審理原則があるが、今度は、その審理原則の比較法的特徴は何かを検討する。まず、審判の対象となる請求の特定とその判断資料となる事実や証拠の提出の場面、ついで、訴訟手続進行の場面とを区別して考察する。それぞれの場面で、裁判所と当事者のどちらが主導的な役割を果たして訴訟審理を行うのかという問題である。

まず、審判の対象と判断資料についての主導性の問題であるが、審判の対象となる請求を誰がどういう範囲に限定するのか、その請求について判断する資料となる事実や証拠を誰が提供するのかという問題である。この点については当事者が主導性をもつ当事者主義と裁判所が主導性をもつという職権主義の対立がある。わが国では、この当事者主義の原則は、ドイツと同様に、さらに、処分権主義と弁論主義と呼ばれている。処分権主義によれば審判の対象となる請求は当事者によって特定される。また、弁論主義によって審判の対象について裁判をする判断資料としての事実や証拠は当事者が提出したものしか考慮できないことになる。いずれについても当事者にその権限と責任があるという原則である。この審理原則は基本的にはアメリカの裁判手続でも妥当する。もっとも、処分権主義の中心である中立主義に関してはアメリカでは当事者の申立を超過する認容も許されるとされているし、弁論主義の内容である事実の主張についても不意打ちにならない程度の認定の食い違いは許されるという違いがある。そういう若干の相違はあるけれども、基本的には審判の対象とその資料となる事実や証拠は当事者の提出したものによって審理裁判されるという点ではアメリカもドイツ・日本も共通である。(1)

これに対して中国の裁判手続は、前述した十六文字方針以来の伝統的な審判方式によれば、裁判官が職権によって審判の範囲を決め、事実や証拠を収集し、当事者や証人を尋問する全面的な職権主義的審判方式によるものであった。処分権主義と弁論主義のまさに対極にあったものといえる。一九八二年に建国後初めて成立した民事訴訟法（試行）においては、「当事者は自分の提出した主張について証拠を提出する責任がある」との規定をおいたが、同時に「人民法院は法定の手続にもとづいて、全面的、客観的に証拠を収集し、調査しなければならない」と規定した（同五六条）。当事者の証拠提出責任と裁判所の職権探知とを結合して、真実発見を目指したものであったが、裁判実務においては、当事者の証拠提出は殆ど期待できず、裁判所の調査と証拠収集に全面的に依存するという伝統的慣行はそのまま続くことになった。その結果、裁判官は証拠の調査と収集に時間をとられて負担過重となり、訴訟手続が遅延するだけでなく、証拠の公正な審査や評価をすべき裁判官の客観的立場を危うくする危険もあった。とりわけ、裁判官の職権探知のほとんどが開廷審理前に行われたために、実質的な審理は開廷前に殆ど完了し、開廷審理は形だけのものとして形骸化することになった(2)。

(b)　その平準化——中国法における当事者の証拠提出責任の強化と審判方式改革の動き

一九九一年に実施された中国の現行民事訴訟法は、処分権主義や弁論主義の対極にあった中国の伝統的な職権主義的審判方式を改革し、当事者主義的要素を一部取り入れたものといえる。ことに当事者の証拠提出責任を強調し、「当事者は自己の提出した主張について証拠を提出する責任がある」ことを原則とした（同六四条一項）。裁判所は、「当事者およびその訴訟代理人が客観的な原因により自ら収集できない証拠、又は人民法院が事件の審理に必要であると認める証拠を調査し収集しなければならない」と規定して（同六四条二項）、裁判所の職権探知を例外的に認めることにしたのである。さらに、当事者の処分権についても、一定の範囲でこれを認めるとする規定を置いている（同一三条）(3)。

この法改革の背景には、前述したように中国における市場経済導入以後の社会状況の変動があったといえる。すなわち、市場経済が浸透していくにつれ、経済紛争が多発して裁判所に持ち込まれるようになると、裁判所は今までのように職権で事実を探し回って証拠を収集する余裕がなくなってきたのである。元来、社会主義社会の国家計画経済のもとでは、経済紛争が私的利益をめぐる紛争として裁判所に持ち込まれることは予想されておら

ず、社会主義的理念に基づく職権探知による審理方式ではもはや対応できない事態となったといえよう。(4)

しかし、現実の裁判実務の実態は、現行法が例外的と位置づけた裁判所の職権探知に依存する従来の伝統的審理方式から容易に脱却できず、依然として開廷審理前の職権探知によってすでに実相は解明され決着がついている場合が多いといわれる。それは当事者の力量不足などの社会的背景によるところが大きいが、さらに、現行法の規定自体が必ずしも明確ではなく、開廷前の職権による証拠の調査収集義務（同一一六条）や必要と認めた証拠の職権探知義務（同六四条二項）を規定することにより、当事者主義と職権探知の混在状況にあるなど多くの問題を含んでいることにもよるといえる。(5)

そこで、現代中国における裁判実務をめぐる様々な問題を解決するために各地で行われている審判方式改革運動は、市場経済の拡大による経済紛争の激増に応えるために、当事者の主体性を前提とした当事者主義的審理を試みるものが多い。もともと、当事者主義的審理原則は、近代資本主義経済の発展過程の中で形成された近代国家法としての近代民事訴訟法の特徴であった。したがって、これは資本主義的な市場経済に対応した裁判の審理原則であったといえる。すなわち、市場経済のもとでは経済的な権利や利益については私的自治の原則が認められ、私人の自主的判断による自由な処分に委ねられる。私的利益をめぐる紛争の処理手続である裁判手続でもこれを反映して処分権主義や弁論主義の原則がとられているのである。中国社会においても、市場経済が浸透するにつれ、経済紛争をめぐる裁判手続の審理原則が当事者主義化していくことは歴史の必然のように思われる。事実、中国における審判方式改革の動きのほとんどが当事者主義の徹底を目指していることは、その将来的展望を象徴的に示すものであるといえる。(6)

(ロ)　当事者進行主義と職権進行主義の対立とその平準化

(a)　当事者進行主義と職権進行主義の対立

次に、いわゆる、西洋法圏のなかでも英米法と大陸法の典型としてのアメリカ法とドイツ法の裁判手続では、訴訟進行については異なった原則をとっている。アメリカの当事者対立主義（Adversary System）では手続進行の主導性も当事者に委ねる当事者進行主義であるのに対して、ドイツでは裁判所に委ねる職権進行主義である。もっとも、大陸法でも当初フランス民事訴訟法がナポレオン法典として成立した時には手続進行についても当事者の主導に委ねていたが、裁判手続が著しく遅延したこともあって大陸法では職権進行主義に転換することになったのである。(7) 従ってこの点では英米法と大陸法では顕著な違いがある。

まず、アメリカ法のトライアル前の手続（Pre-trial Proceedings）とこれに対応するドイツ法の主要期日（集中審理）前の準備手続では、アメリカ法は当事者進行主義であり、ドイツ法は職権進行主義である。具体的には、アメリカ法では、まず、当事者は訴状や答弁書等の書面を裁判所に提出し、これが相手方当事者に送達されることによって、請求の提示や事実の主張およびその認否をするプリーディング（Pleading）手続が進行する。さらに、事実や証拠の開示・収集手続は当事者間の直接の手続であるディスカバリー（Discovery）によって進行する。いずれの場合にも、当事者双方のイニシアティブによって請求の提示と事実の主張・認否および証拠の開示・収集手続が進行するのが原則であって、当事者の異議申立によってのみ裁判所が介入し裁定を下すにとどまるのである。もっとも、そのうえで、裁判官の指導のもとで当事者双方のプリトライアル・カンファレンス（Pre-trial Conference）を行い争点と証拠を整理する段階では、手続進行は裁判官によることになる。(8) これに対して、大陸法であるドイツ法や日本法では、当事者が訴状を裁判所に提出すれば、裁判所は職権でこれを審査して必要な補正を命じこれに従わなければ訴状を却下する（日民訴法一三七条）など、相手方の申立てがなくとも職権で介入する。事実や証拠の収集手続も、例えば当事者が手元にない文書を相手方から提出させたいときには、アメリカでは直接相手方に文書提出を求めるディスカバリー手続を行うが、日本やドイツでは当事者の申立てにより裁判所が相手方に提出命令を出すことによって文書が提出されることになる（日民訴法二一九条以下、ZPO §§421・425）。要するに、日本やドイツでは常に裁判所が中心であって、裁判所の職権により（訴状審査など）、あるいは、当事者の申立てによる裁判所の裁定（証拠調べの決定など）によって、裁判所が手続進行を主導するのに対して、アメリカの場合には、一方当事者の異議申立てがない限り当事者間の直接的な手続によって手続が進行していくのが原則であるという点で顕著な違いがあるのである。(9)

さらに、準備手続終了後の集中審理手続においても、アメリカとドイツでは手続進行の主導性を持つものが異なる。アメリカのトライアル（Trial）においては、まず、裁判官の導入的説明ののち、当事者（弁護士）が冒頭陳述を行い、当事者の提出した証人の尋問も当事者の主尋問と相手方の反対尋問からなる交互尋問により進行するのが原則であり、最終弁論も当事者が行う。(10)これに対して、ドイツの主要期日（Haupttermin）においては、裁判所が準備手続において争点や証拠を整理した結論を要約したのち、主要争点についての集中審理を行う。証人尋問も裁判長の尋問によって進行し、当事者は裁判長の許可によって尋問を補充できるだけである。(11)このように、手続進行について主導性をとるのが裁判所か当事者かについても顕著な対立がある。

(b)　その平準化――アメリカ法における裁判官の訴訟管理者としての権限強化の傾向

アメリカ法の当事者対立主義のもとでは、訴訟手続において積極的な役割を果たすのは対立当事者（弁護士）であり、裁判官は中立的な判定者（Umpire）として受動的な立場にとどまると考えられてきた。それは審判の対象である請求の特定や事実・証拠の提出だけでなく、手続進行についても貫く原則であった。手続進行も基本的には対立当事者間の直接手続に委ねるが、ただ、当事者間の手続がルールに反したときには、一方当事者の異議申立による裁判官の裁定にしたがって、さらに当事者間手続が進行するのである。これはプリーディングだけでなく、その機能を補完する役割を果たすことになったディスカバリーについても妥当し、対立当事者の主導性に委ねられた。さらに、同じ機能をもつプリトライアル・カンファレンスも、裁判所の指導によるとはいえ、当初は当事者の協議によりトライアルについての当事者間の合意を目指すものであった。(12)

ところが近年、手続進行を当事者主導のみに委ねていたのでは訴訟が遅延し手続費用が増加することになるとして、事件処理の効率的運営を図るために、裁判官の管理者的役割を強調して、手続進行についての裁判官の権限を強化する傾向がみられる。その一般的な背景としては、一九六〇年代以降、訴訟事件が急増してきたこと、現代型訴訟などの複雑訴訟が多発してディスカバリーが広範に利用され長引くようになったこと、ことに、一九七〇年の連邦規則改正によってディスカバリーが広く許容されることになり「証拠漁り」などのために濫用され、肥大化する傾向があったことなどが指摘できる。そこで、こうした弊害を除去し訴訟遅延を防止するために、訴訟実務では、裁判官の指導によるプリトライアル・カンファレンスを活用し、訴え提起後の早い段階から、ディスカバリー実施の計画など、公判前手続のスケジュールをたてることにより迅速かつ効率的な事件処理のための訴訟運営が試みられるようになった(13)。

一九八三年の連邦民事訴訟規則の改正はこうした実務の動向を承認・強化するものであった。この改正によって、ディスカバリーを制限し、その濫用にわたる一定の場合には、裁判所が関与してこれを制限できるとした（同二六条）ほか、プリトライアル・カンファレンスが単に当事者の協議によるトライアルの準備手続だけでなく、裁判官の事件管理のための手続でもあることを明確にした（同一六条）。一九九三年の改正もこの裁判官の訴訟管理者としての役割をさらに強化するものであった。その結果、裁判官は訴状提出後の早い段階から、当事者との協議によりスケジュール命令を出し、プリーディングの修正、ディスカバリーの終了、プリトライアル・カンファレンスなどの期日スケジュールをたてることなどにより、裁判官による早期かつ継続的な手続コントロールが目指されることになった（同一六条（a）（b））。さらに、数回にわたることのあるプリトライアル・カンファレンスでは、ディスカバリーのコントロールやスケジュール、和解の可能性や裁判外紛争処理手続（ADR）の利用などを検討してその処置をとるほか、最終的には、争点や証拠の整理に基づいてトライアルの計画を立てることになる（同一六条（c）（d））。裁判官はこれらの協議による措置を取らせるプリトライアル命令を出すことによって手続を管理し、これに服しない当事者には制裁が科されることになった（同一六条（e）（f））。

こうした訴訟管理者的裁判官像に対しては、伝統的立場からの批判もあったが、訴訟事件の急増や現代型訴訟などの複雑訴訟の増加に対応するために、裁判官の積極的な訴訟管理を求める改正の方向を支持するのが大勢の赴くところであるといえる。その結果、アメリカの民事訴訟におけるトライアル前手続は、伝統的な当事者進行主義から一定の範囲で職権進行主義に移行したということができる。その限りで、これに対応するドイツ法の主要期日のための準備手続（ZPO §275）や日本法の集中証拠調べのための準備手続（民訴法一六四条以下）における争点・証拠の整理手続が裁判所の主導により進められる職権進行主義であることとの間に一定の平準化が認められる。

(ハ) 審理原則の比較法的特徴　その二　集中審理と並行審理の対立とその平準化

(a) 集中審理と並行審理の対立

しかし、歴史的にみれば、ドイツ法や日本法で主要期日（ZPO §278）や集中証拠調べ期日（日民訴法一八二条）における集中審理とその準備のための争点・証拠の整理手続が整備されるようになったのは、後述するようにごく近年のことであった。それまでは、英米法では、公判の集中審理と公判前の準備手続とが明確に区別されるのに対して、大陸法では、攻撃防御方法の随時提出主義によって、事実主張や証拠提出手続と証拠調べ手続とが必ずしも明確に区別されずに審理期日が重ねられて弁論終結に至るという手続が続けられていた。後者は同一裁判所が多数の事件を同時並行的に何回も期日を繰り返して審理をするという意味で並行審理と呼ばれた。そこで、こうした対立の生まれた背景とその平準化傾向についても言及したい。

まず、英米法においては、歴史的にコモンローでは陪審制をとってきたところから、エクィティとの融合後の裁判手続において陪審を選択しないときも、裁判官が陪審に代わり事実認定をするだけで、同じ手続によって審理される。そこで、陪審である素人を長い間拘束することはできないところから、必然的にトライアルにおける審理は集中的にならざるを得ない。従って集中的なトライアル手続とこれを準備するトライアル前手続とが明確に区別されることが英米法の裁判手続の伝統的な特徴である。これに対して、大陸法では陪審制をとらないから、公開法廷における審理を集中的に行う必要があるという制約がない。だから、長い間、ドイツや日本では同じ事件について何度も弁論期日や証拠調べ期日を繰り返して、じっくりと時間をかけて審理をする慣行があった。すなわち、裁判所は職権進行主義によって、訴状提出後の早い段階に第一回期日を開いたのち、引き続いて準備書面を引用するだけの弁論期日と証拠調べ期日を繰り返すことによって、次第に事案を解明するという審理がなされてきた。その結果、口頭弁論が形骸化しただけでなく、訴訟遅延の大きな原因となった。(14) 日本ではこれを五月雨式審理あるいは漂流型審理と呼び、その改革が課題とされてきたのである。(15)

(b)　その平準化――ドイツ民事訴訟法の改正による集中審理の実現

しかし、こうした審理方式では必ずしも適切な審理ができない。審理がだらだらと長く続き手続が遅延するだけでなく、折角の口頭弁論による口頭主義や直接主義などの審理原則によって、新鮮で直接的な印象による審判ができるという利点を生かすこともできないなどの批判があった。そこで、まずドイツでは、シュトットガルト・モデルと呼ばれた実務の実験を経て、(16) 一九七七年の簡素化法の制定による民事訴訟法の改革によって、準備的な争点・証拠の整理手続と主要期日とを区別する改正を行った。この改革は非常な成功をおさめ、審理期間は短縮され弁論も活性化したと言われている。(17) このようにして、大陸法の典型であるドイツ法において、主要期日における集中審理とその準備手続としての争点・証拠の整理手続が整備されたことは、一定の形でアメリカ法の審理手続との平準化があったものといえる。ことに、前述のように、アメリカ法におけるトライアル前の手続が裁判官の積極的な職権進行主義に移行した側面をもつ点でも両者の接近があったところから二重の平準化であるといえるようである。

ただ、ドイツ法は準備手続においてアメリカ法のディスカバリーを採用したわけではなく、主要期日において当事者による証人の交互尋問を採用したわけでもない。平準化といっても、一応の外形的平準化であって、両者の基本的手続構造にはなお相当の隔たりがあるといわざるを得ない。

(2) 日本裁判手続の比較法的位置

(イ) 旧民事訴訟法形成の比較法的背景

以上の民事裁判手続の比較法的検討を前提として、それでは、日本の裁判手続は比較法的にどのように位置づけることができるのだろうか。日本の旧民事訴訟法は明治二三（一八九〇）年にドイツ民事訴訟法の継受によって成立した。したがって、当時のドイツ民事訴訟法（一八七七年）の審理原則であった処分権主義、弁論主義、職権進行主義がわが国にも受け継がれたが、その後大正一五（一九二六）年の改正では、当事者の合意による休止の制度を廃止したことなどにより職権進行主義をさらに徹底することになった。この改正では一九八八年のオーストリー民事訴訟法の影響がみられる。

戦後の昭和二三（一九四八）年の改正によって、アメリカ法の影響をうけ当事者主義的要素がより徹底されることになった。つまり、当時までなお残っていた職権証拠調べを廃止するとともに、証人尋問については裁判所主導によっていた制度を排除して、当事者主導による交互尋問制度を導入することになった。このような形でアメリカ法の当事者対立主義の一部を取り入れたことになる。

(ロ) 新民事訴訟法の比較法的特徴

平成八（一九九六）年に成立した新しい民事訴訟法は、カタカナの文語体であった旧法をひらがなの口語体に変えるなどの新しい装いのもとで、旧民事訴訟法を全面的に改正したものとなった。世界各国の比較法的検討を踏まえた全体の流れの中で行われた改正といわれているが、なかでもドイツ法とアメリカ法の影響が大きいといえる。(18)

(a) 準備手続の整備と集中証拠調べ

新しい民事訴訟法では訴え提起後の早い段階で争点や証拠を整理するための準備手続を整備し（民訴法一六四

条以下）、それに基づいて集中的証拠調べ（同一八二条）をすることによって集中審理を実現することが目指された。これが今回の民訴法改正における眼目の一つであったといえる。[19] その背景としては、旧法の準備手続制度が実務上は殆ど利用されないまま、法律上の制度ではない「弁論兼和解」と呼ばれた実務慣行によって和解の勧試とともに争点や証拠の整理が行われていたという状況があった。この「弁論兼和解」の問題点を解消し、旧法の準備手続をより利用しやすいものに改正して実務上の定着を図ったものが新法の準備手続である。そして、その際に比較法的視点からドイツ簡素化法の準備手続やアメリカ法の公判前協議手続が参照されたことはいうまでもない。ことに、一九七七年の簡素化法によって改正されたドイツ民事訴訟法の準備手続と主要期日による集中審理手続が、実務上も審理の促進化と弁論の活性化を実現しているという実績が影響を与えたことは明らかである。

　この新しい準備手続と集中証拠調べがわが国の実務においてどこまで具体化されていくかは今後の課題であるが、標準的な事件については実務上も次第に定着しつつあるようにみえる。これは今回の改正法が、例えばいわゆる「Nコート方式」や「福岡方式」と呼ばれた各地の実務による準備手続改革の試みを裏打ちする側面を持っていたこともあって、実務の側にも既に準備が整っていたからでもあるといえよう。[20] ただ、その成否は当事者および訴訟代理人が準備手続のために必要な事実や証拠をいかに収集できるかにかかっている面もあり、さらに大規模な訴訟では準備手続も証拠調べも大規模にならざるをえず、一律に集中審理を実現できるとはいえない事情もある。しかし、準備手続を経て集中審理（証拠調べ）を行う実務が少しずつ定着しつつある点では、わが国の実務も国際的な平準化の方向にあるといえる。

(b)　当事者照会の導入と準備書面の直送

　当事者が事実や証拠を収集するための手続として、アメリカのディスカバリーの一部である質問書（Interrogatories）を参考にした当事者照会が導入された（民訴法一六三条）。これは当事者が相手方に対して、主張や立証を準備するために必要な事項について質問状を出して、相当の期間内に書面による回答を求める情報収集手続である。[21] 裁判所の介入なしに当事者間だけで手続を進める当事者進行の手続が導入されたという意味ではアメリカ的な当事者対立進行（Adversary System）への接近であるといえる。ただ、当事者の質問や相手方の回答がルールに従ってなされない場合に、当事者の異議申立に対する裁判所の裁定によって一定の制裁が付されるアメリカ法とは異なって、制裁規定なしの任意の手続にとどまった。

また、準備書面の直送手続（民訴規則八三条）も、ある意味では当事者進行主義への接近であるといえる。これも従来は当事者が裁判所に提出したものを裁判所が職権で相手方に送達するという職権進行主義であったが、新しく当事者間で直送したものを裁判所に提出するという当事者相互間の進行手続となった。[22]

(c)　文書提出命令の対象範囲の拡張

さらに、文書提出義務を一般化して文書提出命令の対象となる文書の範囲を拡張することなどによって、証拠収集手続を充実したこと（民訴法二二九条以下）も、今回の民訴法改正における眼目の一つであった。[23] しかし、ここではアメリカ法のディスカバリーのような当事者進行手続ではなく、当事者の申立による裁判所の提出命令を介した職権進行主義により、証拠収集手続を拡充したのである。このように、手続進行については一定の範囲で当事者進行主義を取り入れながら、なお、基本的には職権進行主義を維持しているといえる。

(ハ)　民事訴訟法の特則としての特別裁判手続における職権主義的手続の採用

(a)　日本法における特別裁判手続の区別とその比較法的背景

日本の民事裁判手続には、民事訴訟法の特別法による特別裁判手続があり、そこでは職権主義的な手続がとられている。例えば、家事事件については、人事訴訟手続法によって職権探知が導入された特別訴訟手続と家事審判法によって非訟事件手続法が準用される家事審判による非訟手続とがある。非訟事件手続法では一定の範囲の民事・商事事件が非公開・非対審の職権探知による審理を行う職権主義的な非訟手続によって審判される。この日本法における通常民事訴訟と特別訴訟手続および非訟手続の区別は、元々明治三一（一八九八）年のドイツ法の継受に由来するものであり、ドイツ法においても、通常民事訴訟のほかに、職権探知主義を導入した人事訴訟手続（ZPO Sechstes Buch）と一定の民事・商事事件を審判する非訟事件手続（FGG）とが区別される。

ただ、日本法ではさらに戦後の家庭裁判所の新設に伴い、昭和二三（一九四八）年には家事審判法によって家事事件の一部が非訟事件手続によって審判されるようになり、さらに、昭和四一（一九六六）年には借地事件の一部の裁判手続に非訟事件手続法が準用されることになって、訴訟事件の非訟化傾向として注目されることになった。(24) 他方、ドイツ法では、戦後の基本法による審問請求権の保障（同一〇三条）をうけて、人事訴訟手続に当事者として関与しない利害関係者にも手続への呼出（ZPO §640(e)）訴訟告知（ZPO §641(b)）を保障する改正をするなどの対応を示している。日本法でも、日本国憲法による裁判を受ける権利の保障（同三二条）を受けた同様の対応が必要となり、今回の新民訴法の制定に際して人事訴訟手続での利害関係人への通知が導入された（人訴法三三条）。(25)

こうした特別裁判手続で職権主義的な手続がとられる根拠は何か。それはこの種の特別手続では私的利益を超えた社会的・公的利益をめぐる紛争の解決が求められているからであるといわれる。すなわち、純粋に私的な権利・利益が争われている通常訴訟においては当事者の主体的な自治に委ねる処分権主義や弁論主義によることができるが、社会的・公的利益が争われている特別裁判手続では裁判所の職権による積極的な関与が必要となるからである。社会的・公的利益をめぐる紛争が増大しているところに訴訟事件の非訟化傾向の背景があることになる。

(b)　アメリカ法との比較法的対比

これに対して、コモンローとエクィティとを統一して共通の民事訴訟手続を形成した英米法に属するアメリカ法には、このような特別裁判手続の区別がない。しかし、近年においては消費者訴訟、環境訴訟、公民権訴訟などの公共訴訟（public litigation）と呼ばれる公共的利益をめぐる訴訟が多発している。このような訴訟においても伝統的な当事者対立主義による当事者の主導性にのみ委ねた手続で対応できるかが問われているのである。クラス・アクションは私人のイニシアティブによって多数人に関する公共的利益をも保護しようとする手続であるといえる。しかし、同時に他方では、さらにエクィティ以来の裁判所の柔軟かつ積極的な手続関与が要求されるという動向もみられるのである。(26)

(c)　中国法との比較法的対比

他方、中国法は大陸法の系譜をもつところから、民事訴訟法の中に特別手続の規定を置いている（中国民訴法一五章一六〇条〜一七六条）。その一つは選挙民資格事件であり、もう一つは非訟事件とされる失踪宣告・死亡宣告事件、行為無能力・制限的能力認定事件、無主物財産認定事件を審理する手続である（同一六〇条）。その他に、督促手続（同一七章一八九条〜一九二条）、公示催告手続（同一八章一九三条〜一九八条）などの規定も特別手続に含める見解もある。(27)ただ、中国法では通常民事訴訟手続でも職権探知主義により裁判所の積極的な手続関与が前提となっているところから、この種の特別手続において特に裁判所の職権主義的関与を規定する必要はないことになる。中国法がドイツ法や日本法と顕著に異なるところがここにある。

ただ、中国における市場経済の進展につれて、民事訴訟手続が私的利益をめぐる経済取引紛争を中心に当事者主義化してゆくとすれば、社会的・公的利益をめぐる家事事件手続や非訟事件手続などなお職権主義的手続を必要とする特別手続を区別することが必要となるものと思われる。

㈡　日本の裁判手続全体の比較法的位置

このようにみてくれば、わが国の裁判手続全体の基本的枠組みは、十九世紀末のドイツ法の継受によって形成されたところから、ドイツ法系の裁判手続に属することが明らかである。ただ、戦後その中核をなす民事訴訟法はアメリカ法の影響による改正によってドイツ法に比べればアメリカ法の当事者対立主義に接近したといえる。したがって、これらの裁判手続を比較法的に対比したうえで、日本法を位置付けるとすれば、両極にアメリカ法の当事者対立主義と中国法の職権主義による裁判手続があり、その中間にドイツ法系の裁判手続がある。すなわち、ドイツ法系では、処分権主義・弁論主義・職権進行主義による通常民事訴訟と職権主義的手続による特別民事手続を区別しているのである。わが国の裁判手続は、このドイツ法系の中では、民事訴訟において一部に当事者進行手続を取り入れるなどアメリカ法の影響がより大きい位置をしめるといえるのである。

（1）　Cf. Y. Taniguchi, Between Verhandlungsmaxime and Adversary System —— in Search for Place of Japanese Civil Procedure, Festschrift für K. H. Schwab（1990）487ff. もっとも、その実務上の運用が各国によって異なってくることはいうまでもない。谷口教授は、ドイツの弁論主義とアメリカの当事者対立主義を対比して、積極的な裁判官と対抗的でない当事者のドイツ型と消極的な裁判官と対抗的な当事者のアメリカ型の特徴があるとし、その中間に裁判官も当事者も適度に積極的な日本型があると結論付けている。

（2）　前掲二注(5)引用の文献のほか、斎藤明美「中国民事裁判方式改革」東亜法学論叢第五号四一頁以下（二〇〇〇年）参照。特にこうした伝統的な民事裁判方式を「四歩到廷」と「糾問式」を特徴とし、計画経済社会の必要に応じたものとする同論文四五頁、五一頁以下参照。

（3）　斎藤明美・現代中国民事訴訟法（晃洋書房・一九九二年）五六頁以下、斎藤・前掲注(2)五四頁参照。

（4）　改革の背景につき、王亜新「中国民事裁判における職権探知方式とその変化（一）（二）」民商一〇二巻六号、一〇四巻二号（一九九一年）〔同・中国民事裁判研究（日本評論社・一九九五年）所収〕五七頁以下、高見沢磨「中華人民共和国における紛争と紛争解決（一）～（八）」（一九九五年・一九九六年）〔同・現代中国の紛争と法（東京大学出版会・一九九八年）所収〕九二頁以下、斎藤・前掲注(2)五七頁以下参照。

（5）　現行民訴法における裁判の実際につき、斎藤・前掲注(2)五八頁以下参照。

（6）　李衛東「中国民事訴訟制度の改革の試み」日中経協ジャーナル一九九七年七月号〔同・現代中国の法変動（日本評論社・二〇〇一年）四六七頁以下所収〕、斎藤明美「中国民事裁判とその改革（上）（下）」国際商事法務二八巻一二号一四九五頁以下・二九巻一号八一頁以下（二〇〇〇年・二〇〇一年）、同・前掲注(2)六〇頁以下参照。

（7）　Vgl. A. Blomeyer, Zivilprozessrecht（1963）S.146.

（8）　アメリカ法のトライアル前手続につき、James-Hazard-Leubsdorf, Civil Procedure, 4th. ed.（1992）p.139 et. seq.

小林秀之・新版アメリカ民事訴訟法（弘文堂・一九九六年）一一五頁以下、ハザード・タルッフォ（田辺誠訳）・アメリカ民事訴訟法（信山社・一九九七年）一一五頁以下参照。

（9）この点に関連して、アメリカでは当事者対立主義（Adversary System）を糾問主義（Inquisitorial System）と対比して、前者は英米法の訴訟手続の特徴であり、後者は大陸法の訴訟手続の特徴であるとする見解がある。Cf. G. Hazard, The Adversary System, in his Ethics in the Practice of Law (1978) 120. しかし、大陸法の処分権主義や弁論主義は糾問主義とは異なり、当事者対立主義と共通の面をもつことは前述した。したがって、手続進行の側面においてはこの見解が妥当するが、請求の特定や事実・証拠の提出の側面については必ずしも妥当しない。なお、この面における裁判所の釈明の比較法的検討をした、田辺公二「米国民事訴訟における釈明」同・民事訴訟の動態と背景（弘文堂・一九六四年）二八九頁以下参照。

（10）James-Hazard-Leubsdorf, *op. cit. supra note* 8 pp. 319-320, ハザード・タルッフォ・前掲注（8）一五一頁以下参照。

（11）Vgl. Rosenberg-Schwab-Gottwald, Zivilprozessrecht, 15 Aufl. (1993) SS. 602, 713.

（12）小林・前掲注（8）一八二頁。

（13）Cf. J. Resnik, Managerial Judges, 96 Harvard L. Rev. 374 (1982). この論文は、アメリカ実務におけるこのような裁判官の役割の変貌を詳細に検討し注目を集めた。その批判的な分析に対する反論を含めて、既に多くの紹介がある。加藤新太郎「マネジアル・ジャッジ論」同・手続裁量論（弘文堂・一九九六年）九四頁以下、安達栄司「アメリカ合衆国における審理の充実と訴訟促進の動向―管理者的裁判官論を中心に（一）（二）」民商一〇三巻五号七三五頁以下、六号九一二頁以下（一九九一年）など参照。以下の叙述も含めて小林・前掲注（8）一八五頁以下のほかこれらの諸文献参照。

（14）ドイツにおけるこのような審理の状況を紹介し分析したものとして、Kaplan, von Mheren & Schaefer, Phases of German Civil Procedure (1, 2), 71 Harv. L. Rev. 1193, 1443 (1958), 1212, 1471 参照。

（15）吉村徳重「審理充実・活性化の実践（Ｎコート）とその評価」井上正三・高橋宏志・井上治典編・対話型審理（信山社・一九九六年）二二七頁〔第四巻「民事紛争処理手続の研究」所収〕参照。これは五月雨式による在来型審理の実務における改革の試みを紹介検討したものである。

(16)　吉村徳重「西ドイツにおける各種訴訟促進案とその問題点」法政研究三六巻二＝六号（一九七〇年）一九三頁以下〔第四巻「民事紛争処理手続の研究」所収〕参照。特に同論文一九五頁以下はシュトットガルト・モデルによる実務を見学した経験を踏まえて、これを紹介・検討したものである。
(17)　木川統一郎・吉野正三郎「西ドイツにおける民事訴訟促進政策の動向―簡素化法（一九七七年七月一日施行）を中心として（一）（二）」判例タイムズ三五二号二三頁、三五三号三四頁（一九七八年）、吉村徳重「訴訟促進と弁論の充実・活性化―西ドイツ簡素化法の理想と現実」刑事法学の諸相（井上正治博士還暦記念）（下）（有斐閣・一九八三年）三〇一頁〔第四巻「民事紛争処理手続の研究」所収〕参照。
(18)　新民事訴訟法制定の経過と改正事項につき、柳田幸三他「新民事訴訟法の概要（1）」ＮＢＬ六〇〇号（一九九六年）四六頁以下、三宅省三「民事訴訟法の経過と主要な改正事項」三宅省三・塩崎努・小林秀之編・新民事訴訟法大系第一巻（青林書院・一九九七年）三頁以下参照。
(19)　今井功「争点・証拠の整理と審理の構造」竹下守夫編・新民事訴訟法Ⅰ（弘文堂・一九九八年）二〇一頁以下参照。
(20)　いわゆる「福岡方式」については、村井正昭「福岡方式・民事訴訟手続の改善と実験」自由と正義六四巻八号（一九九五年）一二三頁参照。
(21)　河野正憲「当事者照会①―その目的」三宅他・前掲注(18)第二巻一四四頁、井上治典「当事者照会制度の本質とその活用」竹下・前掲注(19)二六七頁参照。
(22)　白石哲「書類の送達、直送について」三宅他・前掲注(18)第一巻三一八頁参照。
(23)　上野泰男「文書提出義務の範囲」竹下・前掲注(19)Ⅱ三三頁参照。
(24)　吉村徳重「民事事件の非訟化傾向と当事者権の保障」日弁連特別研修叢書（下）（一九六七年）一三五頁以下〔第四巻「民事紛争処理手続の研究」所収〕参照。借地非訟手続の草案を批判的に検討した論文である。
(25)　高橋宏志「人事訴訟における手続保障」竹下・前掲注(19)Ⅲ三四九頁以下参照。なお、この点の背景につき、吉村徳重「判決効の拡張と手続権保障―身分訴訟を中心として」実体法と手続法の交錯（山木戸克己教授還暦記念）（下）（有斐閣・一九七八年）一一八頁〔第二巻「民事判決効の理論（下）」二一三頁〕参照。
(26)　Chayes, The Role of the Judge in Public Litigation, 89 Harv. L. Rev. 1286 (1976), 柿嶋美子訳「公共訴訟におけ

る裁判官の役割」アメリカ法〔1978-2〕一頁以下は、このような問題提起をしたものであった。この議論と実務のその後の展開につき、大沢秀介「公共訴訟の概念をめぐる最近の動向」慶応義塾一二五周年記念（一九八三年）三二九頁参照。なお、日本における訴訟機能の拡大とその対応につき、吉村徳重「訴訟機能と手続保障―判決効拡張との関連―」民訴雑誌二七号一五七頁以下〔第四巻「民事紛争処理手続の研究」所収〕（一九八一年）参照。

(27) 江偉・李浩・王強義・中国民事訴訟法の理論と実際（成文堂・一九九七年）一六七頁以下〔第一〇章特別手続及びその適用と改善〕参照。

むすび――日本民事紛争処理手続全体の比較法的位置と展望

(1)　日本民事紛争処理手続の比較法的位置と特徴

以上、裁判外紛争処理を含む民事紛争処理手続全体及び裁判手続について、アメリカ法、ドイツ法、中国法を中心に日本法との比較法的な検討をしてきた。それぞれの国の民事紛争処理手続は伝統的な特徴をもちながらも、経済的政治的な国際化の流れの中で、紛争処理手続全体としても、あるいは裁判手続や裁判外手続においても、一定の範囲で国際的平準化の傾向があることを示しえたように思う。そこで、最後に、そのような国際的平準化の中で日本の民事紛争処理手続全体が比較法的にどのような位置と特徴をもち、どのような将来を展望できるのかを検討してむすびとしたい。

(イ)　民事紛争処理手続全体の比較法的位置と特徴

日本の民事紛争処理手続は、明治以来の展開をその全体像としてみれば、一方では、ドイツ法やアメリカ法の影響による近代的な民事裁判手続法を整備しながら、他方では、伝統的な調停による紛争処理手続を維持活用してきたところに、その特徴があるといえる。日本法を極東法と位置づけた見解はこの調停重視の点を強調したが、そこで対置された西洋法においても、調停を中心とする裁判外手続が活用され定着するようになったことにより、この点でも一種の平準化がみとめられる。そのような流れの中で、日本の民事紛争処理手続全体は、比較法的に見てどのような位置を占めることになるのであろうか。

裁判重視の西洋法と調停重視の極東法の両極にあったアメリカ法と中国法が、近年において急速な変容を遂げていることは前述のとおりである。すなわち、アメリカ法では調停を中心とした多様な裁判外手続が活用され、中国法では透明で予測可能な裁判手続の整備がはかられているのである。こうした国際的な平準化の流れは、裁判手続と調停手続とをバランスよく活用してきた日本モデルに近づいてきたといえなくはない。一方で、法規範に従った裁判手続が整備され、他方で、必ずしも法規範にこだわらない調停中心の裁判外手続が活用されるようになってきているからである。

しかし、こうした国際的平準化といってもその具体的内容は各国の歴史的背景や法文化の違いによって重点の置き所にニュアンスの違いがあることはいうまでもない。すでに述べたように、ドイツ法では裁判外手続の利用はあまり活発ではなく、裁判手続がなお中心として活用されているし、中国法の裁判手続が法規範に従った透明性のある運用を達成したとはいえないところがある。その中にあって、日本法では、一方で、裁判手続を利用しやすいものにするための法改正作業が進展してきたし、他方で、裁判所における調停手続や訴訟上の和解がますます活用されているだけでなく、裁判所外の法律相談、あっせん、調停さらには仲裁などの多様な裁判外紛争処理手続が増加し活用されるようになりつつある。その意味では、アメリカ法とともに、日本の民事紛争処理手続は、全体として、裁判手続と裁判外手続とをそれぞれ紛争の実情に即して活用できるように展開していると評価することができる。

(ロ)　裁判外紛争処理手続の比較法的位置と特徴

(a)　日本の裁判外紛争処理手続は、調停を中心として展開してきたことがその第一の特徴である。その意味では、西洋法における裁判外手続が仲裁を中心としてきたことと対比すれば、中国法とともに極東法の特徴であるといえる。しかし、その中国で新しく仲裁法（一九九五年施行）が整備され、仲裁手続が活用されるようになった。(1) 日本にも明治以来民事訴訟法の一部であった仲裁手続法（「公示催告手続及ビ仲裁手続ニ関スル法律」現・「仲裁法」（平成一六年施行））があり、仲裁を専門とする仲裁機関（国際商事仲裁協会など）もある。さらに、多くの行政型や民間型の裁判外紛争処理機関は、法律相談、調停、斡旋などとともに仲裁の手続も用意している。(2) ことに、一九九〇年以降各地の弁護士会が設置している仲裁センターは、全国ですでに一〇ヵ所以上にのぼり広範に活用されている。(3) しかし、いずれの場合にも持ち込まれた紛争は、調停によって解決されることが多く、仲裁によることは少ないといわれる。財団法人交通事故処理センターでは、その裁定に保険会社側は従うという協定によって片面的仲裁手続がとられるが、そこでも調停によって解決されることが多い。(4) これは裁判所の裁定によるる以外は、紛争当事者が予め第三者の裁定に委ねるよりは最終的な解決内容に合意したうえで紛争を処理することを好むという法文化によるものと思われる。これが少なくとも現状では日本の裁判外紛争処理手続の比較法的特徴の一つである。

しかし、同じ裁定型でも紛争の種類によっては、裁判手続でなく当事者の合意による仲裁手続によるほうがより利点が多い場合も考えられる。手続が非公開であること、より簡潔であること、仲裁人に専門家を選べることなど裁判手続にない利点がある。(5) そこで、たとえば、知的所有権などの企業秘密のからむ専門的な事件によっては、非公開で簡潔かつ合理的な手続による仲裁裁定が好まれる場合も予想される。また、国際化の流れの中で、国際民商事紛争について仲裁手続による迅速な解決が国際的に要請されていることも否定できない。こうした新しい状況にこたえるために日本でも国際商事仲裁法を含めた仲裁法制の整備が要請されている。(6)

(b)　日本の裁判外紛争処理のもう一つの特徴はその手続の進め方にあるように思われる。すでに各国の裁判外手続の比較法的特徴が、対席方式と交互方式、自律型と説得型、規範型と非規範型などの理念型の対比によって説明できることは前述したところである。(7) その理念型の対比によって、あえて日本の調停や訴訟上の和解手続を特徴付ければ、調停委員や裁判官は交互面接方式によって規範的判断を示しながら（規範型）当事者を説得すること（説得型）によって当事者間の合意を調達するように努めることが一般であるように思われる。もちろん、個別的に見れば、調停委員が法律家であるか否か、当事者に弁護人がついているか否か、さらには和解勧試や調停案提示の時期や調停委員の個性の違いなどによって、ニュアンスの違いがあることはいうまでもない。

これに対して、アメリカの調停を中心とした裁判外紛争処理手続（ＡＤＲ）は当事者対席方式を原則とし当事者の自律的な判断を尊重するやり方（自律型）で進められる点において対照的である。さらに、裁判外手続において規範的判断を提示するかどうか（規範型か非規範型か）は、多様な裁判外手続の種類によって異なってくる。しかし、規範的判断を提示するとしても、それは当事者が自律的な判断をするについての判断資料の一つを提供するという意味をもつに過ぎない。いずれの場合にも、当事者対席の原則による、自律型の裁判外手続である点にその特徴がある。

このように日本の裁判外手続がアメリカのそれと対比して極めてパターナリスティックな特徴をもつ背景には、その社会構造や法文化の違いがあることはいうまでもない。しかし、日本の社会構造自体が次第に市民の自律性を尊重し前提とするものに変動し深化しつつある現状から見れば、裁判外手続の課題と展望も自ずから明らかになるように思われる。(8)

(ハ)　裁判外手続相互および裁判手続との連携の問題

(a)　裁判外手続相互の関係

日本の裁判外紛争処理手続は、紛争当事者以外の第三者機関が関与する手続だけでも多様である。第三者機関としても、裁判所の他に、国家・地方公共団体などの行政型、弁護士会型、民間型に大別できる様々な紛争処理機関がある。そこで用意された手続も、法律相談、斡旋、仲介、調停、仲裁、裁定など多様である。

この多様な裁判外手続相互の関係は、これが同じ系列の紛争処理機関における手続であれば、十分に連携をとることが可能である。たとえば、各地の弁護士会の仲裁センター手続においては、弁護士会の法律相談を経由することを要求するところとそうでないところがある。そこで、法律相談前置のところでは、まず、弁護士会の法律相談センターにおける法律相談を経て、仲裁センターに移行するが、そうでないところでは直接申立ての事件も含めて、仲裁センターにおけるあっせん・調停による紛争解決を試み、これがまとまらないときにのみ仲裁手続に移行するという取り扱いが一般である。(9) しかし、現実には、多数の裁判外手続がそれぞれ系列を異にした縦割り状態のまま並存していることが多いから、手続相互の連携を図れないままにたらい回しにされる恐れも否定できない。この点については、運用の工夫を要するだけでなく、手続相互間の連携を密にするための制度的な手当てが必要であると思われる。

(b) 裁判手続との連携

裁判所内の裁判外手続と裁判手続との連携については、法律上さまざまな配慮がされている。まず、家事事件と一定の借地借家事件については調停前置主義がとられ（家審一七・一八条、民調二四条の二）、それ以外の事件については調停申立てか訴え提起かは当事者の選択に委ねられる。ついで、調停が成立しないときは、家事審判事件では調停申立てのときに審判の申立てがあったものとみなし（家審二六条一項）、人訴・訴訟事件については二週間内に訴えを提起すれば、調停申立てのとき訴えが提起されたものとみなされる（家審二六条二項、民調一九条）。その結果、時効中断効も調停申立時に生じたことになる（民一四七条一号参照）。また、訴訟係属中でも裁判所は職権によって事件を調停に付したうえで（民調二〇条）、調停終了まで訴訟手続を中止できる（民調規五条）。さらに、調停が成立すれば、調停調書には確定判決と同一の効力が認められる（家審二一条一項、民調一六条）。このように裁判所における調停と訴訟・審判手続の間では、紛争の種類や審理の状況に応じて手続を連携させる様々な手当てがなされている。

しかし、裁判手続と裁判所外の裁判外手続との間には、こうした連携のための法手続上の手当ては極めて不十分である。わずかに、行政型裁判外手続において、行政型の紛争処理機関である各種委員会が下した決定や裁定については、これを争う訴え提起への接続が想定されている（例えば労働委員会につき、労組法二七条六項）。委員会の決定や裁定は、訴えが提起されないか、訴えによって肯定された場合にのみ、一定の効力をもつことになる（労組法二七条九・一〇項）。また、仲裁判断については、その取消の訴えの規定をおき、訴えによって取り消されない限り、確定判決と同一の効力をもつとして、執行判決により執行手続へと連携することになる（公示催告八〇一条～八〇四条：現・仲裁法四四条～四六条参照）。

しかし、こうした法的手当てがないかぎり、裁判外手続と裁判手続とをいかに連携させるかは、もっぱら当事者の運用に委ねられることになる。例えば、弁護士会の仲裁センターにおいて調停が成立しても、私法上の和解と同じ効力をもつにすぎない。そこで、当事者はさらに簡易裁判所における起訴前の和解手続の申立てをして裁判上の和解調書を作成するか（民訴規一六九条）、公証人による執行証書を作成しなければ、執行力に基づく執行手続には移行できない。したがって、こうした点についても単に当事者の運用に委ねるだけでなく、何らかの制度的手当てが必要であると思われる。

(2)　日本民事紛争処理手続の将来の展望と課題

(イ)　将来の展望

そこで、最後に、日本の民事紛争処理手続の将来をその全体的なスケールにおいて展望すれば、次のようになることが望ましい。すなわち、一方において利用し易い裁判手続が整備され、他方において多様な裁判外手続が拡充されることによって、人々は紛争の実態に即した一番適切な処理手続を自由に選択し活用できる。つまり、裁判手続でも裁判外手続でも最適な手続を自由に選ぶためのアクセスが保障されていて、人々が一番適切だと判断した手続を気軽に選べる。そして、一旦選んだ手続が紛争の解決にとって不十分であれば、さらに、他の適切な手続に移行できるような手続相互の連携も整っているということである。そのような民事紛争処理手続全体の構造を実現することが将来の理想的な展望であると考える。[10]

(ロ)　将来の課題

このような将来展望を実現するためには、民事紛争処理手続だけではなく、手続を支える司法制度全体の改革をも必要とするなど、多くの課題があることも事実である。しかし、この点については、すでに、司法制度改革審議会の意見書（二〇〇一年六月）が提示した多様な改革案の具体化が現に進行中である。[11] そこで、最後に、そこで課題とされた改革案のうち、ここで取り上げたテーマに直接関連する二点だけに言及して結びとしたい。[12]

(a)　民事裁判手続の充実・迅速化とアクセス拡充（意見書Ⅱ―第1、1・7）

第一に、人々が多様な紛争処理手続を自由に選択するためには、その中核となるべき裁判手続が利用し易く実効的なものでなければならない。裁判手続が利用しにくく時間がかかって役に立たないから裁判外手続を選ばざるを得ないということであってはならないからである。

そこで、すでに、新民事訴訟法（平成一〇年施行）によって改善されてきた裁判手続をさらに充実・迅速化するための改革案が提起されている。すなわち、証人尋問などの人証を要する事件の平均審理期間（平成一一年で二〇・五ヵ月）を半減するために、計画審理を推進し、証拠収集の手段を拡充するとともに、[13] 裁判官や弁護士などの人的基盤を拡充する必要があるとしている。

また、裁判所へのアクセスの拡充として、利用者の費用負担の軽減や法律扶助の拡充のほかに、司法の利用相談窓口の充実や裁判外紛争処理手続を含めた情報提供の強化などの様々な具体的改革を提案している。

(b)　裁判外紛争解決手段（ＡＤＲ）の拡充・活性化（意見書Ⅱ―第1、8）

第二に、裁判手続と並んで、国民にとっての魅力的な選択肢として、裁判外紛争処理手続を拡充・活性化すべきであることを提案している。[14] 既に述べてきた日本の裁判外紛争処理手続は、多様な形態をもっているが、一部の紛争処理機関を除いて、必ずしも十分に機能していないという現状認識の下に、その拡充・活性化を図るべきだという提案である。そのための具体的な改革案として、裁判手続と裁判外手続を含めた紛争処理手続に関する総合的な相談窓口を充実させるとともに、紛争処理の手続、機関などの各種情報をワン・ストップで国民に提供できるようにすべきであるとする。

さらに、総合的な裁判外手続の制度的基盤を整備するため、裁判外手続の利用促進や裁判手続との連携強化のための基本的な枠組みを規定する法律（「ＡＤＲ基本法」）を制定して、必要な方策を講ずべきであると提案している。例えば、時効中断効の付与、執行力の付与、法律扶助の対象化等のための条件整備、裁判外手続において裁判手続を利用したり、裁判手続から裁判外手続に移行するための手続整備などである。(15)

このような裁判手続と裁判外手続を含めた民事紛争処理手続全体の改革が実現されることになれば、前述した民事紛争処理手続の将来展望が具体化されることになるものと思われる。

（1）　文正邦「「仲裁法」と市場経済下の裁判制度改革」アジア法研究センター編「中国の仲裁法と仲裁制度」立命館法学二四六号（一九九六年）六九三頁以下、楊栄馨「中国における仲裁の立法と実務」（シンポジウム・現代中国における仲裁と調停）法政研究六八巻二号（二〇〇一年）二七頁以下参照。

（2）　吉村徳重「民事紛争処理の多様性と訴訟の機能」法政研究五一巻一号（一九八四年）一五三頁〔第四巻「民事紛争処理手続の研究」所収〕、同「裁判外紛争処理の現状と将来」民事訴訟法の争点（新版）（一九八八年）五四頁〔第四巻「民事紛争処理手続の研究」所収〕参照。

（3）　第二東京弁護士会編・弁護士会仲裁の現状と展望（判例タイムズ社・一九九七年）二〇六頁以下参照。とくに、同書二五一頁以下の「仲裁の現場から」には、全国各弁護士会一〇ヵ所の仲裁センターないし示談斡旋センターの現状報告があるが、現在では福岡県弁護士会の紛争解決センター（二〇〇二年一二月発足）を含めてすでに一八ヵ所に及んでいる。日本弁護士連合会ＡＤＲセンター・仲裁統計年報（全国版）平成一三年度版（二〇〇二年）二八―二九頁参照。

（4）　松代隆「交通事故の示談斡旋と裁定」小島武司・伊藤真編・裁判外紛争処理法（有斐閣・一九九八年）一一三頁

以下、小柳光一郎「(財)交通事故処理センターにおける業務の実態と今後の課題」ジュリスト一二〇七号（二〇〇一年）九一頁以下参照。

(5)　河野正憲「仲裁」小島・伊藤・前掲注(4)二五頁参照。

(6)　青山善充「仲裁法改正の基本的視点と問題点」民事手続法学の革新（三ヶ月章先生古稀記念）(上)（有斐閣・一九九一年）五二九頁以下、三木浩一「仲裁制度の国際的動向と仲裁法改正の課題」ジュリスト一二〇七号（二〇〇一年）四二頁参照。

(7)　以下は、前述二(2)(ホ)(b)①裁判外紛争処理の多様化傾向と比較法的特徴において述べたことの要約である。したがって、これはあくまで、対席―交互面接、自律―説得、規範―非規範の座標軸を基準にした理念型による特徴を抽出したものであって、現実の実践ではそれぞれの要素が微妙に並存することはいうまでもない。棚瀬孝雄「裁判外紛争処理の理念と実践」小島・伊藤・前掲注(4)一四頁以下は、裁判外紛争処理の実践においては正義（規範）と自律の理念にも限界があるという認識が必要だと説いている。

(8)　棚瀬孝雄「自律型調停への期待―法化社会の調停モデル―」ジュリスト九二〇号、九二一号（一九八八年）〔同・紛争と裁判の法社会学（法律文化社・一九九二年）二五六頁以下所収〕、山田文「調停における私的自治の理念と調停者の役割」民事訴訟雑誌四七号（二〇〇一年）二二八頁参照。

(9)　大川広「仲裁センターと弁護士業務」宮川光次・那須弘平・小山稔・久保利英明・変革の中の弁護士(上)（有斐閣・一九九二年）三七九頁以下、小島武司「弁護士会による仲裁とその課題」法の支配九四号（一九九四年）〔同・裁判外紛争処理と法の支配（有斐閣・二〇〇〇年）九四頁以下所収〕、那須弘平「弁護士会仲裁―二弁仲裁センターを中心に」小島・伊藤・前掲注(4)一一七頁参照。

(10)　井上治典「紛争処理機関の多様化の中での訴訟の選択」ジュリスト八七五号（一九八七年）一一二頁、同「裁判手続の手軽な利用のために」紛争処理と正義（竜崎喜助先生還暦記念）（有斐閣出版サービス・一九八八年）五一頁〔いずれも同・民事手続論（有斐閣・一九九三年）所収〕参照。井上教授は、当事者が事件に適した紛争解決手続を自由に選択し、相互に移行ないし相互乗入できるようにすべきだと提唱した。この点については、小島武司「正義の総合システム再考」法曹時報四一巻七号（一九八九年）〔同・前掲注(9)三頁以下所収〕は、正義の総合システム論からも正当な提言であるとしている。

(11)「司法制度改革審議会意見書」（二〇〇一年六月）に基づき、二〇〇一年一一月一六日には「司法制度改革推進法」（法律第一一九〇号）が制定公布され、同一二月一日には内閣に司法制度改革推進本部が設置された。そして、二〇〇二年三月には、政府の「司法制度改革推進計画」（同三月一九日閣議決定）、最高裁判所の「司法制度改革推進計画要綱」（同三月二〇日）、日本弁護士連合会の「司法制度改革推進計画」（同三月一九日）が公表され、具体的な司法制度改革実現の取り組みが行われている。

(12) 特に同意見書Ⅱ第1「民事司法制度の改革」ジュリスト一二〇八号（二〇〇一年）一九二頁以下参照。なお、北尾哲郎・竹下守夫・長谷部由紀子「鼎談・意見書の論点③・利用しやすい司法制度・民事司法」同八八頁以下参照。

(13) すでに法制審議会は、二〇〇二年六月に「民事訴訟改正要綱中間試案」を公表し、計画審理の推進、証拠収集手段の拡充を含めて、意見書に提案された各種の手続改革の具体的な改正案を提案している。ジュリスト一二二八号（二〇〇二年）二九四頁以下参照。なお、高橋宏司・奥宮京子・笠井正俊・高田裕成・林道春・豊秀一「座談会・民事訴訟法の改正に向けて—民事訴訟法改正中間試案をめぐって」ジュリスト一二二九号（二〇〇二年）一二九頁以下参照。

(14) 小島武司「司法制度改革とＡＤＲ—ＡＤＲの理念と改革の方向」ジュリスト一二〇七号（二〇〇一年）一〇頁以下参照。

(15) 山本和彦「ＡＤＲ基本法に関する一試論—ＡＤＲの紛争解決機能の強化に向けて」ジュリスト一二〇九号（二〇〇一年）二六頁参照。特に同論文二九頁以下は、ＡＤＲと裁判手続との間の相互移行に関する詳細な規定を提案している。なお、那須弘平・大村雅彦・山本和彦・山田文・加藤新太郎「座談会・ＡＤＲの過去・現在・未来—ＡＤＲの立法論的課題」判例タイムズ一〇八一号（二〇〇二年）四頁以下参照（現・「ＡＤＲ基本法」〔裁判外紛争解決手続の利用の促進に関する法律〕参照）。

（井上正治先生追悼論集『刑事実体法と裁判手続』、二〇〇三年）

第二編　アメリカ民事訴訟法の形成

第二章　英米法における法典訴訟の歴史的形成

——訴訟物論の歴史的背景

一　はしがき

英米法においては、一九世紀前半から二〇世紀前半にかけ、訴訟手続に大きな変革が見られた。それまで、コモン・ローと衡平法で手続が異なったのみでなく、コモン・ローでも訴訟方式ごとに手続が異なっていたために、これらの区別をすべて廃止し、単一の訴訟手続を設けた改革であった[1]。メイトランドは、この単一の訴訟手続、つまり法典訴訟の成立後に、訴訟方式について講義した中で次のように述べた。「訴訟方式は過去のものとなった。今やわれわれが獲得しつつあるのは訴訟原因（cause of action）の合理的かつ現代的な分類である（傍点筆者）」[2]。訴訟方式を廃止した英米法にとって、「訴訟原因」をいかに合理的かつ現代的に分類するかが、一つの大きな課題となったのである。だが、彼が同じ講義の中で、「われわれは訴訟方式を葬ったが、それらはなお墓場からわれわれを支配している」といっているように、「訴訟原因」の現代的な分類を計るについても、なお、古い訴訟方式の支配から脱け出ることは容易ではないようである。したがって、そこには訴訟物の概念はアクチオ的な構成から解放されねばならぬとして、力強く登場したわが国の訴訟物についての新理論の志向するものと密接な共通性がある。

ところで、ここ数年来活況を呈したわが国の訴訟物論も、その第一段階としての理論的整備の検討を終わり、今や実践的場面における妥当性の吟味にかかったといわれている[3]。実践的場面での検討を迫られたとき、当然のことながら、その歴史的におかれた位置づけや、さらに、イデオロギー的性格へのかかわりあいが、意識的に取り上げられる段階にまで達した。[4]その解決は、単に枝葉にわたるお座なりの視点からは、望みうべくもない状態にある。したがって、現在要求されているのは、さらに、巨視的な立場から、事柄の歴史的社会的にもつ意味を確定した上で、そこをふまえて、逆に、個々の問題の合理的な解決の視点を見出すことであろう。

ところで、従来の訴訟物論は、わが国民事訴訟法の沿革的背景から、もっぱら、ドイツの訴訟物論争をふまえながら展開されてきたといえる。しかし、右のような基本的な視点を確立するためには、それだけでは不充分であろう。さらに、他の法系、ことに大陸系と全く異なった法体系である英米法における、これに対応する問題を取り上げることが要請される。本稿は、英米法の訴訟物論を、右のような視点から検討するための序論である。初め、「アメリカにおける訴訟物論」の一部として書かれたが、意外に長くなったことと、発表上の都合によって切り離したものである。したがって、具体的分野において、訴訟物の合理的な基準を定める現代的問題の多くは、次に発表されるべき論稿にもち越されている。[5]法制史の専門家でないものが、自己の専門分野の現代的な問題を吟味する必要から、思わず時代を逆ったにすぎず、初めから、法制史家的な意味で、資料の検討を目ざしたものではないことをおことわりしておきたい。

（1）この問題についてのわが国の文献として、田中和夫「アメリカにおける単一訴訟方式」訴訟法学と実体法学（中村宗雄教授還暦記念論文集）（有斐閣・昭三〇）七五頁以下参照。
（2）Maitland, The Forms of Action at Common Law (1936) 9. 屢々引用される次の文句は、*Ibid.* at 3.
（3）たとえば、シンポジウム「訴訟物について」民事訴訟雑誌九号（昭三八）七八頁以下参照。
（4）たとえば、三ケ月章「訴訟物論における連続と不連続――訴訟理論と訴訟実務の関連についての省察と展望――」法曹時報一四巻一一・一二号（昭三七）（同・民事訴訟法研究第三巻（有斐閣・昭四一）六七頁所収）。
（5）吉村徳重「アメリカにおける既判力の客観的範囲」法政研究三二巻二＝六合併号（昭四一）七二頁（以下、別稿とは本稿を示す。本書一八七頁）。

二　コモン・ローにおける訴訟方式の展開とその欠陥（法典成立の根拠）

(1)　イギリスの封建制度においては、ヨーロッパのそれと比べて、国王の権限が強大であり、ことに中央集権的な国王裁判所は、一二―一三世紀には、各地方に共通の統一法つまりコモン・ローの体系を確立していた。(1) そして、この国王裁判所の管轄権の拡大を可能にしたのは、巡回裁判所と結びついた「訴訟方式」つまり国王の令状の体系であった。(2)

一二―一三世紀のイギリスの裁判制度は、大別して、次の三種の裁判所からなっていた。(3) 最も古くからあったハンドレッド（百戸邑）やシャイヤ（州）の原始共同体の裁判所、次いで、封建的および領主的裁判所、そして最後に、ウエストミンスターの国王裁判所であった。前二者は結局は地域的な管轄権をもった地方的裁判所であったが、初期においては、ほとんどの訴訟は主にこれらの裁判所で解決されていた。中央の国王裁判所は、自己の直属領民の外は、「国王の平和」侵害などの例外的な事件を取り扱った。これが荘園における農業経済に基づき、閉鎖的で地方分権的な封建制度にとり、典型的な姿であったろう。(4) それにもかかわらず、イギリスの国王裁判所は、次第に、地方的裁判所の管轄事項に干渉するようになり、ことに、土地についての管轄権を侵蝕して行ったのである。その動機となったものは財政的収入源を拡大することや(5)土地に対する支配を確保することなど(6)が考えられる。しかし、これを可能にした根本的な根拠は、イギリスの地理的位置やノルマン征服により成立した統一ある王国が順応性をもっていたことなどによって、強力な王権が確立していたことであった。(7) そして、その手段として使われたのが、国王の政治的行政的目的のために発せられていた「令状」であった。(8) メイトランドは国王裁判所の管轄権拡大のために用いられた原則を次の六つに分けて説明する。(9)

(1)　最も初期のノルマン王朝時代（一〇六六―）以来、国王は、封建領主に対して、権利令状（writ of right）を発して、封建裁判所における裁判の欠缺を補充する管轄をもっていた。つまり、封建裁判所において、直ちに、裁判を行うことを命じ、さもなければ、国王裁判所が行うであろうという令状であった。

(2)　ところが、この権利令状は、その内に、国王の直属受封者に対する命令（praecipe in capite）にならって、praecipe quod reddat（彼に返還を命ぜよ）の形をとるようになった。つまり、国王は、州長（sheriff）に令状を与え、被告に対してその不法に留置する土地の即時の「返還を命ぜよ」、もし従わなければ、国王裁判所に召喚して理由をのべさせよと指示した。これが一般的になると、封建領主の裁判権は、完全に無視されるようになった。(10)

(3)　これと同時に、「何人も、自ら欲しなければ、国王の令状なしに、自己の自由保有地について、答弁する必要はない」という原則が確立した。(11) この原則の効果は決定的で、被告は欲するならば、土地に関する事件を領主裁判所から国王裁判所に移すことができた。これが、当時一般的となった praecipe の形の権利令状と結びついて、土地についての管轄権は広く国王裁判所に帰属することになった。

(4)　のみならず、ヘンリー二世（在位一一五四―一一八九）は、国王裁判所における土地に関する訴訟について、被告の選択により従来の決闘裁判や免責宣誓に代えて、陪審裁判（土地の回復のための grand assize）を受けることができるとした。これは、従来の審理方式に較べ合理的であったため、一般に用いられるようになった。

(5)　ヘンリー二世は、さらに、ブラックトンが占有訴訟（possessory assize）と呼んだ、一連の訴訟方式（petty assizes）を作った。(12) 占有を迅速に保護することは「王の平和」の維持であるということが根拠になった。これもまた、権利令状に較べより迅速であったために、広く利用されるようになった。

(6)　ところが、これに対して、一一世紀の末には、訴訟方式の新らしい型が現れた。つまり、古い praecipe の本質である「返還の命令」に代り、初めから、「被告を裁判所の面前に召喚して、何故に一定の行為をして原告に損害を加え、王の平和を侵害したか、を答申させる」命令で初まる令状であった。(13) その一つが侵害訴訟（Trespass）であった。これは、その後、著しい進展を遂げ、一三世紀半ば頃までには、若干の類型的に異なった種類の侵害訴訟が固定した訴訟方式となった。

こうして、ヘンリー三世の治世（一二一六―一二七二）には、令状は必要に応じて発布され、その数も急速に増大した。訴訟方式の黄金時代といわれる。[14] したがってまた、その治世の末までには、国王裁判所は、ほとんどすべての訴訟の第一審としての管轄権を確立し、種々の長所の故に、地方的裁判所を侵蝕してしまった。[15] 当時、ブラックトンは、コモン・ローの無限の発展を期待して、何のためらいもなく、「訴訟原因の数だけ令状の方式があるであろう」（*Tot erunt formulae brevium quot sunt genera actionum*）と述べた。新しい権利が生ずれば、新しい救済としての令状が作られるであろう。だが既に、ヘンリー三世の治世末には、領主の中には、従来認められてきた当然令状（writs of course）以外に新しい令状を出すことに対する不平が高まっていた。領主にとっては、当然令状がなければ訴訟を始めえないという手続の厳格な規則が、恣意的な国王に対して、その財産を保障する唯一の手段であった。[16] エドワード一世時代（一二七二—一三〇七）に活発になった議会は、実質的に立法作用をなす令状について、法定された令状の外は、制定法によらない限り、新しい令状を付け加えることを禁じた。[17] 今や、令状は一定の定まった数に限定され、ブラックトンの原則の逆、つまり「令状の方式の数だけ訴訟原因が存する」（*Tot erunt genera actionum quot sunt formulae brevium*）とした方が適する状態になった。ウエストミンスター第二法律（一二八五）は、既存の令状に類似の事件（Consimili casu）については新しい令状の発布を認めたが、それを越える場合には制定法を要した。しかし、エドワード一世の没後、議会は私法の発展について活動するほどのまとまりをもたなかった。大法官府も、ウエストミンスター第二法律の与えた権限を行使するのに非常に慎重であった。[18]

(2)　農業を基本的経済とし、ひいては土地制度をその支柱とする封建社会にとっては、土地に関する法を整備することが必要であったし、またこれで十分であった。土地法は迅速に、驚くほどまでに発展したし、土地に関する権利を保護するためにはあらゆる手段が講ぜられた。[19] 既に見たように、訴訟方式は、もともと土地に関する救済の手段として生れ、かつ発展してきた。これは、一方で、国王の土地に対する支配を確保する手段になったが、他方、領主や地主階級にとっても、自己の土地を保護する唯一の保障となった。「令状がなければ訴訟なし」

との原則および訴訟方式の厳格かつ慎重な手続が彼らの役に立った。そのために、新しい令状が自由に発布されることや令状なしに行われる訴訟を制限する要請が、しばしばなされ、議会がこれを禁じたのも、この地主階級の権利の保障の要求に基づいていた(20)。

しかし、そのころ（一四世紀以降）、封建制度解体の過程も着々と進行していた。イギリスでは一四世紀後半から、毛織物業が勢よく成長するにつれ、一方では、都市を中心とした貨幣経済が進展し、他方では、農村における、中産生産者層による「農村工業」が発達した。これがやがて、一六世紀の「マニュファクチャー期」を経て進展するにつれ、次第に商品取引が拡大され、新しい市民階級が分化して行くのである(21)。

このような封建制度解体の過程の中で生じた新しい要請は、古い法律制度の変革をせまった。イギリスよりも経済発展の遅れたヨーロッパ大陸の各国では、この要請は、いわゆる「ローマ法の継受」の進展として表われたことは周知の通りである(22)。イギリスにおいては、既に、中央集権的な司法制度の下に、国家的な統一法としてのコモン・ローが成立していたことが、一部、この要請に答え、「ローマ法の継受」を不要にした(23)。他方、一三世紀末には、既に確固とした組織を築いていた法律家層の、コモン・ローに対してもつ階層的利益（Standinteresse）もまた、「ローマ法の継受」を阻止した(24)。この新しい経済的社会的要請は、イギリス独自の制度の中で充されて行くのである。

初め商品取引の範囲が、都市を中心とする貨幣経済の領域に限られている間は、コモン・ローとは別個に、商人の法（law merchant）が限られた範囲で利用され、その必要を充していた(25)。しかし、新しい市民階級が増大し、商品取引が拡大するにつれ、コモン・ロー自体の中でも、その要請が充されねばならなくなった。そのためには、訴訟方式の自由な発布および手続の変革が期待されたであろう。だが他方、土地に利益をもち、これに執着する地主階級のもつコモン・ローの厳格な訴訟方式の維持への要請もまた依然として、強大であった。議会の制定法による、新令状の附加も遅々として進展しなかった。したがって、新しい市民階級の要請は、この間隙をぬって、充されて行かざるをえないであろう。この調整の役割を果すのは、主に、当時の法律家層、特に裁判官および大法官であった。そして、その手段となったのは、第一に、古い訴訟方式を「法的擬制」によって、新しい要請に適合させること、第二に、衡平法上の救済を別に認めることであった。(26) 一四世紀以後の訴訟方式は、もっぱら侵害訴訟の修正形式として展開し、既に時代の要請に則わなくなった古風な訴訟方式に変っていった。これらの訴訟方式には、Ejectment, Case, Assumpsit, Trover などがあるが、そのほとんどが「法的擬制」の積み重ねによって、時代の要請を充していった適例である。(27)

土地についての Ejectment（不動産回復訴訟）は、初め、農業経営の大規模化につれ一般的となった土地賃貸借の、借地人（termor）の占有侵害を保護する *Ejectione firmae*（借地回復訴訟）として現われた。初めは侵害訴訟の変形として損害賠償に止まったが、一五世紀の中頃には、占有回復も可能になった。その後さらに、単に借地人だけでなく、自由土地保有権者（freeholder）もまた、複雑な擬制によって、この訴訟方式を自己の本権を争う訴訟に利用できるようになった。原告は、仮空のジョンドウに土地を賃貸し、これが仮空の第三者ウイリヤムスタイルに侵害された、という擬制であった。Assumpsit（引受訴訟）は、商品取引の拡大化につれ、切実に要求されていた単純契約一般、さらには黙示契約の訴訟上の保護を可能にした。債務履行の引受け（約束）あることが擬制されたのである。広く契約違反の損害賠償請求を認めることによって、古い Debt よりも広い範囲の救済を認め、これに代って行った。Trover（横領訴訟）も、原告の動産の遺失と被告の発見を擬制することによって、動産の侵害により蒙った損害の賠償を請求することを可能にした。古い Detinue よりも広く、これにとって代った。こうして、結局、一六世紀後半から一八世紀までには、Trespass およびその範囲を無形力の行使にまで拡げた Case（場合訴訟）は不法行為法を、Case の拡大の中から生れた Assumpsit は契約法を、そして Trover は動産法を保護する訴訟方式に拡がっていくのである。

このように「法的擬制」は、法律制度をある程度時代の要求に適合させる有用な機能を果した。(28) しかし、その支払った代価も高価であった。つまり、たとえ擬制でも、訴答手続においては、これを真実として主張することは厳格に要求され、古い手続は増々技術的になり、使いにくくなった。これは実体法の展開に手続法が順応しなかったことを示している。そして、他方、錯綜した複雑な手続を維持するための手数が、真の実体的必要性を見失わせることにもなったのである。[29]

大法官府による衡平法が、このように技術化したコモン・ローの厳格さを緩和するために、補助的な制度として用いられるようになったのも、まさにこの時代（一四世紀以降）であった。[30] 初めは、これは、コモン・ローと一致した原則を目ざし、強調していた。しかし、その内に、両者は、全く別個に、しばしば衝突をきたす、対立的な法域を確立することになった。[31] その結果、結局は、裁判制度はますます複雑なものとなった。[32]

アメリカにおいても、一八世紀の末頃までには、イギリスの法制度が完全に移し入れられていた。[33] 初期の植民地時代には、単純な生活環境に応じて、いろいろの形での素朴な正義の理念に従った裁判がなされ、母国法からは相当に離れていた。しかし、一八世紀に入って、植民社会も高度に発達し、組織化されると共に、法律書の移入も増え、多数の法律家層も養成されてきたために、母国のコモン・ローの継受が進行した。こうして、市民革命（独立戦争）頃までには、コモン・ローが多くの裁判所を支配していた。[34] 衡平法は、植民地時代には、一般に知事や特別裁判所などによって行われたが、不規則で間欠的であった。独立後に初めて、一般に規則的な裁判所の管轄事項となった。[35] だが、衡平法が、国王によって、自由と権利の剥奪の手段に使われたという革命前の恐怖は、その後も各所に痕跡を止め、州によっては、衡平法管轄は徐々にしか認められず、一九世紀に入っても、これを認めない州もあった。したがって、ここでは、一時、コモン・ロー裁判所で、衡平法上の救済を認めるという結果も見られた。[36] その他、いろいろの修正はあったが、結局、一九世紀初頭のアメリカにおいては、ほとんど、イギリス以来の伝統的な法則が移入されていたといえる。コモン・ローと衡平法の別個の手続による訴訟、訴訟方式の区別、訴訟手続の技術性など、母国法と同様の欠陥もそのまま移入されていた。[37]

(3)　資本主義の進展は、一八世紀には産業革命を迎え加速度化して行った。その進展の中で、土地だけが重要であった時代は終った。商品取引はますます拡大し、動産の比重が増え、当然に、その法的保護が要請された。[38]

既に述べたように、訴訟方式が擬制を重ねながら、契約法や動産法を形成していった。訴訟方式は、もともと、土地について発展したために、その手続は厳格かつ慎重であり、訴訟もまた遅延しやすかった。擬制が用いられたことは、手続をより技術的かつ複雑にした。迅速かつ簡潔な取引法を要請する新しい市民階級にとって、このように煩雑で遅延する訴訟手続は、明らかに桎梏となっていった。ところが他方、土地の利益に執着する地主階級は、なお、厳格で慎重な手続に魅力をおぼえたであろう。封鎖的な法律家層もまた、ブラックストンに見られるような、整備されたコモン・ロー体制について信頼をもち、複雑な手続については手数量利益などの階層的ギルド的な利益をもっていた(39)。

一九世紀初めには、既に近代的な訴訟法典をもっていた大陸の法律家にとって、先ず奇異に映ったのは、コモン・ローと衡平法で別の手続に従っているということであったろう。この二つの全く異なった法域では、全く異なった訴訟手続に従ったのみならず、救済の内容も異なり、コモン・ローでは損害賠償、衡平法では特別救済を原則とした。同じ事項について、相互に矛盾することもあった。コモン・ローでは勝訴できても、衡平法がその訴訟の追行を禁じたり、判決の執行を禁ずることもあった。衡平法の裁判所で、コモン・ロー上適切な救済(adequate relief) のあることが明らかになれば、訴えは却下された。他方、コモン・ロー裁判所でも、事件が衡平法の管轄事項となれば、訴えを却下した。当事者は、コモン・ローと衡平法裁判所の間を往ったり来たりさせられ、その内に時間と費用を費やすということになった(40)。別個の裁判所を設けずに、同じ裁判官にコモン・ローと衡平法の管轄を与えるのが一般であったアメリカにおいても、同様に、この手段の区別は守られた。「われわれは、コモン・ローと衡平法の裁判所をもっている。しかし正義の裁判所はもたない」。そういわれたものであった(41)。

コモン・ロー裁判所における訴訟方式による手続も、大陸における普通法のそれと顕著に対立し、これに対比しうるものは、古いローマの方式訴訟におけるアクチオ訴訟手続だけであった(42)。メイトランドは、その講義の中で、ブラックストン時代から一九世紀前半にかけてのコモン・ローにおける訴訟手続が、その訴えの提起の方法、裁判の方法、立証の方法、執行の方法などについて、それぞれの訴訟方式の差異に従っていかに異なっているかを述べている。[43]各訴訟方式が、それぞれの時代に、それぞれの要請に従って、それぞれ別個に発生し、独自の発展をたどってきた制度である以上、これは避けうべくもない。もちろん、この差異は、学問的な体系によるものではなく、時代と状況に応じて生じたものにすぎない。したがって、実体的には同種の訴えでも、手続上は本質的に異なっていることも多かった。また、多くの場合には、適切な訴訟方式を選択することが決定的に重要であった。もし間違えば、手続はすべて違法になり、訴えを却下された上に、訴訟費用を支払わねばならない。そして、再び、同様に危険な方式の選択を始めねばならない。しかも、多数の訴訟方式のそれぞれの適用範囲を決めることは容易ではなく、[44]したがって、その選択も非常に困難で、こまかい手続上の形式をいかに守るかという技術上のコンテストである観を呈していた。[45]

たとえ、適切な訴訟方式を選択しても、コモン・ローの訴答手続と呼ばれる難解な準備手続が大きな障害となった。この準備手続は、大陸法では、既に告知的な機能を果すだけの役割しかもたされなかったのに、ここでは、実体法をも支配する主人となっていた。[46]この訴答手続も、初期の口頭で行われていた時代には簡潔であったが、一四～一五世紀において書面主義に変って以来、技術的な形式主義に支配されるようになった。原告の第一の訴答（declaration）は、令状の文言と厳密に一致して訴えを支えるに法律上十分な事実を述べる必要があった。この要件は厳格に要求され、少しの形式的な欠陥でも、被告の妨訴抗弁（demurrer）により訴えの却下をうけた。これは、訴えのいかなる段階でも、ことに、陪審評決の後でも同様であった。[47]いきおい、訴答は技術的な形式主義に陥った。その結果、訴答手続によっては、事件の事実関係は全く理解できなかった。特別訴答の必要な訴訟方式では、陳述は複雑になり、難解で、古い文言をそのまま用いるように技術的で冗長化し、真の事実関係を隠すことになった。逆に一般訴答では、抽象的すぎて曖昧であり、何も明らかにならなかった。こうして、訴答手続は、事実を告知し、判決の基礎を示すという役割も果しえなくなっていた(48)。

さらに、同一訴訟において、異なった「訴訟原因」を併合するについても、厳格な規制があった。つまり、原則として、同じ訴訟方式に属する限りでしか、同じ訴訟の中で、複数の訴訟原因を訴えることはできなかった(49)。したがって、コモン・ローと衡平法の請求を併合できないのはもちろん、contract と tort による請求を相互に併合することも禁じられた。さらには contract による請求相互、tort による請求相互の併合も禁じられるのが一般であった(50)。

訴訟手続において、このような「時代離れのした技術」の最もはなばなしかった一九世紀前期のイギリスおよびアメリカは、市民革命はもちろん、産業革命を経過して、資本主義の発達（原始蓄積）過程を完了し、商業も工業も、今や飛躍的に拡大し、鉄道や汽車が運行し初めていた(51)。市民階級が地主階級を凌駕し初め、取引法の比重が古い土地法のそれに優越しつつあった。そういう時に、裁判所での法律家層は、土地について用いられた、昔ながらの手続の中で、訴訟の本案とは関係のない手続上の議論に時間をついやしていた。こうして訴訟事件は山積し、訴訟手続は、限りなく遅延し、費用がかさみ、到底、時代の要請に耐ええなくなっていたのである(52)。

（1）See Jenks, Law and Politics in the Middle Age, (2nd. ed. 1913) 36-38.

（2）高柳賢三「令状の体系」英米法の基礎（有斐閣・昭二九）八三頁以下参照。

（3）See Maitland, The Constitutional History of England (1909) 105-115; Plucknett, A Concise History of the Common Law (5th. ed. 1956) 79-82（プラックネット・イギリス法制史（伊藤正己監修訳）総説編上（東京大学出版会・昭三四）一四五頁―一四九頁）。

（4）Fifoot, English Law and its Background, 1932（フィーフット・イギリス法（伊藤正己訳）（東京大学出版会・昭二七）四〇頁以下）参照。

（5）See Maitland, *op. cit. supra note* 3 at 107. 令状が慣行的な手数料で買われていたこと（*ibid.* 114）や、felony の場合には、escheat（不動産復帰）が可能であったことなど（*ibid.* 110-111）が国王の収入であった。

(6)　Plucknett, *op. cit. supra note* 3 at 355.

(7)　Pollock and Maitland, History of English Law, Vol. 2 (2nd ed. 1968) 558-559; なお、フィーフット・前掲注(4)五一頁—五三頁参照。

(8)　初めは、政治的行政的性格のもので、訴訟開始のためのものではなかった。Plucknett, *op. cit. supra note* 3 at 355-356; しかし、その内に訴訟開始のためのいわゆる original writs になった。

(9)　Maitland, *op. cit. supra note* 3 at 111-114; もっとも、必ずしもメイトランドの順序には従っていないし、その後の研究（Plucknett, *op. cit. supra note* 3 at 353-376 など）によって修正した。なお、Maitland の Forms of Action の講義は、この点をさらに詳細に取り扱ったもので、参照に価する。

(10)　メイトランドは、国王の令状に対する侮辱（contempt）という考え方が根拠になったとしている（Maitland, *op. cit. supra note* 3 at 113-114)。いずれにしろ、こうして領主の権限を剝奪する理由は曖昧で、マグナカルタは国王に praecipe 発布の制限を約束させた。しかしその効果はなかった（Plucknett, *op. cit. supra note* 3 at 356)。

(11)　グランビルが慣習的なものとして述べているが、その起源は一般にヘンリー二世時代とされる。ヘンリー一世時代という見解もある（See Plucknett, *op. cit. supra note* 3 at 156, 357)。

(12)　初めに assize of novel desseisin, 続いて、mort d'ancestor, darrein presentment がヘンリー二世時代に、actions of aiel, bessail and consinage がヘンリー三世時代に現われた。メイトランドもこれを占有訴訟と呼ぶがプラクネットはこの用語はローマ法的な考え方によるものだとしている。権利令状が、essoin（不出頭理由申立て）などで限りなく遅延したし、一般に原告に不利であったことの救済となり、初めは、権利令状の補充ないしは準備として用いられた。

(13)　古く、ゲルマンの訴訟に二つの型があり、特別救済を求める demand と損害賠償を求める complaint の内、後者がその原型となったといわれる（Plucknett, *op. cit. supra note* 3 at 371-372)。その当時における社会的根拠について、フィーフット・前掲注(4)八六頁参照。

(14)　Pollock and Maitland, *op. cit. supra note* 7 at Vol. 2, 564; そして、多くの令状は令状方式書（Register of writs）に収められた。当時の令状の多くは praecipe の形式をとったが、その中に Writ of Entry（不動産占有回復訴訟）、人的訴訟とされた、Debt（金銭債務訴訟）、Detinue（動産返還請求訴訟）、Account（計算訴訟）、Covenant（捺印契約訴訟）などがあった（Plucknett, *op. cit. supra note* 3 at 361-366）。

(15) Pollock and Maitland, *op. cit. supra note* 7 at Vol. 1, 202-203; Maitland, The Frorms of Action at Common Law (1936) 18-19; *id. op. cit. supra note* 3 at 115.

(16) See Plucknett, *op. cit. supra note* 3 at 187, 380-381.

(17) Pollock and Maitland, *op. cit. supra note* 7 at Vol. 1, 196-197.

(18) *Ibid.* vol. 2, 564.

(19) Plucknett, *op. cit. supra note* 3 at 65.

(20) *Ibid.* at 380-381, 187, 中世では「遅く慎重な訴訟が訴訟当事者には有益な保障と考えられた」。

(21) 産業資本の原始的形成の過程を、貨幣経済の発達をもって説明するか、「中産生産者層の両極分解」として理解するかの有名な争いはあるが（この簡単な説明として、大塚久雄・欧州経済史（弘文堂・昭三一）四九頁以下参照）、ここでは、封建的負担の金納化と、いわゆる「囲いこみ」によって、農民は封建的拘束から離れて行き、封建的農業経済が崩壊して行くと共に、新興の生産者層が生れ、さらに分化して行った事実を前提とすれば、十分であろう（なお、これらの点について大塚久雄・近代欧州経済史序説（弘文堂・昭二六）上ノ二参照）。

(22) Von Mehren, The Civil Law System (1957) 7-9, 12. 先ず、大学において、共通の法としての普通法の体系化が進み、裁判所もこれを共通の補充法として採用した。一七世紀には、たとえば、フランスの統一民事手続規則（一六六七）のような統一法の動きがあるが、真の国家的統一法の完成にはフランス革命をまたねばならなかった。

(23) Von Mehren, *op. cit. supra note* 22 at 10-12.

(24) Koschaker, Europa und das Römische Recht (1947) 214-215, ローマ法の継受されたところでは、これらの条件がなかった。マックス・ウェーバー・法社会学（小野木常編訳）（日本評論新社・昭三三）下二五五―二五六頁、三三六頁参照。なお後掲注(39)参照。

(25) Plucknett, *op. cit. supra note* 3 at 65-66, 67, 557-565 これは産業革命に至ってコモン・ローに組み入れられて行く。

(26) Hepburn, The Historical Development of Code Pleading in America and England (1897) 24-30. メインは法を社会の要請に調和させる制度として、法的擬制と衡平法と立法があるとして、その機能を対比して述べている（Maine, Ancient Law (1913) 20-26）。

(27) MAITLAND, *op. cit. supra note* 15 at 56-61 68-72; FIFOOT, HISTORY AND SOURCES OF THE COMMON LAW (1949) 102-113, 330-343, 358-371; なお、くわしく発展の契機をなした事件などについて、FIFOOT, *op. cit. supra note* 4 at 113-25, 371-94; FIELD AND KAPLAN, CASES AND MATERIALS FOR A BASIC COURSE IN CIVIL PROCEDURE (1953) 238-252 参照。

(28) ブラックストンは法的擬制を称賛したが、ベンサムはこれを攻撃した (See HEPBURN *op. cit. supra note* 26 at 29)。See MAINE, *op. cit. supra note* 26 at 17-36. ウェーバー・前掲注(24)二四三―二四四頁は、この技術的擬制が、ギルド化された法律家層の経験的な法実務および法教育の結果として生れたことを指摘する。

(29) HEPBURN, *op. cit. supra note* 26 at 29-30.

(30) Adams, *The origin of English Equity*, 16 Col. L. Rev. 87 (1916).

(31) See PLUCKNETT, *op. cit. supra note* 3 at 188-190, 193-198.

(32) HEPBURN, *op. cit. supra note* 26 at 30.

(33) Millar, The Old Regime and the New in Civil Procedure, LAW: A CENTURY OF PROGRESS, VOL. 1, (1937) 217.

(34) Reinsh, The English Common Law in the Early American Colonies, SLELECT ESSAYS IN ANGLO AMERICAN LEGAL HISTORY, VOL. 1 367-415 (1907).

(35) Walsh, Equity in Modern Law, LAW; A CENTURY OF PROGRESS, VOL. 3, 150-154 (1937); Willson, Courts of Chancery in the American Colony, SELECT ESSAYS IN ANGLO AMERICAN LEGAL HISTORY, VOL. 1, 779-809 (1907).

(36) ペンシルバニヤでは、一九世紀中頃までに衡平法裁判所が認められるまで、この現象が続いた (See Fisher, The Administration of Equity through Common Law Forms in Pennsylvania, SELECT ESSAYS IN ANGLO AMERICAN LEGAL HISTORY, VOL. 1, 809-823 (1907); Millar, *op. cit. supra note* 33 at 218).

(37) Millar, *op. cit. supra note* 33 at 220-221.

(38) PLUCKNETT, *op. cit. supra note* 26 at 68, もっとも、一八世紀には土地も科学的農耕技術の発達により、生産高が急増し、商的企業にあずかる機会を生じたが、複雑化した土地法の単純化は容易でなく、やや改善をみたのは一八世紀末で、同時に訴訟法の改革運動も生じた (*Ibid.* 70)。

(39) ウェーバー・前掲注(24)二四三―二四五頁、中野貞一郎「マックス・ウェーバーにおける裁判の法社会学的考察」同・訴訟関係と訴訟行為（弘文堂・昭三六）三二六頁参照。

（40） Bower, Progress in Administration of justice during the Victorian Period, Select Essays in Anglo American History, Vol. 1, 51-78（1907）; Millar, *op. cit. supra note* 33 at 209-210.

（41） Hepburn, *op. cit. supra note* 26 at 45-46. これがニューヨークのフィールド法典成立の理由の中にあげられている（See, New York, First Report of the Commissioners on Traial and Practice（1848）67-68）.

（42） Millar, *op. cit. supra note* 33 at 210-211 イギリスの訴訟方式の体系が、ローマ法の影響をうけていないのに、その方式訴訟手続と類似していることは屢々指摘される（eg. Pollok and Maitland, *op. cit. supra note* 7 at Vol. 2, 558-560）。しかしローマ法の発展がイギリス法に似ているのは、共和制および初期帝政時代のそれであって、ユスチニヤヌス法典や註釈学派以来の大陸普通法ではない（Koschaker *op. cit. supra note* 24 at 1648ff, 343ff.）。共に国家法を否定し、抽象的一般的理論によるのではなしに個別的に法律問題を取り扱う法曹法としての両法制を比較法的に検討することは、現在的意味においても重要である。法制史的な視点からこの点を取り扱う注目すべき文献として、Peter, Actio und Writ（1957）参照。

（43） Maitland, *op. cit. supra note* 15 at 2-4; なお Pollock and Maitland, *op. cit. supra note* 7 at Vol. 2, 568 参照。

（44） その困難な例として、Scott v. Shepherd, 96 Eng. Rep. 525（1773）参照。

（45） Hepburn, *op. cit. supra note* 26 at 45-51. New York, First Report of Commissioners on Trial and Practice（1848）77-78; その典型的な一例として、次のD. D. Fieldの話を引用しておこう。「私は保険証券に基づいて"assumpsit"の訴えをしたとき、危うく敗訴しかけたことがある。証券が公判で提出されたときに、被告の弁護人が証券に捺印があると主張した。そうなれば"covenant"で訴えねばならぬ。そういえば、証券上にそれらしいものがないでもない。裁判官は眼鏡をかけずにこれを見たが、何にも見えないといって訴え却下の申立てを拒否した。」(See, Hepburn, *op. cit. supra note* 26 at 31)。

（46） Millar, *op. cit. supra note* 33 at 211-214.

（47） コモン・ローの訴答手続についての簡単な説明として、Field and Kaplan, *op. cit. supra note* 27 at 253-260 が明解である。

（48） Hepburn, *op. cit. supra note* 26 at 58-66; New York, First Report of Commissioners on Trial and Practice（1848）137-147.

(49)　Millar, *op. cit. supra note* 33 at 229;

(50)　たとえば、共に契約に基づいていても、Covenant と Assumpsit 共に不法行為でも Trespass と Case はそれぞれ併合できなかった。だが Debt と Detinue、Debt と Account は、例外的に併合ができた（HEPBURN, *op. cit. supra note* 26 at 52-53, CLARK, HANDBOOK OF THE LAW OF CODE PLEADING（1947）. 435-436）。

(51)　たとえば、大塚・前掲注(21)欧州経済史一五五頁以下参照。

(52)　Bower, *op. cit. supra note* 40 at 519-520, 527. ウェーバー・前掲注(24)二七九―二八〇頁参照。

三　改革運動と法典訴訟の成立

(1)　新興市民階級によって支持されたイギリスの市民革命とクロムウエルの共和国（The Common Wealth）において[1]、封建制度の下での法律制度、とりわけ裁判制度が改革の対象になったのは当然であった。訴訟手続の改革の中でも、当時既に、腐敗しきっており、不正でかつ専制的になっていた衡平法裁判所の改革は重要であった。一方でコモン・ロー法律家を衡平法の裁判官にして衡平法のコモン・ローへの融合が計られた。他方、さらに、衡平法裁判所の廃止あるいは権限縮少が提案された。ことに、一六五三年には、遂に実施を見るには至らなかったが、衡平法裁判所を廃止する法律が議会を通過したことは注目に値する。いろいろの問題につき法典化の計画もされたが、制定法を含めて、フランス革命のそれなどに比べれば、不統一のものであった[2]。いずれにしても王政復古（一六六〇）は、この法律改革をもほとんど古に復させた。

その後の改革運動はベンサム Bentham, Jeremy（1748-1834）に初まるといえる。「ベンサム以後のいかなる法改革にも彼の影響がある[3]」といわれるほどに、彼のコモン・ローに対する攻撃と改革の提案は、徹底していたし、優れていた。その批判の第一歩は、彼がオックスフォードで教えを受けたブラックストンがコモン・ロー体制を整備した「英法註解」（Commentaries on the Laws of England）に向けられた。資本主義の上昇期の中流市民階級を代表する功利主義的な個人主義ないし自由放任主義を信ずるベンサムにとって、[4] コモン・ローは、「擬制と技術と不統一からなる限りない混乱であり、裁判の遅延と否定を増進する詭弁の体系」であった。これは、あたかも、フランス革命におけるバスチーユの如く、ただ打破すべき封建制と抑圧と不正の象徴であった。コモン・ローと衡平法の統一と訴訟方式の廃止をといたベンサムは、コモン・ローを打破して、新たに「便宜」を理念とし、合理的に体系化された法典の作成を提案した。初期においては、一般に無視されたベンサムも、一九世紀に入った頃には、次第に、共鳴者を得ていった。[5]

基本的には時代の要請に則った改革の提案が、時が経つにつれて、影響力を増していったのは当然であり、法改革運動は、イギリスでもアメリカでも、次第に拡がっていった。そして、この改革運動の真の担い手となったのは、実は、法律家層ではなくて、訴訟手続の遅延や技術性の真の被害者である市民階級であった。[6]

伝統的な特権をもった法律家層は、現存の法律制度に階層的な利益をもち、新しい改革による利益の喪失をおそれた。確かに、法律家の中にも、一部に熱心な改革者がいたが、[7] ほとんどの法律家層が、保守的に現存の法律制度を弁護し改革に反対したのは、大西洋の両岸において異ならなかった。そこで、改革の主な推進力は、法律家層ではなく、一般市民階級の中に求められねばならなかった。[8]

一九世紀の初頭のイギリスにおいて、訴訟手続の批判と改革のための大々的キャンペーンを開始したのは、ロンドンのジャーナリズム（新聞・雑誌）であった。このジャーナリズムによる改革運動は、直ちにこれに応じた公衆の支持をうけ、一斉かつ執拗に、不合理な訴訟手続とこれに執着する法律家層に集中した。[9] 一八二八年のイギリスの議会による訴訟手続改革のための委員会の設置は、この改革運動の初めての成果であった。しかし、これに基づいて成立した、一八三四年の“Rules of Hilary Term”は、およそ時代の要求から離れた、妥協の産物にすぎなかった。[10]

(2)　アメリカにおける改革運動は、自らベンサムを師と呼んだりリビングストン（E. Livingston, 1764-1836）のルイジアナにおける活動を別にすれば[11]、イギリスよりもやや遅れてニューヨークに始った。だが、改革運動は、ここでは急速に進展した。ニューヨークの議会は、一八四六年には、憲法を改正して、衡平法裁判所を廃止し、コモン・ローと衡平法の管轄権をもつ裁判所を置いた。そして、翌年には、新しい憲法の指示に従って、「訴訟手続委員会」"commission on practice and pleading" の三人の委員を任命し、「コモン・ロー上の既存の訴訟方式と訴訟手続を廃止し、コモン・ローも衡平法も一つの統一した手続とする」ことを規定するよう命じた。三人の委員は、ここでも根強い法律家層の抵抗をうけながらも、法律家でない一般人の支援に支えられて、短期間の内に、革新的でかつ劃期的な訴訟手続の改革草案を作成し、これは一八四八年に議会を通過した。委員の中心となったD.D. Field の名をとってフィールド法典と呼ばれる[12]。このように急速に準備され立法されたのに、この法典は、その後わずか二五年の間に、アメリカの二四の州に拡がり、さらに時の経過と共に、ほとんどの法域に派及したのである[13]。

ニューヨークにおけるフィールド法典の成功は遅々として改革運動の進展しないイギリスにも影響を与えた。だがここでの改革は、ニューヨークのそれに比べれば、徐々に、多数の制定法とその修正を通して行われた[14]。これは、保守的な法律家層を論争を通じて新しい考えになじませると共に、現になされた緩かな改革になれたころに、次の改革を行うという過程をとったのである。かくて、民衆の確固たる支持に基づいた改革運動に抗し難いことを覚った法律家層は、次第に協力的になっていった[15]。この一連の改革の地ならしの上に、一八七三年と一八七五年に、裁判所法（Judicature Acts）が成立した。これによって、コモン・ローと衡平法の裁判所および訴訟手続が、一つに融合されると共に、コモン・ロー上の訴答手続も廃止された。つまり、すべての訴訟は、一つの裁判所（High Court of Justice）において、同じ手続の下に、「請求又は抗弁の原因として主張する主要事実を、簡単な形式で表示する」訴答により行われることになった[16]。

アメリカにおいては、フィールド法典の影響が拡がるにつれ、連邦裁判所の訴訟手続の改革も強く要請されるようになり、新たな改革運動の担い手として、アメリカ法律家協会（American Bar Association）が登場した。この協会は、一八七三年に創立されたが、それ以来、たゆまず、精力的に、法改革運動を推進してきた。(17) これは、アメリカに特徴的な注意すべき現象であり、かってのイギリスほどに、必ずしも訴訟手続についての公衆の規制(public regulation）の期待できないアメリカでは、同協会が、その後の改革運動に主導的役割を果すことになった。(18)

当時の連邦地方裁判所では、同じ裁判官でも、コモン・ローと衡平法の管轄は別々に行使したし、それぞれ異なった手続に規制されていた。このような手続の難点も、一九一五年のコモン・ローの訴訟でも衡平法上の抗弁を認める制定法や、事件の移送を容易にする規則により次第に緩和されていた。さらに、衡平法側では、裁判所に規則制定権が認められていたので、一九一二年の規則で手続が単純化された。このイギリスの新しい手続に従った単純な統一手続の制度が認められると、これは、法改革の指針となった。ところが、他方コモン・ロー側では、連邦地方裁判所の手続を、その所在する州の手続に一致させる必要があったので（Conformity Act of 1872)、各州間では全く統一がなかったのみならず、連邦の管轄や憲法上の権利の基本的事項については一致は認められず、また特定の連邦の制定法が手続に影響するときは、州のそれと反する場合もあった。これらをいかに調整するかは困難な問題となっていた。(19)

アメリカ法律家協会は、これらの難点をもつ連邦地方裁判所法の改革のため、永年努力を積み重ねた。一九一二年には、コモン・ロー上も、衡平法と同様の規則制定権を最高裁判所に授権する制定法のための委員会を作り、一九二二年には、さらに、コモン・ローと衡平法を統合する条項と、裁判所規則に反する制定法を無効にするとの条項および議会への報告を要求する条項を加えた。これらの提案には、いろいろの反対もあったが、結局、一九三三年に法務長官が取り上げ、一九三四年には連邦最高裁判所に、連邦地方裁判所での手続規則を定める権限を授与する法律を通過した。連邦最高裁判所は、この授権法に基づいて、翌年、コモン・ローと衡平法を統合するための手続を作る委員会の委員を任命した。提案された草案は、法律家層の議論に供された後、一九三七年、連邦最高裁判所の採用するところとなり、一九三八年に効力を生ずることになった。こうして、コモン・ローと衡平法を統合し、訴訟方式を廃止した上、さらに一九四二年には、必要に応じて規則を変更する常任委員会を設けるなど、現存する法典訴訟手続の中では最も進んだ訴訟手続が成立することになった。[20]

(3)　一八四八年のフィールド法典の成立以後、多くの州の法典は、これを典型として制定された。これらの型の法典のもたらした共通の重要な特徴として、次の点が指摘できよう。[21] (イ)　コモン・ローと衡平法を統合し、コモン・ロー上の訴訟方式を廃止して、単一の訴訟手続とした。(ロ)　訴答手続は、原則として、二〜三回に限り、訴状（complaint 又は petition）には、訴訟原因（cause of action）を構成する事実を簡潔明瞭に述べるとした。(ハ)　訴訟原因の併合の要件は緩和されたが、「同一事件又は関連事件（transaction）」などの基準を残した。

一般に、このような型の訴訟手続の体制を、法典体制（Code System）、その体制下の訴答手続を法典訴答手続（Code Pleading）という。[22] コモン・ローの公判手続（trial）については、早くから、陪審裁判による公開の裁判所で証人の口頭による交互尋問の手続が確立していて、その口頭主義、直接主義、公開主義の点で、一八世紀における大陸法の近代市民法化のための訴訟法改革の理念となった。[23] したがって、英米法における訴訟改革の対象は、複雑な証拠法を除けば、この公判手続ではなくて、もっぱら訴答手続に集中された。これが一般に法典訴答手続といわれる理由であろうが、ここでは、広く法典下の訴訟手続を、法典訴訟と呼ぶことにした。

いずれにしても、これらの法典によって、訴訟方式が廃止されたことにより、訴訟方式ごとに異なった手続に従う必要がなくなった。さらに、訴えを提起する際にも、選択する訴訟方式を示して訴訟方式ごとに決まった文言を記載する必要もなくなった。一般に、この種の法典訴訟の下では、訴状には、裁判所および両当事者を表示した事件名の外に、訴訟原因を構成する事実および裁判（又は救済）の要求（Demand for the judgement）を記載すべきことになっている。[24] ここに「訴訟原因を構成する事実」というのは、法律上の結論や証拠（間接事実）ではなく、主要事実（material facts, operative facts）の意味であるとされる。[25] 裁判の要求は、われわれの「請求の趣旨」である。[26] そこで結局、訴状には、事件名の外には、請求の趣旨と訴訟原因をなす事実が表示されることになる。

かくて、訴状の記載事項に関する限りは、わが訴状と、その機能の差異を別にすれば、それ程異ならない如くである。とすれば、このような訴訟手続においても、そこで審理判決の対象をなす、いわゆる「訴訟物」に対応する概念もまた、われわれのそれと同じ構成によるのであろうか。ところが、従来から、ここでは「訴訟原因」の概念がこの役割を果すものとされてきた。そして、コモン・ロー手続の下では、この「訴訟原因」の単位は、訴訟方式を基準にして決まっていた。訴訟方式を廃止した法典訴訟の下では、何を基準にして決まるのであろうか。われわれのいわゆる訴訟物論に相当するものが、法典訴訟の下で、新しい重要性を帯びて登場したゆえんである。

ところで、法典訴訟では、コモン・ローと衡平法の区別や訴訟方式の区別を廃止はしたが、コモン・ローの伝統の中で、「訴訟手続の間隙を通して形成されてきた実体法の権利体系」[27]には、それぞれの権利について、これら訴訟手続の区別のいわば残滓といえる要素が付着していた。第一に、コモン・ロー上の権利と衡平法上の権利では、公判における審理の方式も上訴手続の方法も異なる。ことにコモン・ロー上の権利には陪審裁判の憲法上の権利がある。第二に、認めうる救済の内容についても、権利の種類によって伝来の差異がある。コモン・ロー上の権利については金銭賠償が原則であるのに、衡平法上は直接履行等の特別救済が認められる。また権利の種類によって、金銭賠償の範囲も異なって来るし、執行方法にも直接被告の身体への強制が認められるものもある。第三に管轄権や裁判地を決めるについても、それぞれの権利の種類によって異なってくる。第四に、出訴期限法のような一定の制定法は、訴訟方式によって適用が異なっていたので、これはそのまま権利の種類によって差異を生ずる。[28]

このようないわば実体法上のそれぞれの権利関係のもつ特性が、「訴訟原因」の単位を決定するについて、決定的に重要であろうか。もし重要であるとするならば、「訴訟原因」の単位を決定する基準は、実体法上の個々の権利関係によって決められることになろう。もしそうであるならば、われわれは既に葬ったはずの訴訟方式に再び支配されることにならないのか。アメリカのいわゆる訴訟物論争は、これらの点をめぐって対立してきたし、時の経過と共に変遷してきた。これは、根本的には、訴訟方式の区別およびコモン・ローと衡平法の区別を廃止した法典訴訟の目的趣旨をいかにうけとめるか、という考え方の変遷に対応するものであった。

一八四八年のフィールド法典の直接の目的が、既に述べた中世以来の手続上の諸欠陥を除くことにあったのはいうまでもない。フィールド法典を起草した委員会の第一報告書はこう述べている。

「いろいろの紛糾が生じているのは、決して当事者の真の権利関係を確定することが困難なためではない。ただこれらを実現する手段に難点があるためである。裁判所は、今後、不合理な手続上の文言が守られているかどうかという点ではなくて、実体法上の権利は何かを審理することに集中してもらいたい。訴訟法は、そもそも、当事者の実体法上の権利を守り、その侵害を救済するための制度である。訴訟方式が成立した時代は比較的無知な時代であったが、その後法律学は発達して新しい時代の要請に答えてきた。このように発展した実体法上の権利関係を守るための制度である手続法が、これに適するように発展することが何故に阻止されねばならないのか。今や何の価値もない訴訟方式の廃止を勧告するに躊躇するところはない。(29)」

「訴答手続においても、架空の事実を述べたり、解りにくい言葉を用いるべきではない。裁判所や陪審に説明するような言葉で述べるべきである。自然で、簡単で、解りやすく、十分にその目的を果すような言葉によるべきだ。こうすることは何ら実体法上の権利が侵害されたことにはならない。それどころか、この改革の目的は、もっぱら、実体法上の権利を実現し、その侵害を救済するために、その障害となった制度を除去することである。(30)」

このような法典成立の趣旨はどううけとられたであろうか。伝統的な立場では、これは実体法上の権利を実現するためには、障害となる古い手続を廃止して、合理的で明確な手続を設けるという趣旨にとられた。(31)権利の実現にとって重要なことは、訴訟手続が「法的確実性（Stability）」をもつことである。[32]そして、「訴訟原因」の単位を決める基準も、最も「明確性」を期しうる権利関係に求められた。「訴訟原因」とは、この権利関係の発生要件をなす主要事実の集合体に他ならない。[33]訴訟法上の融通性という要請は、多数の「訴訟原因」を同一の手続に併合することによって達成できる。これはコモン・ロー手続では不可能であったのだ。その場合にも、それぞれの「訴訟原因」は別個に明示されねばならない。「訴訟原因」は訴訟の単位として、審理の範囲を明確にするという有効な機能をもっている。訴訟の単位が明確にされて初めて、審理をうける権利が保障され、既判力の勝手な適用から当事者を保護できる。[34]

その趣旨とするところは、訴訟手続の分野における「確実性」ないし「合理的法則性」の要請である。一般に、法律の分野における、「予測可能な裁判」としての「合理的法則性」は、資本主義社会の上昇期における古典的な近代市民法の特性とされる。[35]そして、まさに、一八四八年のフィールド法典は、産業革命を完成して、ようやく資本主義の発展（原始蓄積）過程を終った頃の立法であった。当時の市民階級にとって、中世以来のコモン・ロー上の技術的かつ不合理な手続の拘束は耐え難かったが、同時に、裁判官の裁量を認めて、手続を不安定にすることは、資本主義法としての「合理的法則性」を失うことを意味した。原告の考えも及ばなかった権利関係についても、個々的に異なる裁判官の自由裁量による「訴訟原因」の決定によって、再訴できなくなることもあろう。これでは、「合理的法則性」つまり訴訟の結果の「計算可能性」は失われる。[36]初期の判例を支配した"the theory of pleading" doctrine はこの「確実性」の要請を示している。つまり訴状に主要事実を記載する際にも、その基準となる一定の権利関係が選択され、この原告の採用した権利関係は、審理および判決の範囲を決定するという原則である。この原則を徹底した判例は、同じ事実関係について法律的性質決定が変っても、新しい法律関係への訴状の訂正を許さないとした。[37]さらに、裁判所の判決の範囲もまたこれに限定されるとする立場に連なる。[38]

だが、同じ事実関係について、法律的性質決定が異なることが明らかになっても、これを訂正できなければ、実体権の実現が手続上の制限により阻まれることになる。これでは法典の趣旨に合わないし、結局は、訴訟方式の区別を維持するに等しい。新しい判例および学説の傾向は、このような反論の中から生まれた(39)。

フィールド法典の起草者は、訴答手続の厳格性を緩和する点において、「裁判上の便宜性」を目ざしながら、他方では、訴答手続を明確に述べさせることにより、裁判官の自由裁量を排して、手続の「明確性」「確実性」を欲している。しかし、この「明確性」の理念は、手続法がもっぱら実体権の実現に奉仕すべきものであれば、維持できないであろう。したがって、法典改革の目的は、実体法上の権利を手続上の障害なしに効果的かつ経済的に実現するための「裁判上の便宜」（Trial Convenience）を目ざすものである。そこで、「訴訟原因」の範囲もまた、権利関係の性質に規制されるのではなく、裁判所が、プラグマティックに、個々の事実関係に応じて決めるべきである。先例によって決することもあろうが、決定的には、「裁判上の便宜」に基づいて、裁判所の自由裁量に委ねられる(40)。

このような新しい傾向が有力になりつつあった二〇世紀のアメリカでは、すでに独占的大企業が目ざましく発展していた。資本主義経済は新しい独占段階に入り、従来の法原則では処理できないような複雑な社会現象を生んでいた。一般に、独占段階に入った現代資本主義法においては、古典的な意味における「合理的法則性」は、これを維持できないということがいわれる。「訴訟原因」について、一方で、伝統的な見解が、訴訟手続における法則性と確実性を理念としたのに、他方では、これを否定して、結局は、「裁判上の便宜」のために、裁判所の自由裁量に委ねるという、いわゆる「プラグマティック概念」が登場したのは、右のことと規を一にするのであろうか。アメリカの法思想自体の中にも、その頃からプラグマティズムの思想が一般化し始めた。連邦裁判所規則制定の主な推進母体であったアメリカ法律家協会において、最も指導的な役割を果したロスコー・パウンドがこのプラグマティズム法学の驍将であることは周知の通りである。パウンドが自己の理論を第一に実現すべき最も適切な場面だと考えたのは訴訟手続の改革事業であった。[41]

一九三八年の連邦裁判所規則（Rule 9(a)）は、「訴訟原因」という用語を用いるのを避けて、訴状には「訴答当事者に救済をうける権利があることを示す請求（claim）の簡潔かつ明瞭な記載をする」と規定した。起草者たちは「訴訟原因」の用語を使わずに「請求」に変えることによって、裁判所が「訴訟原因」についての決定の難しさから解放され、プラグマティックな取り扱いをすることを望んだのだといわれる。[42] その起草者の一人であったクラーク判事は、この規則の本質は、個別的に特定の事情に最も適するように訴答手続を発展させる広範囲の裁量権を公判判事に委ねたところにあり、プラグマティックな「訴訟原因」の考えに最も理解を示した立場に立っているという。[43] そして、連邦規則の下での判例においても、「訴訟原因」について伝統的な見解は影をひそめ、より融通性ある見解が一般的になりつつある。[44]

（1） たとえば、Hill, The English Revolution 1640, (3rd. ed. 1955)（ヒル・イギリス革命（田村秀夫訳）（創文社・昭三二）一頁―九四頁）参照。

（2） Robinson, Anticipations under the Commonwealth in the Law, Select Essays in Anglo American Legal History, Vol. 1, 467-491 (1907).

（3） Maine. の言葉。See Dillon, Bentham's Influeuce in the Reforms of the Ninteenth Century, Select Essays in Anglo American Legal History, Vol. 1, 492 (1907).

（4） このようなベンサムの評価として、Dicey, Law and Public Opinion in England (1924) 126-134,（ダイシー・法律と輿論との関係（清水金二郎訳）（川瀬日進堂・昭一〇）一七九―八五頁）参照。

（5） Dillon, *op. cit. supra note* 3 at 496, 501-505, 507; つまり、初めはRomilly, Langdellそして後には、Brougham, Mackintoshなどは、ベンサムに共鳴し、いずれも議会に議席を以て、その法改革のための努力は歴史上も有名である (See Plucknett, A Concise History of the Common Law (5th. ed. 1956) 73-75; Dicey, *op. cit. supra note* 4 at 168-184)。

（6） See, Sunderland, *The English Struggle for Procedural Reform*, 39 Harv. L. Rev. 725 (1925).

（7） See Bower, Progress in Administration of justice during the Victorian Period, Select Essays in Anglo American History, Vol. 1, 533; 更に、Plucknett, *op. cit. supra note* 5 at 214 は、Cairns, Selborne, Blackburn, Bramwell の如き指導的法律家が法改革のために、その才能を捧げたことを見落すべきでないという。

（8） イギリスについてはSunderland, *op. cit. supra note* 6 at 725-727, アメリカについては、D. D. Field が「法律家は、その職業がら古い制度に執着するものだ。」「何か相当の変革がなされる場合にはいつも、少数の法律家により、一般人の声の支持をうけてなされてきた」（See Hepburn, The Historical Development of Code Pleading in America and England (1897) 83）と述べている点を参照。

（9） Sunderland, *op. cit. supra note* 6 at 728-738.

（10） Hepburn, *op. cit. supra note* 8 at 74-77.

（11） 彼の活動の様子について、Hepburn, *op. cit. supra note* 8 at 78-80; ベンサムから影響をうけた点の詳細につき、Dillon, *op. cit. supra note* 3 at 507 n. 1 (507-509)、リビングストンのルイジアナ法のフィールド法典への影響につき、New York, First Report of the Commissioners on Trial and Practice (1848) 142 をそれぞれ参照。

（12） Hepburn, *op. cit. supra note* 8 at 80-88 参照。

（13） 一九二八年に、J. Clark, Code Pleading, の初版が出たときに、二八州と二つの準州が「法典州」としてあげられ、一九四八年の版では、二九の州と二つの準州およびコロンビヤディストリクト、更に連邦の各地方裁判所がこの範疇に入るとされている。一九五三年の Field and Kaplan, Cases and Materials for a Basic Course in Civil Procedure (1953) 311 は、さらに多くの州がこの部類に属し、特に、より徹底した改革をした New Jersey ははっきり「法典州」となったとする（also See *ibid.* at 15 note 6）。残りの多くは、「準法典州」といわれ、改革されたがまだ十分でないところで、もはや古いコモン・ロー手続そのままのところはない。（*Ibid.* at 311）。

（14） Hepburn, *op. cit. supra note* 8 at 174-177.

（15） Sunderland, *op. cit. supra note* 6 at 736-737. 法律家達は一歩後退してみると、いままでの恐れからの主張の空しかったことを知った。そして改革の法則を作るのに参加した方が得だと考えるようになった。協力した方が反対するよりも効果的な自己防御になった。

（16） さらに、イギリスの訴訟法改革の特徴は、裁判所に規則制定権を授与し、細目についてはこの規則（Rules）の定めることに委ねた点にある。これは必要性に応じて常に規則を変えうる融通性あるものになった。HEPBURN, *op. cit. supra note* 8 at 182–198; CLARK, HANDBOOK OF THE LAW OF CODE PLEADING（1947）18–21.

（17）See BLAUSTEIN AND PORTER, AMERICAN LAWYER（1954）291f.

（18）Sunderland, *op. cit. supra note* 6 at 738–748 によれば、イギリスの法改革では、裁判所も法曹も中央に集中して民衆の注視を誘きやすいこと、報道機関も中央に集中して、民衆の声を集めるのが容易であったことをあげる。アメリカにはこれらの条件がなく、法律家協会とロールスクールの協力による改革運動を進めねばならないとする。FIELD AND KAPLAN, *op. cit. supra note* 13 at 308 は、従来のイギリス、アメリカでの改革が、公衆の推進力によったのは、法律家が自己の家の清掃をするのを残念としたためであるといい、連邦規則が法律家層の手によって改革されたのを誇りにしている。現在のアメリカ法律家協会などの典型的な考えである。民衆との結びつきをいかに考えているかなど、同協会の性格と共に根本的に検討を要する問題であろう。

（19）CLARK, *op. cit. supra note* 16 at 31–34; 詳細には MOORE, FEDERAL PRACTICE（1962）Vol. 2, 311–348 参照。

（20）CLARK, *op. cit. supra note* 16 at 34–38; 詳細には MOORE, *op. cit. supra note* 19 Vol. 1A 5017ff. 参照。

（21）この型の法典に共通の特徴をまとめたものとして HEPBURN, *op. cit. supra note* 8 at 114–124 参照。それぞれの事項については CLARK, *op. cit. supra note* 16 の各該当する個所参照。

（22）HEPBURN, *op. cit. supra note* 8 at 12–13、この種の法典を採用した州だけを法典州（Code State）といい、一般の法典による手続があっても必ずしも法典州とはいわない。

（23）Millar, The Old Regime and the New in Civil Procedure Law: A CENTURY OF PROGRESS, VOL. 1（1937）215.

（24）たとえば、New York Code of Procedure（1848）〔フィールド法典〕§142〔120 as of 1952〕参照。

（25）CLARK, *op. cit. supra note* 16 at 225–230; New York, First Report *op. cit. supra note* 11 at 144.

（26）田中和夫「アメリカにおける単一訴訟方式」訴訟法学と実体法学（中村宗雄教授還暦祝賀論集）（早稲田大学法学会・昭三〇）八二頁参照。

（27）MAINE, EARLY LAW AND CUSTOM, 389 citd in MAITLAND, THE FORMS OF ACTION AT COMMON LAW（1936）, 1.

（28）CLARK, *op. cit. supra note* 16 at 88.

（29）New York, First Report, *op. cit. supra note* 11 at 67–87. 但し本文は、その要旨をまとめたものである。

(30) *Ibid.* at 141-142, 187. 本文はその要旨のみ。

(31) たとえば「形式より実体が常に重要であることは正しい。しかし、実体法の維持は必然的に手続の法則性（uniformity）にかかっていることを忘るべきでない」（Merry Realty Co. v. Shamokin & Hollis Real Estate Co., 230 N. Y. 316, 325, 130 N. E. 306, 1921). あるいは「裁判の安定した秩序ある実現を確保するためには、訴訟は性格と統一性、原則と形式とをもたねばならぬ」（Cadell v. Allen, 99 N. C. 542, 548; 6 E. S. 399, 1888）とする判例参照。

(32) McCaskill, *Actions and Causes of Action*, 34 Yale L. J. 620（1925）; also see his, *One Form of Civil Action, but What Procedure, for the Federal Courts*, 30 Il. L. Rev. 415（1935）.

(33) McCaskill, *ibid.*, 34 Yale L. J. 638 更に、相互に相当の差異を含みながら、同様に何らかの権利関係を基準にして「訴訟原因」の単位を決めようとする見解として、Gavit, *The Code Cause of Action: Joinder and Counterclaims*, 30 Col. L, Rev（1931）; *id. A "Pragmatic Definition" of the "Cause of Action,"* 82 *U. Pa. L. Rev.* 129（1933）; *Wheaton, The "Code cause of Action"; Its Definition*, 22 *Corn.* L. Q. 1（1933）; Keeton, *Action, Cause of Action, and Theory of Action in Texas*, 11 Tex. L. Rev. 145（1933）; Harris, *What is a Cause of Action*, 16 Calif. L. Rev. 459（1928）などがある。この点についての学説の展開の詳細な検討は別稿にゆずる。

(34) McCaskill, *ibid.*, 34 *Yale L. J*, 620-621, 625-639.

(35) これは、しばしば、いわれることであるが、たとえば、マックス・ウェーバー・法社会学（小野木常編訳）（日本評論新社・昭三三）上四八―九頁、下三二一頁・三七〇頁など参照。中野貞一郎「マックスウェーバーにおける裁判の法社会学的考察」同・訴訟関係と訴訟行為（弘文堂・昭三六）三三五―三三七頁参照。

(36) See Clark, *op. cit. supra note* 16 at 259-262; なお、"theory of case" doctrine という。See Millar, *op. cit. supra note* 23 at 240-241.

(37) Klipstein v. Raschein, 117 Wis. 248; 94 N. W. 63（1903）; Mescall v Tully, 91 Ind. 96, 99（1883）.

(38) Clark, *op. cit. supra note* 16 at 272-273; もっとも、一般には主張した事実が立証されれば、法的性質決定にかかわらない（See Millar, *op. cit. supra note* 23 at 240）。さらに、多くの法典が、「答弁書の提出あるときは、裁判所は原告に対し、訴状に述べられ且つ争点に含まれる事件に合するいかなる救済をも認めうる」（New York Code of Procedure（1848）§275）旨の規定を含み、この趣旨に反する。

(39) See CLARK, *op. cit. supra note* 16 at 192-193. なお、注(36)以下本注に至る問題点につき、特に訴答手続の機能の変遷をめぐる、学説および判例の展開の詳細は別稿（吉村徳重「アメリカにおける訴訟物論の展開」民事訴訟雑誌二号（昭三九）三〇頁（本書八七頁）、「アメリカにおける既判力の客観的範囲」法政研究三一巻二―六合併号（昭四一）七一頁（本書一八五頁））にゆずる。

(40) Clark, *The Code Cause of Action*, 33 Yale L. J. 817-820, 829-831 (1933); *id.*, *The Union of Law and Eguity*, 25 Col. L. Rev. 3-5 (1925); CLARK, *op. cit. supra note* 16 at 127-129; Arnold, *The Code "Cause of Action" Clarfied by United state Supreme Court*, 19 A. B. A. J. 215 (1933): クラーク判事は、「裁判上の便宜」から「訴訟原因」の範囲を決めるについては、研究者的な立場からでなく、裁判実践の立場から考察さるべきで、結局、素人である証人が自然にするように、素人が見て一の単位と思われる事実の集合体であるとするのが、最も役立つだろうという。しかし、これとても、結局は、問題を裁判官の自由裁量にゆだねるということであることを認める。(See, CLARK, *op. cit. supra note* 16 at 137-138)。

(41) REUSCHLEIN, JURISPRUDENCE, ITS AMERICAN PROPHETS, (1951) 103 esp. 149-151; Pound, *Some Principles of Procedural Reform*, 4 Ill. L. Rev. 308, 491 (1919); *id*, *The Canons of Procedural Reform*, 12 A. B. A. J. 541, 543-545 (1926).

(42) MOORE, *op. cit. supra note* 19 at 359.

(43) CLARK, *op. cit. supra note* 16 at 244, 147-148.

(44) See MOORE, *op. cit. supra note* 19 at 303-307, 354-394.

四　むすび

現代資本主義法の研究者としての課題は、おそらく、複雑に錯綜した現実を直視して、その歴史的かつ社会的要請をふまえた上で、「合理的な法則」を確定することであろう。訴訟物の範囲を決定する基準を定めるについても同様のことがいえる。ところで、現代資本主義法としての訴訟法、ことに、アメリカの場合には連邦裁判所規則の下では、前節で指摘したように「合理的法則性」はくずれ去らねばならないであろうか。「訴訟原因」についてのプラグマティック概念といわれるものが、その範囲決定を公判判事の自由裁量に委ねるとするときには、この「合理的法則性」の訴訟法における否定を意味するのであろうか。

もし、ここでの「合理的法則性」が、しばしば指摘されているように、近代市民法の一特徴である「抽象性」「形式性」を意味するとするならば、それは場合によっては、「具体的妥当性」に置きかえられるかもしれない。だが、「合理的法則性」は、必ずしも「具体的妥当」の判断と相容れないものではないであろう。事実、資本主義の最も典型的な展開をみた、イギリス・アメリカにおいては、大陸法に比して、個別的かつ帰納的に先例に従ってなされた具体的判断の積み重ねが、コモン・ローの実体法に関する限りは、資本主義の発展に応じ、その要請を充して来た(1)。他方、資本主義の展開に応じ得なくなった訴訟手続を改革する際に、「合理的法則性」をも共に否定することは、「浴湯と共に赤子を捨てる」ことにならないであろうか。ウェーバーに従って、大陸法に成立した体系的市民法（普通法）が、「形式的合理性」をもっていたとするならば、英米法的な近代市民法は、経験的な先例拘束によって「具体的合理性」をもっていたのではないか(2)。したがって、そこで近代資本主義法として共通に要求されていることは、「合理性」であり、「法則性」である。言葉を変えるならば、いわゆる「計算可能性」という点に求められねばならないであろう(3)。これは、「個々の事件の評価が、たとえば、倫理的もしくは感情的、場合によっては政治的な基準によってではなく、没主観的な基準によってなされ、それ故にまた、法適用の確実さ（Sicherheit）が保障される(4)」という意味であろう。

現代資本主義社会の複雑化は、訴訟物の単位を決めるについても、古典的市民法におけると全く同じ基準に執着することとは相容れないであろう。だがそのことが、右のような意味での「合理的法則性」を放棄することを正当化するであろうか。フィールド法典の下での伝統的な訴訟物論のめざした、「確実性」（Stability）は、連邦裁判所の下でも、新しく実体法および訴訟法の実践という視点に立って、訴訟物の単位の現代的なかつ合理的な類型化を通じて確保されるのではあるまいか。具体的には、判例の積み重ねによることになろうが、学説は、これを全く公判裁判官の自由裁量に委ねるとすべきではないし、積極的に基準を示す課題をもつであろう。(5)

(1) むしろ、積極的に、英米法の経験主義と伝統主義とが、大陸で絶対主義が支配していたときに、自由の防壁になったという評価もある。たとえば、Peter, Actio und Writ (1957) 8参照。マックス・ウェーバー・法社会学（小野木常編訳）（日本評論新社・昭三三）下二八五頁は、イギリスでの法形成が資本主義的な、私的利害関係人に奉仕する法律家層の手中にあったこと、および裁判がロンドンの国家裁判所に集中し、裁判の費用が高かったため無資力者には、裁判の拒絶になったことが、資本主義の発展に役立ったとしている。

(2) ウェーバーにおいては、「形式的合理性」とは、「実質的合理性」に対立する概念として、近代法の一つの型である大陸法における継受されたローマ法（普通法）を指す。マックス・ウェーバー・前掲注(1)上八一—八二頁、下三三三—三三六頁参照。英米近代法は、いわば、これからの偏差として、その合理性の態様も大陸法とは異なるのである。同書（下）三八三—三八四頁参照。

(3) 原島重義「民法規範の抽象的性格について」法政研究二九巻一—三号（昭三八）三二一頁—三三三頁参照。

(4) 原島・前掲注(3)三四頁。ただし、表現を一部変更した。

(5) 最近のアメリカの学説が、たとえば、既判力の客観的範囲を決める基準について、より具体的に類型化された事実関係毎に、それぞれの基準の妥当性を吟味し（Cleary, *Res Judicata reexamined*, 57 Tale L. J. 339 (1948)）、あるいは、いわゆる裁判官の裁量権の意味と限界を劃しようとする傾向にあるのは（Schopflocher, *What is a Single cause of Action for the purpose of the Doctrine of Res Judicata*, 21 Oreg. L. Rev. 319 (1942)）、本文と同様の視点に則う方向を示すものといえる。この点の詳細も別稿（吉村徳重「アメリカにおける既判力の客観的範囲」法政研究三二巻二—六合併号（昭四一）七一一頁（本書一八五頁））にゆずる。

（九州大学法政研究三〇巻三号、一九六三年）

第三編　アメリカ民事手続法における訴訟物の展開

第三章　民事手続における訴訟物論の展開

一　問題の所在

(1)　訴訟物論といえば、訴訟で審理判決する対象が何であり、その単位ないし範囲を決める基準が何であるかという問題についての理論だと考えてよかろう。このような問題は、アメリカにおいても、「訴訟原因」(cause of action) をめぐって争われてきたが、これはわが国やドイツにおける訴訟物論争と対応するといえる。ところで、わが国ではアメリカの訴訟物概念は、きわめてルーズに解されているとの紹介が多く[(1)]、事実、最近の傾向は、プラグマティック・アプローチの影響をうけて、極めて弾力的かつ便宜的に把える方向にある[(2)]。しかしながら、これとてもアメリカにおいてはめずらしく理論的な争いになったといわれる論争を経てたどりつつある方向を示すにすぎず、その点を抜きにして結論だけをうのみにすることは、問題の真の所在を見失うおそれがなくはない。

アメリカにおける訴訟物論争の契機となったのは、一八四八年ニューヨークに始まるコード・プリーディング (code pleading) の成立であった。コモン・ローにおいても用いられていた「訴訟原因」という用語は、たとえば、同じ訴訟方式 (forms action) に属するいくつかの訴訟原因を併合して訴える場合のように、事実関係が異なる場合の区別の基準として用いられていたにすぎなかった。コモン・ローのリット体系 (writ system) の下において、訴訟方式ごとに手続を異にしていた制度の下では、審判の対象は、この訴訟方式からはみ出すことは不可能であり、したがって審判の範囲を規定するものは、第一にこの訴訟方式であったのであって、「訴訟原因」のもつ意味は余り重要ではなかった。しかし、法典によって、この訴訟方式の手続上の区別が廃止されるに至ると、審判の対象を意味する訴訟原因の範囲は、新しく重要な意味をもつに至ったのである。(3)

法典成立当初における多数の判例が、この「訴訟原因」の同一性を定めるについて、訴訟方式の区別に由来する実体法上の権利の差異を基準にするに至ったのは、コモン・ローにおいて共に審判の対象を規制していた「訴訟方式」と「訴訟原因」との出合いであったといえる。そして、そこで強調されたことは、「訴訟原因」が審判の範囲を定めるについて必要とされた「確実性」(certainty) の要請であった。審判の対象である「訴訟原因」の同一性が、実体法上の法的視点を基準にしてきまること、つまり the legal theory of pleading doctrine は、この「確実性」ないし「予測可能性」(predictability) の最上の手段であったと思われる。(4)

このような見解を成立させたのは、もちろん、後述するように、新しく成立したコード・プリーディング自体が、この「訴訟原因」を示すについて、「確実性」を要求していた点にあった。しかし法典は、コモン・ローの訴訟方式の区別を取り除き、厳格な形式主義を廃止したときに、同時に「融通性」(flexibility) を達成することをも要請していたのであった。フィールド法典成立当時の歴史的背景を考えれば、「確実性」と「融通性」という二つの理念の調和が高く理想とされていたことはうなずける。(5) しかしながら、その後二〇世紀も前半を経過する間に、学説および判例の展開は、「確実性」の強調から、次第に「融通性」の要請に力点をおく方向に向いつつあるように思われる。(6)「訴訟原因」については、プラグマティックな定義といわれる見解がこの方向の先端を示しているといえる。そしてこの傾向は、一九三八年の連邦民事訴訟規則が、「訴訟原因」に代えて、プラグマティックな内容を示すものといわれる「請求」(claim) という用語を用いたことに具体化されたのである。(7)

これは、ほぼ一世紀にわたろうという間にアメリカにおいて展開された訴訟物論変遷の大要であるが、その大きな流れにおいて、ドイツやわが国における訴訟物論の変遷との類似性を指摘せざるをえない。しかしながら、もちろん、これを比較検討して、わが国の訴訟物論にとって何らかの方向づけないし問題点を採り出すためには、両法制が基本的に異なった背景と構造に立っていることを前提としなければなるまい。アメリカにおける訴訟物論の右のような展開も、いろいろの制度的規制の下に、いろいろの問題点を含みながら進展してきたからである。本稿は、このような訴訟物論の展開を制約し、方向づけたと思われる制度的な要因、およびそのようないろいろの制度的規制の下で進展してきた判例の変遷を通じて、訴訟物論展開の問題点を探ってみることを目的とする。このように、具体的な制度や実務を検討することによって、一般にルーズに解されるに至ったといわれる、いわゆるプラグマティックな「訴訟原因」についての見解が、どのような制度的要因を契機に生み出され、いかなる点に問題を含んでいるかを浮き彫りにすることができると考えるからである。

(2)　ところで、訴訟物論の契機をなした法典の下において、「訴訟原因」をいかに解するかが、決定的に作用するいくつかの事例がある。これらの制度こそが訴訟原因についての見解の展開を規制してきた要因に他ならないわけである。これらの事例を、はじめにここで列挙すれば次の通りである。(8)

第一に、訴状には形式的な表題をかかげるほかに、「訴訟原因」を構成する事実を簡潔かつ明瞭に記載すること、および「救済ないし裁判の申立て」(demand for judgment or relief) をのべることが要件とされている。そして「訴訟原因」を構成するに十分な事実がかかげられていないときには、ディマラー (demurrer) または申立て (motion) による異議の対象になるので、「訴訟原因」を構成する事実とは何かということが重要な問題となる。

第二に、法典によれば、訴状の記載事項について、当然に、あるいは裁判所の許可をえて主張補正 (amendment) をすることが認められている。ただ、訴状の主張補正については、これが「訴訟原因」の変更をもたらさない場合に限るという制限が一般的であるために、「訴訟原因」をいかに考えるかが重要な影響をもつことになる。ことに、変更により生ずる新しい「訴訟原因」についてすでに出訴期間 (limitation of action) が経過しているときに、これをいかに処理するかは訴訟物論の展開に大きく作用してきた要因であったといえるのである。

第三に、法典は、コモン・ローより自由に、同じ訴訟において「訴訟原因」を併合して訴えることを認めている。ただ、自由な併合（free joinder）を認めるところ以外では、いくつかの「訴訟原因」が一定の類型に属するか、あるいは、「同一事件」（same transaction）から生じたものであることが要件とされる。そこで、「同一事件」と「訴訟原因」の関係が問題となる。また、併合した「訴訟原因」を別個に記載する必要性や選択的に主張することの可否は、「訴訟原因」の範囲を定めるについて重要な要因をなしたのである。

第四に、直接には法典に規定されていないが、従来から認められてきた同一訴訟原因の分割請求禁止の法則（rule against splitting a cause of action）の法典の下での適用範囲も、この「訴訟原因」の範囲をいかに解するかと密接な関連を持ってくるのである。これによって、別訴係属の抗弁とレス・ジュディカータ（res judicata）の及ぶ範囲が決まることになるのである。

アメリカにおける訴訟物論は、「訴訟原因」についての考え方の違いによって差異を生ずる右のようないくつかの事例に規制されながら、それぞれの場面でいずれが妥当な結論に達するのか、あるいは、いずれが法典の趣旨に適しているのか、という点をめぐって争われ進展してきたのである。そして、これらのアメリカにおける訴訟物論争の試金石とでもいうべき事項が、ドイツやわが国におけるそれとすこぶる類似していることは、共に訴訟における審判の単位をいかに把握するかという問題である以上、当然でもあろう。しかし、これらの事例も、こまかく検討するといろいろの差異があるだけでなく、基本的に、いろいろの点で制度的な差異を背景にしているのだから、その点を確かめることが、アメリカの訴訟物論のもつ意味を探るについての前提となる。

そこで第一に、アメリカ民事訴訟法の骨子をなすプリーディング、その中でも、とくに訴状の記載事項を大陸法のそれと比較検討することからはじめねばならない。コード・プリーディングにおける訴状の記載事項をいかに解するかは、「訴状原因」についての見解の進展を決定的に方向づけたからである。

次いで、コード・プリーディングの下で、訴状を記載するについての基準とされたリーガル・セオリー（実体法的視点）が、審判の範囲を規制するのにどのように作用したかを、いわゆるリーガル・セオリーの原則（legal theory of pleading doctrine）の展開を中心にして検討する。この実体法的視点は、「訴訟原因」の同一性を決めるについて決定的に重大であっただけでなく、プラグマティックな「訴訟原因」の考えに立つ立場にとってもなおその問題点を示しているからである。

このリーガル・セオリーの原則の緩和の道程の中に、一方において「訴訟原因」変更禁止の原則の進展と、他方において、「訴訟原因」併合における個別記載の要件の取扱いの変遷がみられることになろう。「訴訟原因」は、これらもろもろの制度の制約の中で、いずれの事例についても「予測可能な結果」（predictable results）を生ずる明確な基準を示さなければならないか、あるいは、それぞれの場面において望ましい結果を生じうるような「融通性」ある概念でなければならないか、という論点をめぐって展開してきたといえるのである。(9)

ただ、「訴訟原因」の統一的な理解にとって、最も重要な最後の事例である分割請求禁止の原則、つまりレス・ジュディカータについては、本稿では、紙数の都合によってこれを割愛せざるをえなかった。ただ、訴えの変更や訴えの併合の問題が、同一訴訟手続における審判の範囲をどの程度まで可能にするかという問題であるのに対して、レス・ジュディカータは、既に判決された紛争を再びむし返すのを禁ずる法則であるために、そこに払われる配慮（considerations）にも、なお微妙な変化が認められるようである。(10)この点をも考慮して稿を改めることをお許し頂きたいと思う。

（1）　田中和夫「アメリカにおける単一訴訟方式」訴訟法学と実体法学（中村宗雄教授還暦祝賀論集）（早稲田大学法学会・昭三〇）八七―八九頁、田辺公二「米国民事訴訟法における釈明」司法研修所報二三号（昭三四）四二―四三頁〔同・民事訴訟の動態と背景（弘文堂・昭三九）所収〕など。

（2）　吉村徳重「英米法における法典訴訟の歴史的形成――訴訟物論の歴史的背景――」法政研究三〇巻三号（昭三八）七六―七七頁（本書七六―七七頁）。なお、この論文は、本稿の序論として書かれたものであり、同時に参照して頂ければ幸いである。

（3）　この点につき、Clark, *The Code Cause of Action*, 33 Yale L. J. 817, 820–821（1924）参照。

（4）　この点の制度および判例については後述するが、もっぱらこの「確実性」を強調して「訴訟原因」を一定の権利関係を基準にして考える学説として、McCaskill, *Acions and Causes of Action*, 34 Yale L. J. 620（1925）; Gavit, *The Code Cause of Action: Joinder and Counterclaims*, 30 Col. L. Rev. 802（1930）など参照。なお、学説の詳細については、吉村徳重「アメリカにおける訴訟物をめぐる学説の展開」民事訴訟の法理（中村宗雄先生古稀記念論集）（敬文堂・昭四〇）三一七頁（本書一五一頁）以下参照。

（5）　吉村・前掲注(2)七五―七六頁（本書七五―七六頁）参照。なお、学説において二つの理念の調和を計ったものとして、Pomeroy, Code Remedies,（5th. ed. 1929）§347-348; Harris, *What is a Cause of Action*, 16 Calif. L. Rev. 459（1928）をあげることができる。ことにポメロイが「訴訟原因」をプライマリー・ライト（primary right）とその侵害行為によって構成されると定義したことは、その後の判例に大きな影響を及ぼした。詳細には、吉村・前掲注(4)参照。

（6）　Clark, *op. cit. supra note* 3 at 817 に始まり、Clark, Code Pleading,（2nd. ed. 1947）において強力に主張された立場であり、その後の学説および判例に大きな影響をあたえた。「訴訟原因」の範囲は、訴訟方式に由来する実体法上の権利によって細分すべきではなくて、もっぱら審判上の便宜にもとづいてプラグマティックに決めるべきである。結局、これは素人が見て一つの単位と思われる主要事実の集合体であるとした。詳細には、吉村・前掲注(4)参照。

（7）　Clark 自身が起草委員となり、かつリポーターであったことからも明らかである。なお、Moore, Federal Practice, vol.2,（1962）359; Clark, *op. cit. supra note* 3 at 244, 147–149 参照。

（8）　以下の第一、第二、第三については、日本語の文献として、時国康夫・英米法における訴答の研究（司法研修所・昭三〇）四八頁以下・一二三頁以下・一〇三頁以下および後述するところをそれぞれ参照。第四については、吉村徳重「res judicata-rule against splitting a cause of action」英米判例百選（昭三九）二六四頁（本書四七七頁）参照。

（9）　Arnold, *The Code "Cause of Action" Clarified by United States Supreme Court*, 19 A. B. A. J. 215（1933）は、この点の論点を明示し、プリーディングの機能の変遷につれて、プラグマティックな「訴訟原因」のとらるべきことを簡潔にのべる好論文である。

(10)　訴えの変更や併合においては、後述するように、訴状の記載により相手方にどの程度まで事実および法的視点を予告（notice）し、どの範囲において審判の内容についての不意打ち（surprise）を防ぎうるかが中心的な配慮になるが、レス・ジュディカータにおいては、さらに、二重救済の防止や判決の安定性あるいは紛争を一挙に解決してそのむし返しを禁ずる国家的な利益などの配慮をつけ加えるのが一般である。See Cleary, *Res Judicata Reexamined*, 57 Yale L. J. 339 (1948).

二　訴状の記載事項とプリーディングの機能

(1)　「訴訟原因」事実と証拠分離主義

(イ)　法典はファクト・プリーディング（fact pleading）を目ざしたといわれるように、コード・プリーディングの下での訴状の主な眼目は、「訴訟原因」を構成する事実を簡潔かつ明瞭に記載することにあったといわれる。そしてここにいう「訴訟原因」を構成する事実とは、結局は、請求を法律上理由づけるに十分な主要事実（ultimate facts）という意味に他ならない。つまり、法律が請求の内容となる法律効果の発生について必要とする要件に該当する事実であって、証拠的事実（evidential facts）とは区別される。他方において、これは単なる法的結論（legal conclusion）からも区別される。訴状には、証拠的事実や法的結論ではなく、主要事実だけがかかげられねばならない(1)。法的結論はあまりに一般的であり、証拠的事実はあまりに詳細にわたるため、「訴訟原因」を構成する事実の簡潔かつ明瞭な記載にはならないためである。多くの裁判所は、単に法的結論だけを主張する訴状をディマラーまたは申立てによって却下してきたのである(2)。

このようなコード・プリーディングにおける訴状の記載事項を大陸法のそれと比較すれば、直ちに次の二点が指摘されねばならない(3)。第一に、大陸法の訴状における請求原因の果たす役割は、もはや請求を理由づけるための主要事実をすべて主張することにはないということである。これは請求原因につき、事実記載説をとるか、同一識別説をとるかに関連するわけだが、通説である同一識別説によれば、請求を特定するに足る事実をかかげれば足る。請求を理由づける主要事実のすべてを記載しなくとも、アメリカにおけるように却下されることはないわけである。第二に、大陸法の訴状の記載が同時に準備書面の役割をも果しうることはもちろんだが、準備書面は理論上はあくまで弁論の準備であって、確定的主張の予告をなすにすぎない点で、アメリカの訴状の作用とは異なる。アメリカの訴状にかかげられた主要事実は、後述の主張補正を別にすれば、原告の主張事実を確定することになるからである。(4)

(ロ)　このような差異の背景を考えるとき、すぐ気づくことは、アメリカの民事訴訟手続が大陸法系のそれと異なって、主張段階（pleading）と証明段階（trial）の二つの段階を明確に区別する制度をとっていることである。つまり、アメリカの民事訴訟法においては、周知のように、唯一の事実審である第一審の訴訟手続は、陪審制度のために必然的に要求される集中的な審理の行われるトライアルと、この準備として証拠調べの対象となる事実主張の行われるプリーディングとに分かれている。プリーディングというのは、当事者が相互に書面を交換して主張をとりかわす手続である。まず、このプリーディングにおいて、相互の主張が整理され、争点が確定されたのち、トライアルではこの争点についての証拠調べが行われるのである。

このように、主張段階と証明段階を区別する手続は、大陸法においても、かつて、ローマ・カノン法を継受したドイツ普通民事訴訟法に見られたことは周知の通りである。主張段階が終れば、中間証拠判決によって争点が確定され、この点について証拠調べの行われる段階が続いた。法定序列主義および証拠分離主義といわれる手続がこれであった。(5)この制度のもとでは、訴状の請求原因には、請求を理由づける事実をすべて記載すべきであったことはいうまでもない。主張段階で主張されない事実には失権の効果が生じた。これを廃止し、随時提出主義をとった現行民事訴訟法においては、口頭弁論前に当事者双方の提出する書面は、単に弁論の準備のための書面となり、訴状の請求原因も請求の同一性を識別する機能を果せば足ることになったのである。

コモン・ローにおけるプリーディングとトライアルの区別は、まさにこのドイツ普通法の証拠分離主義に対応していたものといえる。ここでも、当事者の訴訟上の主張はすべてプリーディングでなさるべきであって、後になってこれを補正（amendment）することは厳格に制限されていた。(6) したがって、トライアルにおいて証拠調べの対象になりえたのは、プリーディングで主張された事実だけであって、この主張が少しでも証拠の結果とくいちがえば、ヴァライアンス（variance）として敗訴の理由になったのである。(7)

この厳格な規制の緩和は、Jeofailis and Amendments と呼ばれる補正を認める一連の制定法によってもたらされた。初めは、形式的な瑕疵の補正を認めるに止まったが、その後、ウイリアム四世時代の立法によれば、トライアルにおいて主張を立証と一致させるための補正が認められるようになった。その後の立法は、今日に至るまで主張補正を自由に認める傾向を発展させ、ことにイギリスでは、相手方に不利益とならない限度で自由に補正を許す完全な裁量権を裁判所にあたえるようになった。(8) アメリカにおいても、法典は、トライアル前に一度だけは、裁判所の許可なしに、主張補正を認めるし、許可をうればいつでも主張補正ができるのである。(9)

(ハ)　右の説明から明らかなように、英米法における主張段階と立証段階の区別も、トライアルにおける主張補正を許可することによって緩和され、その限りで証拠分離主義も大陸法の随時提出主義に一歩近づきつつあるといえる。もっとも、コード・プリーディングの下での主張補正は裁判所の許可を要するし、この許可もトライアルでは訴訟遅延を理由に拒否されることが多いといわれるから、(10) 原則として補正が認められるヴァライアンスの場合以外は、随時提出主義の下において時機に後れた攻撃防御方法却下の規定がなかなか適用されないといわれるわが国におけると相当にへだたりがあることになる。(11)

それだけではない。英米法において、主張補正をいかに緩和してみても、必然的に集中的な証拠調べの必要なトライアルで、自由に主張補正をすることは、相手方に不利益ないし不意打となることが多いであろう。集中審理の行われないドイツやわが国におけるとは相当に事情を異にするわけである。[12] コード・プリーディングの下での、訴状にかかげる「訴訟原因」を構成する事実はいかなる内容のものとなるかも、このような事情の規制をうけざるをえないであろう。そして、この点を明らかにするためには、どうしても、プリーディングにどのような役割が課されてきたかについて、その歴史的背景をふりかえらねばならない。[13]

(2)　「訴訟原因」事実とプリーディングの機能の変遷

(イ)　コモン・ロー・プリーディング　コモン・ローは陪審制度をとるために、トライアルにおいては、素人である陪審員にも解かりやすいように、単純で明解な争点を提供しなければならない。[14] そこで、これを準備すべきプリーディングの主な機能は、単一かつ明確な争点を形成することにあったといわれる。そして、この要請がリット（writ）体系の下での訴訟方式の手続と結びつくと、厳格な方式と要件の要求される手続を生んだのである。[15] ことに、前述のようなヴァライアンスの厳格な規制はもちろん、当事者のなす主張も選択的であったり、重複的であったりしてはならない。請求の併合も厳格な制限をうけた。そして、ひとつの主張に対してはひとつの抗弁が強制された。つまり、これを否認するか、あるいは認めた上でひとつの抗弁を出すか、のいずれかが要求された。こうして常にひとつの争点だけが陪審の前に示されるような技術的な法則が支配していたのである。[16]

このようなプリーディングの下では、訴状（declaration）の記載も、訴訟方式によって決まりきった厳格な形式をかかげねばならなかった。[17] これでは、社会の複雑化に対処しえないことは明らかであり、一九世紀の前半になると、重複的な主張を認めたり、一般的な主張を認めるようになるのはこのためであった。訴状についていえば、請求についてのいろいろの法的視点を複数の訴因（multiple counts）によって示すことができ、請求を理由づける事実についても、個々の事実を主張する代わりに、これらを含みうる一般的訴因（common count）が用いられるようになった。[18]

(ロ)　コード・プリーディング　法典の起草者たちは、コモン・ロー・プリーディングの右のような展開が、プリーディングをますます冗長にし、形式的な争いを助長する結果になったと批判した。[19] 事件の事実関係は技術的な手続の背後におしかくされ、争いはもっぱら、トライアル前の段階において形式的な点に集中し、訴訟の遅延と正義の否定をもたらした。事件の真の紛争を明らかにしえないプリーディングは、トライアルの準備のために果たさなければならない役割も果たしえなくなったのである。これらのプリーディングの機能とされてきたものに次の四つをあげることができる。[20] 第一に、裁判の基礎となる事実を示して、裁判所が法を適用することを可能にすること、第二に、明確な争点を形成して、証拠調べの対象を単純化すること、第三に、判決さるべき事項の記録を止め、同一事項について再訴を防ぐためこれを特定し、レス・ジュディカータの援用を可能にすること、第四に、相手方に対して、主張内容をあらかじめ通告（notice）して、反対主張や証拠調べの準備を可能にすることであった。コモン・ロー・プリーディングは、その形式主義のために、主張内容である事実の何であるかを全く明らかにすることができない。その結果、これらのいずれの機能をも果たしえなくなった。そこで、コード・プリーディングは何よりも、主張の内容を技術的な形式にとらわれず、解かりやすい簡潔かつ明瞭な言葉で主張することを強調する。[21] 事実主張が明確になされれば、判決の基礎も、争点の整理も、記録の保持も、そして相手方への予告も可能になるはずである。法典が、訴状には「訴訟原因」を構成する事実を簡潔かつ明瞭に記載すべきことを定めたのは、この趣旨の具体化であった。コモン・ロー・プリーディングをイッシュー・プリーディング（issue pleading）と呼ぶに対して、コード・プリーディングがファクト・プリーディング（fact pleading）と呼ばれるゆえんである。[22]

コード・プリーディングにおいて訴状にかかげられる「訴訟原因」を構成する事実が、法的結論であってはならないのは、一般的訴因（common count）のごとくこれが一般的すぎて、事件の内容たる事実を明確に示しえないからであった。[23] 他方、証拠的事実が否定されたのは、逆に、あまりにも細かすぎて、事実記載の明確性が失われるためであった。法的結論や証拠的事実ではなくて、主要事実をのべることにすれば、これは実体法が一定の法律効果の発生原因として定めているのだから、明確な事実の主張が可能になる。つまり、「訴訟原因」を構成する事実をかかげるのに明確な基準を提供するのは、もはや、訴訟方式の技術的な形式ではなくて、実体法上の法律要件であり、訴状にかかげられる事実は、実体法が要件事実にあたるとする実体的事実（substantive facts）ないし主要事実（material facts）でなければならないとされたのである。(24)

このような主要事実によって構成される「訴訟原因」の同一性が、実体法上の権利の単一性を基準として決まるという判例を生ずるのは、右の事情からすればむしろ自然の結果であったように思われる。後述のように、リーガル・セオリーの原則（legal theory of pleading doctrine）はこれを示すものであった。審判の対象たる「訴訟原因」は「確実性」（certainty）をもって呈示されねばならない。これは審理判決の中核となり訴訟の枠組をなすものだからである。リット体系の批判は「確実性」にあったのではなく、「確実性」を紛争の対象にしたことにあったのである。(25)コモン・ローに欠けていた融通性は、訴訟方式ごとに異なる手続を廃止して、自由な「訴訟原因」の併合や主張補正を許可することによって可能になろう。(26)「確実性」と「融通性」とは、新しいコード・プリーディングの下では、このようにして調和されるのである。(27)ようやく産業革命を完成した意気盛んな一九世紀前半の市民階級によって支持された新しい法典が、このように高らかな理想像を描いていたことは想像に難くないのである。(28)

しかし、アメリカにおける法典の具体的運用は、この点について必ずしもその趣旨を成功させたとはいえなかった。ことに「訴訟原因」を構成する事実をめぐって、きわめて技術的な問題が争いの対象になり、プリーディングの段階での形式的な争点をめぐる小ぜり合いは、いぜんとして繰返された。技術的な争いのために訴訟が遅延するというコモン・ロー以来の弊害は、コード・プリーディングにおいても解消されなかったのである。(29)

この技術的な争点の一つが、訴状にかかげられた事実が法的結論や証拠から区別される主要事実であるか否かをめぐるものであったことは、事実主張の基準としての主要事実の「明確性」を疑わせることになった。何が主要事実かは目的にしたがって変るのだから、これを法と証拠から区別されるものとしてそれ自体明瞭なものと考えるのは幻想にすぎない。多くの場合、法と事実は未分離のままに記載されるのであって、結局は、どの程度具体的に事実をかかげるかという degree の問題にすぎないというのが反論の要点であった。(30)

このような新しい考えによれば、訴状にかかげる事実主張の具体化の程度も、ファクト・プリーディングのいうような主要事実であるか否かを基準にしては決まらない。要するに、その基準は、事件の内容をなす事実について、相手方や裁判所が十分に予知できる程度に具体化することであって、十分に予知できさえすれば足るというのである。(31)ノーティス・プリーディング（notice pleading）といわれる考え方であり、プリーディング機能のうちでも予告の機能に力点をおき、これを中心に考えようとするのである。(32)

(ハ)　ノーティス・プリーディング　　ノーティス・プリーディングの理論は、ファクト・プリーディングが、請求を理由づけるために必要な主要事実はすべて主張しなければならないとしたのに対し、当事者は要するに、請求なり抗弁なりがどんなものかを相手方や裁判所に予告すればよいという原則を主張する。(33)主要事実をすべて主張しなければならないとすると、これが一つでも欠けていることを理由に、あるいは主要事実としての具体化が足りないとして、トライアル前の段階で技術的な点についての争を生じ、訴訟の遅延をもたらす。ノーティス・プリーディングはこの弊害を防ぐという点では共通の趣旨に基づいている。ただ、請求なり抗弁なりの内容について、どの程度まで具体的に相手方に予告すべきかについては、必ずしも共通の理論があるわけではない。徹底した考え方によれば、「訴訟原因」の細目について言及する必要はなく、請求なり抗弁なりの性質を述べれば十分であるとする。(34)しかし、むしろ一般的な考え方といえるのは、ファクト・プリーディングと同様に、請求を理由づけるに必要な最少限の主要事実を示さねばならないというプリーディングの役割は無視できないのであって、ただ、事実の性質上、相手方が当然に推測できたり、あるいは、すでに知っていると思われる事実まで主張する必要はないという見解である。(35)

一九三八年の連邦民事訴訟規則は、プリーディングに「主張者が救済をうけうることを示す請求の簡潔かつ明瞭な記載」を要求するだけで、「訴訟原因」を構成する事実を要求していないのは、明らかにノーティス・プリーディングの理論の影響下に成立したことを示している。[36] 具体的に例をあげれば、自動車事故による損害事件では、一定の時間と場所とにおいて、被告は「過失によって」通行中の原告をひいて、これこれの傷害とこれこれの損害をあたえたことを示せば足り、過失の細かい要件を示す必要はない。[37] コード・プリーディングの下では、単なる法的結論として却下されることのあった「過失」やその他の常識化された法律用語も、ノーティス・プリーディングの下では、十分に予告をあたえるという要件を充す。予告をあたえさすれば、法的結論か主要事実かの区別は重要ではないのである。[38] ここで要求されていることは、少なくとも、相手方が答弁およびトライアルでの証拠調べの準備ができるようにすると共に、事件の同一性を特定するというプリーディングの機能を果たすことができればよいということになろう。[39]

プリーディングの機能をこのように限定し、その要件をゆるやかにするノーティス・プリーディングの下では、たしかにトライアル前における技術的な小ぜり合いは減少した。[40] しかし、プリーディングが果すべきだとされた機能は多くこれを果せなくなった。主張を整理して争点を単純化することも、判決の基礎となる具体的事実を示して法の適用を可能にすることも、さらには、これらにつき相手方に十分に予告をあたえることすら難かしくなった。[41] ノーティス・プリーディングの主唱者たちは、こぞってプリーディングと並んで設けられたトライアル前の準備的な諸制度に、これらの機能を果たさせようとする。公判前協議手続（pretrial conference）、ディスカバリー（discovery）、略式判決の手続（summary judgment）などの制度がこれである。[42]

このようなノーティス・プリーディングの下では、トライアル前のプリーディングの段階で、ことに訴状の記載によって主要事実を明確に確定することは困難になった。今や、ディスカバリーなどの補充的な手続を利用して、真の紛争をトライアルに呈示し、トライアルで明らかになった事実について法を適用するという傾向が一般的となってきた。このような単純化されたプリーディング（simplified pleading）の下においては、「訴訟原因」を実体法的視点に従って明確に確定することは困難になってきた。プリーディングだけでは何が主要事実かを明確に確定できなくなったからである。[43] したがって、「訴訟原因」をプラグマティックに理解しようという見解が、ノーティス・プリーディングと相呼応して出現したことは明らかである。ノーティス・プリーディングの下では、このようにして、コード・プリーディングの目ざした「予測可能な結果」を可能にする明確な「訴訟原因」の概念は放棄されざるをえなかった。そして、個々の事例の望ましい解決のために融通性あるプラグマティックな見解がこれに代りつつあるように思われる。[44] 連邦民事訴訟規則が「訴訟原因」に代えて、「請求」という用語を用いたのはこの傾向の具体化であった。起草委員となったクラーク自身が、この規則は、プリーディングの発展の中で、トライアル裁判所が特定の事情に最も適するように大幅の自由裁量権を行使できるようにして、プラグマティックな「訴訟原因」の考え方に確定的な支持を与えたものであるとしている。[45] したがって、ノーティス・プリーディングの下において、訴状の事実記載が事件の同一性を示せば足るとされても、大陸法における権利保護請求権説によって、実体法上の権利を基準にして主張された同一識別説とは、その内容を異にすること明らかである。「訴訟原因」の同一性は実体法上の権利を基準にして決まるのではなく、訴訟における審判の便宜（trial convenience）を基準にしてプラグマティックに決定されることになるのである。[46]

ノーティス・プリーディングの下では、訴状には実体法を基準として主要事実をのべる必要がないとすれば、当然のことながらプリーディングは、もはや、請求を理由づける事実を主張するという機能を果たせなくなったのである。ことに、わが国やドイツの準備書面が相当に詳細な事実までものべていることと対比すれば、英米法の訴状が訴訟資料を提供する役割をもつ点から見て、右のことは増々明らかである。[47] 弁論主義の原則が、当事者の主張した主要事実でなければ判決の基礎にできないという意味を含むとすれば、アメリカにおいて最も徹底しているとされたこの原則は修正をうけねばならないであろう。[48]

もちろん、訴状において、主要事実の一部の主張がなくとも、準備的な手続やトライアルにおいて、当事者自から主張補正の申立てをすることにより補充することも可能である。しかし、この点のより根本的な解決策は、裁判所が証拠にあわせて補正命令を出し、あるいは、異議なく証拠調べがなされた以上、当然に主張補正があったものと見做すという方向に求められているといえる。(49) こうすれば、訴状にはいかに主要事実の主張が欠けていても、訴状が適法とされる限りは、証拠調べの結果明らかになった事実はすべて判決の基礎にでき、そのために判決は違法とされないことになる。これは、一方において、集中的な審理を行わざるをえないために十分の主張補正が期待できず、他方において、プリーディングの簡易化によって、一般的な主張を認める以上、さけることのできない解決策なのかもしれない。わが国やドイツにおけるように、何回となく公判を開くことにより、次第に事実を明らかにし、主張を補充できるところと事情を異にするわけである。(50) そこで、相手方に対する不意打の危険が増すことは当然に予想され、これを防止するために万全の策が期待されるわけである。ディスカバリーなどのトライアル前の諸手続を十分に活用することが、この目的のために強調されるのはもちろん、後述のように、訴状記載において実体法的視点のもつ意味が再び反省されざるをえないゆえんである。

(3)　判決・救済の申立て

最後に、訴状の記載事項のうちで、訴訟物論にとって重要な問題になるのは、判決ないし救済の申立て（demand for relief or judgment）である。法典は前述のように、訴状には「原告が自己に権限ありと考える判決の要求」をかかげることを要求している。この点については連邦民事訴訟規則もほとんど同じ規定を設けており、これがわが国における「請求の趣旨」に当たることは明らかである。(51)

大陸法においては、この「請求の趣旨」が審判の内容を規定することは周知の通りである。つまり、救済の申立ては特定してなされねばならず、認められる救済は特定された申立てと種類を異にせず、数額を超えるものであってはならない、という原則である。(52) 処分権主義といわれる原則であって、当事者は訴訟の事案に含まれる実体法上および訴訟法上の権利について支配権をもつという考えに基づいている[53]。この点については、英米法でも、「判決はプリーディングと証拠に一致しなければならない」という基本的原則があるといわれるが、判決の要求については、具体的には必ずしもこの原則が貫かれているとはいえないことになったのである[54]。

まず、コモン・ローにおいては、訴状には訴訟原因を記載したのちに、形式的な結論として、「原告の五百万ドルの損害に対して、この訴えを提起する」という損害額の要求（ad dammum〔to the damage〕）をかかげた[55]。これは訴状をしめくくるだけであって、もっぱら形式的な意味しかもたなかったのであった。しかし、訴訟方式が明らかになり、主張が証明されれば、この損害額の要求の範囲内で救済が与えられ、これを超えた救済を認めることはできなかったのだから、処分権主義の原則は充たされていたといえる[56]。エクィティにおいては、この救済の申立て（prayer）は実質的な重要性をもっていた。救済の内容を特定してする申立てのほかに、予備的に一般的な救済の申立てをすることが認められていた。特定的救済の申立てが理由がないことになれば、裁判所は訴状にかかげられた事案に適した救済をあたえることができたのである[57]。

法典におけるこの点の規定は、エクィティを部分的に採用したものであろう。すなわち、まず被告が欠席するときは、判決の内容は申立の範囲内に限られるが、出席すれば、申立てにかかわらず、事案に適した救済を認めることができる、というのである[58]。エクィティにおけるように、とくに一般的救済の申立てをしなくとも、被告が出席する以上は、一般的な救済をあたえることができるとしたのである。

したがって、法典の下においては、大陸法における意味での処分権主義の原則はもはやみられないことは明らかである[59]。起草者たちの考えによれば、原告は救済の申立てを誤って判断してかかげることがあるのだから、双方当事者が出席して争う以上は、申立ての内容に含まれていなくとも、事案にてらして原告のうけるべき救済をあたえるべきであるというのである[60]。これは、コード・プリーディングが事実の記載を強調することと密接に関連するように思われる。つまり、訴状には法的な結論ではなくて、主要事実をかかげるべきであるという要件である。法的な結論は、原告の述べた事実から裁判所が推論すべきことである。原告がかりに誤った法的視点にたち、誤った救済の申立てをしているときでも、裁判所はこれに拘束されることなく、主張された事実に適した法的視点によって救済を認めることができる。これは、原告の請求の内容は訴状にかかげられた事実によって決定されるのであって、救済の申立てや原告がその理由と考えている法的視点によって決まるのではない、という意味である[61]。

そこで問題なのは、訴状にかかげられた事実だけでは、「訴訟原因」の内容が特定しない場合である。救済の申立ては、主張された事実の意味を明らかにするための基準となることができるであろうか。一般に、事実の記載は一定の目的に従ってなされざるをえず、訴状においては、法的視点によるのでなければ意味をなさないといわれる[62]。訴状にかかげられた事実がそれ自体曖昧であるときには、その趣旨とするところを救済の申立てにてらして明らかにすることは何ら不合理ではないように思われる。事実、多くの判例が「他の方法がないのだから、救済の申立てによって解決せざるをえない」と判決している[63]。この点に対する批判は、法典の規定にもかかわらず、実際に認められる救済は、訴状に要求されたものに制限されてしまうという点にある。そして、この法則を認めれば、結局は、原告の基準とする実体法上の法的視点（legal theory）に拘束されることになるというのである[64]。そこで次いで、審判の範囲を、この法的視点に限定したといわれるリーガル・セオリーの原則を論じなければならない。

（1）　Clark, Code Pleading（2nd ed. 1947）225-226; See First Report of Commissioners on Practice and Pleading, New York 1848, 141, 142, なお、このレポートの一部は、Blume and Reed, Pleading and Joinder（1952）608 以下に収録されていて便利であるので、以後本書の頁数 620 で First Report of Commissioners, 620 として引用する。クラークは ultimate facts または operative facts というが両者は同意義に用いられている。その後の法典には、material facts の語が用いられていることもある。Clark, *op. cit.* 227 note 55 参照。

（2） Clark, *op. cit. supra note* 1 at 228; Field and Kaplan, Materials for a Basic Course in Civil Procedure（1953）387. もっとも、証拠の主張については、「多すぎるのは少なすぎるのより害が少なく、相手を侵害することも少ない」として、あまり却下の理由になっていない。Field and Kaplan, *op. cit.* 407.

（3） 以下について *Millar, Some Comparative Aspects of Civil Pleading under Anglo American and Continental Systems*, 12 Am. B. A. J. 404（1926）参照。

（4） もっとも、わが国やドイツにおいても、公判において準備書面を形式的に援用すれば口頭の主張ありとされる実状では、この区別は単に原則上の差異に止まる面がある。この点についてのドイツの実状につき、Kaplan, Von Mehren and Schaefer, *Phases of German Civil Procedure*, 71 Harv. L. Rev. 1213-1214（1958）参照。

（5） See Millar, The Formative Principles of Civil Procedure, in Engelmann-Millar, A History of Continental Civil Procedure（1927）27 et. seq. esp. 31-33.

（6） もともとプリーディングが口頭で行われていた時代にはこの補正は自由に認められたが、一四、五世紀に書面主義に変った後には厳格になった。Clark, *op. cit. supra note* 1 at 703-704. もっとも、プリーディングの段階では、できるだけこの原則の厳格な適用をさけ、あるいはできるだけ記録に綴じ込むのを遅らせるという実務によって補正の余地を保とうとしたが、トライアルが始まれば、この可能性もなくなっていた。そこで、いずれにしても、主張段階と立証段階との区別は明確に確立していたのであった。Millar, *op. cit. supra note* 5 at 34-35.

（7） この点の規制は相当に厳格で、証拠調べの結果からすれば請求は十分に立証されていると思われても、これがわずかでも訴状における主張と一致しなければ、陪審の評決をうける権限を奪われていた。Field and Kaplan, *op.cit. supra note* 2 at 365-366. そこに説明してある判例参照。

（8） See Clark, *op. cit. supra note* 1 at 705-707; Millar, *op. cit. supra note* 5 at 35.

（9） もっとも、裁判所は適当な条件を付しうるし、後述のように「訴訟原因」を変更する補正を認めないとするところが多い。See Clark, *op. cit. supra note* 1 at 708-712.

（10） Clark, *op. cit. supra note* 1 at 226.

（11） たとえば、岩松三郎＝兼子一編・法律実務講座民事訴訟編第三巻（有斐閣・昭三五）五三頁参照。

（12） ドイツについて、Kaplan, Von Mehren, and Schaefer, *op. cit. supra note* 4 at 71 Harv. L. Rev. 1211-1212, 1471.

参照。

(13)　この点については、簡にして要をえた明解な叙述が、故田辺公二裁判官の名論文「米国民事訴訟法における釈明」司法研修所報二三号（昭三四）二頁以下〔同・民事訴訟の動態と背景（弘文堂・昭三九）所収〕にある。ここでは、そこでやや簡略にのべられているコード・プリーディングとノーティス・プリーディングにつきやや詳しく説明するために、重複をいとわずとりあげたわけである。

(14)　陪審制度と明確な争点形成の必要性との関連につき、Clark, *op. cit. supra note* 1 at 13; Millar, The Old Regime and The New in Civil Procedure: in Law: a Century of Progress, vol.1（1937）212.

(15)　コモン・ローにおける訴訟方式の形成とその欠陥とされた点については、吉村徳重「英米法における法典訴訟の歴史的形成」法政研究三〇巻三号（昭三八）五一―六四頁（本書五三―八三頁）参照。

(16)　田辺・前掲注(13)三―四頁および六頁の注(9)を参照されたい。ここでは説明を繰り返さない。

(17)　Field and Kaplan, *op. cit. supra note* 2 at 253. しかも、これらの形式は、擬制のつみ重ねによって発展してきた訴訟方式の下では、たとえば、trover におけるように、擬制的な主張の記載もまた要求したのである。なお、吉村・前掲注(15)六三頁（本書六二―六三頁）参照。

(18)　被告の方でも、いわゆる一般的な争点（general issue）を主張すれば、いろいろの抗弁の証明ができたし、複数の抗弁（multiple defenses）を提出することもできるようになった。以上の点につき、とくに、McDonald, *Alternative Pleading*, 48 Mich. L. Rev. 317-327（1950）が、これらの制度およびその長所と弊害について詳細な説明を加えているので、これを参照。

(19)　複数の訴因は、ヴァライアンスをさけるために無用に重複した主張を重ねるのに用いられ、一般的訴因は真の紛争をかくして、技術的な形式を争うのに用いられたとしている。See First Report of Commissioners, *op. cit. supra note* 1 at 618.

(20)　American Bar Association の委員会の報告書の中で、Roscoe Pound は次の四つをプリーディングの目的としてあげている。See Blume, *Theory of Pleading*, 47 Mich. L. Rev. 297（1950）; なお、フィールド法典委員会の報告書、First Report of Commissioners, *op. cit. supra note* 1 at 617 もプリーディングの目的として、次の第一～三をあげるが、最後の予告的機能をあげていない。しかし、*ibid.* 619 は当事者が立証の準備ができるようにすべき機能を重視している。

(21) First Report of Commissioners, *op. cit. supra note* 1 at 619, コモン・ローの制度に代えて「提案するのは、自然で簡潔であり、容易に理解でき、すべての目的を効果的に果たしうる制度である。つまり、原告は事実にしたがって自分の事件を述べるべきである。…この事実主張の形式が、当事者に訴訟原因と抗弁を明らかにし、必要な証明の準備をしてトライアルにのぞむことを可能にするのだ」。

(22) もちろん、コモン・ロー・プリーディングでも事実の主張はなされたし、コード・プリーディングでも争点の形成は必要である。ただ、力点のおきどころが異なるのである。Clark, *op. cit. supra note* 1 at 56.

(23) フィールド法典起草委員会の報告書は、法と事実の複雑な問題だけが提起されるのは、「プリーディングが事実自体ではなくて、事実の結論を述べている限り、さけえない」という。First Report of Commissioners, *op. cit. supra note* 1 at 620.

(24) Hepburn, The Historical Development of Code Pleading in America and England (1987) 206-207. しかも、何がこのような主要事実をなし、異なった訴訟原因をなすかは、常に新しい進歩をとげ、新しい装いをもつことが可能である。として実体法上の法原則の発展が期待をもってのべられているのである。See *ibid,* 207-208.

(25) Harris, *What is a Cause of Action,* 17 Calif. L. Rev. 459, 472 (1928).「訴訟原因」を実体法上の特定の権利であると考えるガヴィットも、判例の立場、ことに legal theory of pleading doctrine を強く支持している。Gavit, *The Code Cause of Action: Joinder and Counterclaims,* 30 Col. L. Rev. 802 esp. 814 (1930).

(26) McCaskill, *Actions and Causes of Action,* 34 Yale L. J. 614, 638 (1925).

(27) クラークは「確実性」と「融通性」とは法典の求めた相矛盾する二つの理念であるとしている。Clark, *The Code Cause of Action,* 33 Yale L. J. 817, (1924). しかし、起草者は両者を矛盾だとは考えていなかったのである。See Mc Caskill, 34 Yale L. J. 618, note 15.

(28) 吉村・前掲注(15)七四―七五頁（本書七四―七五頁）参照。

(29) Field and Kaplan, *op. cit. supra note* 2 at 352-353; Whittier, *Notice Pleading,* 31 Harv L. Rev. 506-509 (1918) はプリーディングの段階における争いについての判決の数の割合を分析して、コモン・ローにおけるとそれ程変らないことを示している。

(30) Cook, *Statements of Fact in Pleading under the Code*, 21 Col. L. Rev. 417 et seq (1921); Clark, *op. cit. supra note* 1 at 226, 231-232.

(31) Cook, *op. cit. supra note* 30 at 422; Clark, *op. cit. supra note* 1 at 233; 57 参照。

(32) Roscoe Pound は前掲注(20)の American Bar Ass. の委員会の報告において、プリーディングの四つの機能をのべたのち、その予告的機能が強調されねばならないとする。See Blume, *op. cit. supra note* 20 at 47 Mich. L. Rev. 297.

(33) See Whittier, *Notice Pleading*, 31 Harv. L. Rev. 501, esp. 504 (1918). 田辺・前掲注(13)七八頁、ことに九頁注(2)参照。

(34) Whittier, *op. cit. supra note* 33 at 501 はこの立場であり、これは立法論として主張されているといえる。州によっては、この意味でのノーティス・プリーディングの理論を採用したところがあるといわれる。See Millar, *op. cit. supra note* 14 at 241; Whittier, *op. cit. supra note* 33 at 507.

(35) Clark, *op. cit. supra note* 1 at 57, 240. とくに note 156 at 57 は、パウンドがプリーディングの予告的機能を強調すれば、他の機能をも果すことになるとする点からして、この立場を一般的とする。この見解では、コード・プリーディングの下でも、主要事実をどの程度具体化してのべるかの基準として提唱されているといえる。

(36) See Moore, Federal Practice, vol.2 (1962) 1611; Conley v. Gibson (1957) 355 U. S. 41 の判決はこうのべている。「連邦民事訴訟規則は、請求の基礎となる事実を細かくのべることを要求しているのではなく、…請求とその根拠を被告に予告するだけの、請求の簡潔明瞭な陳述を要求しているのである」。

(37) Federal Rules of Civil Procedure の Form 9 を参照。Whitter, *op. cit. supra note* 33 at 504 は過失の主張もいらず、事件を特定すれば足るとしている。

(38) See Moore, *op. cit. supra note* 36 at 1698.

(39) Moore, *op. cit. supra note* 36 at 1695.

(40) Moore, *op. cit. supra note* 36 at 1611-1612. ミシガン州の例につき、Whitter, *op. cit. supra note* 33 at 509.

(41) Dioguardi v. Durning, 139 F 2d 774 において、クラーク裁判官は、英語をよく書けない原告の作成した訴状を不適法とした下級審判決を破棄して再審理を命じた。被告はいろいろの準備的手続を利用すべしというのである。Mc-

Caskill, *Modern Philosophy of Pleading: A Dialogue Outside The Shades*, 38 A. B. A. J. 123 (1952) はその批判。共に Field and Kaplan, *op. cit. supra note* 2 at 389-392 に収録。

(42) そして、これは、いままでのいかなるプリーディングよりも、より効果的に事実を明らかにし、これにより、相手方に事実を予告するし、主張を整理して、争いなきものを解決し、真の争点の形成に役立っているといわれている。たとえば、Moore, *op. cit. supra note* 36 at 1704 など参照。

(43) 以上の点を強調するものとして、Arnold, *The Code "Cause of Action" Clarified by United States Supreme Court*, 19 A. B. A. J. 215 (1933) 参照。

(44) Arnold, *ibid*, は、「予測可能な結果」(predictable results) を求める見解とプラグマティックな態度をとる見解を対比して、後者を支持するのである。

(45) See Clark, *op. cit. supra note* 1 at 244, 147-148.

(46) See Clark, The Code Cause of Action, 33 Yale L. J. 817-820, 829-831 (1933); id. *op. cit. supra note* 1 at 137-139.

(47) アメリカの法律家がドイツ法の準備書面がアメリカのそれに比して詳細に事件の経過を説明しているのに驚いている例として、Millar, *Some Comparative Aspects of Civil Pleading*, 12 A. B. A. J. 404-405 (1926); Kaplan, Von Mehren and Schaefer, *op. cit. supra note* 4 at 1214-1215, 1215-1216 参照。なお、田辺・前掲注(13)三八―四〇頁参照。

(48) この点を指摘するものとして、Millar, *op. cit. supra note* 5 at 19-21, 時国康夫・英米法における訴答の研究（司法研修所・昭三〇）七―一二頁参照。

(49) Federal Rules of Civil Procedure, Rule 15 (6) はこのことを明記している。See Moore, *op. cit. supra note* 36 vol. 3, 843-849, 時国・前掲注(48)一〇―一七頁および一八頁以下に説明された判例参照。

(50) ドイツのように公判を繰返して行う手続であれば、不意打ちの危険は少ないという指摘として、Kaplan, Von Mehren and Schaefer, *op. cit. supra note* 4 at 1471 参照。

(51) Federal Rules of Civil Procedure, Form 3 によると、「よって原告は被告に対して、金一万ドルおよび利息ならびに訴訟費用の支払を命ずる判決を求める」が、この判決の申立てに当たる。これはわが「請求の趣旨」である。時国・前掲注(48)六六頁参照。

(52) わが国では、民事訴訟法一八六条〔現二四六条〕、ドイツではＺＰＯ三〇八条がこれに当たる。Kaplan, Von

Mehren and Schaefer, *op. cit. supra note* 4 at 1251; フランスやイタリーでもそうであることにつき、Millar, *op. cit. supra note* 47 at 407 参照。

（53）　See Millar, *op. cit. supra note* 5 at 12.

（54）　Millar, *op. cit. supra note* 47 at 406. プリーディングは、一般に事実主張と判決の要求をも含めて用いられることもちろんである。

（55）　Shipmann, Common Law Pleading 3rd. ed. dy Ballantine, (1923) 193, 195.

（56）　Millar, *op. cit. supra note* 47 at 406; See Clark, *op. cit. supra note* 1 at 266; 時国・前掲注(48)二四頁参照。

（57）　Clark, *op. cit. supra note* 1 at 266, See Millar, *op. cit. supra note* 47 at 406-407.

（58）　このように、被告の欠席（not appear or default）によって区別する類型の外に、被告が答弁書（answer or defense）を提出したか否かによって区別する型の法典が存する。後者も欠席と解すべきで狭義の答弁書と解すべきではないとの見解もあるが、判例は対立している。See Clark, *op. cit. supra note* 1 at 266-269.

（59）　時国・前掲注(48)二五頁参照。

（60）　First Report of Commissioners, *op. cit. supra note* 1 at note to §231, Blume and Reed, *op. cit. supra note* 1 には省略され Clark, *op. cit. supra note* 1 at note 169 at 268 に引用されている。

（61）　See Hepburn, *op. cit. supra note* 24 at 206-207; Clark, *op. cit. supra note* 1 at 272.

（62）　これは、クラーク自身がいたるところで強調しているところであり、Clark, *op. cit. supra* note 1 at 231-232, 一般的にも認められている。Cook, *op. cit. supra note* 30 at 416; Field and Kaplan, *op. cit. supra note* 2 at 388.

（63）　O' Brien, v. Fitzgerald, 143 N. Y. 382, 38 N. E. 371 (1894), See Whitter, *The Theory of a Pleading*, 8 Col. L. Rev. 523, 537-538 (1908).

（64）　Clark, *op. cit. supra note* 1 at 272-273. もちろん、この判決の前提としては、後述するように、「訴訟原因」を法的視点によって決定するのは不当であるという考えがあるのである。See Clark, *op. cit. supra note* 1 at 259-265.

三　リーガル・セオリー（法的視点）の原則

(1)　コード・プリーディングが「訴訟原因」は主要事実の記載によって示されるとしたことは、訴状における事実の記載が一定の法的視点に従ってなされることを前提としている。事実、訴状において原告の追及しようとしている法的視点が何であるかを決めることは、審判の内容を決めるについても重要な意味をもっていた。たとえば、その法的視点がコモン・ロー上のそれかエクィティ上のそれかによって陪審裁判の権利の存否が決まるし、契約法上のそれか不法行為法上のそれかによって身体的執行の可否が決まり、訴訟方式に由来する法的視点の差異によって賠償額について適用される法則が異なってくる。[1]したがってまた、法的視点が異なれば、被告の提出すべき抗弁も異なってくることになる。これらの点を明確にして審理を十分にするためには、法的視点を特定しなければならない。

裁判所は、このために、コモン・ローの訴訟方式の特定におけると同様に、訴状における事実の主張される方式（manner）を重視した。この場合、当事者がかりに法的名称をかかげたにしても、これが法的視点を決定するメルクマールになったのではなかったが、事実主張のやり方から見て当事者が基準とすると思われる法的視点が決定的となった。[2]救済の申立てが法的視点を特定することはないとされていたが、何が法的視点かを決めるについてこれが補充的に配慮されるのは一般であった。法的視点が訴状の記載からだけでは明らかではないときには、ことにそうである。[3]リーガル・セオリーの原則（the legal theory of pleading doctrine）の生まれる根拠は、これらの点にあったのである。

リーガル・セオリーの原則によれば、原告は訴状において事実を主張するには、特定の法的視点を基準にしなければならないし、その後はこの法的視点に拘束され、この点につき理由がなければ、別に有利な法的視点の可能性があっても、救済をうけることができない。この場合、この別の法的視点を生ずる事実もまた、本来の法的視点のために初めから訴状に記載されている場合が前提となる。これらの事実が訴訟で主張されていたのではなくて、トライアルで初めて明らかになったのであれば、これは前述したヴァライアンスの事例であって、後述するように、主張を証拠に一致させるための主張補正、ことに新しい法的視点を生ずる補正の可否が問題になる。リーガル・セオリーの原則は、厳密にいえば、この場合からは区別されるのである。(4)

(2)　この原則が歴史的にコモン・ロー上の訴訟方式に由来することは疑いない。つまり、コモン・ローにおいて一定の訴訟方式によって訴えを提起した場合には、これと異なった訴訟方式を支持する事実を証明しても救済を認めなかった法則と異なるところがないのである。(5) 新しい法典は、これらの訴訟方式の区別を廃止したのであったが、それにもかかわらず、法典成立後の解釈運用においては、このリーガル・セオリーの原則を採用する裁判所が相当の数にのぼったといわれる。(6) その理由とするところは、要するに、被告は原告が救済の根拠とする事実だけでなく、法的視点についても予告をうける権利をもつという点にあった。(7) つまり、法的視点が異なれば、審判の内容にも差異を生じ、被告の提出すべき抗弁も異なってくるのだから、審判の途中で法的視点を変えることを認めれば、被告はミスリードされて不意打ち（surprise）の危険をおうことになるというのである。

ニューヨークにおいて、このリーガル・セオリーの原則の先鞭をつけたのは Ross v. Mather（1872）であるといわれる。(8) これにしたがった Barnes v. Quingley（1874）はその理由とするところを明らかにして、次のように述べている。(9)

「訴状は詐欺を理由とするものであって、契約を理由とするものではない……訴状全体の枠組は詐欺によって構成されているのであり、この視点が審判において弁護人および裁判所によって無視されることになれば、訴訟原因の完全な変更であって、被告に対する不意打ちとなる。……訴訟の方式が異なれば異なった抗弁が要求されることになろうからである。」

このバーンズ事件は、右の理由に基づいてリーガル・セオリーの原則を確立し、その後、多くの裁判所の判例に大きな影響を及ぼした(10)。ニューヨークでも、右のような理由は、たんに不法行為から契約への変更だけではなく、その逆の場合、あるいはさらに、コモン・ロー上の法的視点からエクィティ上の法的視点に変更するかまたは逆の場合にも適用されるようになっていった(11)。

リーガル・セオリーの原則を最も徹底的に維持してきたのはインディアナ州の裁判所であるといわれる(12)。Mescall v. Tully（1883）は、初め特別履行という法的視点に基づいて訴状が構成されていたが、後にトラスト（trust）を理由づける事実を証明しても、この点で救済をうけることはできないとした(13)。そして、「確立したプリーディングの原則によれば、訴状は一定の特定した視点に基づいて構成されねばならず、原告はこの視点にもとづいて訴訟を進めねばならない。さもなければ敗訴せざるをえない。訴状は弁護人の視点の変わるに応ずるように曖昧であってはならない」というよく引用されるリーガル・セオリーの原則を宣言したのである。

この原則はその他の州でも採用されたが、これらの裁判所が、コード・プリーディングの下で、一般的に審判の単位を示すために用いられた「訴訟原因」の同一性を決めるについて、このリーガル・セオリーを基準にして考えたことは明らかである。コモン・ローの下では、一定の訴訟方式の範囲内で事件の差異を示すにすぎなかった「訴訟原因」なる用語は、コード・プリーディングの下では、訴訟方式に代わる法的な視点の差異をも示す必要を生じたのである。そこで、リーガル・セオリーの原則を、言葉を代えていえば、審判の対象たる「訴訟原因」の単位は、法的視点の単一性によって決まるという意味に他ならない。このように「訴訟原因」の単位が法的視点によってきまるとする原則の趣旨が、コード・プリーディングの理念とされた審判の対象たる主要事実を明確に示すことにあったのは明らかである。この原則の趣旨とする「明確性」の内容と考えられるものを要約すれば次の通りであるといわれる(14)。第一に、前述したように、他の法的視点に基づいて救済を認めれば、被告に対する不意打ちになるということ、第二に、もし法的視点が示されなければ、明確な争点形成ができなくなり、混乱と不確実性をもたらすであろうということ、第三に、裁判所自身紛争の性質を明確に知ることができなくなるということであった。

(3) そこで、このリーガル・セオリーの原則を守るためには、当事者は訴訟の当初から事件の内容をなす事実および法について明確な視点をもたねばならない。事実、弁護人はこれをもっているのが普通であろう。しかし問題は、事件の審理の途中で、この視点を変えねばならない必要性が生じた場合である。事実が予想通りに展開しなかったり、法が複雑で争いがあるために、当事者の初めに選んだ視点を裁判所が採用しそうにもないことが明らかになった場合などであろう。当事者が単に法的名称をかかげても、これが記載事実から見て間違っていれば、これに拘束されないことは前述の通りである。しかし、訴状の事実記載から見れば、当事者の基準としている法的視点だけでなくて、別の法的視点をも生じうる場合に、前者に理由なければもはや何らの救済も認めえないとするのでは、この原則は法典の趣旨にそっているとはいえないであろう。法典の理念とするところは、訴状には事実を記載して、法的結論はこれを裁判所に委ねるとするところにあった。のみならず、訴状にかかげられた救済の申立ては、被告の応訴があれば裁判所を拘束せず、裁判所は事案に適した判決ができるのである。これらの法典の趣旨からすれば、訴状にかかげられた事実に基づいて別の法的視点が理由づけられるとすれば、この点についても審判すべきであって、これは必ずしも相手方当事者にとって不意打ちになるとは限らない、という批判をうけた。この点について何らかの救済策を認めずに訴えを斥けるのは、法典の趣旨にそわないというのである[15]。

初め、リーガル・セオリーの原則をとっていた裁判所のうちでも、その後この原則を放棄したところがあるのは、右の事情を考慮すれば容易にうなずける展開であった[16]。その最も顕著な変遷を、たとえばウイスコンシン州の裁判所に見ることができる[17]。

初期の Supervisors v. Decker（1872）は明確にリーガル・セオリーの原則を宣言した事件であった[18]。これは公金横領を理由とする訴えであったが、訴状の記載からは不法行為の一種としての trover によるか契約上の money had and received によるか明瞭でなく、原告は前者が理由がなければ後者によると主張した。しかし、裁判所は、訴状の法的視点は明確かつ確実に決定されねばならないとして、これを不法行為によるものと確定し、そのための十分な事実主張がないとして原判決を破棄したのである。しかも、その後、契約へ法的視点を変更するための主張補正もみとめられなかったのである[19]。しかし、この原則も二〇世紀に入ってから、この州の一連の判決によって完全に破棄されることになった[20]。Bieri v. Fonger（1909）において、裁判所は「裁判上の見解を拡げる進歩的な傾向」にしたがって、訴訟についてのより自由な解釈をとったのであった[21]。

同様の変遷は、カリフォルニアを初め他のいくつかの州でも見られた。その根拠となったのは、理論的というよりも実際的な考慮に基づいて、リーガル・セオリーの原則の厳格な適用が、次第に有力になりつつあったプリーディングについてのより自由な考えに調和しないことを認めたためであった[22]。この原則を厳格に適用すれば、訴訟の過程で法的視点がかわれば救済をあたえることができないだけでなく、特定の法的視点にとり十分の事実主張がないとしてトライアル前の小ぜり合いを生むことにもなったからであった。この原則の主な趣旨が、相手方をミスリードし不意打ちの危険におとしいれるのを防ぐ点にあるとすれば、この点を配慮した手段を講ずれば足るわけである。そこで、これらの自由な考え方に立つ判例のとった解決策は、新しい法的視点について審判することがミスリードのおそれがあるときには、この点について主張補正を要求し、相手方に対しては改めてこれに答える権限をあたえるということにあったように思われる[23]。

(4)　新しいノーティス・プリーディングの理念に基づいた連邦民事訴訟規則の起草者の意図が、このリーガル・セオリーの原則を廃棄することにあったことは疑いない[24]。そして、実務もこの意図を十分に達成しつつあるように思われる。連邦規則の下での初期の事件 Nester v. Westen Union Tel Co.（1938）では、訴状は不法行為にしたがって構成されていたにもかかわらず、契約違反に基づいて損害賠償がみとめられた[25]。この判決においてヤンクウィッチ（Yankwich）裁判官は明らかにリーガル・セオリーの原則を排斥して次のように述べている。

「改正された手続の自由な法則によれば、原告が救済をうける権限があるのは、損害の主張や回復についての法的視点によってではなくて、記録に示された損害についての事実に基づいてである。……訴訟方式の区別は廃止されたのだから、原告が救済を否定されるのは、証明された事実によっては、何らの救済をうける権限もない場合だけである。」

この判決に示された原則は、その後も広く適用されてきたのである。(26) しかしながら、問題はこれで解決されたわけではない。法的視点についても予告をあたえ、法的視点に従って争点を整理するという要請が不必要になったわけではないからである。「弁護人がプリーディングにおいて準備をつくして区別してこない争点を、陪審事件のトライアルで整理することが困難であるのはいぜんとして変わりがない」というジャクソン（Jackson）裁判官の言葉は、(27) 一般の事件にも妥当する。ムーアの言葉を引用しよう。(28)

「これらの法的視点は判決をうるためにトライアル裁判所に事件を呈示するにも必要である。……実務は、当事者がまず請求を単純明解にのべることを要求するのであって、無関係な事実をごっちゃに提出して、裁判所に解決してもらおうとすることを求めてはいない。請求につき公正な予告をあたえるにも、普通は何らかの法的視点に基づいてなされねばならないであろう。」

リーガル・セオリーの原則を廃棄したコード・プリーディングの下でも、同様に救済の基礎とされる法的視点を明らかにすることが必要とされることはいうまでもない。一九三一年のニューヨーク州における民事訴訟手続改正の提案は、この点に問題があることを示している。(29) これは、スコットランドやいくつかの大陸法における実務に従って、ミラーの提案した改正案に一致している。(30) つまり、当事者は事件の事実を述べた後に、これにもとづいて権限ありと考えるいくつかの法的視点を簡単に示すべきであり、この点については事実と同様に自由な補正が認められるというのである。この提案自体が必ずしも十分に効果的であるかどうかは問題であるが、(31) ノーティス・プリーディングの提唱者たちも、法的視点のもつ大きな機能を十分に果しうるための何らかの方策を示す必要にせまられているわけである。ことにプラグマティックな「訴訟原因」の考え方が優勢なノーティス・プリーディングの下では、「訴訟原因」と法的視点とをいかに関係づけるかは重要な問題点といわねばならない。これは、次に問題にする主張補正の限界や、「訴訟原因」併合の態様との関係においてさらに具体化されることになる。

（1）　Millar, The Old Regime and The New in Civil Procedure in Law: A Century of Progress, vol.1（1937）240; See Clark, Code Pleading, 2nd. ed.（1947）88, 吉村徳重「英米法における法典訴訟の歴史的形成」法政研究三〇巻三号（昭三八）七三頁（本書七三頁）参照。

（2）　Whittier, *The Theory of a Pleading*, 8 Col. L. Rev. 523, 536-537（1908）, See Millar, *op. cit. supra note* 1 at 240.

（3）　Whittier, *op. cit. supra note* 2 at 537-538. この点については前述した二(3)の注（62）（63）（64）参照。なお、法的視点は救済の根拠を示すにすぎないのだから、救済内容がわずかに変更されても、必ずしも法的視点の変更にはならない。しかし、たとえば、特別救済と損害賠償の差異のように重要なときは、「訴訟原因」についての法的視点の差異となってくる。Whittier, *ibid.* 536.

（4）　See Whittier, *op. cit. supra note* 2 at 523-524.

（5）　Whittier, *op. cit. supra note* 2 at 524-525. エクィティでは、訴訟の発展が初めの bill と異なったものを要求するときには、初めの bill が訴訟の進展につれ必要となった種類の bill とみなされたという。See *ibid.* 525.

（6）　See Albertsworth, *The Theory of the Pleadings in Code States*, 10 Calif. L. Rev. 202（1922）. これによれば、何らかの形でいぜんこの原則を維持している州として、インディアナをはじめ九つの州（esp. see *ibid.* 211）, 初めこの原則をとっていたが後に緩和した州としてウィスコンシンをはじめ四つの州があげられている（see *ibid.* 212-219）。もっとも、この結論には異論もある。See Clark, *op. cit. supra note* 1 at 262 note 153.

（7）　Millar, *op. cit. supra note* 1 at 240.

（8）　ニューヨークでは、法典成立当初の判例は、法的視点に拘束されていなかったが、Ross v. Mather, 51 N. Y. 108（1872）以来、法的視点に拘束されるようになった。Whittier, *op. cit. supra note* 2 at 529-531.

(9) Barnes v. Quingley, 57 N. Y. 265 (1874) は、fraud に基づいた訴状の立証がなかったので、assumpsit によって救済を認めたトライアル裁判所の判決を破棄した判決であった。

(10) Albertsworth, *op. cit. supra note* 6 at 205 は、これが他の州の裁判所にも大きな影響を与えた点を指摘している。

(11) Husted v. Van Ness, 158 N. Y. 104 (1899) はエクィティ理論による訴訟はコモン・ロー判決を維持しないとする。See Whittier, *op. cit. supra note* 2 at 512–513.

(12) インディアナ州でこの原則を最初に確立したのは、Neidefer v. Chastein, 71 Ind. 363 (1880) であったといわれるが、これは抗弁についての法的視点の理論であった。See Whittier, *op. cit. supra note* 2 at 528–529. リーガル・セオリーの原則は訴状についてだけ適用されるとする判例もあり (*ibid*. 534)、本稿では問題を訴状に限った。

(13) Mescall v. Tully, 91 Ind. 96 (1883) 次に引用する判決文は、この原則を宣言したものとして著名である。

(14) Albertsworth, *op. cit. supra note* 6 at 211–212の要約による。

(15) 以上の点につき、Clark, *op. cit. supra note* 1 at 259–265を参照。

(16) Albertsworth, *op. cit. supra note* 6 at 212–219 は Wisconsin, California, South Carolina, Arkansas のそれぞれについて、その展開の様子を説明している。

(17) Field and Kaplan, Materials for a Basic Course in Civil Procedure (1953) 323 以下は法典運用の紛糾 (Imbroglio) として、この原則のウイスコンシンにおける変遷を示している。

(18) Supervisors of Kewaunee County v. Decker, 30 Wis. 624 (1872).

(19) Supervisors of Kewaunee County v. Decker, 34 Wis. 378 (1874). 同様に Klipstein v. Raschein, 117 Wis. 248, 94 N. W. 63 (1903) は、裁判所により fraud ととられる訴状の下で、fraud の部分を削除せんとする主張補正の申立をしたが、これは契約への変更になり「訴訟原因」を異にするとして補正を許さなかった原判決を支持した。

(20) See Albertsworth, *op. cit. supra note* 6 at 213.

(21) Bieri v. Fonger, 139 Wis. 150, 120 N. W. 862 (1909) では、訴状の記載において原告は trespass として構成していたが、主張事実から別の法的視点 (assault and battery) も十分に成立するときには、前者に瑕疵があっても訴えは排斥されない。別の法的視点にあわせて補正が認められる。

(22) Albertsworth, *op. cit. supra note* 6 at 219 の要約されたところによる。

(23) Bieri v. Fonger事件の判旨およびAlbertsworth, *op. cit. supra note* 6 at 217参照。なお、Whittier, *op. cit. supra note* 2 at 534はBieri事件より前にこれを適切な解決策であると推奨していた。

(24) See Field and Kaplan, *op. cit. supra note* 17 at 337; Moore, Federal Practice, vol.2, 356 1714 (1962); Clark, *op. cit. supra note* 1 at 267. このことは、Federal Rules of Civil Procedure, Rule 15が法的視点を変更できる自由な主張補正を認め、Rule 8 (e) 2が法的視点の選択的主張を認め、Rule 54 (c) が、判決の内容は救済の申立てに拘束されないとすることからも明らかである。

(25) Nester v. Western Union Tel. Co. (SD Cal 1938) 25 F Supp 478.

(26) Moore, *op. cit. supra note* 24 at 356.

(27) O'Donnell v. Elgin, J. & E. Ry. Co., 338 U. S. 384 (1949) におけるJustice Jackson's opinion 参照。

(28) Moore, *op. cit. supra note* 24 at 1716-1717.

(29) Committee on Law Reform of the Bar of the City of New York, Tentative Proposals for Changes in Civil Procedure and Practice, 14 (1931), See Field and Kaplan, *op. cit. supra note* 17 at 337-338.

(30) Millar, *op. cit. supra note* 1 at 241.

(31) 同様の提案は、一九三三年にイリノイ州において採用されたが、一九三五年に廃止されるに至った。See McDonald, *Alternative Allegation in* the United States, 52 Col. L. Rev. 458 (1952).

四　「訴訟原因」を変更する主張補正

(1) コード・プリーディングが、相当に緩やかな要件の下に主張補正を認めていることは前述した通りだが、「訴訟原因」を変更する主張補正については、これを認めない傾向が強い。法典によっては、「補正が請求や抗弁を実質的に変更しない限り」立証された事実に主張を一致させるための補正を認める裁量権を裁判所にあたえるという規定をもっているところもある。[1] しかし、この規定だけでは、一般に「訴訟原因」を変更する主張補正は許されないという結論はでてこない。(2) それにもかかわらず大多数の裁判所が、この種の補正申立てを常に不適法として拒否してきたのは、コモン・ローにおける訴訟方式の下で発展した原則にその歴史的起源をもつと考えられる。(3) コモン・ローにおいても、次第に主張補正が認められるようになったのは前述の通りであるが、その一般的な法則によれば、主張補正はこれが訴訟方式を変更する場合、および新しい「訴訟原因」を導入する場合には許されなかったのである。(4) ことに「訴訟方式」の区別が厳格に維持されていたのだから、たとえば、assumpsitからcovenantへの変更、trespassからcaseへの変更は、ロー・ツー・ローの変更（departure from law to law）として、裁判所にとっては事実の変更（departure from fact to fact）よりもより重要な問題であったようである。(5)

訴訟方式の手続上の区別を廃止したコード・プリーディングの下で、この訴訟方式に代わるものとして、リーガル・セオリーなる概念が用いられてきたことは前述の通りである。そして、この法的視点は、リーガル・セオリーの原則のとられるところでは訴訟における審判の範囲を規制したのであり、同様に審判の対象を示すのに用いられた「訴訟原因」と結びつき、その同一性を決める基準とされるようになった。その結果、法的視点を変更することは、「訴訟原因」を変更することになるという法則がとられることになったのである。(6) コモン・ロー上のロー・ツー・ロー変更禁示の原則は、今や「訴訟原因」変更禁示の原則の基準として維持されることになった。コード・プリーディングの下でのロー・ツー・ロー変更禁止の原則は、前述のリーガル・セオリーの原則、つまり訴状は特定の法的視点を基準として構成されるべきであり、以後当事者はこれに拘束されるという原則を徹底すれば生ずる論理的帰結であったといえる。ただ、「訴訟原因」の変更ありとされるのは、リーガル・セオリーの原則におけるように事実の変更の伴わない法的視点だけの変更に限らず、事実の変更を伴う場合の法的視点の変更をも含むことになろう。事実の変更を伴う場合としては、ヴァライアンスにおけるようにトライアルで主張を証拠に一致させるために新たな事実を主張する場合はもちろん、(7) トライアル前を含めて、さらに立証されるべき新しい事実を主張して「訴訟原因」を変更する場合が考えられるわけである。(8)

いずれにしても、ロー・ツー・ローの変更が「訴訟原因」の変更として禁止された根拠として考えうることは、(9)コモン・ローの訴訟方式以来の歴史的背景ということはもちろんであるが、ここでもリーガル・セオリーの原則におけると類似の被告の防御権保護の要請であったといえよう。法的視点を明確にすることが、被告の弁論の準備にとって決定的に重要であるとされる以上、これが訴訟の途中で原告の都合によって変更されることは、被告をミスリードしてその防御の利益を侵すことになると考えられたことは容易に推測できる。(10)

(2)　しかしながら、ロー・ツー・ロー変更禁止の原則を厳格に適用することは、リーガル・セオリーの原則でのべたと同様に、訴訟が原告の予想した通りに進展しない場合には、逆に原告にとって酷な結果となることはもちろん、せっかく行われた審理をすべて無駄にして、審理の結果明らかになった権利さえ、法的視点が変ったために保護できないということになろう。そしてこの点を救済するために、多くの裁判所は「訴訟原因」の同一性を決めるについての法的視点の厳格な基準を緩和する傾向にあるように思われる。被告の防御を困難にしない限りロー・ツー・ロー変更禁止を厳格に適用する理由がないとするためであろう。近年の判例は、この目的のために訴訟方式の差異に由来する法的視点の変更ではなくて、これとは異なった新しい法的責任（Legal Liability）の変更を基準にして「訴訟原因」変更の有無を決めようという傾向にある。(11)これは、単に法的視点だけの変更ではなくて、新しい法的責任を理由づけるために一連の異なった事実の主張を要する場合が前提とされているのである。(12)

このような主張補正に対する制限を緩和する傾向を最も劇的に示したのは、連邦民事訴訟規則成立前における連邦最高裁判所の判例であった。この判例の変還が大きな影響力をもったのは、この裁判所のしめる重要な地位によるだけでなく、とくに重要な事件が州間にまたがる鉄道会社の従業員の事故を理由にする訴えにおいて、主張補正の問題をめぐって争われたからであった。(13)Union P. R. Co. v. Wyler（1895）は、この点について厳格な法則を確立し、ロー・ツー・ロー変更禁止の基準によった事件であった。(14)身体傷害に基づく訴えにおいて、原告はその請求の理由としての法的視点をコモン・ローからカンサス州法に変更する主張補正の申立てをしたが、これをロー・ツー・ローの変更として許さなかった。新しい法的視点を理由づけるに必要な事実はすべてもとの訴状にかかげられていても、ロー・ツー・ローの変更は生ずるというのである。その後、重大な影響力をもったこのワイラー事件の原則も、二〇世紀の一〇年代以降になると次第に制限されることになった。Missouri, K. & T. R. Co. v. Wulf（1913）においては、原告は初め死んだ息子の唯一の相続人として個人の資格でカンサス州法に基づき訴えを提起したが、その後、連邦使用者責任法（Federal Employer's Liability Act）により遺産管財人の資格で請求することに変更することが認められた。[15] 法的視点だけの変更であって事実の変更を伴わないときは「訴訟原因」の変更にならないとしたのである。

このような傾向は、U. S. v. Memphis Cotton Oil Co.（1933）におけるカードーゾー裁判官の判決においては、さらに徹底して推し進められているように思われる。[16] カードーゾーは、判決の中で「訴訟原因」についてのクラークの見解を引用した上で、「この裁判所は、この用語が判決のなさるべき状況や関連と無関係に一定の定義に親しむものとは考えてこなかった。ただ主張補正の限度については、その範囲を次第に自由にしてきたのである。訴えの法的視点を変えること、つまりロー・ツー・ローの変更が基準とされたこともあったが、その後の判例がこれを一般的に妥当する基準として受け入れていないことは明らかである。」として、本件においては、主張補正によって異なった二つの請求が生じたのではなくて、単一で不可分の請求があるにすぎないと結論したのである。この判決におけるカードーゾーの見解は、アーノルドが理解するように、「訴訟原因」を一定の統一的な概念として主張補正や請求併合やレス・ジュディカータなどそれぞれの事例を規律して、「予測可能な結果」(predictable results) を生ずることを可能にするものとして用いてはいないように思われる。[17] このことは、プラグマティックな「訴訟原因」の考えが、次第に判例の中にも有力になりつつあることを示しているといわねばならない。

この傾向は、州の裁判所自体の中にも現われてきた。Elliot v. Mosgrove et. al.（1939）における判決は、クラークの訴訟原因の定義をのべ、これを採用するとした後に次のようにいう。[18]

「主張補正の後でも重要な事実状態は前と同じである。もとの訴状が単に詳述（amplify）されたにすぎない。われわれが正しいと思うところでは、補正が訴訟原因を変更したかどうかの基準は、裁判所の訴訟実務の便宜的かつ能率的な処理を促進するかどうかにあり、これによれば本件の補正がこの基準をみたしていることは明らかである。つまり、補正を認めることによって、いずれの当事者もより以上の証拠の申立ての必要性を感じないであろうし、これによって紛争全体が解決され、訴えを却下して別の訴状を提出させる不用の儀式をさけることができるからである。」

(3)　以上の一連の判例の傾向は、主張補正の制限から生ずる難点を、「訴訟原因」変更禁止の原則を維持しながら、「訴訟原因」の範囲を広げることによって緩和しようとしたものであった。これは、大陸法においては、現代の民事訴訟法が訴え変更禁止の原則を廃止して、一定の要件の下に訴えの変更を自由に認める傾向にあることと異なっているので、大陸法になじんだ人にはいささか奇異に感じられると思われる。[19]事実、英米法においても、「訴訟原因」を変更する主張補正を認めようとする傾向があり、アメリカの州によっては、請求の併合を認めうる範囲内においては新しい「訴訟原因」を示す主張補正を認めようとする判例もあるわけである。[20]

ところが、主張補正の制限を緩和するについての方向づけとして、決定的な役割を果した重要なメルクマールは、実は、補正によって導入される新しい「訴訟原因」については、その時には既に出訴期限法による期間が経過している場合の取扱に関するものであった。一般的な法則によれば、訴状の補正が新しい「訴訟原因」を生ずる場合に、この点につき既に出訴期限法による期間が経過しておれば、この補正は、もとの訴えの提起時に遡及する効果を生ずることなく、出訴期限法によって阻止されるとされてきた。したがって、「訴訟原因」の同一性をいかに解するかは、この点の結果を左右することになったのである。そしてこの場合、一方においては、新しい訴えを別訴で提起すれば当然出訴期限法によって阻止されるのだから、補正による場合にも被告は出訴期間経過の抗弁を保障さるべきであるという考慮がありうる。[21] 他方では、逆に、別訴で訴えることができないとすれば、補正を認めうるようにしないと原告に酷であるという配慮もありうるのである。[22]

州の裁判所の判例は出訴期間経過後の補正の可否についても、右のようなそれぞれの配慮に基づいて必ずしも一致していない。[23] たとえば、主張補正が原告の請求を連邦使用者責任法に基づくものから、州法に基づくものに変更するか、あるいは逆に州法から連邦法に変更する場合には、州によっては新しい「訴訟原因」がのべられているとして出訴期限法によって阻止されるところと、もとの訴えを詳述した amplification にすぎないとして主張補正を認めるところに岐れているのである。[24]

連邦裁判所における連邦民事訴訟規則制定前の判例として前述した一連の判決も、実は、すべてこれらの出訴期限法による期間経過後の主張補正の問題を取り扱った事件であった。主張補正のなされた時には、新たに根拠とされた法律によれば既に出訴期間が経過していたのである。前述したところから明らかなように、初期におけるワイラー事件は、この変更をロー・ツー・ローの変更であって、期間経過後の訴えであるから許されないとした。これに対して、ウルフ事件やメンフィス事件は、これを新しい「訴訟原因」の導入ではないから、期間経過後でも可能だとしたのであった。「訴訟原因」を広く解すれば、その範囲で出訴期間の進行が中断されていることになるからである。

(4)　ところで、アーノルドはメンフィス事件においてカードーゾーの見解を説明して、「訴訟原因」なる概念はもともといろいろの事情に応じて伸縮自在のものでなければならないというプラグマティックな定義であると評価したのであった。[25] この点について、アーノルドの評価を批判するガヴィットによれば、メンフィス事件において決定されたことは、主張補正と出訴期限法上の法則についての解釈にすぎず、「訴訟原因」の内容についての定義ではない。[26] このことは、この判決が肯定的に引用する判例が「被告が当初から、原告は一定の行為にもとづいてある請求を訴えかつこれを追行しようとしているということを予知している場合には、出訴期限法の理由は存在しない」(27)としていることからも明らかである。つまり、ガヴィットによれば、主張補正における出訴期限法の適用について問題なのは、補正が新しい「訴訟原因」としての実体法上の権利を示しているかどうかではなくて、被告に対してこの権利の基礎となる事実状態について適正な予告が与えられていたかどうかである。そして、この権利の基礎をなす事実状態が基本的に類似であれば、この点の予告がある限り、これに基づく権利がもとのそれと異なっていても出訴期限法適用の理由はないというのである(28)。この見解の趣旨とするところは、「訴訟原因」は実体法上の権利として、統一的に把握さるべきであって、確実性ないし合理性をもつべきである。出訴期限法やレス・ジュディカータなどにおける望ましい処理は、審判の単位である「訴訟原因」の内容を変えることによってではなく、これらそれぞれの事例を規定する法則をその趣旨目的に従って解釈しかえることによるべきであるというにある(29)。

ガヴィットの見解の当否は別としても、審判の単位としての「訴訟原因」の範囲の問題と、これを同じ訴訟手続においてどの範囲において変更できるかという配慮とは一応区別すべき問題であるように思われる。そうしないと、「訴訟原因」の範囲がすべての目的のために用いられることになってますますその内容を曖昧にすることになろうからである(30)。主張補正による「訴訟原因」の変更は原則としてこれを認め、出訴期限法が新しい「訴訟原因」の導入を阻止するかどうかは、この点について被告が前もって十分に予告をうけていたかどうかによって決めようという判例があるのは、この点の配慮によるものと思われる(31)。州によっては、同様の趣旨の規定を法典に設けることによって、この点の問題を解決したのである。すなわち、もし相手方がもとの訴状によって、新たに導入された「訴訟原因」について十分に予知していたときには、この点の補正は出訴期限法によって阻止されない、というのである(32)。

(5)　連邦民事訴訟規則は、この点について「補正された訴状において主張されている請求……が、もとの訴状にかかげ、あるいはかかげようとした行為・事件または出来事から生じたものである場合には、補正はもとの訴状の時点に遡及する」と規定するのである。[33]これは、一定の事件についての訴訟につき予告をうけた当事者は、追行されようとしている権利の明確な法的概念について予告をうけた者以上に、出訴期限法によって保護をうけるべきではないという観念に基づいているといわれる。[34]ここで、「訴訟原因」に代って、プラグマティックな内容をもつものとされる「請求」と、これを変更しても出訴期限法により阻止されない範囲を示す「行為・事件または出来事」の内容とをいかに関係づけるかが問題となろう。起草者の一人であるクラークの説明によれば、「全く異なった事実関係を示すような重要な主要事実の重大な変更がない限り、補正は許される」という意味である。[35]だが、起草者の考えによれば、この基準は「請求」の同一性のそれでもあるであろうから、結局その意図するところは、同一事件とは主張補正の前後における「請求」の同一性を決める基準をなすものという意味であろう。[36]

この点をどのように理解するにしても、この規則の下での判例によれば、もとの訴状が請求の基礎となる一般的事実関係につき適正な予告を与える限りは、初め一般的に主張されたものをより特定したり、あるいは訴えの法的視点を変えたりする補正は、たとえその間に出訴期間が経過していても遡及効を有することになり、補正が許容されているのである。[37]しかしまた、もとの訴状が被告に対して新たに弁護すべき請求を予告する程度に十分にのべられていないときには、補正が制限されることにもなるのである。[38]そこで、判例においては、出訴期間経過後の補正の限界は、被告が補正によって導入される請求を十分に予知できる程度に事実関係につき予告があったかどうかによって決まることになるといえる。

したがって、(4)に述べた同趣旨の判例や法典をもつ州をも含めて、このような制度の下では、「請求」や「訴訟原因」は、これらの補正の限界を提供する役割から解放されたことになるのである。つまり、「訴訟原因」は、もはや訴状変更の限界として作用するのではなく、「訴訟原因」自体が変更できるとされることになった。そして、これが変更されるときには、新しい審判の単位としての「訴訟原因」を明確にすることによって、攻撃防御の対象を明示し、かつ被告の防御のために審理の続行（continuance）を命ずべきかを考慮する際の基準としての役割を果すことになろう。(39)

（1） Arkansas, Alaska などがこの趣旨の規定を含むが、現在ではこの種の規定のない法典の方が多いとされる。See Clark, Code Pleading, 2nd, ed.（1947）, 711 esp. note 34.
（2） Clark, *op. cit. supra note* 1 at 715-716は、この規定の下でも論理的には「訴訟原因」を変更できる場合が多く残されていることを論ずる。
（3） See Clark, *op. cit. supra note* 1 at 716.
（4） Shipmann, Common Law Pleading, 3rd ed.（1923）296.
（5） Clark, *op. cit. supra note* 1 at 716-717.
（6） Supervisors of Kewaunee v. Decker, 34 Wis. 378（1874）において、Cole 裁判官は「訴えの性質を不法行為から契約に変える補正は、……もとの訴訟原因とは性質および実質を異にする訴訟原因に代えることである。補正の権限はこの限度には及ばない」とする。同様の趣旨の判例として、Klipstein v. Raschein, 117 Wis. 248（1903）参照。共に前出三注(19)の事件である。
（7） ヴァライアンスについて、法典は三つの場合に分けて規定する。(1)主張と証拠のくいちがいが軽微な場合はこれを無視できるが、(2)重大な場合で相手方をミスリードし、これに不利益をあたえるときには主張補正を命じ不利益を正すことができる。(3)請求の主張が結局証明されていないとすべきときは敗訴になる。See Clark, *op. cit. supra note* 1 at 739-740. (2)の場合に主張補正が「訴訟原因」を変更すれば、これにより不利益を正しえない場合と考えられていたのであろう。
（8） たとえば、Gerstel v. William Curry's Sons Co., 155 Fla. 471, 20 So 2d 802（1945）は、補正が新しい事実の証明を要するものであり、全く異なった法的義務を生じ、「訴訟原因」を変更するとしてこれを認めなかった事例であり、この場合にあたる。
（9） 大陸法において訴え変更禁止の原則がとられていた時代に考えられた根拠について、菊井維大「訴の変更」民事訴訟法講座（有斐閣・昭二九）第一巻一八八頁以下参照。

(10) たとえば、Robbins et. al. v. Jordan, 181 F. 2d 793 (1950) において破棄されたトライアル裁判所の見解参照。

(11) たとえば、Klopstock v. Superior Ct., 17 Cal. (2d) 13, 108 P (2d) 906, 135 ALR 318 (1941) の判決は「要求されていることは、結局、ポメロイの言葉をかりれば、〝完全に異なった訴訟原因は導入さるべきではない〟ということである。主張補正によって完全に異なった訴訟原因が導入されているかどうかを決めるについては、形式的な考慮や古い方式は決定的ではない。何よりも被告が始めに記載されたものから完全に異なった法的責任や義務に対して答弁することを強制されないということである」。American Jurisprudence, vol. 41, Pleading §304 (p 499-500) は、本判決の内容を「訴訟原因」変更の一般的な基準として述べている。

(12) See Gerstel v. William Curry's Sons Co., 155 Fla. 421 (1945). 前掲注(8)参照。

(13) See Clark, *op. cit. supra note* 1 at 718-719.

(14) Union P. R. Co. v. Wyler, 158 U. S. 285, 38 L. Ed. 983, (1895). White 裁判官は初めから事実の記載ありとの主張に対し次のようにのべている。「この主張が正しいとしても、これはただ事実の変更を伴う新しい訴訟原因がないということを理由づけるにすぎない。これではロー・ツー・ローの変更によって生ずる問題を少しも解決しない。救済をうけるに必要なすべての事実がもとの訴状にかかげられているとしても、これはコモン・ロー上の権利の主張を予定しているのであって、カンサス州法上の権利ではないのだから、ロー・ツー・ローの変更になる」。

(15) Missouri, K. & T. R. Co. v. Wulf, 226 U. S. 570, 57 L. Ed. 355 (1913). つまり「この変更は形式上のそれであって実質上のそれではない。これは訴えの基礎として何ら新しい事実をのべることなく、新しい異なった訴訟原因を導入することにはならない」とした。

(16) United States v. Memphis Cotton Oil Co., 288 U. S. 62, 77 L. Ed. 619 (1933). この事件は鉄道に関するものではなく、税金の調整還付 Tax refund の請求に関するものであるが、その主張が十分でないとの異義に対し、原告は主張補正をしたのであった。

(17) Arnold, *The Code "Cause of Action" Clarified by United States Supreme Court*, 19 A. B. A. J. 215 (1933). アーノルドは、この判決が「訴訟原因」についてプラグマティックな態度を示し、クラークの常識的な定義について支持を与えたのだとして、この判決を強く支持する。

(18) Elliott v. Mosgrove et. al., 162 Ore. 540, 93 P. 2d 1070 (1939).

(19) 大陸法における訴え変更禁止緩和の経過につき、菊井維大「訴の変更」前掲注(9)一九四頁参照。

(20) See Clark, *op. cit. supra note* 1 at 722. クラークも補正が遅延を目的とするものでなく、相手方の不意打ちにならない限り「訴訟原因」を変更する補正に制限を付すべきではないという。

(21) 被告が新しい「訴訟原因」について前もって予告をうけていないときは、別訴による場合にも補正による場合にも、出訴期限法の抗弁を出す権利を保障されるとする Harris v. Tam, 258 N. Y. 229, 179 N. E. 476 (1932) 参照。なお、後出注(31)参照。

(22) 裁判所の裁量権の範囲内では、別訴で提起すれば出訴期限法によって阻止されるような新しい請求を出すことを許可することもできようという Foster v. Central Nat. Bank, 183 N. Y. 379, 76 N. E. 338 参照。

(23) See Clark, *op. cit. supra note* 1 at 732-733. そこに引用の判例参照。

(24) Clark, *op. cit. supra note* 1 at 730-731 は後者の立場がその数において多く、これはプラグマティックな「訴訟原因」の考え方であるとする。

(25) Arnold, *op. cit. supra note* 17 at 215. なお、Gavit の Arnold 批判（次注(26)参照）に対する Clark の反批判において、Clark も、この判決の立場を審判の便宜によってプラグマティックに「訴訟原因」を定義したものであるとして支持している。See Clark, *The Cause of Action*, 82 U. of Pa. L. Rev. 354, 356 (1933).

(26) Gavit, A *"Pragmatic Definition" of the "Cause of Action"*? 82 U. Pa. L. Rev. 129, 131-134 (1933).

(27) N. Y. Cent. & H. R. R. Co. v. Kinney, 260 U. S. 340, 67 L. Ed. 294.

(28) Gavit, *op. cit. supra note* 26 at 133-134.

(29) *See Gavit, The Code Cause of Action: Joinder and Counterclaims*, 30 Col. L. Rev. 802, esp. 814-822 (1930). ガヴィットは、「訴訟原因」とは実体法上の問題としての個別的な実体権に他ならないとしている。「訴訟原因」は、機能ないしプラグマティックなものではなく、法規範的概念として形式的な合理性をもつべしとする点につき、Gavit, *op. cit. supra note* 26 at 139 et. seq. 参照。

(30) たとえば、Note, *Developments in the Law—Res Judicata*, 65 Harv. L. Rev. 825 (1952) はプラグマティックな立場は、先例形成の必要性および裁判所が問題を統一的に処理しようとする傾向を無視しているとしてこれを批判する。同様にこれを不確実で曖昧であると批判するものとして、Shopflocher, *What is a Single Cause of Action for Purpose*

of the Doctrine of res judicata, 21 Ore. L. Rev. 319, esp. 363 (1942) 参照。

(31) Harris v. Tams, 258 N. Y. 229, 179 N. E. 476. この事件では、モーターボートを買いうけた原告は、被告が売主本人としてスピードについてした warranty 違反を理由に訴えたが、トライアルも終わる頃に、これを代理人としてした implied warranty に補正する申立てをした。この場合には新しい「訴訟原因」につき訴訟の初めから予告があったとはいえないとして出訴期限法の抗弁を認めたのである。なおこれを不当な結果とする Clark, *op. cit. supra note* 1 at 733 note 16 参照。

(32) See 2 Wash. Rev. Stat. Ann. (Remington, 1932) §308-3 (4) cited in Moore, Federal Practice, vol. 3, 850 (1962), なお、III. Rev. Stat, (1937) C. 110, §170 (2) も「補正により導入される訴訟原因は、これがもとの訴状に示されたのと同一事件または出来事から生じたものであるときは、この補正はもとの訴状の提出時に遡及し、出訴期限法により阻止されない。」とする同趣旨の規定をもっている。

(33) Federal Rules of Civil Procedure, Rule 15 (C).

(34) Moore, *op. cit. supra note* 32 at 851.

(35) Clark, *op. cit. supra note* 1 at 731.

(36) Moore, *op. cit. supra note* 32 at 852 が、全く新しい「請求」をのべる補正は遡及しないとしていることからもうかがえる。

(37) See Moore, *op. cit. supra note* 32 at 852.

(38) Glint Factors, Inc. v. Schnapp, 126 F 2d 207, (1942). See Moore, *op. cit. supra note* 32 at 855.

(39) See Clark, *op. cit. supra note* 1 at 722-723.

五　「訴訟原因」の併合・選択的併合

(1)　法典の下における「訴訟原因」の併合は、「訴訟原因」が一定の類型に属する場合にのみ許される。その類型は多くの法典州において似通っているが、初め、これはある意味では、コモン・ロー上の分類に似て類似の法的請求を集めた類型であった。しかし、一八五二年のニューヨーク州の法典の改正は、エクイティ上の法則に従って「同一事件」(the same transaction) および訴訟の対象と関連する事件 (transactions connected with the same subject of action) から生ずる請求については併合を認めるという一般的類型をもあわせ規定し、これが他の州の法典にも採用された。こうして法典において訴訟原因の併合を認める基準としては、この種類の類型、つまり、一方では請求の類似性に基づくものと、他方では「同一事件」に基づく類型との非論理的な結びつきが現在まで維持されることになったのである[1]。

法典の起草者は、「訴訟原因」併合の限界を定めることによって、一つの手続で行う審判の範囲を一定限度に限り、無用の複雑さをさけて、審判の便宜を増進せんとするにあったのであろう。しかしながら、これらの類型は、かえって不合理で不便な結果を生ずることにもなった[2]。そこで、「訴訟原因」の併合に制限を設けるよりも制限を撤廃することの方が訴訟の便宜にそうという認識が生まれ、自由な併合 (free joinder) を認める州もでてきたのである。かりに、余りに多くの請求が併合された場合には、審判を分離することは容易だが、いろいろ違った時期に提起される訴訟を併合することは困難だからである。こうして、たとえばカンサス州では、併合についての制限を撤廃する法典が成立することになったのである[3]。

(2)　いずれにしても、多くの法典州がなおこれらの併合を制限する類型を維持している以上、その解釈運用が問題になることはもちろんである。なかでも「同一事件」の解釈は、これが「訴訟原因」といかなる関係に立つのかという問題とも関連して論議の中心をなした。この類型が、エクイティ上「同一事件」あるいは「訴訟対象と関連する事件」から生じたすべての争点を審理するとされていた原則に基づくことは疑いない[4]。しかし、これをとり入れた法典の下での裁判所が「同一事件」と「訴訟原因」との関係について示した解釈は必ずしも一致していない[5]。

この点がいかに紛糾したかは、たとえば、被告が原告に暴行 (assault) を加えると同時に、原告の名誉をも毀損（slander）した類似の事件についてのいくつかの裁判所の異なった立場によって例示できよう。まず、この場合には二つの「訴訟原因」があるだけでなく、これは二つの異なった事件に基づくのであって、その併合は認めないとするAnderson v. Hill（1869）がある。[6] これは、「訴訟原因」だけでなく同一事件についても法律的に厳格な解釈をしようとする立場であって、コモン・ローにおけると同じ結論になった。次いで、同様の事件について、Harris v. Avery（1869）は、この場合に二つの「訴訟原因」が生ずるとした上で、これらは単一の「同一事件」から生じたものとして、assault と slander の併合を認めたのである。[7]「訴訟原因」については法律的な概念として厳格な立場に立つが、「同一事件」については素人の見た一つの出来事として把えれば足るとする立場である。そして最後に、Brewer v. Temple（1857）は、この場合には「訴状は単一の出来事の歴史をかかげているにすぎず、……全体として単一の事件をなすと同様に、単一の訴訟原因となるにすぎない」としたのである。[8]「同一事件」についてはもちろん「訴訟原因」についても共に素人的理解を強調する立場であるといえる。州によっては明文を設けて、右のような場合には「同一事件」に基づくのであることを定めるところもある。[9] いずれにしても、「同一事件」の条項がエクィティ上の法則であったことを考えれば、これが請求併合の要件を緩和して同一訴訟で審判できる範囲を拡げ、訴訟における融通性をもたらす趣旨の規定であることは疑いないように思われる。[10]

問題は後の二つの立場、つまり「同一事件」の範囲内で併合すべき「訴訟原因」を法律的概念として把えるか、あるいは素人的な理解によると考えるか、にある。この点については、同じ州の裁判所ですら必ずしも一致しているとは限らないといわれるほどに対立しているのである。[11] マッカスキルは第二の立場、つまり、「訴訟原因」を法律家の概念とし「同一事件」を素人の考えによるべきとする判例を支持する。[12] 一方において、法律的な「訴訟原因」により審判の単位を明確にできると共に、他方において、素人的な「同一事件」の範囲内で多数の審判の単位をなす原因を併合して、融通性ある訴訟実務の運営ができるとするのである。「訴訟原因」の法律的な把握は、結局はコモン・ローの訴訟方式の復活に他ならないとするクラークは、第三の立場を強く支持する。[13]「訴訟原因」も「同一事件」と同様に素人的考えによる事実の範囲を示すのであって、両者の差異は、結局は質的なそれではなくて、程度の差異、つまり事実の数と範囲における差異にすぎないというのである。「訴訟原因」を「同一事件」と同様に素人的な概念とする見解は、「訴訟原因」について法律的な基準を考えるすべての見解による反論をうけねばならなかった。[14] 法典上明確に区別されているこの二つの概念を区別する基準が明らかでないというのがその理由であった。しかしながら「訴訟原因」の併合の可否に関する限りは「同一事件」についての見解を異にしないこの二つの立場においては、実際の取扱を異にするわけではない。重要な差異を生ずるのは、「訴訟原因」併合についてもう一つの要件とされる個別記載（separate statement）を要求するか否かについてであり、このことが「訴訟原因」についての見解の展開を制約する大きな要因ともなるのである。

(3)　法典の規定によれば、一般的に、併合されるそれぞれの「訴訟原因」は個別的にかかげられねばならず、番号を付さねばならない。たとえば、第一の訴訟原因あるいは第二の訴因というような表題が付されることになる。それぞれの「訴訟原因」は項目別にのべられるので、同じ訴状の下でも、他の「訴訟原因」の記述を利用するには、明示的にこれを援用することが可能でありかつ必要とされる。その趣旨とするところは、審判の単位となるものを明確に示して、争点を明確かつ単純にする点にあったことは当然であった。[15]

しかしながら、問題は、ここでも「訴訟原因」の同一性をいかに解するによって、どの程度まで個別記載が要求されるかについて異なった結論が生じる点にあった。たとえば、相互に全く関係のない二つの異なった契約を併合して訴える場合に、それぞれの「訴訟原因」を別個に記載することがこの規定の趣旨からして有用であることについては異論はない。しかし、基本的には同一の事件に基づいているが、救済を求める理由とされている法的視点が異なる場合において、それぞれにつき「訴訟原因」が異なるとして別個に記載すべきか否か、が問題とされてきたのである。

法的視点の差異によって「訴訟原因」の同一性が決まるとする見解をとる裁判所は、法的視点の異なるごとに別個の記載を要求し、そのために別個の訴因を用いてきた。[16] 同じ訴訟において法的視点の異なるごとに別個の訴因を用いるという実務の慣行は、コモン・ロー上の複数の訴因を用いる慣行を歴史的な背景として生まれてきたと思われる。コモン・ローにおいては、単一の争点の形成のために、初め、重複的な主張が禁止されていたが、これを緩和するために複数の訴因（multiple counts）が用いられるようになったことは前述した。これは、コモン・ロー上同じ訴訟原因についての異なった法的視点を別の訴因にかかげることであると説明されている。[17] 同時に、コモン・ロー上、原則として異なった訴訟方式に属する請求相互の併合を禁じた厳格な制限を緩和する方法でもあった。[18] これによって複雑な事実関係に基づいて訴えるときに、訴訟の進展につれてどのような法的視点が認められるか確かでない当事者の酷な立場が救われたのであった。[19]

法典の下において、「訴訟原因」の同一性がこの法的視点を基準にして決められたところでは、訴えの併合における個別記載の要件としてこの訴因制度が用いられるようになったのは当然のなりゆきであった。これは右のような歴史的背景によるのはもちろんだが、次のような趣旨に基づいていたと思われる。つまり、コモン・ローにおけると同様に訴訟において法的視点がいかに展開するかについての当事者の不確実さを救済するだけではなく、さらに、個々の訴因にのべられた事実が一定の法的視点に従って整理され、何が主要事実であるかを明確にできるということであった。[20] この見解に従えば、法的視点の異なるごとに別個の訴因を用いることが必要とされたのである。

ところが、コモン・ロー以来一般的に用いられてきたこの訴因制度、つまり、法的視点の差異に従って異なった訴因を用いるという実務の慣行は、法的視点によって「訴訟原因」の同一性が決まるとする裁判所によってだけ用いられているとは限らないのである。「訴訟原因」は単一でも異なった法的視点が可能であるとする裁判所でも、これを異なった訴因によってのべることが認められてきたのである。[21] 法的視点にしたがって異なった訴因を用いることが事案を明確かつ確実にのべるのに役立つだけでなく、複数の訴因を用いることを法律によって禁止するのは、却ってプリーディングの段階での小ぜり合いを増すことになると考えられたためであった。[22] この見解によれば、法的視点の差異に従って別個の訴因を用いることが強制されるわけではない。ただこれを同じ「訴訟原因」だとしても、異なった訴因でのべることが認められるようになったのである。したがって、法的視点に従って異なった訴因が用いられている以上、実務の取扱いは、見解の差異によって異ならない。差異を生ずるのは、後述するように、単一の訴因の中で二つ以上の法的視点を示す事実が述べられている場合に、これを認めずに個別記載を要求するか否かという点である。

(4)　ところで、法的視点の差異によって異なった訴因を用いる場合において、これらの訴因は選択的に主張 (alternative pleading) することができるといわれる。ただ、多くの場合、この複数の訴因は必ずしも選択的と明示して主張されているとは限らない。しかし、この二つの法的視点が密接に関係していて、一方に理由があることが明らかになれば、救済が認められることになって、他方を考慮する必要がないときには、黙示的に選択的であるとして取扱われる。[23]

一般的に、選択的主張は、コモン・ローにおいては不確実性 (uncertainty) を伴うという理由によって認められなかった。[24] この法則は、法典の下においても同様の理由によって維持されてきた。[25] しかしながら、その根拠とされた確実性の要請の趣旨が、相手方に争点を明確に示し、その防御を十分ならしめる点にあるとすれば、この要請が充される限り、この法則自体の厳格な適用は意味を失うことになろう。のみならず、審理の過程の中で事実や法的視点がいかに展開するかについて、初めは不確かな当事者に対して最初から確定的な主張を強制することは酷である。その後の立法や判例によって次第に選択的主張が認められるようになったのは、このような配慮に基づくものであった。[26] 法的視点の差異に従って、異なった訴因を用いることを認めたのも、もともと、この点を緩和するためであったといわれる。[27] したがって、これらが「訴訟原因」を異にするとされる場合にも、選択的に主張されうることは当然であり、これに基づいた選択的救済の請求ができることも一般的に認められているのである。[28]

「訴訟原因」の選択的併合との関連において問題となるのは、「訴訟原因」の併合について要件とされる「論理一貫性」（consistency）の要求であろう。州によっては明文をもってこの一貫性の要件を規定するところもあり、明文がなくとも判例によって矛盾する「訴訟原因」の併合を認めないところもある。[29] 選択的主張は常に一貫性を欠くという考えもあるが、事件の事実や法的視点について確かでない当事者が審判の展開の可能性を見込んだ上で、相互に矛盾する請求を併合することも認める必要があるように思われる。[30] さらに、この場合に当事者に対していずれかの請求を予め選択（election）することを強制するところもあるが、これでは当事者に非常に酷な結果をもたらすことになる。[31] 連邦民事訴訟規則や相当数の州の法典が矛盾する請求の併合をも認める規定をおき、規定のないところでも同様の結果に達している裁判所が多いのは右のような考慮によるものであろう。[32]

いずれにしても、両立しうる「訴訟原因」が選択的に併合できることはもちろん、一定の場合には黙示的にも選択的併合として取り扱われることは、わが国の通説の請求併合についての立場と異ならないように見える。[33] ただ、ここでは黙示的に選択的併合があるとされる場合でも、法的視点の差異にしたがって別個にかかげられているのに、わが国の通説は必ずしもこのことを要求していないのである。項目別に区別しない一連の事実がのべられていても（narrative statement）、法的視点の差異に従って二つの「訴訟原因」の併合があるという見解は、アメリカの法典においては、併合のときは別個記載が要件とされるのでなり立ちえないように思われる。この場合に、「訴訟原因」の併合とはならず、単一の「訴訟原因」につき、その理由となる法的視点の選択的主張があるにすぎないという見解の生まれるゆえんである。

(5)　単一の訴因において異なったいくつかの法的視点を示す事実がかかげられた場合に、これをいかに取り扱うかを論ずるには、再びリーガル・セオリーの原則に立ち帰らねばならない。リーガル・セオリーの原則によれば、訴因は単一の特定した法的視点によって構成されねばならず、裁判所および当事者は訴訟を通じてこれに拘束される。前にこの原則を説明したときに、訴状は特定の法的視点を基準にして構成されねばならないとしたのは、正確にはこのように読みかえねばならない。したがって、たとえば、この原則を厳格に適用するインディアナ州の裁判所は、単一の訴因が二つの法的視点の選択的主張を含むときには、これを瑕疵ありと判決するのである。[34]この場合に被告に認められるこの点の攻撃方法は、通常はそれぞれの法的視点を別個の訴因に記載すべきことを要求する申立て（motion）であり、あるいは、訴状を明確にすることを求める申立てである。そこで原告は、この点の瑕疵を、二つの法的視点を示す事実を別個の訴因にかかげる補正をすることによって治癒することができる。これらの補正がなされないときには、裁判所の判断においていずれか一方を真の法的視点として確定し、当事者はこれに拘束されることになるのである。[35]

リーガル・セオリーの原則によれば、単一の訴因には単一の確定的な法的視点しかありえず、したがって一つの「訴訟原因」しかありえないことになる。異なった法的視点があれば、別個の「訴訟原因」であることになり、これは別個の訴因にかかげねばならないのである。異なった法的視点を示す事実を別個の訴因として明示することが、審判の単位をなす事実を明確に示すことになり、ひいては、この点について相手方に十分の予告をあたえかつ争点の整理を可能ならしめるという趣旨であったことは前述した通りである。

しかしながら、救済の根拠となりうるいくつかの法的視点が、単一の訴因ないし一連の関連した事実の陳述においてのべられていても、これが被告に紛争の内容を十分に予告する場合には、あえて不適法にするまでもないという傾向が一般的になってきた。[36]常識的に考えても、この形の陳述が事実主張を簡単かつ単純化することが多いし、ことにこれを選択的に主張することは、主張が相互に密接に関連していていずれか一つを立証すれば足るときには適切である。また、裁判所がいくつかの法的視点を示す事実を別個の訴因において選択的に主張することは認めるのに、単一の訴因において主張することは認めないというのは、紛争の実質を明らかにするよりも、形式論にこだわっている。両者はその本質においてそれほど異なっているとはいえないというのである。[37]その後の判例や制定法が、単一の訴因において、いくつかの法的視点を示す事実を一連の事実の陳述としてのべること、ことにこれを選択的に主張することを認めるようになったのは、右のような考慮によるものであろう。(38) 選択的主張が明示されていなくとも、一連の事実の記載が二つ以上の法的視点を生じ、そのいずれかを証明すれば請求が理由あるときには、ここでも、黙示的に選択的主張がなされているとされるのである。(39)

ところで、このように単一の訴因において、いくつかの法的視点を示す一連の事実が主張されている場合には、法的視点の差異に従って、いくつかの「訴訟原因」の併合があるという立場はとられえないであろう。多くの法典によれば、なお請求併合について個別記載が要求されているからである。したがって、単一の訴因における一連の事実記載を認めるためには、「訴訟原因」の同一性を法的視点により区別しない立場がとられざるをえないのである。逆にいえば、「訴訟原因」について融通性ある見解をとる人々によって、単一の訴因における一連の事実記載を認めようという傾向が支持されているのである。(40)

連邦民事訴訟規則はこの点についてさらに一歩を進めたといえよう。つまり、ここでは、単一の訴因においていくつかの「請求」を選択的に併合して主張することも可能であると解されている。(41) そして、「請求」ごとに別個に記載する必要があるのは、これが別個の事件に基づくときに、別個にかかげることが明確性をすすめるのに役立つ場合であるとされるのである。(42) ここでの「請求」がプラグマティックな内容であるとされる点を別にすれば、わが国の通説が考えるのと同様に、一連の事実の記載があるときにも、黙示的に請求の選択的併合が成立しうることになるであろう。

だが、右のような制度の下では、単一の訴因における一連の事実のだらだらとした陳述によって、法的視点の選択的主張や請求の選択的併合が成り立ちうることになり、ここでも、訴状によっていかなる法的視点が主張され、あるいはいかなる審判の単位がのべられているのかを明確にすることができなくなるという疑問を生むことになろう。ことに連邦民事訴訟規則の下での実務においては、訴状における選択的な事実主張や法的視点の主張が余りに複雑にからみ合っていて、当事者が何を主張しようとしているのか不明確であるという批判がしばしばなされているのである。(43) この点を明確にするために、請求が異なれば別個の訴因を用いるべきことが奨められているが、規則がこれを必要としない以上、実務においては必ずしも守られていないようである。(44) いずれにしても、これでは裁判所が審判の単位が何であり、いかなる法的視点に基づいているかの決定に苦しむだけでなく、相手方がこの点を十分に予知したうえで防御をつくすこともできなくなってくるであろう。(45) ここでも、リーガル・セオリーの原則を説明する際にのべたように、訴状に主張されている法的視点や審判の単位を明確に示す何らかの方策が必要とされているわけである。前述のミラーの提案はこの点に問題のあることを示していたし、アメリカの訴訟物論もこのような解決策を探りつつあるというのが現状であるといえよう。

（1）Sunderland, *Joinder of Actions*, 18 Mich. L. Rev. 571, 579-580 (1920); Clark, Code Pleading, 2nd ed. 442, 438 (1947); この結果、ある点ではコモン・ローの制限より緩和され、ある点ではかえってより厳格になった。一方において、無関係な契約上の請求でもすべて併合できる代わりに、関係ある不法行為上の訴えでも三つの型に分類されて、併合できなくなった。他方において、「同一事件」に基づく類型を認めたので、これ以外の類型は意味を失うことになりかねない。いかなる「訴訟原因」でも訴えの性質とはかかわりなく、「同一事件」の下に併合されることも可能だからである。

（2）See Sunderalnd, *op. cit. supra note* 1 at 580. そこに説明されるいくつかの不合理かつ不便な事例を参照。

（3）See Sunderalnd, *op. cit. supra note* 1 at 581-582; Clark, *op. cit. supra note* 1 at 443; Federal Rules of Civil Procedure, Rule 18 (a) も自由な請求併合を認めた。See Moore, Federal Practice, vol.3, 1808 (1962).

（4）Clark, *op. cit. supra note* 1 at 437, 452.

（5）その主な原因は、「同一事件」および「訴訟の対象」(subject of action) をいかに解するかについて明確な内容がなく、多くの争いが生じた点にあった。Sunderland, *op. cit. supra note* 1 at 579. 裁判所は初めこれらの用語の曖昧さにもかかわらず、一定の明確な定義を与えようと試みたからである。See Clark, *op. cit. supra note* 1 at 453. 本文では「同一事件」について論じたが、「訴訟の対象」についてもこれを区別すべき理由はないように思われる。See

McCaskill, *Actions and Causes of Action*, 34 Yale L. J. 647-648 (1925).

(6) Anderson v. Hill, 53 Barb. 245 (1869, N. Y.). つまり、「二つの訴訟原因が同時に生じたために、同一事件から生じたということにはならぬ。相互に本質的な態様と質において異なった二つの事件が同時に生ずることは、物理的にも道徳的にも不可能ではないのである。」

(7) Harris v. Avery, 5 Kan. 146 (1869). この「同一事件」を基準とすることは、「コモン・ローよりも、エクィティにおけると同様に、紛争の全対象を実務に適する限り、一つの訴えで解決することにある」とした。もっとも本件では、二つの「訴訟原因」を認めるか否かには疑いを残しながらも、争いなきために、これを認める前提に立っているのである。

(8) Brewer v. Temple, 15 How. Prac; 286 (1857, N. Y.); Clark, *op. cit. supra note* 1 at 454 note 69 は前注の Harris v. Avery もこの立場に数えている。なお、*ibid.* note 68 参照。

(9) Connecticut や New York の法典がそうである。See Clark, *op. cit. supra note* 1 at 454-455, note 71; McCaskill, *op. cit. supra note* 5 at 645.

(10) この点ではクラークもマッカスキルも見解を異にしないのである。See Clark, *op. cit. supra note* 1 at 453, McCaskill, *op. cit. supra note* 5 at 646; なお、前注(7)の Harris v. Avery 参照。

(11) たとえば、ニューヨーク州はこの点で必ずしも一致していない。See Clark, *op. cit. supra note* 1 at 454.

(12) See McCaskill, *op. cit. supra note* 5 at 646-648,「訴訟原因」の同一性は一定の救済を求めうる権利を基準にして定まるとするマッカスキルは、実務上の融通性は、「訴訟原因」自体の曖昧化ではなく、コモン・ロー上では不可能であった訴えの併合を広く認めることによって達成できる点を強調する。See *ibid.*, 620-621, 638.

(13) Clark, *op. cit. supra note* 1 at 455-456; *id., The Code Cause of Action*, 33 Yale L. J. 832-833, esp. note 74 (1924).

(14) Gavit, *A "Pragmatic Definition" of the "Cause of Action"?* 82 U. Pa. L. Rev. 129, 146 (1933), *id., The Cause of Action-A Reply*, 82 U. Pa. L. Rev. 695, 698 (1933). なお Wheaton, *The Code "Cause of Action": its Definition*, 22 Cornell L. Q. 1, 15 (1936) は、「訴訟原因」を審判の便宜にしたがって規定することは望ましいが、「同一事件」条項などの規定の存する限り、法律上の権利義務および事実からなるとせざるをえないとする。Also see, Keeton, *Action, Cause of Action, and Theory of the Action in Texas*, 11 Texas L. Rev. 145, 157-158 (1933).

(15) 以上の点につき、Clark, *op. cit. supra note* 1 at 457–458 参照。

(16) McDonald, *Alternative Pleading in the United States: I*, 52 Col. L. Rev. 443, 450–451 (1952); Alabama, Indiana など前述のリーガル・セオリーの原則をとる裁判所がそうである。

(17) Shipmann, Common Law Pleading 3rd. ed. 203–206 (1923).

(18) McDonald, *Alternative Pleading: I*, 48 Mich. L. Rev. 311, 318–320 (1950).

(19) McDonald, *op. cit. supra note* 18 at 320. この複数の訴因をみとめたことは、他方において、考えうるすべての法的視点に従って別個の訴因をかかげることになったので、不合理なまでに費用のかさむ重複を生ずることになり、English Common Law Commissioners や New York Code Commissioners の批判するところとなった。See *ibid.*, 320–321; *Clark, op. cit. supra note* 1 at 460; First Report of Commissioners on Pleading and Practice (1848 N. Y.) reprinted in Blume and Reed, Pleading and Joinder, 618 (1952).

(20) 法的視点に従って主要事実を明確に区別することが、審判の確実性と争点の整理を可能にするゆえんであり、主張の無用の繰り返しということも、前の訴因の事実を援用することによってさけることができるというのである。McCaskill, *Easy Pleading*, 35 Ill. L. Rev. 28, 39–31, 8–39 (1940) はこのように主張して別個の訴因による個別記載を強く支持する。なお、McCaskill, *op. cit. supra note* 5 at 639–641 は、複数の訴因は同一の「訴訟原因」ではなくて異なった「訴訟原因」を明確に呈示する方法であることを強調する。救済をもとめうる権利の差異によって「訴訟原因」が特定され、これは個々の訴因にかかげられることにより明確性を保ちうるというのである。

(21) たとえば、Williams v. Nelson, 45 Utah 255, 145 Pa. 39 (1914) 参照。この判例は、ポメロイの「訴訟原因」の考えに従い、ひとつの代理契約の違反についてはひとつの「訴訟原因」しか生じないが、これを理由づける法的視点について不確かなときにはこれを異なった訴因にかかげることを認めた。Hankin, *Alternative and Hypothetical Pleading*, 33 Yale L. J. 365, 368 (1924) は、同じ「訴訟原因」を異なった訴因で述べることは、これを認めなければ特に当事者に酷である場合以外には、認められないとしている。しかし、今日では、法典の下における大多数の裁判所が同じ「訴訟原因」を法的視点の差異により異なった訴因でのべるようになったといわれる。See McDonald, *op. cit. supra note* 16 at 457.

(22) See McDonald, *op. cit. supra note* 16 at 453–454, 457; Clark, *op. cit. supra note* 1 at 460–461.

(23)　以上につき、McDonald, *op. cit. supra note* 16 at 458 参照。

(24)　Shipmann, *op. cit. supra note* 17 at 519–520; Hankin, *op. cit. supra note* 21 at 365; Moore, Federal Practice, vol. 2, 1882–1883. 選択的主張と同様に、仮定的ないし予備的主張（hypothetical Pleading）も、同じ理由で禁じられていた。

(25)　Clark, *op. cit.* 255. もちろん後述のように次第に緩和されて行くのである。

(26)　以上の点を強調するものとして、Hankin, *op. cit. supra note* 21 at 365–369; Clark, *op. cit. supra note* 1 at 255–257 参照。なお、McDonald, *op. cit. supra note* 16 at 452–453 はさらに別の視点をも提供する。Clark によれば連邦規則および一〇の州が制定法により他の一〇の州が判例で選択的主張を認めるとされるが、これはその後、連邦規則と二三の州に増加したといわれる。McDonald, *op. cit. supra note* 16 at 449.

(27)　See Hankin, *op. cit. supra note* 21 at 368–369.

(28)　Clark, *op. cit. supra note* 1 at 274–275. Federal Rules of Civil Procedure も、「請求」の選択的併合（Rule 18（a））や救済の選択的主張（Rule 8（a）3）を認めているのである。See Moore, Federal Practice, vol. 3, 1808–1810, vol. 2, 1801–1806.

(29)　McDonald, *op. cit. supra note* 16 at 467 は今では制定法は Louisiana のみであって、判例で禁止する州がいくつかあるとする。なお、Clark, *op. cit. supra note* 1 at 448 参照。

(30)　See McDonald, *op. cit. supra note* 16 at 459–462.

(31)　これでは election of remedies の原則を最も不当に適用することになる。この原則は事実、レメディの選択には適用されず、実体権の選択にだけ適用されるのである。レメディの選択は被告勝訴の判決か、原告勝訴判決の執行まではありえないように思われる。See Clark, *op. cit. supra note* 1 at 493–498. McDonald, *op. cit. supra note* 16 at 468 のあげる可酷な例を紹介しよう。

子供の頃、ある夫婦に引き取られ、女中代わりに無報酬で使われてきた娘が、二〇歳のとき、夫に死別した婦人から解雇された。娘の姉の話では養女として引き取る口約束があったということなので、一方においてこの約束を主張、他方で労務提供の報酬を請求して訴えた。カンサス州の裁判所はいずれか一方を選択せよとしたのである。

(32)　Federal Rules of Civil Procedure, Rule 8（e）(2); 同じ規定をもつ州は、Arizona を初めとする一〇州である。See McDonald, *op. cit. supra note* 16 at 464–465. 相排斥し合う主張であれば、われわれの考えでは予備的主張（hypothetical pleading）となると思われるが、これとても選択的主張と同様に認めると考えねばならない。See Hankin, *op. cit. supra note* 21 at 377-382.

(33) たとえば、兼子一・民事訴訟法体系〔増補版〕一六六頁（酒井書店・昭四〇）参照。

(34) Adams Express Co. v. Heagy, 69 Ind. App. 652, 122 N. E. 603 (1919), See McDonald, *op. cit. supra note* 16 at 451.

(35) 以上の点につき、Whittier, *The Theory of a Pleading*, 8 Col. L. Rev. 523, 535-536 (1908) 参照。

(36) See McDonald, *op. cit. supra note* 16 at 448-450.

(37) 以上につき、McDonald, *op. cit. supra note* 16 at 448, 452; Clark, *op. cit. supra note* 1 at 255-257; Hankin, *op. cit. supra note* 21 at 368-369 参照。「もし相手方が選択的に主張された訴因に答えうるなら、同じことを一連の陳述でのべるのに答えないわけがない」(Hankin, *ibid.*, 369)。McCaskill, *Actions and Causes of Action*, 34 *Yale L. J.* 614, 641-642 (1925) は、無数の *"or"* でつながれた文章が複雑さを増し、訴訟の明確性を害うであろうと批判的である。

(38) *Federal Rules of Civil Procedure, Rul* 8 (*e*) (2) は「当事者は、ひとつの請求についての二つ以上の陳述を、ひとつ又は異なった訴因において、選択的あるいは予備的に述べることができる」と規定している。同趣旨の制定法および判例をとる州につき、*McDonald, op. cit. supra note* 16 at 449. 前掲注(26)参照。

(39) McDonald, *op. cit. supra note* 16 at 450.

(40) プラグマティックな「訴訟原因」を唱えるクラークがこの点を強く主張するのは、右のような根拠によるのである。See Clark, *The Code Cause of Action*, 33 Yale L. J. 833-836 (1933).

(41) See, Moore, *op. cit. supra note* 24 at 1893.

(42) Clark, *op. cit. supra note* 1 at 463, しかし、ブリーディングが明確性を保つ限りは、別個の事件による請求でも別個に記載する必要はないとする。See *ibid.*, 464.

(43) Moore, *op. cit. supra note* 24 at 1893.

(44) たとえば Kelley v. Midland Steamship Line, Inc. 162 F. S. 68 (1956) においては、被告は原告の請求が、船酔いと過失に基づく二つの「訴訟原因」であるとして、個別記載および番号を付すことを要求する申立てをしたが却下された。See, Moore, *op. cit. supra note* 24 at 1893-1894.

（45）See McDonald, *op. cit. supra note* 16 at 463-464.

むすび

（1）以上によってアメリカの訴訟物論が、コード・プリーディングからノーティス・プリーディングへの制度的な変遷につれて、いかに展開したかを、主に判例実務を中心にして検討した。訴訟物論展開の大きな流れが、「訴訟原因」の同一性を実体法上の権利を基準にして定めて、審判の「確実性」を期すという古典的な立場から、権利によって細分化せずに融通性ある内容として把えるプラグマティックな見解に向かいつつあることは、これを認めなければならない。しかし、このような訴訟物論展開の方向が、単に社会的経済的ないし法思想史的な背景によるだけでなく、(1) もろもろの制度的な制約をも契機としていたことを示しえたと思う。「訴訟原因」変更禁止の原則、出訴期限法による期間経過後の補正の禁止、あるいは「訴訟原因」併合における個別記載の要件などは、その最も大きな要因をなしたのであった。つまり、裁判所はこれらの制約を緩和するために「訴訟原因」の内容自体を拡大し、あるいは曖昧にすることによって、それぞれの事例に適切な結果を達せんと努力を重ねてきたのであった。

判例における「訴訟原因」曖昧化の作業が相当に進展した後に、今度は逆に連邦民事訴訟規則やその他いくつかの州の法典は、これらの制約的な諸原則をすべて撤廃したのである。今や、われわれは一方において、曖昧でプラグマティックな「訴訟原因」をもつと共に、他方において、「訴訟原因」の変更を認め、出訴期間経過後の補正の遡及効を認め、併合について個別記載を要求しない自由な法則をもつことになったのである。そして、これら伸縮自在の自由な法則の運営においては、トライアルの裁判官に大幅の裁量権を委ねることによって、その適正を期すことが期待されたわけである。

「プリーディング手続は、実体的正義を支配する主人ではなくて、これにつかえる召使でなければならない」というパウンドの強調した提唱は、右の傾向の意図するものを象徴的に示している。[2] これは、コモン・ローにおいて訴訟方式の厳格な手続が技術的な形式上の争いを生み、ひいては実体的な審理を遅延させ、あるいは否定していたことに対するひとつの反動であった。そして、社会の複雑化につれ、山積する裁判所の事件をいかに能率的に処理して、訴訟の遅延を解消するかという社会的な要請に根ざしていたのであった。このような要請をになって登場したアメリカのプラグマティズム法学にバックアップされてくりひろげられた大キャンペーンの結果であったといえるのである。

(2)　しかし、この傾向は、前述したように、ノーティス・プリーディングの下での実務においてすでに多くの問題を生んでいるのである。つまり、事件の事実関係が未整理のままトライアルに提出されることになり、十分に審理をつくすことができないという批判であった。コード・プリーディングの下での古典的な立場が、審理の「確実性」(certainty) を期するために、「訴訟原因」を実体法上の法的視点を基準にして定めようとしたのは、まさにこのような「手続における正義」つまり審理を十分につくすこと“make it thoroughly”という理念であった。[3] 「確実性」というのは、「訴訟原因」の内容を、法的視点を基準にして明確かつ統一的に呈示するということであった。これによっていかなる要件事実が主張され、いかなる抗弁事実が必要であるかなど、審理内容やその結果について「予測可能な結果」が生じ、裁判所はもちろん、当事者もこのことを十分に予知することができる。その結果、審理の計画や攻撃防御の準備を十分にととのえて、トライアルにのぞめるわけであり、不意打ちをうけることがなくてすむことになる。適正な審理をつくすという要請はこのようにして充されるというのであった。

「訴訟原因」についてのプラグマティックな見解が、これらの要請を無視できるわけはない。実体的な正義を達するために手続的な制約を取り除くといっても、手続的な保障を無視して十分な審理をつくすことができなければ、実体的な正義にも達しえないだろうからである。多忙な日程（busy calendar）に追いまわされているトライアル裁判所に未整理のままの事実関係を提供することは、審理がなおざりになるだけでなく、かえって能率的な実務の処理もできなくなるおそれがあろう。アメリカの民事訴訟が陪審制度をとるために、必然的にトライアルの審理を集中的に行わねばならないことは、右の危惧を更に強めることになろう。すなわち、集中的に短時間の間に行われねばならないトライアルにおいて、裁判所および当事者は、すべての複雑な事実関係を解明し、そこに含まれうるすべての権利関係に従って攻撃防御をつくし、十分な審理を行うことは、トライアル前の十分な準備がなければ期待できないであろうからである。これは、わが国やドイツにおけるように、何回となく公判期日を繰り返していくうちに、次第に事案を明らかにし、主張を整理していくような手続をとるところと基本的に異なっているわけである。アメリカにおいて不意打ちの危険を防止する必要性が繰り返し強調されるのは、一つにはこのような集中審理の必要性を背景にしているのである[4]。

(3)「訴訟原因」をプラグマティックに解する見解においても、融通性ある審判の範囲に含まれるいくつかの法的視点に従って事実主張を明確にし、争点を整理することが、トライアル前の段階において要請されるのは右のような事情からみれば十分にうなずけるのである[5]。一方において融通性ある審判の範囲を前提とし、他方において一般的な事実主張を認めるゆるやかなノーティス・プリーディングをとるとすれば、いかにしてあらかじめ審理の内容を明確にし、これにつき十分な審理をつくすことができるであろうか。このことは、アメリカにおけると同様に、少なくとも理念としては、集中審理を前提とするわが国の民事訴訟法にとっても、重要な問題でなければならない。ことに訴訟物の範囲を、権利関係を基準にして定めないとする新理論にとっての問題点を示しているようにも思われる。アメリカの制度の中で考えうる解決策をまとめてあげれば、次の通りであろう。

第一に、トライアル前の段階で、トライアルの準備のための手続を訴状などのプリーディング手続に限らないということである。ノーティス・プリーディングの提唱者たちが強調するところとして前述した、プリーディング以外のトライアル前のもろもろの準備的な手続、つまりディスカバリー・公判前協議手続・略式判決の制度を十分に活用することである(6)。ディスカバリーによって、当事者は相手方がその請求を理由づけるために主張せんとする事実および証拠を知り、場合によっては自己のために利用できる事実をも知りうるのである。これによって、トライアルにおいては、不意打ちをさけ真の紛争を示すことができるし、逆にプリーディングも詳細なものを要求しないですむことになる。公判前協議手続では、裁判官の主宰の下で、争点を整理単純化して、争いなき点を解決し、真に争いある点を明らかにすることができる。その結果、必要となった主張補正も、ここで完備してトライアルにのぞめるわけである。これはことにディスカバリーなどに補充され、十分に事実関係を知った上で行われることによって、一層よくその目的を達しうるのである。そして真の紛争がないことが明らかになれば、略式判決によってトライアル前の段階で事件を解決してしまうことも可能になるのである。

第二には、トライアルの段階における解決策である。プリーディングが抽象的な主張しかしていない以上、証拠との間のヴァライアンスは、あまり厳格な規制をうけないようにせざるをえない。ヴァライアンスがあっても、裁判所の補正命令や異議のない証拠調べの結果によって主張補正が擬制されることは前述の通りである。トライアルにおいて証拠に合わせるために補正がなされることによって、相手方に生ずる不意打ちを防ぐためには、審判の延期ないし続行（continuance）が認められることになる(7)。これとても陪審事件である場合には、あまり長びくことはできないであろうが、その間に弁護人は準備補充のための活動を行って、防御の手段をつくさなければならないわけである。

そして最後に、何といってもこれら諸制度を支えているアメリカの弁護士階層と法律実務とのもっている社会的制度的な背景を考えなければならないであろう(8)。前述のように、一部には法的視点に従って事実主張の整理をしないでトライアルにのぞむ当事者のいることに対する批判がみられるにもかかわらず、一般的には、伝統的に活動的であり、厳しい訓練をうけた弁護士階層が、積極的に公判準備活動および訴訟活動を行うという背景を見逃すわけにはいかない。近年において、裁判所の積極的な関与の余地が大きくなったとされるにもかかわらず、伝統的に徹底した当事者主義的訴訟構造（adversary system）をとる英米法においては、法律家層は訴訟において審理の対象を明らかにするのは当事者の役割であるという基本的な観念に親しんできたのである。これが陪審裁判という背景に根ざしていることはしばしば指摘される通りであるが、トライアルにおいて要件事実を明確に示すための実務訓練は、ロースクールやローファームさらには法廷自体においても厳格に行われてきたのである。こうしてアメリカにおける弁護士層の能力は、わが国のそれに比べればすこぶる充実したものにきたえあげられているといわねばならないであろう。

のみならず、判例法に基づく実体法の構造自体が、常にその基礎となる具体的な事実と不可分のものとして構成されていることも見逃しえない。訴状において事実を主張するについても、これら判例に示される具体的事実を基準としてこれを示せばいいわけであるから、このような実体法上の権利に従って要件事実を明確にすることは、大陸法におけるように抽象的な法規を基準とするよりも容易であろう。

しかも、これらの厖大な判例を参照するには、完備された判例集やこの索引に便利なダイジェストなどの参考書が備っていることも指摘できる。これらの中には、実務上個々の権利関係を具体化していかに主張するかを示す実例が豊富に示されている。そして、このように豊富な資料を自由に駆使できるようにローファームの制度が充実した組織と財力をもって完備されているわけである。

このような伝統的な実務の現状が維持される限りは、アメリカにおいて訴訟物の範囲を少しぐらいゆるめて、審判の単位をひろげたにしても、トライアル前に、法的視点に従って主要事実が明らかにならずに、当事者に不意打をあたえ、ひいては審理の充実を期し難くなるという批判は、一般的にみてそれほど深刻にはならないように思われる。アメリカにおける弁護士の多くは、訴訟物の範囲を広く認める制度の下においても、そこに含まれうる法的視点を明らかにして、その要件事実を明確に示す点において、以前の実務におけるとそれ程の差異はな

いであろうからである。(9)

アメリカにおける訴訟物論の展開が、わが国の訴訟物論にとっていかなる意味をもちうるかについては、以上述べてきたような点とのかねあいにおいて検討されねばならないであろう。アメリカにおける融通性ある「訴訟原因」とノーティス・プリーディングを補充するものとして右に指摘したいずれの点においても、これらとわが国の訴訟実務との間には相当のへだたりがあることはここで一々指摘するまでもないと思われるからである。(10)

（１）　このような背景を不十分ながら指摘したものとして、吉村徳重「英米法における法典訴訟の歴史的形成――訴訟物論の歴史的背景――」法政研究三〇巻三号（昭三八）七四―七七頁（本書七四―七七頁）参照。

（２）　See Pound, *Some Principles of Procedural Refom*, 4, Ill. L. Rev. 388, 402 (1910); Clark, Code Pleading, 2nd ed. 54-55 (1947).

（３）　以下のプラグマティックな「訴訟原因」の見解に対する批判と古典的な「確実性」を弁護する立場について、たとえば、McCaskill, *Actions and Couses of Actions*, 34 Yale L. J. 614, esp. 620-621 (1925) 参照。

（４）　ドイツの民事訴訟手続が何回となく公判期日を繰り返すために、そこでは、不意打ちの危険があまり考えられないことにつき、Kaplan, Von Mehren and Schaefer, *Phases of German Civil Procedure*, 71 Harv. L. Rev. (1471), 1211-1212, (1958) 参照。

（５）　Moore, Federal Practice, vol.2, 175-177 (1962) はとくにこのことを強調する。前出三注(28)参照。Clark, *op. cit. supra note 2* at 244, 265 も同様のことを主張している。

（６）　Field and Kaplan, Materials for a Basic Course in Civil Procedure, 43-45, 62-63, 66-67 (1953) は連邦民事訴訟規則についてそれぞれにつき簡単で解りやすい説明をしている。なおこの点についてわが国でも研究が多い。田中和夫「訴訟資料の相手方よりの取得」法学協会雑誌五八巻三号（昭一五）三〇七頁、同四号（昭一五）四八八頁、田中和夫「米国連邦民事訴訟法における開示の制度」法曹時報四巻一一号（昭二七）三三九頁、服部高顕「米国におけるプリトライアルおよび開示の制度」在外研究報告第三号（最高裁事務総局・昭三三）、古関敏正「英米民事訴訟における公判準備手続」訴訟と裁判（岩松裁判官還暦記念）（有斐閣・昭三一）三一一頁、川上泉「アメリカ民事訴訟における Pre-trial Conference について」訴訟と裁判（岩松裁判官還暦記念）（有斐閣・昭三一）三三九頁。

（7） Moore, Federal Practice, vol.3, (1962) 848–849; Clark, *op. cit. supra note* 2 at 722–723 および Federal Rules of Civil Procedure, Rule 15 (6) などを参照。

（8） 以下の点について、田辺公二「米国民事訴訟における釈明」司法研修所報二三号（昭三四）三七―五二頁、ことに四六―五一頁〔同・民事訴訟の動態と背景（弘文堂・昭三九）所収〕参照。

（9） 「実際問題として、優秀な弁護士は、救済の根拠になる一つか、それ以上の法的視点をもつであろうし、これがなければ成功することはおぼつかない」「優秀な訴状作成の技術は連邦規則の前後で異ならないであろう」というムーアの言葉を引用しておく。See Moore, *op. cit. supra note* 5 at 1716; Clark, *op. cit. supra note* 2 at 244. なおこの点につき、Fee, *The Lost Horizon in Pleading under the Federal Rules of Civil Procedure*, 48 Col. L. Rev. 491, esp. 506 (1948) 参照。

（10） この点では、わが国に近いドイツについても同様のことがいえる。ディスカバリーに相当する制度がなく、アメリカの弁護士に比べてドイツのそれが事実の探知についてあまり活動的でないことおよびその原因についての指摘として Kaplan, Von Mehren and Schaefer, *op. cit. supra note* 4 at 1199–1202 参照。最近のこの点についてのドイツにおける改革の提案および論議について、中務俊昌「弁論の準備と西独における論議――準備手続拡充の可能性(二)――」法学論叢七五巻四号（昭三九）一頁以下参照。

〔追記〕　私はこのつたない論文を、哀悼の念をもって、私の畏敬した故田辺公二裁判官の霊前に捧げたいと思う。

（原題「アメリカにおける訴訟物論の展開」民事訴訟雑誌一一号、一九六四年）

第四章　訴訟物をめぐる学説の展開

一　問題の所在

(1)　アメリカにおける訴訟物論は、「訴訟原因」cause of action についての理論として、アメリカではめずらしく理論的、哲学的な論争となったといわれる。これは一八四八年にニューヨークに成立したコード・プリーディング code pleading において、明らかに審判の単位を示すものとして「訴訟原因」という用語が用いられていたので、この解釈をめぐる論争であった。法典は、訴状の記載事項として、裁判所および当事者の名前を示す形式的な部分以外に、「訴訟原因」を構成する事実を簡潔明瞭にのべ、かつ、救済ないし裁判の申立て（demand for judgment and relief）をかかげることを要件としている。それぞれ、わが国の請求原因および請求の趣旨にあたる部分であった。しかし、裁判の申立てについては、被告が出席する限り裁判所はこれに拘束されず、訴状に示された事案に適した判決をすることができるとされている。わが国におけるように、審判の範囲を申立ての限度に限る処分権主義が強調されていないために、訴訟物つまり審判の対象の同一性は、もっぱら「訴訟原因」の範囲をいかに解するかに左右されることになったのである。(1)

ところで、コード・プリーディングはファクト・プリーディング（fact pleading）と呼ばれるように、訴状をかかげるについても事実を明確にのべることに力点をおいた。そこで、「訴訟原因」を構成する事実を簡潔明瞭にのべるという規定の趣旨は、請求を理由づける主要事実（ultimate facts or operative facts）をのべることであるとされた。これは、主要事実に法を適用して生ずる法的結論（legal conclusion）でもなく、あるいは、この主要事実を推論する前提となる証拠的事実（evidential facts）でもない。法的結論はあまり一般的すぎて曖昧であり、証拠的事実はあまり細かすぎていずれも「訴訟原因」を明確に示すことができないからであった。[2] 法典の趣旨とするところは、一方において主要事実を明示することによって審判の「確実性」（certainty）ないし「予測可能性」（predictability）をめざし、他方において厳格な訴訟方式の手続を廃することによって「融通性」（flexibity）ないし「便宜性」（convenience）を理念としたといわれる。起草者は、この二つの理念の調和を計っていると考えられるのである。[3] 学説の争いも、この二つの理念のいずれに力点をおくかをめぐって展開されていったのである。

(2)　ところで「訴訟原因」という用語が、このように審判の対象という特殊の意味をもつ用語として重要な意義をもつようになったのは、このコード・プリーディングの成立以降であった。もちろん、この用語自体は、コモン・ロー上でも用いられた。しかし、これはたとえば同一訴訟方式に属する二つの「訴訟原因」を併合できるとする場合のように、事実関係の差異のみを示すものとして用いられていた。リット体系の下で、訴訟方式の区別が厳格に維持されていたところでは、審判の範囲が、訴訟方式を超えてはみ出すことは不可能であった。訴訟物としての「訴訟原因」のもつ意味もあまり重要とはならなかったのである。法典がこの訴訟方式の区別を廃止した後は、「訴訟原因」の範囲が新しく重要な意味をもつことになったのである。[4]

ところが、法典成立当時の多くの州の判例によって「訴訟原因」の同一性を決める基準をなすものとされたものは、この「訴訟方式」に由来する実体法上の権利による法的視点（legal theory）であった。[5] コモン・ローの「訴訟方式」は手続を区別するバリヤーとしての役割を失ないはしたが、審判の単位としての「訴訟原因」の同一性を示す基準としてそのまま維持されることになったのである。リーガル・セオリーの原則（the legal theory of pleading doctrine）といわれるものである。ところがこの原則によれば、訴状における単一の訴因は、単一の確定的な法的視点によって構成されなければならないとしただけではなくて、審理の途中で別の法的視点の可能性が生じても、これへ変更するための訴状の補正は、ロー・ツー・ローの変更（departure from law to law）として禁止されたのである(6)。

「訴訟原因」の同一性を決めるについてリーガル・セオリーの原則をとることにより、訴状の事実記載についても、法典の意図する明確性を維持できるように思われる。しかしながら、現実の運用においては、この点につき必ずしも明確ではなく、何が主要事実かについての形式的な争いがたえなかったばかりでなく、リーガル・セオリーの原則のように、原告が訴状記載の基準としている法的視点が、裁判所や当事者を拘束するのは、法的結論ではなく、事実の記載を強調する法典の趣旨に符合しないという批判を生むのである(7)。しかも、法典が、救済の申立ては、判決内容を規制することなく、欠席判決でなければ、裁判所は、申立てにかかわらず事案に適した救済を与えうるとする点にもそわないように思われる。救済の内容を異にすることは、多くの場合法的視点を異にすることにもなりうるからである(8)。

(3)　学説は、このようなリーガル・セオリーの原則をいかにうけとめるかという課題の中から生まれてきた。つまり、リーガル・セオリーの原則を厳格に適用することは、コモン・ローの訴訟方式をそのまま維持するに等しく、法典が訴訟方式の区別を撤廃しようとした趣旨にそわない。新しいコード・プリーディングの下では、新しい実体法上権利とこれを裁判上追行する権利、つまり訴権（right to action）との体系的構成が考えられねばならない。そうすることによってはじめて「墓場から支配している」訴訟方式の体系から脱却することができるであろう。このような新しい課題が生まれたことは容易に想像できるのである(9)。

このことを大陸法と対比すれば、アクチオ体系をとるローマ法を継受したドイツ普通法において、このアクチオ体系を克服して、新しい権利の体系を確立しようと努力を重ねてきた、ドイツ民法および民事訴訟法成立前夜における後期普通法理論に相当するといえよう(10)。実体法上の権利とアクチオあるいは訴権との関係をいかに把握するかは、サヴィニーやヴィントシャイト以降のドイツ法学の課題であった。実体法上の権利―請求権―訴権なる構成は、この努力を通じて確立された権利体系の構造であった。(11) そして、この系列の中から請求権を訴訟の対象と理解する権利保護請求権説が登場したことは、ここで詳論するまでもなくよく知られているところである。(12)

アメリカ法学の風土は、ドイツにおけるように精緻な論理の構成による法理論の体系を追及することにはあまり親しまないということがしばしば指摘されてきた。事実、この点についてのアメリカ法学のアプローチも、ドイツ普通法学における程に精緻を極めたものではない。それにもかかわらず、なお、これに対応すべき理論が見られ、しかも、これが学説のみならず実務にも相当の影響をもっていたことは注目に値する。その中で、最も一般的に影響を与えた理論は、著名なポメロイのプライマリー・ライト（primary right）とリミディアル・ライト（remedial right）の構成である。(13) これは、ドイツにおいてサヴィニーなどと相識る機会をもったイギリスの分析法学者オースティンに始まる権利の体系化であるとされるが、(14) ポメロイは明らかにオースティンの影響の下に、次のように主張する。(15)

「法律の体系の大部分は、個人相互間の通常の関係を規律する権利およびこれに対応する義務を定める命令からなっている。……これらの権利義務が法律全体の基礎となり、国家機関はもっぱらこれを宣言し実現するためにあり、事実これが立法や政治の目的をなしているのだから、一般に primary right and duty と呼ばれるのが適切である。もし人間が絶対に完全であって法に従わないことなどありえないとすれば、そして、主権者のすべての命令を、その名宛人である人々が自発的に守るものだとすれば、法はこのプライマリー・ライト・デューティの他には含まないことになろう。しかし、これに従わないことがあり、このプライマリー・ライトが侵害され、デューティが履行されないことがあるので、服従を強制する法の補助的分野が必要になる。この二次的、補充的分野は制裁的“sanctionary”と呼ばれることもあるが、……私はこの分野を記述するためにリミディアル（remedial）という言葉を用いることにする。」

このように体系づけた後に、法律のこのリミディアルな分野の規律するものに、レメディ（remedies）とリミディアル・ライト・デューティ（remedial right and duty）があるとして、これらの体系化を行うのである。つまりレメディは、プライマリー・ライトを維持防御し、デューティの履行を強制するための手段つまり特別救済（specific relief）あるいはそれらに代わって侵害をうけた者に与えられる代価物つまり金銭賠償（damage）である。リミディアル・ライトは、プライマリー・ライトの侵害をうけた者が適切なレメディとしての手段や代価物を要求できる権利であり、リミディアル・デューティはこれに対応して適切なレメディを与えるべき義務である。だから、他人に対してプライマリー・デューティを負うものが、この義務を履行せず、他人のプライマリー・ライトを侵害すれば、直ちにリミディアル・ライト・デューティが生ずるという関係になる。裁判所の目的と役割は、直接には、このリミディアル・ライトを強制することにある。そして、間接的にプライマリー・ライト・デューティが侵害されないようにすることにあるのである。[16]

この権利の体系化は、その後、相当に一般的に用いられてきた。[17] ここで、これらの概念をあえて大陸法のそれと対比するならば、プライマリー・ライトは、常に人と人との基本的権利関係である点からすれば、ドイツ法における、Subjektives Recht に相当するし、リミディアル・ライトは、われわれの請求権やドイツの Anspruch に相当するといえる。ドイツ民法においても、Subjektives Recht の侵害によって Anspruch が生ずるとする点において異ならないからである。[18] ドイツにおいて、請求権がアクチオの実体的側面の再機成であったのと同様に、アメリカにおけるリミディアル・ライトは令状ないし訴訟方式の実体権として化体したものに他ならなかったのである。[19] いずれにしても、後述するように、ポメロイ自身が、法典の下における「訴訟原因」を規定するために、これらの権利の分類概念を用い、この見解が実務に影響を与えるところ大であったために、ここにいうリミディアル・ライトやプライマリー・ライトと「訴訟原因」との関係をいかに理解するかは、アメリカにおける訴訟物論をめぐる重要なテーマの一つになるのである。

(4)　このような両法制の類似性にもかかわらず、アメリカにおける「訴訟原因」をめぐる争いを規定する要因として、ここに次のような二つの特異性を、法典規定の中から指摘しておかねばならない。第一に、起訴状の記載事項のうち救済の申立てに審判の範囲を規制する拘束力を認めなかったことである。大陸法においては処分権主義によって、原告のした救済の申立てが決定的に審判の範囲を規制することと対比すれば、この法典の規定は、アメリカの訴訟物論が、大陸のそれと異なった展開を示す重要な要因をなしたのである。第二に、「訴訟原因」なる概念が審判の範囲を決定する基準として、いろいろの場面で用いられており、しかも、これを構成する事実の記載が特に重視されたことである。アメリカにおける「訴訟原因」についての学説を大きく分けると、何らかの権利義務自体であるとする見解と、権利義務自体ではなく一群の主要事実の集合体であるとする見解とに分かれるのは、この第二の特異性である事実の記載を重視した点をいかに解するかに由来するわけである。[20]もっとも、訴訟物論にとって一番重要な問題は、何を基準にして審判の範囲を決定するかにあるとすれば、この点の争いをいかに解するかは直接審判の範囲を左右することにはならないので、それほど重要なポイントをなすとはいえない。

審判の範囲を左右するのは、むしろ、第一の特異性として指摘した起訴状における救済の申立てにどの程度のウェイトを与えるのかということである。これをいかに解するかは「訴訟原因」の範囲を決定的に左右するのである。アメリカの訴訟物論をこの視点から大別すれば、一方において救済が異なる毎に区別されるリミディアル・ライトを基準にして「訴訟原因」の範囲を決める見解と、他方において、このリミディアル・ライトの差異にかかわらず、広い範囲の訴訟物を考える立場に分かれることになるのである。[21]いずれにしても、相互に微妙な差異をもつアメリカの「訴訟原因」についての学説を説明するについて、(イ)まず、これらのいずれの見解をも含みうるほどに包括的であり、その故にまた曖昧でもあると批判されたポメロイの見解から始めなければならない。この見解が、最も初期に唱えられ、実務上も最も影響を及ぼしたからである。その後は、(ロ)何らかの意味でポメロイの分類した権利義務、ないしはやや異なった内容の権利義務を基準にして「訴訟原因」の範囲を定める見解と、(ハ)いかなる権利義務をも基準とせずプラグマティックな範囲を考える立場とが対立した形で論争が展開していったといえる。

この三つのグループに大別して説明を加えるのは、相互の細かい差異にもかかわらず、その趣旨とするところには大きな共通点があると思われるからである。それは、「訴訟原因」の範囲をいかなる基準に従って定めるかによって影響をうけると思われる審理判決の「確実性」と「便宜性」とのいずれに力点をおくかということである。ポメロイの見解は、いわば両者を強調した立場であったが、第二の見解は確実性に、第三の見解は便宜性にそれぞれ力点をおいているのである。ポメロイの見解が一九世紀におけるそれであったのに対して、第二、第三の見解は二〇世紀の前半において相前後して唱えられた立場であった。二〇世紀における法意識の対立の顕在化を反映しているといえるかもしれない。

いずれにしても、これらの学説の展開は、第一に、単に学説の分野に止まることなく、相当の範囲において実務に影響を与えた点で重要な役割を果した。第二に、アメリカにおける訴訟物論の論点を最も明瞭な点で呈示したのである。ここで特に学説のみをとりあげて論ずることも重要な意味をもつと思われるゆえんである。[22]

（１）以上の点について、田中和夫「アメリカにおける単一訴訟方式」訴訟法学と実体法学（中村宗雄教授還暦祝賀論集）（早稲田大学法学会・昭三〇）七五頁、とくに八二頁以下、時国康夫・英米法における訴答の研究（司法研修所・昭三〇）四八頁以下参照。See Clark. Code Pleading, 2nd. ed.（1947）210 et. seq.

（２）右の注(１)引用の文献のほか、この点を明示するものとして、Field and Kaplan, Materials for a Basic Course in Civil Procedure, 387, 407（1953）参照。

（３）See Clark, *The Code Cause of Action*, 33 Yale L. J. 817,（1924）; McCaskill, *Action and Causes of Action*, 34 Yale L. J. 614, esp. 618 note 817（1925）. Clark, *ibid.* は二つの理念を矛盾するものとして把え、Mecaskill, *ibid.* は調和するものとしてとらえる。

（４）以上の点につき Clark, *op. cit. supra note* 3 at 820–821 参照。cause of action が a term of art として使われるよ

うになったという。

(5) Albertsworth, *Theory of the Pleading in Code States*, 10 Calif. L. Rev. 202（1922）によれば、何らかの形でこの原則を維持している州として、インディアナを初め九つの州、初めこの原則をとったが後に緩和した州として四つがあげられている。See *ibid.* 206–219, also see Clark, *op. cit. supra note* 1 at 212 note 153.

(6) たとえば、tort から contract へ、あるいはその逆、さらに legal から equitable へ、あるいはその逆の変更は認められなかった。See Whittier, *The Theory of a Pleading*, 8 Col. L. Rev. 523, 531（1908）、なおこれらについての詳細な説明は、吉村徳重「アメリカにおける訴訟物論の展開」民事訴訟雑誌一一号（昭三九）三〇頁（本書八七頁）以下参照。

(7) See Clark, *op. cit. supra note* 1 at 259–265.

(8) See Whittier, *op. cit. supra note* 6 at 536.

(9) この点を強調するものとして、たとえば、Wilson, *Writs vs. Rights: An unended Contest*, 18 Mich. L. Rev. 255（1920）参照。「この飛行機の飛ぶ時代にわが法の多くはなお牛車で旅をしているのである。新しい権利が新しい条件の下に発展しなければならぬ。たとえこれらの権利が現在の条件のすべてに完全には調和しなくとも、これを致命的と考えるべきではない。」（*ibid.* 283.）

(10) 奥田昌道「ヴィントシャイトの「アクチオ論」について」法学論叢六三巻三号（昭三三）一頁以下〔同・請求権概念の生成と展開（創文社・昭五四）所収〕参照。

(11) この点につき Neussel, Anspruch und Rechtsvehältnis, 9–20（1952）は、この展開を要領よく説明する。

(12) 奥田昌道「ドイツ普通法学における請求権概念の発展―ヴィントシャイトのアクチオ論について(二)」法学論叢六四巻一号（昭三三）二一頁以下〔同・請求権概念の生成と展開（創文社・昭五四）所収〕参照。

(13) Pomeroy, Code Remedies, Ist. ed.（1875）. なお引用には、5th. ed.（1929）§§1. 2 を参照。

(14) Pomeroy, Equity Jurisprudence, 5th. ed.（1941）（1st. ed. 1881）vol. §§90~92, ことに *ibid.*, 120 note 20 は Austin, Jurisprudence, 450, 453 を引用して、このプライマリー・ライトとリミディアル・ライトの区別を説明している。

(15) 以下の引用は、Pomeroy, *op. cit. supra note* 13 §1 による。

(16) 以上につき、Pomeroy, *op. cit. supra note* 13 §§1-2, *id.* Equity Jurisprudence, §§90-91 参照。なお、レメディとして、specific relief ごとに契約に基づく specific performance を求めうるリミディアル・ライトは、結局、プライマリー・ライトと同じ内容のレメディを実現できることになる。しかし、このレメディも結局、プライマリー・ライトを維持しデューティの履行を保障するためのものに他ならない。See Pomeroy, *op. cit. supra note* 13 at 3.

(17) たとえば、Cobin, *Rights and Duties*, 33 Yale L. J. 501, 515-516 (1924), Holland, The Elements of Jurisprudence, 12 ed. (1917) 146-147 など参照。

(18) See Neussel, *op. cit. supra note* 11 at 13-20; もっとも、ドイツにおいて、この Subjektives Recht が民法理論の下で、Schuldverhältniss と分離され、やがて、Rechtverhältniss に発展的に解消して行ったように（以上につき Neussel, *op. cit.* 20-31）Primary right も right in personum だけではなく right in rem をも含むものとして使われている。see Cobin, *Legal Analysis and terminology*, 29 Yale L. J. 163, 171 (1919).

(19) この点を強調するものとして、たとえば McCaskill, *op. cit. supra note* 3 at 634-635 参照。

(20) 権利自体を「訴訟原因」と同視するのは、後述の Gavit の見解であるが、それ以外にも一般的に、「訴訟原因」を訴権ないしリミディアル・ライトと同義に用いる場合がある。しかしこれら以外の見解は「訴訟原因」を何らかの意味で事実の集まりだと考えている。

(21) 後述の McCaskill および Gavit はその表現は異なるが、「訴訟原因」の範囲の基準として、結局はこのリミディアル・ライトを考えているといえる。プラグマティック概念はもちろん、Pomeroy の見解もそうではないことは後述する通りである。

(22) アメリカにおける訴訟物論の展開を、制度および判例の展開の側面から、個々的に問題になる事例について説明したものとして、吉村・前掲注(6)三〇頁（本書八七頁）以下を併せて参照して頂ければ幸である。

二　ポメロイの見解

(1)　ポメロイは、前述のように、プライマリー・ライト・デューティとその侵害ないし違反によって生ずるリミディアル・ライト・デューティに権利関係を分類した後に、これによって「訴訟原因」を定義している。つまり「これらの要素のうちで、プライマリー・ライト・デューティとこの侵害とが一緒になって、法典に用いられた法律用語としての「訴訟原因」を構成する。これらが私のいうリミディアル・ライトが同じ意味での訴権の生れる法律上の原因をなす。」というのである。しかも、コード・プリーディングは、法律上の権利を抽象的に主張するのではなくて、この権利を生ずる事実を主張すべきことを要求しているので、起訴状に記載すべき「訴訟原因」もまた、このプライマリー・デューティを生ずべき事実および被告のその侵害行為となる事実からなっているのである。(1)

ポメロイが「訴訟原因」をプライマリー・ライトとその侵害行為を基準にして定義したのは、これをリミディアル・ライトから区別するためであった。「ひとつの訴訟原因、つまり、ひとつのプライマリー・ライトとひとつの侵害とから、二つ以上のリミディアル・ライトが生じ、その結果、……二つ以上の異なった種類の救済が生ずることは可能であり、かつありふれたことでもある。(2)」原告は、「訴訟原因」を構成し、かつ、何らかの救済の権限ある事実を記載しさえすれば、原告の選んだリミディアル・ライトおよび救済の性質が異なっていても、訴えを却下する理由にはならない。コモン・ローにおいては、原告が訴訟の方式の性質を誤ったことが訴え却下の原因となっていたのであり、これを廃止する点に新しいコード・プリーディングの最大の眼目があったはずである。したがって、法典のこの趣旨に従っている裁判所は、原告が申し立てる救済の性質について誤っていても訴えを却下することはない。しかし、この法則は必ずしもすべての裁判所でとられているとはいえない。法典の下でも、依然として古い手続に従う判例も多い。(3)これでは、法典の意図するところ、つまり手続上の区別を撤廃して、救済を与えるべきものはひとつの手続において認めるという趣旨が果せなくなってしまう。そこでプライマリー・ライト・デューティを生ずる事実およびこれの侵害の事実が述べられておれば、完全な「訴訟原因」が示されているとすべきであって、裁判所は、これから生ずるひとつ又は二つ以上のリミディアル・ライトおよびレ

メディを認めることができるというのである。(4)

(2)　何らのリミディアル・ライトないし救済も考えられなければ「訴訟原因」は考えられない。しかし、救済の種類や数が「訴訟原因」を区別することになるのではない。救済が「訴訟原因」の要素となるということは、その同一性を識別する要素となるという意味ではないのである。後に、ポメロイの立場を強力に弁護するハリスはポメロイをこのように敷衍する。(5)「訴訟原因」が訴訟の種類の場合を統一的に説明する概念となるためには、融通性をもたねばならない。被告を何度も繰り返される訴訟の犠牲にせずに一挙に紛争を解決する必要性を充す基準を与える意味でも、「訴訟原因」は救済の異なるごとに区別さるべきではない。

しかしながら他方において、訴訟を適正に解決するためには、争いの中核（core）をなすものがなければならない。それぞれの争いを最少の単位に単純化し、多くの争点をいくつかの共通分母にまとめることのできる核となりうるのは、一定の明確な法律上の原則でなければならない。さもなければ、紛争の限界を確定することもできないし、何について判決がなされたかを決めることもできないだろう。「訴訟原因」を述べるのに法律上の法則を無視することは、右のような訴訟における核を失うことであり、訴訟手続における「明確性」（definiteness and certainty）を失うことになる。リット体系の批判はこの「明確性」にあったのではなくて、この「明確性」を争いの対象にすることにあったのである。そこで、訴訟におけるこのような中核となりうるものが、プライマリー・ライトとその侵害という基準である。これらの基準によって手続の明確性が維持されることになるのである。(6)

(3)　ハリスの説明で明らかなように、ポメロイは、コード・プリーディングの下における手続の「明確性」と「融通性」とを、「訴訟原因」をプライマリー・ライトとその侵害を基準にして定めることによって調整しようとしたのである。前述のように、法典の起草者自身が、この二つの理念の調和を計っていたと考えられる点からすれば、ポメロイはその趣旨をそのままに理論構成しようと試みたのだといえる。そして事実、彼の理論は、その後の実務に大きい影響を与えた。彼の「訴訟原因」の定義はしばしば判決の中に引用され、判決の典拠となった。しかしながら、問題は一見明確に見えたプライマリー・ライトという基準も、現実には決して明確ではなかった点にあった。判例がポメロイの定義を引用しながらも、プライマリー・ライトの内容としたものは必ずしも一定したものではなかったのである。(7) 学説の反論もまたこの点にあった。明確な基準として提唱されたプライマリー・ライトはかえって複雑かつ不明確であり、これを用いる人の意味するままに広くなったり狭くなったりすることになる。それぞれに意味するところが異なり、何ら共通の基盤をなすものがないというのである。(8)

このように明確性をもたないポメロイのプライマリー・ライトという基準は、その曖昧さのゆえに、少数の例外を除けば一般に融通性のある広い「訴訟原因」を提起したといえる。その意味では、もともと意図された二つの理念の中で、「融通性」の要請を充すことはできたが「確実性」の要請を充しえなかったのである。

ポメロイ以後の訴訟物論の展開は、一方においては、このような「確実性」を、権利の単一性がより明確に、歴史的な背景をもって決まっているレメディと結びついた権利を基準にすることによって確保しようという方向に発展して行く。それと共に、プライマリー・ライトとリミディアル・ライトの区別が必ずしも合理的なものではなく、「訴訟原因」の基準をなす権利として、実体法上の権利という概念を用いるべきであるという見解も登場する。ポメロイ以後の訴訟物論展開の他方の極は、ポメロイのプライマリー・ライトのもつ「融通性」をさらに徹底した方向に見られる。つまり、プライマリー・ライトを基準とする場合になお存した「訴訟原因」についての狭い解釈の可能性を除去して、いかなる権利関係でもなく、もっぱら審判の便宜を基準にしたプラグマティックな範囲を主張する立場である。

（1） Pomeroy, Code Remedies, 5th. ed. (1929) §347.

（2） Pomeroy, *op. cit. supra note* 1 §348.

（3） ここで、Pomeroy が批判しているのは、前述のリーガル・セオリーの原則をとっている裁判所に他ならないわけである。前出一・注(5)および(6)参照。

（4）以上につきPomeroy, *op. cit. supra note* 1 §§10–13 参照。

（5）Harris, *What is a Cause of Action*, 16 Calif. L. Rev. 459,（1928）, 以下については、特に *ibid.* 466-471 参照。

（6）以上について、Harris, *op. cit. supra note* 5 at 472, 464-465 参照。

（7）Clark, Code Pleading, 2nd. ed.（1947）134-136. とくに、note 163, 164 に引用された諸判例参照。

（8）右の他に、Clark, *the Code Cause of Action*, 33 Yale L. J. 827（1924）; McCaskill, *Actions and Causes of Action*, 34 Yale L. J. 632（1925）; Gavit, *The Code Cause of Action: Joinder and Counter Claims*, 30 Col. L. Rev. 816（1930）などすべてこの点を批判するのである。

三　権利関係の単一性を基準とする見解

(1)　「訴訟原因」の同一性を決定する基準を権利関係の単一性に求める見解といっても、一般的に「訴訟原因」は法律上の救済を求める権利、つまり訴権（right to action）であるとする場合のような日常の用例もあれば、明らかに「訴訟原因」の範囲を決めるについての「明確性」を意図した立場もある。「訴訟を効果的に追行する権利」と定義される訴権は、国家機関である裁判所に対する権利を意味する。それは、出訴期限法との関係で訴権ないし「訴訟原因」の発生時期が問題とされるときのように、両者の区別があまり重要でないときに用いられる一般的用法にすぎない[1]。

そこで問題なのは後者の立場であり、その多くは次に説明するプラグマティックな「訴訟原因」の主張に対立して唱えられ、「訴訟原因」の「明確性」や「法規範性」に力点をおく見解であった。同様に権利関係の単一性を基準にして「訴訟原因」の同一を求めるといってもこの権利関係の内容を同じに解しているわけでもないし、「訴訟原因」自体の性質についても、これを権利自体とするか、権利を生ずべき事実であるとするかについて見解が分れている。しかしいずれにしても、何らかの権利関係の単一性に「訴訟原因」の同一性を決める基準を求める点で、実体上の法的視点を基準に「訴訟原因」を特定する前述のリーガル・セオリーの原則と共通の基盤に立ち、場合によってはこれを弁護する立場であるといえる。(2) この点で何らの法的基準をも認めないプラグマティックな見解と顕著に対立しているのである。

(2)　「訴訟原因」の同一性を単一のレメディを生ずる権利を基準にして決めるマッカスキルの見解は、ポメロイの批判的検討の中から生れてきた。(3) つまり、ポメロイの「訴訟原因」の定義が複雑で不明確であったのは、彼がプライマリー・ライトという包括的で曖昧な概念によってその範囲を決めようとしたところにあった。これは、リット体系の下で、権利の単位を考えることが常に特定されたレメディの単一性との関連でのみ可能であったことを無視している。レメディと結びついた権利の単位を越えて包括的な権利を主張するポメロイの立場は、法典による訴訟方式の廃止の必然的な結果であるという理論に基づいている。訴状に記載する救済の申立ては必ずしも裁判所を拘束しないことが、ポメロイの理論の根拠となっているが、ここから救済の単一性が「訴訟原因」の範囲を決める基準とはならないという結論を引き出すのは早急である。新しい法典はたしかに古い手続上の区別や技術的なプリーディングの手続を廃止したが、与えられるべきレメディや権利自体を変えたのではない。リット体系の中で形成された権利の種類は、これら手続の変更によって変わったのではなく、この権利の単位がレメディの種類によって区別されることもリット体系におけると異ならない。しかも、これらの権利の種類の差異によって、法典の下においても陪審裁判の権利の存否が左右されるほか、異なった種々の法律上の法則が適用されるのであるから、審判の範囲もまた、このような権利ないしレメディの単位を基準にして決定されなければならない。

そこで、ここで審判の対象をなす「訴訟原因」を定義すれば、「これは主要事実の集まりであるが、それ自体で、原告に属する単一の権利とこの権利の単一の侵害を示し、国家が裁判所を通じて、この権利を侵害された当事者に救済を与える原因を生ずるものである」。そして、この権利の単一性を決めるものはレメディの単一性でなければならず、この「訴訟原因」の区別は、結局主要事実の記載の差異によって決まることになる。[4]

審判の範囲をレメディと結びついた権利の単一性によって限ろうとする立場によれば、必然的に、ポメロイが審判の範囲をレメディの差異によって区別しないことにより意図した「融通性」が失われることになろう。この点についてのマッカスキルの答えは、この望ましい「融通性」は「訴訟原因」自体の曖昧化ではなく、多くの異なった「訴訟原因」を一つの訴訟で自由に併合することによって達成することができるというにある。法典は、コモン・ロー上の種々の厳格な手続を緩和することによって、この「融通性」を可能にした。ことに一つの訴訟で多くの異なった「訴訟原因」を審判することは、これらを併合して訴えることによって可能である。これはコモン・ローにおいてはできなかったのだ。しかも、これらの併合された「訴訟原因」は、これを別個に記載することによって審判の単位を明確にすることになり、手続の「明確性」を維持することができるのである。[5]

単一の救済（a single recovery）を求める場合でも、この点につき異なった法的視点が成立するとすれば、異なった「訴訟原因」をなすのであって、それぞれに別個の訴因を用いて別個の記載がなさるべきである。法的視点が異なれば、一般に主張される事実の組み合わせも異なるのだから、「訴訟原因」も異にすると考えるべきであるというのである。[6] ただ、この点について、複数の訴因制度が認められたのは、原告が初め「訴訟原因」をなす事実について確かでない場合を救済するためであったとすれば、むしろ徹底して、単一の訴因において事実の一連の陳述を選択的にすることを認めるべきだという主張がある。[7] しかし、これではそれぞれの事実の組み合わせがどのような法的視点によっているのかを明らかにすることができず、事実主張の明確性を保ちえないことになろう。[8] いずれにしても、事実の組み合わせを異にする限りは、それぞれについて異なった「訴訟原因」が成立し、これらは相互に矛盾しないものとなり、その選択的併合が許されるとするのである。[9] しかも、これらの「訴訟原因」の併合は、同一事件（the same transaction）という常識的な広い範囲内で認められるのであるから、望ましい融通性を達することができる。つまり、このような広い範囲内において、法的視点という基準によって明確に細分化された多くの審判の単位を一緒に審理することこそ、多忙な裁判官の下における手続の能率的な処理を可能にするゆえんであるというのである。(10)

要するに、マッカスキルの見解によれば、「訴訟原因」の同一性をレメディによって特定される権利の単一性によって決定し、この権利の単一性の基準は歴史的な起源の中に見出される。しかも、「訴訟原因」を併合する場合には、それぞれに別個の訴因を用いることによって、法的視点の差異に従った要件事実を明示すべきである。このように考えることが、審判の単位たる「訴訟原因」の明確性を保ち、審理を充実させることになり、ひいては訴訟手続の能率をも高めることになるというのである。したがって、この見解によれば、訴訟原因の同一性は法的視点によって決まることになり、単一の訴因には単一の法的視点を示すべきことになる。この点では、前述のリーガル・セオリーの原則と同じ立場に立っているといえるのである。(11)

しかしながら、この見解が「訴訟原因」の同一性を規定するとする権利の単一性の基準を、歴史的な起源に求めたことは、結局は、「訴訟原因」の範囲をめぐって古い「訴訟方式」手続の技術性を復活して、法典起草者の趣旨に反することになるという批判をひきおこすのである。(12) 批判の中心は要するに、第一、マッカスキルのいう基準によって、いうところの「確実性」がもたらされるとはいえないということ、第二に、これによって「訴訟原因」の範囲が不合理に細分化されて、起草者の意図した審判の便宜性を期待できなくなるという二点にある。つまり、リット体系自体において、権利相互の区別は必ずしも明確なものであったわけではないだけでなく、コモン・ローのリット体系とエクイティの下で実現されていた諸権利は相互に重複し合っているのだから、権利相互の限界は決して明確ではない。他方において、リット体系が歴史的な偶然性によって生み出されたものである以上、これは決して論理的に合理的な権利の体系ではない。このような歴史的起源により権利の単位を決め、さらに「訴訟原因」の同一性をも決するということは、決して多忙な裁判官と素人の陪審員に能率的な訴訟の処理を可能にすることにはならない。「訴訟原因」をこのように細分することは、法典の要求する併合の要件や個別記載（separate statement）の要件から見て不便であるし、ことに主張補正（amendment）との関係で不当かつ酷な結果をまねくことになろうというにある。(13)

(3)　ポメロイの権利体系の発展として生まれた他の見解は、「訴訟原因」を実体法上の権利（substative right）自体であるとするガヴィットのそれであった。(14) ここにいう実体法上の権利なる概念は、もちろん、訴訟法上の権利に対立した概念であるが、従来の権利が多く歴史的にレメディと結びついてしか考えられなかったのに対して、レメディから切り離された実体法上の独立の権利として観念される。ポメロイのいうプライマリー・ライトおよびリミディアル・ライトの区別とも異り、むしろ両者を含む新しい権利の概念である。ポメロイの定義によれば、裁判所が直接訴訟で強制する対象となるのは、プライマリー・ライトの侵害を前提とするリミディアル・ライトに限られる。しかし、侵害を前提としないプライマリー・ライトが直接訴訟の対象になることもある。つまり、権利が侵害されんとするとき、この権利関係を宣言することが制定法によって認められているのがこれである。(15) したがって、審判の対象になるのは権利の侵害の前後を問わないのであって、これを一般的に実体法上の権利と呼ぶべきであるというのである。

ここにいう実体法上の権利が何であるかは実体法の定めるところによるのであって、訴訟法の関知するところではない。裁判所は、このような実体法上の権利を確定し、これによって以前には強制できなかった権利を強制可能なものにするにすぎず、何ら実体法上の権利を創造するものではない。したがって実体法上の権利は訴訟法がなくとも存在するし、手続法により変化をうけることはない。プリーディングの手続は、原告がこのような実体法上の権利を構成する事実を述べねばならないことを定めるにすぎないのである。そして、実体法が法典の下でもそれぞれに異なった利益をいろいろの程度において保護する限りは、実体法上の権利の個別的な分類（specific classification of substantive rights）を維持することが実体法によって必要とされているといわねばならない。

一般的な実体権ではなくて個別的な実体権が維持されている以上、プリーディングの手続がこれを認めこれに従うのは当然である。そこで、法典の起草者が「訴訟原因」を構成すべき事実の記載を要求したのは、このような個別的な実体権を構成する主要事実の記載を意味していたのである。つまり「訴訟原因」とは、実体法上の問題としての個別的な実体権（specific substantive right）に他ならないのである。(16)

ガヴィットはこのように主張して、法典が「訴訟原因」なる用語を用いる場所に「実体権」なる言葉をおきかえてその妥当性を説得しようとする。そして、出訴期限経過後の主張補正やレス・ジュディカータにおいて望ましい結果に達するには、「訴訟原因」の構成によるべきではなく、出訴期限法や主張補正およびレス・ジュディカータの法則の修正によるべきであるというのである。(17)

ガヴィットのこのような見解は、これが実体法と訴訟法を峻別する点において、権利既存の観念を前提とする点において、裁判所は実体権を確認するにすぎないとする点において、ドイツ法やわが国における概念法学ことに権利保護請求権説の立場と符合する点が多い。(18)その論旨は、アメリカの学者にしてはあまりにドグマティックにすぎるきらいがなくもないが、その趣旨とするところは、「訴訟原因」についてのプラグマティックな見解に対する反論の中でうかがうことができる。(19)法律の体系は人を規律する規範的な概念からなりたっているのであって、単に結果との関係から記述的な機能的方法とは親しまない。法的概念の価値は、形式的な基礎を提供し、弁論をするについてもその合理的な枠を与えることにある。したがって「訴訟原因」の定義もまた、このような「合理性」を備える概念つまり実体法上の権利によるべきであって、審判の便宜を強調するプラグマティックな定義では十分ではないというにある。

ガヴィットの特徴は、要するに実体法と訴訟法を峻別して、「訴訟原因」を実体法上の権利と同視した点であった。そこでまず、実体法と訴訟法の区別は、法律学一般や国際法においては重要な区別であるが、審判の対象の単位を決める場面においてこの区別に基準を求めるのは、かえって混乱を生ずるにすぎないという批判が生れる。[20]そして一方において、この実体法上の権利という概念がプライマリー・ライトとどれだけの差異をもつのかが疑われ、他方において、この権利の限界もまた歴史的なリット体系の中に求められることによって、葬り去ったはずの訴訟方式が再び墓場から支配するに至るという反論をひきおこすに至るのである。この点については、ガヴィット自身は、実体法上の権利の単一性の基準は初めは歴史的資料に求められるのであろうが、裁判所は従来と同様に、この実体法を自由に変更することができると再反論をしている。[21]しかし、権利相互の明確な限界を画するについて、大陸法におけるように実体法についての統一的な法典をもたない英米法においては、多かれ少かれ、歴史的な先例が参照されることはさけ難いことであろう。

(4)　ポメロイを再構成したハリスもまた、プライマリー・ライトを実体法上の権利といいかえて、この権利の分類が多少ともコモン・ロー上の訴訟方式と関連することを認める。[22]そしてむしろ積極的に、この権利の分類は偶然に支配されたものではあるが、かえって便宜であり、かつ自然ですらあるために、訴訟上の紛争の単位を決定する基準とするに役立つというのである。そこで、ハリスによっても、このような実体法上の権利とその侵害を示す主要事実が「訴訟原因」をなすことになる。実体法上の権利に基準を求めることが訴訟における核を提供して審理の「明確性」を維持するという趣旨であったことは前述の通りである。

単一の実体法上の権利とその侵害を示す事実が「訴訟原因」をなすとする見解は、テキサス州の事件を検討したキートンによっても支持されている。[23]この実体法上の権利は広い意味で使われているのであって、必ずしもレメディの差異によって区別されない。たとえば、契約を締結する際に詐欺によった場合には、ひとつの実体法上の権利、つまり詐欺をうけずに契約を結ぶ権利が侵害されたことになる。この場合に契約解除というエクイティ上のレメディと損害賠償というコモン・ロー上のレメディが生ずることによって、実体法上の権利は区別されないのである。キートンはハリスのようにポメロイの再構成を自認してはいないが、内容において差異はないといえる。

他方ウィートンは、「訴訟原因」の範囲については、事情が許せば、審判の便宜に従って、これを定めることは望ましいことを認める。しかし、「訴訟原因」が法的な概念であり、いろいろの法律規定と照し合わせてみると、「訴訟原因」はやはり、事実と法律上の権利義務からなるという定義をとらざるをえないとするのである。[24]ことに、異なった種類の権利侵害ごとに異なった出訴期限が規定されており、あるいは不法行為による身体傷害に基づく権利は、被害者の死亡と共に消滅するが、他の権利は消滅しない。権利の種類によって法律上の法則がこのように異なってくる以上、法律上の権利を基準にして「訴訟原因」の単一性を決めざるをえないことが強調されるのである。

いずれにしても、「訴訟原因」を法的な概念として把握し、その同一性を決める基準を何らかの権利関係に求める見解の背景をなしている共通の趣旨は、多少とも限界の明確な権利関係の区別に「訴訟原因」の同一性の基準を求めることが、審判の「確実性」を維持することになるという点にあるように思われる。審判の「確実性」の強調は、多分に、「融通性」を強調する見解との対立の中でより深化された感がある。そこで、「確実性」なるスローガンが具体的に果して何を意味するかは「訴訟原因」のプラグマティックな定義の批判検討の中に探られねばならないであろう。

（1）「訴訟原因」を訴権と同視する見解が重要な意味をもつのは、訴権がリミディアル・ライトと同義に用いられることが多いために「訴訟原因」の用語がリミディアル・ライトを意味することになる場合である。前述のように大陸法では、リミディアル・ライトに相当する請求権を訴訟物とする見解が、権利保護請求権説の下で有力であったことは周知の通りである。そしてまさに、この権利保護請求権説と同様の主張が、英米法において、訴権と訴訟物とについて唱えられたことは興味ある現象である。つまり、ここで訴訟原因とされる訴権はリミディアル・ライトであって、「これは当該訴訟で追行されている権利義務という法律関係である。かかる権利義務関係は原告が被告に対して有利な判決をうる権限ある場合には常に存在する」というのである。See Clark, Code Pleading, 2nd ed.（1949）130-131.

（2）たとえば、Gavit, *The The Code Cause of Action: Joinder and Counterclaims*, 30 Col. L. Rev. 802, 814（1930）は、

「訴訟原因」は実体法の定める個々的な権利 Specific right であり、実体法が個々的権利を区別する限りは、訴訟法はこれに従うべきであるので、リーガル・セオリー theory of the pleading の原則は、一部の判例が考えるよりもっと長所があるのだとしている。

（3） 以下の説明につき McCaskill, *Actions and Causes of Actions*, 34 Yale L. J. 614, esp. 634-637 (1925) 参照。

（4） 以上につき、McCaskill, *op. cit. supra note* 3 at 638, 631 参照。

（5） この点につき McCaskill, *op. cit. supra note* 3 at 638-639; id., *Easy Pleading* 35 Ill. L. Rev. 28, esp. 39, 30-31 (1940) を参照。ことに後者は、法的視点の差異に従って、異なった訴因を用い事実を別個にかかげることが、争点を整理し主要事実を明確に示すことになる点を強調する。

（6） つまり、これはいずれも当事者の仮定的な主張に他ならず、審理の結果、そのうちの一つが真実と認められるにすぎない。しかし、それぞれの主張が異なった「訴訟原因」をなすのであると説明する。see McCaskill, *op. cit. supra note* 3 at 636-640.

（7） つまり、異なった項目に区別せずに、一連の文章において、"or" などを用いて仮定的に事実主張をすることを認める見解である。Hankin, *Alternative and Hypothetical Pleading*, 33 Yale L. J. 365; Clark, *op. cit. supra note* 1 at 255-258 参照。なお、これは、初めは認められなかったが、今日では多くの裁判所において認められるようになったとの指摘として McDonald, *Alternative Pleading in the United States*, 52 Col. L. Rev. 449 (1952) 参照。なお詳細には、吉村徳重「アメリカにおける訴訟物論の展開」民事訴訟雑誌一一号三頁（昭三九）（本書八七頁）以下参照。

（8） この点を強調するのは、McCaskill, *op. cit. supra note* 5 at 30-31 である。

（9） McCaskill, *op. cit. supra note* 3 at 643 は、事実の組み合わせが全く同じで、救済だけが異なるときはいずれか一つを選択すべきであるとしている。もっとも、election of remedies については批判が多い。See Clark, *op. cit. supra note* 1 at 493-496.

（10） See McCaskill, *op. cit. supra note* 3 at 643 et seq. esp. 646-648, 620-621.

（11） もっとも、単一の訴因は単一の法的視点により構成すべきだとしても、訴訟の過程においてこれを変更する補正 amendment を認めるとすれば、リーガル・セオリーの原則ほど徹底していないわけである。この点につき、補正の場合に被告の不意打ちを緩和するには、審理の延期を要するとする McCaskill, *op. cit. supra note* 3 at 641 参照。

(12)　Clark, *Ancient Writs and Modern Cause of Action*, 34 Yale L. J. 879-886 (1925) は、直接にMcCaskill, *op. cit. supra note* 3 at 614 に向けられた批判である。以下はその要旨である。これは、リーガル・セオリーの原則に対してなされた批判と異ならない。なお、Clark, *op. cit. supra note* 1 at 132-134, 256-265 参照。

(13)　法典の下における大多数の裁判所が、主張補正が訴訟原因を変更することになれば、これを認めないとしたので、法的視点の差異によって訴訟原因が異なるとすれば、この点の補正はできないことになる。See Clark. *op. cit. supra note* 1 at 717-723; なお、この点の詳細は吉村・前掲注(7)参照。なお前掲注(11)参照。個別記載の要件のために不便だとする点については前述した注(7)参照。いずれも「訴訟原因」の同一性を個々の権利により決めずに広く認めれば解決されるわけである。

(14)　Gavit, *The Code Cause of Action, Joinder and Counterclaims*, 30 Col. L. Rev. 802 (1930) は、Gavit が最初にこの見解を提唱した論文である。以下は、この論文の要旨である。

(15)　たとえば、action to quiet title 土地所有権保全訴訟は、侵害ある前に primary right を確証するのであって、remedial right ではない。injunction の場合も同様であるという。See Gavit, *op. cit. supra note* 14 at 803. なおこの点についてのポメロイの説明として、前出Ⅰ注(16)参照。

(16)　以下につきGavit, *op. cit. supra note* 14 at 805-815 参照。ここに個別的な実体権というのは、たとえば、不法行為一般というのではなくて、trespass という具体的な権利である。そこで、trespass quare clausum fregit で訴えたのに、訴状は case に基づいて構成されているときは勝訴できないことになる。このような個別的権利が不当であるとしても、それは実体法の問題であって訴訟法がこれを左右するのではない。したがってリーガル・セオリーの原則は、判例の認めるより大きな意味があるというのである。とくにGavit, *op. cit. supra note* 14 at 183-184 参照。

(17)　See Gavit, *op. cit. supra note* 14 at 817 et. seq.

(18)　実体法上の権利自体を審判の対象とする点において異なる。この点では、前述の訴権と同視されるリミディアル・ライトを訴訟原因とする見解に至っては、権利保護請求権と符合するわけである。前注(1)参照

(19)　Gavit. *A "pragmatic Definition" of the "Cause of Action"?* 82 U. Pa L. Rev. 129 (1933) 参照。これは、後述するArnold. *The Code "Cause of Action" Clarified by United States Supreme Court*. 19 A. B. A. J. 215 (1933) が訴訟原因をプラグマティックに理解したことに対する反論であった。ことにプラグマティックな方法論に対する批判について

Gavit, *ibid.*, 139 et. seq. 参照。

(20) Clark, *The Cause of Action*, 82 U. Pa. L. Rev. 354 (1934) は、右の Gavit, *op. cit. supra note* 19 at 129 を直接批判の対象としたものである。

(21) Gavit, *The Cause of Action-A Reply*, 82 U. Pa. L. Rev. 695 (1934), esp. 697.

(22) Harris, *What is a Cause of Action?*, 16 Calif. L. Rev. 459, 472 (1928). なお前述Ⅱ注(5)(6)の本文参照。

(23) Keeton, *Action, Cause of Action, and Theory of Action in Texas*, 11 Tex. L. Rev. 145, 158 (1933).

(24) Wheaton, *The Code "Cause of Action": its Definition* 22 Corn. L. Q. 1, 14-16 (1936).

四　プラグマティック概念

(1)　この立場の最も強力な提唱者は、いうまでもなくクラーク裁判官であった(1)。彼は、法典の起草者が法典の改革において二つの相互に矛盾する原則、つまり「融通性」と「確実性」とを共に求めていることを指摘する。一方において、エクイティ上の諸原則を採用してコモン・ローの厳格性を緩和せんとしているのに、他方では、明確な規定を設けて裁判官や弁護士が一見して何が訴訟上の法則であるかが解かるようにしようとしているからである。したがって、このいずれの理念を選ぶかが必要になってくるが、その後の実務の経験した困難もこの点の認識の不十分さに主な原因がある。クラークはこのように論じた後に、次の二つの根拠によって「融通性」つまり審判における「便宜性」(convenience) こそが優位を占めねばならないと主張する。第一に、法典改革の目的である。この目的が、古いコモン・ロー体系の改革と単純化にあり、これを主としてエクイティの融通性ある諸原則を採用することによって達成しようとしていることは明らかである。第二に、法典の意図する明確な規定なるものが実は曖昧であり、これを定義する学説や判例のいわゆるプライマリー・ライトなる概念が明確な意味をもたないことである。したがって、この点は法典改革の目的にてらして解釈されねばならない。そしてこの改革目的なるものは、便宜的、経済的かつ能率的な訴訟実務の処理であり、実体法上の権利をできるだけ訴訟法上の法則による障害なしに実現することである。要するに審判の便宜（trial convenience）の一語をもって表現できる。

「訴訟原因」の意味もこの目的つまり審判の便宜に従って決定されねばならない。つまり「法典の下における訴訟原因は、主要事実の集まりであって、当事者間に一つ以上の権利義務関係を生ずるものである。このような事実の集まりの範囲は、審判実務の便宜的かつ能率的な処理を確保するという考えで、それぞれの事件についてプラグマティックに決められねばならない(2)」。「訴訟原因」が主要事実の集合であるというのは、法典起草者が「訴訟原因」をなす事実の記載を強調して、法的な要素を排斥していると考えられるからである。こう考えることが最も融通性に富んでいて訴訟上の種々の問題について適用しやすい。主要事実の集合とは、少なくとも一つの権利義務関係を生ずる事実の集まりであるが、決して単一の権利関係に制限されるのではない。そこでこのような一群の主要事実の範囲は、事件の事実関係に応じて裁判所がプラグマティックに決めるべきであり、その基準となるのは審判の便宜ということである。一般に素人である証人が事件を見るように、素人が見て一つの単位と思われる事実の集合体とすることが最も有用であろう。しかし、これとても裁判所にとって何らの決定的基準となるものではなく、結局先例によりうる場合以外には、裁判所の自由裁量に委ねられることになる。この方が、実際には幻想にすぎない「訴訟原因」の外見上の正確な定義よりずっと優れている。このように解すれば、「訴訟原因」の併合や、同一「訴訟原因」分割請求禁止の法則ないしレス・ジュディカータや「訴訟原因」を変更する主張補正の問題について、より融通性ある望ましい結果を生ずるというのである。

(2)　クラークによって強力に提唱された「訴訟原因」についてのプラグマティックな見解は、その後判例や学説によって次第に支持されるようになっていった(3)。アーノルドはその最も有力な支持者の一人である(4)。「訴訟原因」がその併合や補正やレス・ジュディカータなどのいろいろの訴訟上の場面において統一的であるために明確に定義されねばならないという考えは、それぞれに異なった場面において「予測可能な結果」(predictable results) を得ようとするものであるが、その反面、たとえば補正の問題において常識的に望ましい結果に達することができない。そこで、メンフイス事件でカードーゾー裁判官がいうように、「訴訟原因」なる用語は、具体的な場面においてそれぞれの事情の下で訴訟上の便宜に従って異なった意味をもたなければならない。

「訴訟原因」が権利関係を基準にして明確な意味をもたねばならないとの主張は、歴史的にプリーディングに要求されてきた機能に固執するために生じた見解である。つまり、トライアルは前もって形成された明確な争点についての証拠調に限られねばならないという考えである。最初の法典もまた、基本的にはトライアル前に主張された明確な争点について法を適用するのが裁判であるという観念を採用し、これを望ましい理念としてきた。しかしながら、コード・プリーディングの下でも、一方では、初めに否定された一般的訴答が、コモン・ロー後期におけると同様に認められるようになり、他方では、プリーディングについても、その主要事実を記載する要件を緩かにし、一般的概括的な事実主張をもって足るという考えが強調されるようになると、トライアル前のプリーディングで明確な事実主張を確定することは困難になってきた。今や、ディスカバリーなどの補充的手続を利用して、トライアルに真の事件を提示し、トライアルで明らかになった事実に法を適用するという方向にあるといえる。このように単純化されたプリーディングの下においては、「訴訟原因」の明確な統一的な定義を適用することはますます困難となったのである。逆に「訴訟原因」をプラグマティックに解することが、トライアル前ではなくてトライアルにおいて明らかになった争点に基づいて事件を解決することを可能にするならば、これはこの見解の利点でこそあれ、決して難点ではないというのである。

このようなプラグマティックな「訴訟原因」についての考え方が、プリーディングの要件を緩和した考え、つまりノーティス・プリーディング (notice pleading) といわれる提唱と相呼応して出現したことは明らかである。ノーディス・プリーディングという考え方は、要するに、当事者はプリーディングによって、請求なり抗弁なりがどんなものかと相手方や裁判所に予告すればよいという主張である。[5] ファクト・プリーディングのように、請求を理由づけるために必要な主要事実をすべて主張しなければならないとすると、このような主要事実の記載があるかどうかについて形式的な争いがトライアル前の段階で生ずるので、これを防ぐという趣旨に基づく主張であった。ノーティス・プリーディングにとって重要なことは、主要事実の主張があるかどうかではなくて、相手に防御の準備の機会を与える程度に予告がされているかどうかということであった。ロスコー・パウンドは、アメリカの法律家協会の委員会の報告の中で、従来プリーディングの機能とされてきたもののなかで、この予告的機能が最も強調されるべきことを強く主張した。[6] 予告の機能が果されれば、プリーディングにおいて、争点を単純化して整理することも、判決の基礎たる事実を示すことも、事件の同一性を定めることも自ら充されるというのである。

こうして一方において緩かな「訴訟原因」のプラグマティックな理解が主張されると共に、他方では概括的な主張を認めるノーティス・プリーディングが唱えられたのは、パウンドが強調するように「プリーディングは実体的正義を支配する主人ではなくて、これにつかえる召使でなくてはならない」という基本的な立場によるものであった。[7] 社会の複雑化につれて、より複雑な事件が裁判所に山積するようになると、審判の「確実性」のために手続的な保障を強調することは、むしろ裁判の能率的な運営にとっては桎梏と考えられるようになった。古典的な「予測可能な結果」を目ざす「訴訟原因」の明確な一般的定義は、時代の要請にそぐわないものだと考えられた。プラグマティズム法学にバックアップされたこの新しい傾向にとっては、事件の処理を容易にして能率をあげ、訴訟遅延を解消することが至上命令をなったのである。

(3)　これに対する反論は、“make it easy”ではなく、“make it thoroughly”つまり適正かつ十分な審理をつくすということに力点をおく批判であった。[8] 「訴訟原因」のプラグマティックな見解は、極端に「融通性」を強調するが、これによれば訴訟手続における「確実性」が失われることになる。つまり、「訴訟原因」が明確かつ統一的な内容をもたなければ、これを基準にして訴訟の審理内容やその結果について予期された目的（expected destination）に達することはできない。ここにいわゆる審判の「確実性」とは、訴訟のいろいろの異なった場面において「予測可能な結果」（predictable results）を生じうるということである。これは具体的にはいろいろの意味をもつことになる。審理の内容についていえば、「訴訟原因」を権利関係を基準にして明確にすれば、審理の対象となる主要事実とその範囲が明確に示されているから、裁判所はもちろん、当事者もこれを予知することができるので、十分に反対主張や証拠調の準備ができ、不意打をうけることがない。したがってこの点についての審理も十分に尽くされることになる。この点において「融通性」を強調する見解は、「訴訟原因」が訴訟における審理の単位としてもつ有用な役割を見落している。プリーディングがトライアルの準備手続としてもつ機能を無視している。これを訴訟の結果についていえば、明確な「訴訟原因」の規定によって、審判の対象と、適用されうる法律が明確になっているために、下されるべき裁判の内容と効果を予測することができる。そして、一旦判決があった以上、いかなる点について再訴を提起することが排斥されるかが明らかになるわけである。「訴訟原因」のプラグマティックな見解は、レス・ジュディカータの適用においても予期しない結果を生ずる余地を生むことになろう。ことに十分に審理が尽くされなかった点について再訴が禁止されることも可能になるという批判を生むのである。

したがって、プラグマティックな見解は、少なくとも次のことを前提としているといわねばならない。つまり、通常の能力をもつ裁判官は、山積した事件（busy calender）にもかかわらず、事件を考える十分の時間をもち、トライアルにおいて迅速かつ正確に、複雑に錯綜した事実関係を解明し、明確かつ即座にそれに含まれうるすべての権利義務関係を理解し、それぞれ異なる主要事実について、証拠の関連性を正確に裁定し、陪審に対する指示においては、それらの事実に関連する法律上の法則を適切に分類することができるということである。マッカスキルの実務の経験によれば、この前提は否定されねばならない。裁判官はその能力においていろいろであるし、平均的な裁判官をとってみても、多忙な時間に追いまわされている現状では、彼らがより能率的に活動できるためには、法に従って事実を分類することが、トライアル前になされていなければならないと思われる。陪審制度の非能率がしばしば批判されるが、これらの陪審員の前に未整理の事実を提供することが能率を増進するとも考えられない。いずれにしても、プラグマティックな見解は、実務の現状にてらして、多忙な裁判官にさらに負担を増すことになり、かえって能率を促進することにならないであろうというのである。

アメリカにおける「訴訟原因」をめぐる学説の論争は、右にみたように次第にその真の争点を明らかにしながら展開してきた。そこで提起されている問題の中で、基本的に訴訟の構造を異にしながらも、わが国における訴訟物論争における論点と符合するものの多いことは、ここでいちいち指摘するまでもなく明らかである。なかでも、「訴訟原因」についての対立する見解において、それぞれの精緻な論理的な整合性という点よりも、むしろ基本的にどのような機能の差異を生じ、実務の現状から見ていずれが妥当であるかという問題点への展開を示していることは興味ある符合であるといえる。

（1） Clark, *The Code Cause of Action*, 33 Yale L. J. 817 (1924) は、クラークがまずこの見解を明らかにした論文であった。以上につき *ibid.* 817-820 参照。

（2） これは、Clark, *op. cit. supra note* 1 at 837 に結論としてのべてあるところからの引用である。なお以下につき Clark, Code Pleading, 2nd. ed., 137-140 (1947), *id, op. cit. supra note* 1 at 827-831 参照。

（3） 学説として支持するものに、Arnold, *The Role of Substantive Law and Procedure in the Legal Process*, 45 Harv. L. Rev. 617, esp. 642 note 37 (1932); *id.*, *The Code "Cause of Action" Clarified by United States Supreme Court*, 19 A. B. A. J. 215 (1933); Borchard, *Judicial Relief for Peril and Insecurity*, 45 Harv. L. Rev. 793. esp. 802-803 (1932). その他、Clark, *op. cit. supra note* 1 at 141 *note* 176 引用文献参照。判例については、Clark, Cases on Modern Pleading (1952) 445-451, 437 および吉村徳重「アメリカにおける訴訟物論の展開」民事訴訟雑誌一一号（昭三九）三〇頁（本書八七頁）以下参照。

（４） Arnold, *op. cit.* 19 A. B. A. J. 215 は、クラークの立場を支持すると考えられる United States v. Memphis Cotton Oil Co., 288 U. S. 62, 77 L. Ed. 619（1933）における Justice Cardozo の見解をプラグマティック・アプローチと評価し、問題の所在を的確かつ簡潔に指摘した好論文である。以下はその要旨である。

（５） See Whittier, *Notice Pleading*, 31 Harv. L. Rev. 501. esp. 504（1918）. なおこの点につき田辺公二「米国民事訴訟における釈明」司法研修所報一三号（昭三四）七頁以下、特に九頁注(2)参照。

（６） 35A. B. A. Rep. 614. 638（1910）cited in Blume, *Theory of Pleading*, 47 Mich. L. Rev. 298（1949）.

（７） See Pound. *Some Principles of Procedural Reform*. 4 Ill. L. Reu. 388, 402（1910）; Clark, *op. cit. supra note* 2 at 54.

（８） 以下、この点を最も適確に批判して、問題を提起していると思われる McCaskill, *Actions and Causes of Action*, 34 Yale L. J. 614（1925）esp. 620-621, 638-639 によって反論の要点をのべる。その他、Gavit, A "*Pragmatic Definition" of the "Cause of Action"?*, 82 U. Pa L. Rev. 129（1933）は Arnold, *op. cit. supra note* 3, 19 A. B. A. J 215 を直接批判の対象としているので同時に参照されたい。これらの反論の中に「訴訟原因」についての古典的見解が強調する「確実性」の具体的に意味するものが明らかになろう。

五　結　語

ところで、その後のアメリカの訴訟物論の展開においては、「訴訟原因」についてのプラグマティックな考え方が次第に影響力を拡げつつあるように見える。これは、アメリカ法学一般の中で、プラグマティズム法学の立場が優勢になりつつあるという背景と一致する。ことに、一九三八年の連邦民事訴訟法規則の制定に際して、クラーク自らその主たる起草委員になったことは、「訴訟原因」のプラグマティックな把握が、いわば制度的に具体化されたことを意味した。その規則九条(a)は、「訴訟原因」およびこれを構成する事実という用語をつかわずに、訴状には「当事者が救済をうける権利をもつことをしめす請求（claim）の簡潔かつ明瞭な記載をする」と規定したのである。「訴訟原因」の用語を用いるのをさけて「請求」としたのは、「訴訟原因」について決定しなければならない困難から裁判所を解放して、プラグマティックな取扱いをすることが望まれたためであるといわれる。(1)クラーク自身、この規則は、プリーディングの発展の中で、トライアル裁判所が特定の事情に最も適するように、大幅な自由裁量権を行使できるようにする点にあり、プラグマティックな訴訟物の考え方に確定的な支持を与えたものであるとしているのである。(2)

時代的な要請とプラグマティズム法学の一般的なバックアップという背景を考慮しても、なおこのような「訴訟原因」論争の進展を可能にした要因については疑問が残るであろう。ことに、英米法においては陪審制度が存在するために、トライアルにおける審理の期日を繰り返すことが不可能であり、必然的に集中的審理をせざるをえない点で、大陸法におけると基本的に異なる制度的背景をもっていることを考慮すればなおさらである。わが国やドイツにおけるように、期日を繰り返すうちに次第に事件の争点を明らかにしてゆくという実務はとられえないからである。(3)それにもかかわらず、広いプラグマティックな「訴訟原因」と、抽象的な事実主張を認めるノーティス・プリーディングをとるとすれば、集中的な審理を要するトライアルにおいて、充実した審理を期待することは難かしくなろう。つまり、ノーティス・プリーディングの下では、何らかの法的視点によって要件事実の主張および争点が整理されていないとすれば、裁判所も当事者も共に、いかなる点を中心的枠組として審理を集中すべきかを予知することができないであろう。その結果は当事者にとっては不意打ちとなり、ひいては十分な審理を尽くすことができないであろうからである。

事実、このような批判は連邦民事訴訟規則の運営においても、すでに見られるところである。たとえば、ジャクソン裁判官は次のようにいう。(4)「最早、プリーディングの技術的な法則を主張しようというのではない。しかし、弁護人がプリーディングにおいて、十分に準備をつくし考えた上で区別してこない争点を、トライアルで整理することは陪審事件においてはいぜんとして難かしいことである」。ノーティス・プリーディングおよび「訴訟原因」のプラグマティックな見解の強力な弁護者であるムーアも、この批判を全面的に肯定する。[5] 単に陪審事件に限らず一般の事件についても同様のことが妥当するというのである。優秀な弁護人であれば、法的視点に従って訴状を作成する筈であり、また、そうでなければ勝訴する見込も少ない。事件をトライアル裁判所に呈示し判決をうるにも、法的視点は必要である。よき実務にとって必要なことは、当事者がその請求を、まず単純明快にのべることであって、無関係の事実をごちゃごちゃにのべて、事件を裁判所に解決してもらおうとすることではない。請求につき公正な予告をあたえるにも、訴状は通常何らかの法的視点に従ってのべられねばならないというのである。[6]

「訴訟原因」や請求の範囲をいかにプラグマティックに広く解しても、これを訴状にかかげるについては、その範囲内で成立するいくつかの法的視点に従って要件事実を明示することが強く要請されているわけである。「訴訟原因」ないし請求の併合についても、法典によってそれぞれを別個にかかげることを要求する州においてはもちろんだが、これを必ずしも要求しない連邦民事訴訟規則においても、明確性を期すために原則として別個の訴因にかかげることが奨められるわけである。[7] アメリカの弁護士層が、永い伝統を背景にして厳しい訓練をうけ、一般的に充実した高いレベルを備えている点を考えれば、審理を適切にするために、弁護士に対して、以上のような要請をすることも、それほど難かしい注文ではないように思われる。[8]

プラグマティックな「訴訟原因」やノーティス・プリーディングの主張が、その主張の補充のために強調するのはこれだけではない。さらに、プリーディングとは別に、トライアル前に利用できるいろいろの準備的な手続を活用することによって、十分にトライアルの準備ができるというのである。[9] これらの準備的な手続とは、ディスカバリー（discovery）、公判前協議手続（pretrial conference）および略式判決（summary judgment）の制度である。[10] これらの制度を活用することによって、相手方が主張しようとする事実や証拠を探知することができる。これに基づいて争点を整理単純化し、争いなき点を解決し、真に争いある点を明らかにすることができるというのである。事実関係を事前に探知できるのだから、トライアルにおける不意打ちの危険をおそれる必要もなく、審理の適正を期すことができるというのである。ここでもまた、アメリカの弁護士層の積極的な公判準備活動と、これを可能にさせる完備したロー・ファームなどの社会的な背景に支えられて、このような準備的な諸制度の活用は完全に成功しているといわれる。

このように、プラグマティックな「訴訟原因」の主張者たちも、その見解の含む問題点を意識すると共に、その解決策を真剣に探し求めているわけである。右にあげたような解決策は、アメリカの訴訟物論の展開をわが国のそれと対比するときには、まず注目せざるをえない点であろう。ことに、わが法もまた集中審理を理念とする以上は、だらだらと期日を繰り返す実務の現状ではなく集中的な審理を実現するという展望に立って、「訴訟原因」の範囲を決定する際には、右のいずれをとりあげてみても考慮する必要のある前提であるように思われる。しかし、そのいずれをとりあげてみても、わが国の現状とは、相当のへだたりがあり、これを実現することは容易なことではないということもまた前提とされねばならないであろう。

（１）Moore, Federal Practice, vol. 2, 359 (1962).
（２）Clark, Code Pleading, 2nd. ed., 244, 147-148 (1947).
（３）英米法と比較し、ドイツ法においては、何回となく公判期日が繰り返されるために、実質的な不意打ちの危険があまり考えられないという点の指摘として、Kaplan, Von Mehren and Schaefer, *Phases of German Civil Procedure*, 71 Harv. L. Rev. 1471, 1211-1212 (1958) 参照。
（４）Justice Jackson's opinion in O'Donnell v. Elgin, J. & E. Ry. Co., 338 U. S. 384, 392, 94 L. Ed. 187 (1949).
（５）Moore, *op. cit. supra note* 1 at 1715-1717 以下はその要旨である。
（６）一九三一年のニューヨーク州における民事訴訟法改正の提案は、このような法的視点について相手方に予告をあたえる必要のあることを示している。See Field and Kaplan, Materials for Basic Course in Civil Procedure, 337-338 (1953) これは、スコットランドや一部の大陸法に従ってミラーの提案した改革案でもあった。つまり、当事者は事件の事実をのべた後に、これに基づき権限ありと思ういくつかの法的視点を示すことを要するというのである。See Millar, The Old Regime and the New in Civil Procedure, Law: A Century of Progress, vol. 1, 241 (1937).

（7） Moore, *op. cit. supra note* 1 at 1893 そうしないと、事実や法的視点についての選択的主張ないし首尾一貫しない主張があまりに複雑に入りみだれ、当事者が何を主張せんとするのか明らかにならない。それでは裁判所も当事者も審理を充実させることができないというのである。なおこの点につき McDonald, *Alternative Pleading in the United States*, 52 Col. L. Rev. 463-464（1952）参照。

（8） この点については、田辺公二「米国民事訴訟における釈明」司法研修所二三号（昭三四）一頁以下とくに四六―五一頁〔同・民事訴訟の動態と背景（弘文堂・昭三九）所収〕参照。

（9） たとえば、Moore, *op. cit. supra note* 1 at 1703-1704 参照。なお Fee, *The Lost Horizon in Pleading under the Federal Rules of Civil Procedure*, 48 Col. L. Rev. 491（1948）は緩和されたプリーディングに疑問を止めながらも、これを解決するためにも準備的な手続を活用すべきことを強調する。なお田辺・前掲注(8)八―一六頁参照。

（10） この点については、わが国でも研究が多い。田中和夫「米国民事訴訟法における開示の制度」法曹時報四巻一一号（昭二七）三三九頁、服部高顕「米国におけるプリトライアルおよび開示の制度」在外研究報告第三号（最高裁事務総局・昭三三）など参照。

（原題「アメリカにおける訴訟物をめぐる学説の展開」中村宗雄先生古稀祝賀記念論集『民事訴訟の法理』、一九六五年）

第四編　アメリカ民事手続法における判決効

第五章　既判効（レス・ジュディカータ）の客観的範囲

一　はしがき

(1)　既判力の客観的範囲は訴訟物をいかに解するかによって左右されるという点では、アメリカにおいてもわが国やドイツにおけると異ならない。したがって、レス・ジュディカータの問題は訴えの変更（amendment changing cause of aciton）や訴えの併合（joinder of causes of actions）の問題と共に訴訟物論にとっての最も重要な試金石とされてきたのである。訴えの変更や訴えの併合の問題がアメリカの訴訟物論の展開にとってどのような役割を果してきたかについては別に論ずる機会があった(1)。ただそこでは、訴訟において実体法的視点を変更したり併合したりする際には、訴えの変更や併合に必要な手続規制に従わねばならないか、という審理手続上の問題が、訴訟物論展開の内在的な要因となった点に焦点がおかれた。同じ手続内ではあらかじめ法的視点を告知し、不意打ちを避けることによって審理の適正を計るという要請と審判の便宜という要請との対応関係が問題にされたのである。これに対して、レス・ジュディカータにおいては、一旦審判をうけた紛争が、再び別の訴訟において繰り返されることを禁止するという要請が背景となっているために、訴訟物との関連もまた異なった側面と拡がりをもたざるをえない。

(2)　このレス・ジュディカータの背景をなす審判の一回性の要請は、最近のわが国における既判力の客観的範囲に対するいくつかの問題提起の共通の基礎とされてきた。(イ)まず、訴訟物を実体法上の視点という狭い枠から解放して、既判力の客観的範囲を拡大し、紛争の一回的解決という機能の拡充を計ろうという新訴訟物論の主張をあげなければならない。(2) この新説による問題提起は、請求を実体法的視点から解放するという本来の領域に止まらず、これとは異なるがしかし密接に関連する他の隣接領域にも及ぶのである。(ロ)つまり第二に、数量的に分割できる請求の一部を訴えても、これについての判決の既判力は全部に及び、爾後残部についての請求を排斥するという、いわゆる分割請求否定説を支持する強力なキャンペーンがそれである。(3) (ハ)第三に、右のような既判力の客観的範囲を拡げると共に、他方では判決の拘束力を訴訟物の同一の範囲に限らず、判決理由中の判断にも認めようという提案である。(4)

既判力ないしこれに類する判決効をめぐって次々に出された新しいこれらの問題提起は、それぞれに直接的あるいは間接的に、これに対応するアメリカの既判力制度、res judicata, rule against splitting a cause of action, collateral estoppel をその論拠としている点が注目されねばならない。わが国においては少数説ではあるが有力な見解が、その論拠としているものを検証するためには、さしあたって右の制度がアメリカにおいてどのように適用され、どのように評価されているかを比較法的視点から探ってみることが当面の必要事であると思う。

ところで、アメリカの既判力制度の中で、レス・ジュディカータ（rule against splitting を含めて）とコラテラル・エストッペルがどのような内容をもっているかについての大要は、すでにわが国でも共通の知識になりつつあるといえよう。(5) ただ、そのことを前提にしても、なおわが国の既判力制度との対比において一歩これを掘り下げ、やや細かく検討してみることが、判決効についてのわが国における右の議論をさらに深めるためにも必要である。本稿がこの問題をとりあげた理由である。ただ紙数制限の都合上、判決理由中の拘束力の問題、ことにコラテラル・エストッペルおよび相殺の抗弁を中心としたコンパルソリー・カウンタークレームの問題の詳細な検討は別の機会に譲らざるをえない。

（1）　吉村徳重「アメリカにおける訴訟物論の展開」民事訴訟雑誌一一号（昭三九）三〇頁（本書八七頁）以下。

(2)　三ヶ月章・民事訴訟法（弘文堂・昭五四）一二一頁以下、新堂幸司「訴訟物の再構成」法学協会雑誌七五巻五号（昭三三）五九頁以下〔同・訴訟物と争点効（上）（有斐閣・昭六三）所収〕参照。

(3)　ことに三ヶ月章「一部請求判決の既判力論争の背景」判例タイムズ一五〇号（昭三八）九三頁〔同・民事訴訟法研究第三巻（有斐閣・昭四一）〕参照。いうまでもなく、兼子「確定判決後の残額請求」民事法研究Ⅰ（弘文堂書房・昭一五）三九一頁による否定説の提唱以来争われてきた問題である。三ヶ月章・民事訴訟法（全集）（有斐閣・昭三四）一〇七頁以下、新堂・前掲注(2)二号六八頁、小室直人「一部請求の取扱」法学教室一号（昭三六）六二頁が否定説を支持する。

(4)　新堂幸司「既判力と訴訟物」法学協会雑誌八〇巻三号（昭三八）一頁以下〔同・訴訟物と争点効（上）（有斐閣・昭六三）所収〕。

(5)　谷口安平「アメリカにおける和解判決の効力」法学論叢六七巻五号（昭三五）三四頁以下〔同・民事紛争処理（信山社・平一二）所収〕、吉村徳重「Res Judicata—Rule against splitting a cause of action」、同「Collateral Estoppel」ジュリスト・英米判例百選二六四頁以下（本書四七一頁以下）参照。

二　既判力制度概説

(1)　レス・ジュディカータ（res judicata）という用語は、広義においては終局判決のもつ後訴における拘束力すべてを含めて用いられるのが一般であるが、狭義においては同一の「請求」（claim）又は「訴訟原因」（cause of action）についての再訴を排除するという拘束力を指す。本稿では原則として狭い意味で用いることにする。[1]狭義のレス・ジュディカータは本案終局判決（final judgment on the merit）に認められる拘束力であって、bar, merger という名称で呼ばれることが多い。[2]すなわち、原告が前訴で敗訴した場合には「訴訟原因」は消滅し、これに基づく再訴を阻止（bar）する。原告が勝訴すれば「訴訟原因」は終局判決に吸合（merger）されて消滅する。この場合も同じ「訴訟原因」に基づく再訴は阻止されるが、時効中断の必要がある場合などには判決に基づく訴えを提起できるというのである。[3]

終局判決の同一訴訟物についての拘束力という点では、ドイツやわが国における既判力（Rechtskraft）と異ならないように思われる。しかし少し立ち入って検討してみると相当な差異のあることに気づくのである。[4] 共にローマ法において訴権消耗（consumption）から生じた res judicata に由来するといわれるが、わが既判力がその後の概念の進展によって著しく変容したのに対して、bar, merger という構成はローマ法の res judicata に近い面を留めるのではないかと思われる。つまり、原告の勝訴敗訴にかかわらず、終局判決によって原告の訴訟原因は消滅し、これに基づく再訴は被告の抗弁によって排除されると説明される点で、訴権消耗が判決と結びついて形成されたといわれるローマ法の exceptio rei judicatae に類するからである。

そこで、わが既判力との差異は第一に、当事者の援用をまって初めて考慮するかどうかの違いである。[5] わが既判力が裁判の権威性の強調によって職権調査事項とされるようになったのはそれほど古いことではなく、一九世紀のドイツ普通法では未だ私法的に把握されていた。英米法では今でも当事者の主張をまって考慮されるという私法的な要素を強く留めているのである。[6] 第二に、拘束力を生ずべき終局判決の終局性（finality）に差異がある。わが既判力が再審以外は争えない形式的確定力ある判決を前提とすることというまでもないが、レス・ジュディカータは終局判決の言渡と共に生ずる。上訴の余地があり、さらには上訴係属中でもこれを認めるのが一般である。上訴手段がなくとも、詐欺を初めとして種々の事由による判決からの救済が認められており、[8] 終局判決の終局性といってもわが既判力ほどに絶対性をもたないのである。第三に、判決の拘束力を消極的作用と把握するか積極的作用とみるかの差異である。ローマの res judicata は初めはもっぱら訴権消耗に基づく消極的作用として把握されていた。しかしこれでは同一権限に関する訴訟（たとえば rei vindicatio）における判決が、原被告ところを換えれば拘束力を生じないことになって不都合であるとして、判決内容に拘束力を認める積極的作用が、後にはこれのみが、既判力と考えられるようになった。[9] bar, merger の作用は原告の訴訟原因消滅の効果とされるところから、単に原告の再訴を阻止するという意味で訴権消耗に近い一方的な消極的作用に止まるようにも見える。[10] しかし、レス・ジュディカータ本来の機能はこれに止まらず、単に被告の抗弁としてでなしに、訴えの積極的根拠として主張（plea）できることは従来からの原則であった。[11] 敗訴した被告が新たに訴えを提起して同じ「訴訟原因」を争うことを阻止するという作用も認められてきた。[12] レス・ジュディカータは、このように相互的な作用と考えられるとしても、これが消極的作用として現われることの多い点では、われわれの既判力の理解とは相当の開きがあることを否定できないのである。[13]

ところで、このレス・ジュディカータは「訴訟原因」が同一である限りで及ぶ作用であるから、個々の事項についてみれば、これが同一「訴訟原因」に属する以上は、前訴で現に審判された事項に限らず、審判できたであろう（might have been litigated）事項もすべて排除されるのである。既判力の遮断効といわれる作用と異なるところはない。前訴で主張（pleading や supplementary pleading）のできた事項については、判決後になってこれを主張して同一紛争をむし返すことはできないのである。[14]

したがって、この遮断効の及ぶ「訴訟原因」の範囲が何によって決まるかが重要な役割を果すことになるのは明らかである。この点の詳細な検討が本稿の主な目的であるが、これに関連して rule against splitting a cause of action（分割請求禁止法則）が問題になる。これは同一「訴訟原因」に属する事項は、その一部を異なった訴訟手続において、分割して訴えることはできないといわれる原則だからである。かりに分割して請求された場合には、第一の訴訟の係属していることは他の訴えの防訴抗弁となり、いずれか一方につき本案判決があれば他の訴訟は排除されることになる。[15] この原則は請求自体が数量的に分割できるものである場合について用いるのが普通であるが、[16] レス・ジュディカータ理論の一部を現わすものに他ならない。

(2)　レス・ジュディカータが「訴訟原因」の同一である場合の終局判決の拘束力であったのに対して、コラテラル・エストッペルは「訴訟原因」の異なる場合に、現に審理判決された事項について生ずる拘束力である。拘束力を生ずる事項には事実問題および法律問題を含むが、現に審理判決された事項に限るのであって「審判されえたであろう」事項には及ばない点でレス・ジュディカータと異なるわけである。このような終局判決の効力を判例では、estoppel by judgment や estoppel by record と呼ぶことが多いが、Restatement, judgment §68ff の用語に従って collateral estoppel と呼ぶのが一般的となった。(17) これは沿革的にはゲルマン法に起源をもつ estoppel by record に由来するといわれるが、他方、ノルマン征服後おそくとも一二世紀までにはレス・ジュディカータの原則が導入されるに及び、両法則は相互に交錯し影響し合いながら、次第に右にみたような二つの作用を分担するようになったといわれる。(18) もともと、ゲルマン法上の法則は真の意味の禁反言と同様に当事者の主張や自認という行為に基づいた拘束力であった。しかし、一方でローマ法上のレス・ジュディカータのもつ終局性の観念の影響をうけ、他方ではコモン・ロー・プリーディングの廃止とエクィティとの融合という制度的な変革に基づいて、エストッペルを判決と結びつけるようになるだけでなく、やがては終局判決の拘束力としてこれをレス・ジュディカータと統一的に把握するようになったのである。しかしその結果は、かえって一時的な用語上の混乱を招いたが、アメリカにおいては Cromwell v. County of Sac (1876) が、レス・ジュディカータとエストッペルの伝統的な区別を前提として、「訴訟原因」が同一であるかどうかによって終局判決の拘束力を区別する一般的な原則を確立したといえる。(19)

こうしてコラテラル・エストッペルと呼ばれるようになった右の終局判決の拘束力は、「訴訟原因」が異なる場合に認められるのであるから、わが国の既判力が訴訟物の同一である限りで生じ、原則として判決の理由中の判断には生じないという立前をとっていることと顕著に対立するわけである。既判力の対象＝訴訟物（判決主文）という定式は、ドイツ民事訴訟法成立前夜におけるかの有名な論争を経て成立した原則であって、(20) 判決の拘束力は当事者があらかじめ紛争の目的とした部分、つまり判決の主文に限定すべきだというそれ相当の論拠に基づいていた。判決理由中にも拘束力を生ぜしめるためには、これを直接的に紛争の目的にするための中間確認の訴えをみとめれば足る。こうすれば判決理由中に拘束力の生ずる場合を明確にできるし、当事者にとって重要でない判決理由についての判断が、将来予想もしなかった訴訟において拘束力を生ずるという酷な結果を避けることができる。判決理由中の拘束力であるコラテラル・エストッペルを認めるについて、この点を配慮する必要があるのは当然であって、いかなる条件の下にどのような事項についてこれを認めるかについて判例の苦闘が重ねられるゆえんである。(21)

(3)　判決理由中の拘束力という点では、訴えを却下する訴訟判決の既判力も、判決理由となった訴訟法上の事項についての判断の拘束力に他ならない。(22) Restatement, Judgment はこの拘束力を direct estoppel と名づけて、現に審理判決された事項が同じ「訴訟原因」についての後訴において拘束力をもつ場合である点で、異なった訴訟原因に関する場合のコラテラル・エストッペルと区別する。他方において本案に関しない訴訟判決は同じ「訴訟原因」に基づく再訴自体を排斥するのではない点で、本案判決に認められる bar や merger と異なるというわけである。(23) 判例の中にはこの拘束力を本案判決のそれと同視して説明しようとするものも見られるが、訴訟判決には「訴訟原因」自体を遮断するという効果のないことを示すためには、Restatement の区別が有益であると考えられる。(24) われわれの訴訟判決の拘束力が本案判決のそれと同様に既判力によって統一的に説明されるのとは対照的である。しかしそのためには、既判力の対象＝訴訟物（判決主文）なる定式といかに調和するかという難問をかかえ込むことになるのである。(25)

宣言的判決（declaratory judgment）は権利又は法律関係の存否を確定する点でわが国の確認判決に当たるわけであるが、その後訴での拘束力についても、Restatement, Judgment はディレクト・エストッペルあるいは広義のレス・ジュディカータとして説明する。(26) これは現に宣言された事項の範囲内において生ずるのであって、宣言されたであろう事項については生じない。その効果によって bar や merger のように「訴訟原因」を消滅するとはいえず、宣言された事項について再び審理するのを排除するにすぎないというのである。(27) これはコラテラル・

エストッペルと呼ばれることもあるが、(28) ここではエストッペルはもはや判決理由中の拘束力ではなく、主文中の判断の拘束力であって、わが既判力の作用と異なるところはないように思われる。

⑷　同じ終局判決の拘束力でも、判断の対象が請求自体であるか、判決理由であるか、あるいは訴訟法上の事項であるかによって、さらには、判決の類型が給付判決であるか確認判決であるかによって、それぞれに異なった概念による説明がなされていることが明らかとなった。これは基本的にはアメリカの既判力制度が、ローマ法のレス・ジュディカータとゲルマン法のエストッペルという二つの異なった原則を背景にしているという沿革的な理由によることは前述の通りである。このことは、一方ではわが既判力理論ほどに統一的な理解の不可能であることを示すと共に、他方では統一的な説明に拘束されずに、それぞれの類型に従って存する実際上の要求に即した処理が可能であることを意味する。

この両法則が共に一旦審判された事項について再び審理することを禁止して紛争に終結を与えようという趣旨に出ている点では差異はない。そしてこの審判の一回性の要請といわれるものも、要するに「何人も同一事項のために何度も煩わされない」という私的利益の保護および「訴訟は終結させなければならない」という公的な利益の要請に裏打ちされたものであるといわれてきた。(29) レス・ジュディカータといいエストッペルというも、このような要請に担われている点では差異はないように思われる。ただ、右の要請も前者では審判の範囲の外延の広がりにおいて現われるに対して、後者では内包的な広がりにおいて現われる点に差異があった。したがってその現われ方においても、あるいはこれと対比さるべき政策的配慮においても自ら異なるものがあるはずである。その要点を一言でもっていうならば、前者においては審判の範囲を同一手続で適正な審理を尽くすことのできる広さにするという配慮であろうし、後者においては、不要不急の事項についてまでも弁論を尽くすことを強制されないようにするという配慮が必要になろう。単に審判の一回性なる要請をのべただけでは考察の深化は期待できないのである。

ところで、そろそろ当面の考察の対象をレス・ジュディカータ一本にしぼって行く必要があるが、右の審判の一回性の要請はここではとくにそのひびきを加えて聞えてくるように思われる。私的利益や公的利益なるものの具体的な内容が何であるかは後程さらに考察されねばならないが、これとても時代の流れの中で、天秤の両端で水平を保つ比重を維持しえたかは必ずしも保障できないように思われる。たとえば、レス・ジュディカータは当事者に援用されない限り考慮されないというアメリカに伝統的な原則は、この私的利益の面を端的に示しているが、公的政策の強調の中で攻撃の恰好の標的となりつつあることは(30)、この面での一つの方向を示唆するものであろう。

（1）　その方が、bar や merger がローマ法上の res judicata に由来するという沿革的背景に忠実である。"technical" res judicata と呼ばれることもある。本稿ではさらに既判力の言葉をわが国の既判力を含めた判決の拘束力一般を指して使い、レス・ジュディカータと区別した。

（2）　American Law Institute, Restatement of the Law of Judgment (1942)〔以下、Restatement, Judgment として引用〕§§45, 47, 48 が採用して以来一般的に用いられるようになった。merger については、Freeman, Judgment, 5th. ed. (1925) vol. 2, も同じ意味に用いていたが、bar と estoppel とは必ずしも明確に区別していない。

（3）　Restatement, Judgment §46 は金銭の給付以外の勝訴判決について、訴訟原因は merger によって消滅しないとする。判決の執行によって満足をえた場合に消滅する。それまでは同じ「訴訟原因」によって再訴できるが、必要性なしとして却下される。これは、エクィティに由来する例外的な特別救済 (specific relief) には種々の制限が付されているので、これを merger によって消滅させないためであると思われる。この点につき谷口安平「アメリカにおける和解判決の効力」法学論叢六七巻五号（昭三五）四一頁〔同・民事紛争処理（信山社・平一二）所収〕参照。

（4）　両制度の対比について、Millar, *The Premises of the Judgment as res judicata in the Continental and Anglo-American Law*, 39 Mich. L. Rev. 1 ff. (1940) 参照。

（5）　処分効とするか絶対効とするかをめぐる一九世紀末の論争において、既判力の根拠を国家公共の必要性にありと強調して、これを当事者の意思に委ねるべきでないと論じたBülow, *Absolute Rechtskraft der Urteil*, 83 AcP 1, 65 ff. (1894) 参照。これに従って今や絶対効理論が支配的となった。Vgl. Rosenberg, Lehrbuch, Aufl. 8, 743.

（6） Millar, *op. cit. supra note* 4 at 7-8; Freeman, *op. cit. supra note* 2 vol. 2, §560, §798ff.; Black, Judgment, (1981) vol. 2 §783. もっともこの点については、後述するところ、ことに注(30)を参照。

（7） このために、レス・ジュディカータ適用の後に前判決が上級審で取り消された場合などに判決の抵触を生ずることがある。Reed v. Allen, 286 U. S. 191 (1932) はこの点で不合理を生じた著名な事例である。制定法や判例によって修正されつつあるゆえんである。See Note, *Development in Law-Res Judicata*, 65 Harv. L. Rev. 818, 836 (1952).

（8） Relief from Judgment という判決の無効、取消、変更の手続の簡明な紹介として谷口・前掲注(3)五四頁以下参照。なお See Klingbiel, *Relief from Judgment*, 1951 U. Ill. Law Forum spr., 121 (1951); Moore and Rogers, *Federal Relief from Civil Judgment*, 55 Yale L. J. 623 (1946).

（9） この点の著名な論争の詳細については、Bötticher, Kritische Beiträge zur Lehre von der materiellen Rechtkraft, S.167ff (1930) 参照。ベッチヘルが消極的効果を一事不再理として復活し、これがドイツ理論でうけいれられていることは周知のところである。Vgl. Rosenberg, Lehrbuch, Aufl. 8 (1960) S.738ff.

（10） 谷口・前掲注(3)三五頁はこのように理解する。コラテラル・エストッペルの果たす機能が大となる点を一つの論拠とされるが、bar, megrger によった方がより画一的に排除効を生ずる点で結果を異にする面がある。

（11） See, Bower, The Doctrine of Res Judicata (1924) 9, Restatement, Judgment でも、契約取消訴訟 (cancellation) で勝訴した被告は、逆に同じ契約に基づいて訴えた訴訟で、前判決に反して契約の効力を争う相手の抗弁を排斥できるし (§66(e))、いわゆる判決に基づく訴訟における前判決の主張は積極的作用に他ならないともいえる。

（12） Reedd v. Allen（前掲注(7)参照）は rei vindicatio に当る ejectment（不動産回復訴訟）で敗訴した被告が、逆に前訴の被告を相手に提起した ejectment が res judicata によって阻止された事例であった。なお Millar, *op cit. supra note* 4 at 239 は、レス・ジュディカータの原則によって、「敗訴した被告も審判された権利を新訴によって争うことから排除された」としている。Also see Restatement, Judgment, §66 (b), (c).

（13） わが国でも一事不再理の考えが採用されているが、それは理念に止まっている。三ヶ月章・民事訴訟法（全集）（有斐閣・昭三四）二七頁以下。なお新堂幸司「民事訴訟法における一事不再理」民事訴訟雑誌六号二一一頁（昭三五）〔同・訴訟物と争点効（上）（有斐閣・昭六三）所収〕、小山昇「既判力と一事不再理」ジュリスト続学説展望（昭四〇）一三六頁〔同・判決効の研究（信山社・平二）所収〕参照。ただ、小山昇「既判力の客観的範囲について」民事訴訟の法理（中村宗雄先生古稀記念論集）（敬文堂・昭四〇）三六一頁以下〔同・判決効の研究（信山社・平二）所収〕が既判力を遮断効の集合であるとしてその客観的範囲を考え直そうとするのは、bar や merger の作用と共通の要素をもつといえる興味ある視点である。

（14）　この遮断効が双面的であるのはもちろんである。逆に被告が判決言渡後の事由を抗弁に出すことは差支えない。See Restatement, Judgment §47 (e)、さらに抗弁としてだけではなしに、積極的に敗訴した原告は、起訴後の事情を主張して再訴ができるし（Restatement, Judgment, §63 (f) §54 (d)）、敗訴した被告も、判決後の弁済や免除を主張して、わが請求異議の訴えに当たる audita quela の訴え（writ）や申立て（motion）ができる。See Millar, Civil Procedure of the Trial Court in Historical Perspective, 393-395, Freemann, Judgment vol. 1, §257 遮断効の基準時がどこにあるかは、必ずしも明らかでない。原告については起訴時、被告については判決時とされるのが一般であるが、後者の若干の緩和の傾向につき、Millar, *ibid.*, 393 参照。

（15）　Secor v. Sturgis, 16 N. Y. 548（1858）. この点についてのリーディング・ケースといわれる。

（16）　See Restatement, Judgment, §62, 但し Clark, Code Pleadiug, 2nd ed.（1947）472ff, Cleary, *Res Judicata reexamined*, 57 Yale L. J. 399.（1948）などは、この場合に限定しない。

（17）　See Scott, *Collateral Estoppel by Judgment*, 56 Harv. L. Rev. 1（1942）. estoppel の用語問題があり、collateral preclusion などの用語も考えられたが、既に一般化された用語に従ったという。

（18）　この点の詳細な解明は、Millar, *The Historical Relation of Estoppel by Record to Res Judicata*, 35 Ill. L. Rev. 41（1940）によってなされた。ここでその興味ある変遷の詳細を紹介するゆとりはないが、平良「英米法の歴史における既判力と判決による禁反言」法学研究三八巻二号（昭四〇）一頁以下が、その労をとっている。以下の説明は主としてミラーに依ってその大筋を示すに止める。

（19）　一九世紀以後の発展については、Millar, *op. cit. supra note* 4 at 238 以下に詳細である。ここではこの点を詳細に論ずるゆとりがない。

（20）　Millar, *op. cit. supra note* 4 at 1ff. および Zeuner, Die Objektiven Grenzen der Rechtskraft im Rehmen rechtlicher Sinnzusamenhänge（1959）S. 1ff. はそれぞれ逆の立場からではあるがこの論争を出発として判決理由中の拘束力の問題を考察したわけである。

(21) See Note, *Collateral Estoppel*, 52 Col. L. Rev. 647（1952）その詳細な検討は別の機会に譲らざるをえない。判例の到達した一応の法則の簡単な紹介として吉村徳重「Collateral Estoppel」ジュリスト英米判例百選（昭三九）二六六頁（本書四七一頁）参照。新堂幸司「既判力と訴訟物」法学協会雑誌八〇巻三号（昭三八）一頁以下〔同・訴訟物と争点効（上）（有斐閣・昭六三）所収〕はわが国でもこの種の判決効（争点効）を認めようという興味ある論証である。

(22) 訴訟判決の理由中の判断についても既判力を認める必要のあった由来についての霜島甲一「訴訟判決の既判力」法学志林六一巻一号（昭三八）一頁以下参照。

(23) Restatement, Judgment, §§45(d), 49; Note, *op. cit. supra note* 7 at 836ff.

(24) See Note, *op. cit. supra note* 7 at 836, note 121

(25) 訴訟物に対する判断の中に訴訟要件についての判断を含ませるためには、訴訟物自体を単に相手方に対する権利主張ではなしに、裁判所に対する審判要求と解する必要があるのではないかという問題はその一つであろう。三ヶ月章・民事訴訟法（全集）（有斐閣・昭三四）七二頁以下、同「最近のドイツにおける訴訟物理論の一断面」民事訴訟法研究Ｉ（有斐閣・昭三七）一一〇頁以下、新堂幸司「訴訟物の再構成(二)」法学協会雑誌七五巻二号（昭三三）一八〇頁以下〔同・訴訟物と争点効（上）（有斐閣・昭六三）所収〕参照。

(26) Restatement, Judgment, §77 (b) は、レス・ジュディカータを生ずるとしているが、*Ibid*, Introductory Note to Former Adjudication, 160 は、これを direct estoppel としている。

(27) しかし、宣言的判決も勝訴敗訴を問わず同一の、ないしは類似の主張に基づく再度の宣言の請求に対しては bar となるとすべきであろう。Note, *Development in the Law-Declaratory Judgment*, 62 Harv. L. Rev. 789 843; Note, *op. cit. supra note* 7 at 882. 後者は更に declaratory action で提起しえた請求に基づく別訴を排除することが望ましいとする。

(28) Note, *op. cit. supra note* 7 at 881.

(29) "*Nemo debet bis vexari pro una et eadem causa*" "*Interest reipublicae ut sit Finis litium*" という格言でもって現

わされてきた。See Black, Judgment, vol. 2, 759-760; Freeman, *op. cit. supra note* 2 vol. 2, 1167, 1318-1321; Bower, *op. cit. supra note* 11 at 3-4など参照。

(30) たとえば、Von Moschzisker, *Res Judicata*, 38 Yale L. J. 299, 316 (1929) 参照。

三　レス・ジュディカータの範囲拡張の一般的傾向

(1) レス・ジュディカータが「訴訟原因」の同一である限りで生じ、同一「訴訟原因」に属する事項であれば前訴で審判されなくとも審判されえたであろうものには遮断効が及ぶことは前述の通りである。したがって「訴訟原因」の範囲が何を基準にして決まるかは、レス・ジュディカータにとっても決定的な意味をもつことになるのである。

この「訴訟原因」の範囲をいかに定めるかがとくに重要な問題となったのは、一八四八年のニューヨーク州民事訴訟法典（フィールド法典）の成立に初まる法典体制の成立以後のことであったことはしばしば指摘されてきた。[1] 法典がコモン・ロー上の訴訟方式を廃止し、コモン・ローとエクィティを融合して、すべての訴えは同じ訴訟手続によって審理することにしたためであった。すなわち、コモン・ローのリット体系の下においては訴訟方式ごとに手続を異にしていたのであるから、審判の対象がこの訴訟方式からはみ出すことはありえず、「訴訟原因」は同じ訴訟方式の下で事実関係の異同を示せば足りた。しかし、法典によって、この訴訟方式の手続上の区別が廃止されると、審判の対象を意味する「訴訟原因」の範囲が新しく重要な意味をもつに至った。同様の問題は、法典がコモン・ローとエクィティの手続上の差異を廃して融合したことによっても生じたのである。レス・ジュディカータとの関係でも、「訴訟原因」の同一性を決めるについてはいろいろの基準がとられてきた。[2] なかでも、この点で最も基本的な二つの傾向の対立があることがしばしば指摘される。一つは、一定の実体法上の権利を基準にして「訴訟原因」の範囲を決めるという伝統的な立場である。他は、このような実体法上の権利にかかわらず、もっぱら審判の便宜という視点から訴訟を能率的に処理するために実用主義的にこれを決めるという立場である。

前者が、法典成立後、一九世紀後半において、多くの州の判例を支配したかのリーガル・セオリーの原則と共通の法則であることは明らかである。(3) すなわち、この原則によれば、原告は訴訟において事実を主張するには、特定の実体法上の法的視点を基準にしなければならない。その後は、この法的視点に拘束されて、この点につき理由がなければ、審理の過程で別の法的視点の可能性があってもこれによって救済をうることはできない。しかも、このような場合には、審理の過程において法的視点を変更（amendment）することすら認められなかったのである。法的視点の差異によって審理の方法、救済の内容、賠償の額あるいは執行の方法も異なってくる以上、これを予告して被告の不意打ちを防ぐことが必要とされたわけである。法典の下においても、明らかにコモン・ローの訴訟方式に由来するこの伝統的な原則の支配するところでは、訴状において基準とされた法的視点に基づいて敗訴しても、同じ事件に関し他の法的視点に基づいて再訴することを妨げないことになる。(4)

もっともここで法的視点といっても、コード・プリーディングの下では訴状に記載することを要求される主要事実の表示の方式（manner）によって決まるのであって、当事者のかかげた法的名称に拘束されるのではない。(5) したがって単に法的名称を変えただけで再訴ができるというのではなく、後訴における主要事実の構成に新たな法的視点を示す重要な変更が示されねばならないことはいうまでもない。(6) そして、審理の過程において新たな法的視点の可能性が明らかになったのに、初めの訴訟の枠組に拘束されて、新たな法的視点への変更やこの法的視点の黙示的な併合請求が認められないとするならば、この点については再訴が許されなければ一貫しないわけである。

(2)　一九世紀中期以降に成立したアメリカの民事訴訟法典を近代的法典編纂の一環として把握し、(7) 典型的な近代的市民法の確立と解するならば(8)、すでに近代法として体系化しつつあった実体法上の権利を基準にして訴訟における審判及び判決効の対象を考えることはその当然の帰結であったといえる。これは、民事訴訟を、私法上の権利の体系を実現貫徹するものとして把握したドイツ市民法の訴訟観(9)に対応するものであった。それは同時に確立期にあった近代資本制経済がその資本取引の必要性から生み出した計算可能性の要請を訴訟の場面でも貫徹する最上の手段であったのである(10)。訴訟において審理を尽くす対象とそこから生まれる判決のもつ効力の内容は常に特定の実体上の権利によって確実性をもって告知される。これによって市民は、審理の内容と裁判の結果を予測して訴訟にのぞむことができる。一旦判決があれば、特定の権利関係は終局性を取得し、その強制方法も決まることになって、これに基づいた資本投下の計画が可能になる。訴訟を私法上の権利体系の実現過程であるとみる訴訟観は、基本的には資本の右のような要請に対応するものであったと考える。

ところで、経済力が集中し、資本制経済が独占的な段階に達した二〇世紀における訴訟制度の果たしてきた役割が、一九世紀のそれと異なるのは当然のことと思われる。この点の詳細な分析は将来の研究にまたざるをえないが、一応の巨視的な見通しを立てるために、さしあたって当時のアメリカ最高裁判所を中心とする司法部の担った役割についてのビーアドの次の描写を一つの手がかりとすることができよう(11)。

各種産業や交通事業の集中化と全国的な規模への拡大は、一九世紀後半まで国民の経済生活を規制する中核となっていた州裁判所の権限を連邦最高裁判所のコントロール下に置くことを要求した。州による異なった規制は会社経営の集中化、つまりトラストや企業連合の成立と運営を妨げたからである。資本はその雇い弁護士の努力と連邦政府の助力（判事任命権）を通して、州裁判所の権限を連邦最高裁判所へと吸収し前者を後者の影響下に置くことに成功して行った。こうして「最終結果として合衆国最高裁判所は、国民の経済生活に莫大な規制を行う力を、やっと自己の手中に収めた。」

このようにして経済集中を促進させる役割を担ってきた連邦裁判所が、他方で果した役割は、当時激発する傾向のあった労働事件の処理、ことにかの悪名高き労働インジャンクションなどによって労働運動を抑圧するということであった。「かくて、この経済集中の進行過程において、資本家と州政府との間、および資本家と労働者との間の紛争にさいして、司法権は、資本家側にとってはるかに有利に発動されることとなったのである。……今や企業は、一法律家がいったように取引が生み出す最大限の利益の獲得のために、消極的救済と積極的援助とを確信をもって連邦裁判所から期待することができるようになった。」

以上のことを手がかりにすれば、二〇世紀に入ったアメリカの裁判所のおかれていた一般的な状況の中で、一九世紀におけるそれと対比して、特徴的な要素といえるものは、次の通りであると推論することができよう。第一に、アメリカの司法制度の重点が、州裁判所から連邦最高裁判所へと移行していったということ、少なくとも連邦裁判所の動向が、裁判所一般に強い影響力をもち初めた、ということである。これはビーアドの分析から明らかなように、この裁判所の経済社会において果たしてきた重大な役割からみればよく理解できる。第二に、労働事件の頻発などに特徴的に示されるように、新しく、複雑多岐にわたる事件が急激に増加してきたために、伝統的な訴訟方式を基準にした紛争解決の尺度では、複雑な事件処理の間に合わなくなってきたということである。当事者の示す法的視点に拘束されずに事案に適した処理のできる裁量権を認めるべきであるという要請の現われてくる一つの根拠であった。第三に、事件が質的に複雑化しただけではなしに、量的にも激増したことによって、裁判所は山積する事件の処理に忙殺され、裁判手続の能率的かつ迅速な運営が叫ばれることになった。できるだけ広い範囲で紛争の再度のむし返しを禁止するという訴訟経済の要請が強調されることになったのもこのためであった。そして最後に、連邦最高裁判所を中心としたアメリカ司法権が、一般的に見て、資本の側に有利に発動されるという確信が資本自体の中に生じてきたことである。そこで、今や紛争解決に際して、裁判所に、広範な裁量権を認めて、国民の経済生活を規制するための積極的な関与を求めることが、資本自体の要請ともなってきたことは容易に推察できるのである。

二〇世紀の初頭、右のような新しい状況を反映して、当時連邦最高裁判所の裁判官であったホームズは次のように述べた[12]。「わが判例の全体的傾向は、原告に対してその全訴訟原因およびその全事件を一挙に審判することを要求する方向にある。原告は自己の請求を分割することはできないし、ましてやその救済の理由となるものを分断することはできない」。訴訟の能率的な処理の要請は、全紛争を一挙に解決することを要請する。これは、レス・ジュディカータの場面では、一方で審判の範囲を可及的に拡げ、他方において再度紛争を繰り返すことを広範囲に阻止するという方向で現われる。二〇世紀に至って、「訴訟原因」の範囲を実体法上の法的視点から解放し、審理の便宜に即するように裁判所の自由裁量に委ねようという実用主義的概念が強力にキャンペーンされたのもこのような時代的背景に立って初めて十分に理解できる。連邦民事訴訟規則はこれらを基盤として生み出されたのである。

(3)　以上の巨視的視点を前提として再び判例に眼を転ずれば、ここでも右の傾向を推進する基盤はすでに着々と積み重ねられていた。すなわち、リーガル・セオリーの原則の下で存した法的視点の変更および法的視点の併合に関する厳格な規制が、次第に緩和されて行ったことがそうである[13]。

まず、法的視点の変更がプリーディングではもちろんトライアルにおいても認められるようになったことである。審理の過程において法的視点の変更が可能であれば、かりに新しい視点に基づいて再訴を認めなくとも、原告の権利救済を全く閉鎖することになるという非難を免れることはできる。審判されえたであろう事項という法則（“might have been” rule）をこの場合にも適用しようという立場を生むのはこのためであった[14]。しかし、この法則は同一「訴訟原因」に属する事項についてのみ妥当するものであって[15]、法的視点を異にすれば、「訴訟原因」も異なるとする従来の立前からは、この見解を正当化することはできない。別の「訴訟原因」を法的視点の変更によって請求できたとしても、これは当然に請求しなければならないということを理由づけるわけではない。そこで、一方において「訴訟原因」を変更する法的視点の補正を認めるとしても、他方においてその補正がない限り、この点に基づく再訴を阻止することはできないという立場を生ずることになったのである[16]。これを突破するための最も簡便な方策が、「訴訟原因」自体を法的視点から解放する方向にあったことは明らかである。

審判の範囲を拡大する傾向の基盤をなした第二の要因は、「訴訟原因」併合の要件を緩和したことであった[17]。同一生活関係（same transaction）から生じたいくつかの「訴訟原因」を併合できることはもちろん、これを選択的に併合することも認められた。そしてさらに、同一救済を目的とするいくつかの法的視点については、明示するか黙示するかを問わずこれを選択的に併合主張することが認められるようになったし、異なった法的視点を示す事実を別個の訴因によって表示すべしという要件もまた緩和される傾向にある。このような状況の下においては、いくつかの法的視点の併合が容易に請求できるのだから、少なくとも同一生活事実に基づく法的視点はすべて併合すべきであって、見落された視点に基づく再訴は遮断すべきであるという立場を生むのも当然であった[18]。しかし、併合できたということは（permissible）、直ちに併合すべきであったこと（compulsory）にはならない。ただ、訴状に主要事実を記載するに際して、別個の訴因による表示がなくとも、いくつかの法的視点を示す事実をかかげれば、黙示的にもその選択的併合ありと認めるようになったことは[19]、これを訴えの併合とせずに単一の「訴訟原因」とみる立場とはあと一歩の違いであったといえるのである[20]。

こうして「訴訟原因」を実体法的視点から解放し、一つの事件はこれを一挙に解決すべく、法的視点によって分断することはできないとする実用主義的「訴訟原因」概念の登場する基盤は確立したといえるのである[21]。その主唱者クラーク裁判官の説明を聞こう[22]。

「この単一の請求とみなされるものの範囲を拡げようという傾向は、法典訴訟においても認められる救済の範囲が拡がったこと、現代の訴訟手続における併合法則の一般的拡張そして、最後に裁判所に事件が山積しているという条件によるものである。当事者に対してその紛争を一挙に解決することを強制することは、被告に対する適切な保障となるだけでなく、裁判所の時間や費用を節約することにもなるのである。」（傍点吉村）

（1）　吉村徳重「アメリカにおける訴訟物論の展開」民事訴訟雑誌一一号（昭三九）三〇頁（本書八七頁）以下参照。

See Clark, *The Code Cause of Action*, 33 Yale L. J. 817, 320–321（1824）.

（2）このような分類を示すものとして、Schopflocher, *What is a single Cause of Action for the Purpose of Res Judicata*, 21 Ore. L. Rev. 317, 323（1942）; Cleary, *Res Judicata reexamined*, 57 Yale L. J. 339, 340（1948）などがある。

（3）リーガル・セオリーの原則の詳細な内容については、吉村・前掲注(1)五六頁（本書一一〇頁）以下参照。

（4）一九世紀後半に法的視点を変えることによって再訴を認められた判例若干を示す。Stawell v. Chamberlain, 60 N. Y. 272（1872）では債権証書の横領を理由にtroverを訴えた原告は、所有権の証明ができずに敗訴したが、同一債権証書に関する契約上の債務不履行を理由にする再訴を阻止されなかった。Marsh, v. Masterton, 101 N. Y. 401, 5 N. E. 59（1886）は明示の契約で敗訴した原告が、次に法的視点を黙示の契約として提起した訴えを阻止しない。Priest v. Foster, 69 Vt. 417（1897）では、失火による損害賠償請求を認められなかった原告が、契約上の債務不履行を理由にする再訴を阻止されなかった。Leonhald v. Shall, 132 Minn. 446, 4 A. L. R. 1166（1916）は黙示の契約から明示の契約への法的視点の変更により再訴を認めた事例だが、Rosman v. Tilleney, 80 Minn. 160（1900）では逆の場合にも再訴を認めた。

（5）See Whttier, *The Theory of a Pleading*, 8 Col. L. Rev. 523, 536–537, 吉村・前掲注(1)五六頁（本書一一〇頁）参照。

（6）Freeman, Judgment, vol. 2, 5th. ed.（1925）§737.

（7）一八四八年のフィールド法典についてこのような把握を示すものとして、桜田勝義「アメリカにおける民事訴訟法典の成立と発展」民商法雑誌五二巻四号（昭四〇）三頁以下参照。

（8）吉村徳重「英米法における法典訴訟の歴史的形成—訴訟物論の歴史的背景」法政研究三〇巻三号（昭三八）四九頁（本書五三頁）は、法典形成の経済的社会的背景との対比の中でこのことを実証する試みであった。なお、アメリカにおける学説による権利の体系の形成への努力の指摘として、吉村徳重「アメリカにおける訴訟物をめぐる学説の展開」民事訴訟の法理（中村宗雄先生古稀祝賀記念論集）（敬文堂・昭四〇）三二三—三二五頁（本書一五三—一五五頁）参照。

（9）この点の論証として、富樫貞夫「ドイツ訴権論の成立過程」民事訴訟雑誌一一号（昭三九）九八頁以下、同「権利保護請求権説の形成」熊本法学四号（昭四〇）一頁以下参照。

(10) ウェーバーのいわゆるBerechenbarkeit、すなわち権利義務の裁判所における実現の予測可能性の要請は、資本制企業の合理的運営のためには不可欠とされる。中野貞一郎「マックス・ウェーバーにおける裁判の法社会学的考察」同・訴訟関係と訴訟行為（弘文堂・昭三六）二九八頁以下、広中俊雄「法学とウェーバー」大塚久雄編・マックス・ウェーバー研究（東京大学出版会・昭四〇）三九頁以下参照。

(11) ビーアド「アメリカ合衆国史」（松本重治ほか訳）（岩波書店・昭三九）三一四―三一七頁参照。但し、「　」内以外はその要約である。

(12) See United States v. Califonia & Oregon Land Co., 192 U. S. 355, 358 (1904).

(13) 吉村・前掲注(1)六五頁（本書一一九頁）以下にこの点の変遷を詳論してあるのでその点を参照されたい。

(14) Gavit, *The Code Cause of Action*, 30 Col. L. Rev. 802, 820 (1930) はこのことを強調し、判例にもその見解が多いという。See *Ibid.* 820 note 47-51 なお後出**五**注(6)の本文参照。

(15) Cleary, *op, cit. supra note* 2 at 346 がこの点を指摘する。

(16) たとえば、Diebold v. Morse, 226 Mass. 342, 115 N. E. 431 (1917); 234 Mass. 17, 124 N. E. 429 (1919) は、書面契約による訴訟において敗訴した原告が、今度は口頭契約違反に基づく損害賠償を訴えたのに阻止されなかった。しかも訴状記載を口頭契約に補正することができた場合であった。

(17) 訴えの併合の緩和の詳細な説明として吉村・前掲注(1)七七頁（本書一三〇頁）以下参照。

(18) たとえば、Wheaton, *Causes of Action Blended*, 22 Minn. L. Rev. 498 (1938) がそうである。

(19) この点の変遷については、吉村・前掲注(1)八四―八五頁（本書一三六―一三七頁）参照。

(20) 三ヶ月章「訴訟物理論における連続と不連続」法曹時報一四巻一一号三三頁（昭三七）〔同・民事訴訟法研究第三巻（有斐閣・昭四一）所収〕がとくに強調されたところであった。

(21) こうして「訴訟原因」を法的視点から解放した判例としてWiliamson v. Columbia Gas & Elec. Corp. 186 F. 2d 464 (1950) cert. den. 341 U. S. 921（後出**四**注(21)の本文参照）はその典型である。

(22) Clark, Code Pleading, 2nd. ed. (1947) 474.

四　レス・ジュディカータの範囲の個別的検討

(1)　レス・ジュディカータの範囲を決める「訴訟原因」について、実体法的概念から実用主義的概念に移行する傾向のあることを指摘したが、これは時代の一般的な特徴をいわば縦断的に示して、その方向を浮き掘りにするためであった。しかし個々的にやや立ち入って検討してみると、問題の取扱いは州によって異なるし、問題となる事例によって一律には論じえない。リーガル・セオリーの原則一つをとってみても、初め相当の州によって支持されたものの次第に廃棄される傾向にあることは前述の通りであるが、州によっては最初からこれをとらないところもあり、逆に現在でもこれに固執するところがあるという具合である。(1) 二〇世紀に至って連邦裁判所の役割と影響力が増加したことはたしかであるが、一般市民の利用する通常の事件においては、なお州の判例がアメリカ法の中核をなす点は否定できない。同様に、既判力制度の根拠についても、公的政策の要請が次第に優位を占め、これがレス・ジュディカータの範囲を拡げる傾向となって現われつつある如くみえるが、個々的には私人である当事者の利益保護にも十分の配慮を払う事例が意外に多いのである。そこで次に、レス・ジュディカータの範囲の処理状況を、州を中心として、いわば横断的に、つまり現代的視点から明らかにする必要がある。その際にこの制度の背景をなす種々の政策的配慮に立ち帰って問題を再吟味する方法論をとりたいと思う。(2)

もともと、レス・ジュディカータ制度の根拠とされるものは前述の如く審判の一回性の要請であるといわれるが、これを裏づける政策的配慮も私的利益の面と公的利益の両面からの考慮を含み多面的である。(3) 第一に、同一事件について訴訟を繰り返すことによって生ずる煩雑さと費用負担の増加から当事者ごとに被告を解放すべしという要請である。第二に、これと密接に関連するが、同一事件について再審判を許せば同じ目的について二重の救済を強制する可能性がある。この二つが私的利益の保護という配慮に基づくことはいうまでもない。第三は、激増する訴訟事件を処理するために、訴訟手続を能率的に運用するという要請である。これはことに、再度の審判を拒むことによって、同一事件について裁判所の費す時間と費用を節約できるという、もっぱら国家社会の公的利益の要求として現われる。そして最後に、終局判決の終局性を認めることにより、判決に安定性（Stability）を与えることが要請される。これは矛盾した判決を防ぐことでもあるが、要するに判決された権利関係に安定性を与えて、これに基づく取引の安全を確保するという社会的要請に基づくと共に、判決内容に依拠して経済計画を立てることのできる当事者の利益にも添うゆえんである。

実体法的概念が実体法上の権利を基準に判決の拘束力を認めるのは、最後に指摘した判決内容の安定性を、権利関係を基準にして確保することによって、取引社会における予測可能性を生み出す点に一つの主眼があったことは前述の通りである。しかし、レス・ジュディカータの現代的機能として問題なのは、古い訴訟方式に由来する権利の体系を基準にすることは、今や必ずしも右の要請にすら合致しない場合を生じているということであろう(4)。他方において、実用主義的概念は、被告保護の要請もさりながら、激増する訴訟事件を能率的に処理すべき訴訟経済という公的政策にバックアップされたものであった。しかし、訴訟経済の要請といっても「訴訟原因」の範囲を、個々の便宜的必要に応じて、裁判官の裁量に委ねて拡張できる程に強力であるといえるかは疑わしい(5)。

そこで、現代の判例や学説に現われる一つの傾向は、その中間にあって、必要とあれば現代の市民生活の経済的判益の単位をなすものを法的にサンクションする新しい実体的単位を形成する方向にあるように思われる(6)。判決の安定性もこのような新しい実体的単位を基準にして必要とされるものであって、これを古い訴訟方式に基づいて分断することは、場合によってはかえって経済社会における計算可能性の要請には添わないこともあろうからである。

ところがレス・ジュディカータの範囲を決めるについては、このような実体的な配慮だけではなしに、次のような手続的配慮が決定的に重要である。すなわち、もともと同一の手続において適正な審判を行う範囲には限度があるのであって、これを超えてレス・ジュディカータを及ぼすことは、当事者に酷な結果を招くことになる。十分に審理を尽くさないのに失権の効果をうける機会が多くなるからである。そして、この審判の適正という要請は、多くの場合、実体法上の法的視点に従って審判の範囲を特定して訴えを提起すべき当事者の利益を保護すべしという要請となって現われる。これは何よりも、訴訟における審判が、実体的権利を基準にして行われるからである。実体的権利の差異によって、要件事実の異なるのはもちろん、抗弁や審理方式や救済の内容などに差異を生ずることになれば、審判の適性を計るにはどうしても実体法上の権利を基準とする立場を生むことになるわけである。この点もまた実体法的概念の根拠とされたものであった(7)。審判の適正の要請はもちろん実体法上の権利だけにその基準を求めるわけではない。証拠や基本的事実が共通であれば、再訴を許す必要がないという考えにも現われているが、それは単に相対的な基準であるにすぎず、このことだけで審判の適正の要求を充すわけではないであろう。

レス・ジュディカータの範囲を決めるについて、これらの種々の政策的考慮が比較衡量されていることは疑いないが、さてそこに何らかの法則性を見出すことは必ずしも容易ではない。しかし、レス・ジュディカータの問題となる事例状況（situation）を類型的に抽出してみれば、それぞれの政策的配慮との対比を通じて、かなり法則的に判例の方向を測定することも可能であると思われる(8)。このような方法論の下に抽出される典型的な事例として次の三つの類型を考えることができると思う(9)。

第一は、救済の申立ては同一であるが、実体法的視点の異なる場合である。同一の生活事実に基づいて申し立てられた救済内容は同一であるが、法的視点が異なり、かつ多くはこれに対応する事実の表示に少しずつ差異がある場合である。たとえば、同一損害の賠償を請求するにつき、契約上の債務不履行と不法行為による法的性質決定がなされた場合である(10)。コモン・ロー上の救済は、金銭賠償を原則とするが、発生した損害の賠償申立ては同じでも、主要事実の選び方によってその法的性質決定は種々に異なりうるのである。これがわが訴訟物論における典型的な事例と酷似することはいうまでもない。

第二は、紛争の経済的目的は同じであるが、訴訟上の救済の申立てが異なる場合である。法典においては、訴状に記載を要求される救済の申立ては、わが請求の趣旨のような拘束力をもたないとされていることに由来する問題である。(11) もともと、原告の「訴訟原因」は訴状にかかげられた事実によって決まるのであって、原告のかかげた救済の申立てや法的名称に左右されない。したがって、訴状記載の事実はそのままで救済の申立てだけを変更しても「訴訟原因」の変更にはならず、記載の誤りを補正するに止まる。中立ての差異を超えて訴訟物の同一性が考えられるわけである。しかし、これが第一の類型と結びつくと、紛争の経済的目的は同一でも、主要事実の選び方によって法的視点および救済の申立てが共に異なってくることにもなるわけである。たとえば、契約に基づくエクィティ上の特定履行と契約不履行に基づくコモン・ロー上の損害賠償の請求はその典型的事例である。(12)

第三は、右のように経済的に同じ目的の紛争を法的視点や救済の申立てによっていわば質的に特定する事例とは異なって、これを数量的に分断（arithmetical splitting）する場合である。わが金銭債権の一部請求の問題に対応するものであって、rule against splitting の本来の適用事例である。たとえば、過失行為による身体傷害を理由に損害賠償を訴えた場合に、認められた損害額が全損害額に満たないとして残部を請求することが可能であるかということである。(13)

(2)　第一の類型がわが訴訟物論争の事例と密接に関連することは明らかであるが、そこでいくつか考えられる法的視点相互の関係は、第二の類型の場合をも含めて alternative remedies と呼ばれている。(14) この法的視点がわが請求権競合のように競合的両立の関係にあるのか、択一的排斥関係にあるのかは、両者が相互に矛盾関係（inconsistency）にあるかどうかにかかっているようにみえる。(15)

しかし二つの法的視点が矛盾しない関係にある場合にも、同一給付を目的とする以上は二重の給付判決は認められないのが原則である。実体的にも訴訟的にも alternative remedies になるわけである。そこで二つの法的視点を含む訴えは黙示的にも選択的併合とされるし、一方だけに基づいた訴えにおいて勝訴判決があれば、他の法的視点による再訴は原則として、阻止されることになる。[16] これは二重給付の危険を避けるというレス・ジュディカータの根拠をなす要請に基づいて理解することができる。

しかし、たとえば手形債権による請求と原因債権による請求におけるように、同じ給付を目的とする権利でも、その実現確保のために特別の法的措置がとられている場合には、一方について勝訴判決があってもこれが完全に満足されるまでは他方につき再訴ができる。[17] 二重給付の危険よりも、手形や担保などの権利確保手段を別に認めた趣旨にウェイトを置いたものと思われる。この場合には訴訟上両請求は両立しうる点から cumurative remedies と呼ばれることもあるが、[18] 一般にはたとえば土地占有回復を求める ejectment と土地の不法占拠による損害賠償請求のように、給付の実質的目的が別個である場合を cumurative remedies と呼ぶ。[19] 本来二重の給付判決が予定されている場合である。

こうして、同じ給付を目的とする訴えにおいて再訴の可否がとくに問題になるのは、右の例外を除けば、原告敗訴の場合に限られることになる。[20] ところで、選択的併合や補正を自由に認めるところでは、法的視点を変えただけで同一の給付につき再度の審判を求めるのは、訴訟経済や被告の利益保護からみて好ましくないのはいうまでもない。Wiliamson v. Columbia[21] は、不法行為に基づく損害賠償請求において、事実関係はほとんど異ならないのに、シャーマン法からクレイトン法に法的視点を変えただけでは「訴訟原因」は変わらないとして、一方で敗訴した以上他方による再訴を排斥するとした。「現代の訴訟手続上の原則によれば、請求の併合や補正の自由、強制的反訴を認めることからも明らかなように、当事者間の全紛争は一挙に同一手段で請求できるし、請求しなければならない」。判決の安定性という要請も、この場合の論拠となるように思われる。それは法的視点を変えたという口実によって、一旦審判をうけたところの実質的には同一の取引関係が再度不安定にさらされるという

配慮によるわけである。(22)

右の配慮にかかわらず、この第一類型においてもなお、個々の実体法上の権利を基準にして請求を分割する原告の利益の存することも否定できない。原告の別訴の利益の根拠とされるものはいろいろであって、これは事件状況の差異によって違った現われ方をする。したがって、判例もまたこの点では鋭く対立してその一般的な法則を述べることは不可能に近い。例外のあることを前提として敢て一般的な傾向を述べれば、不法行為の分野では法的視点の差異によって区別しない傾向が強いのに対して、契約法の分野ではなお実体法的概念を維持するところが多い。(23)

たとえば、明示の契約と黙示の契約という法的視点の差異についていえば、大多数の州で別訴を認めているようである。(24) Smith v. Karkpatrickでは、(25) 労働契約上の報酬支払を請求する訴えで敗訴した原告が、既に提供した労務に相当する金額を求める quamtum merit（黙示的契約理論）の訴えを提起することを妨げられなかった。明示的な契約の有効を前提とする訴訟と、逆にその無効を前提とするものとでは、権利関係も異なるし、必要な要証事実や証拠も異なるというのがその理由であった。一方で明示契約が有効なことを主張して頑張っているのに、他方でこれが無効な場合をも配慮して弁論を尽くせというのであれば、原告に無理を強いることになるという考慮と思われる。(26) ところが、不法行為に基づく損害の賠償請求については、これを過失理論により訴えた訴訟で敗訴した原告は、次いで重過失（wanton negligence）による再訴はできないとするところが多い。(27) 基本的事実関係が同一であるから審理の繰り返しを認めるべきでないという配慮によるものと考えられる。もっとも、Troxwell v. Delawareでは、(28) 同じ過失責任でも州法に基づく請求において敗訴した原告が次いで連邦規制によって提起した再訴が認められたのである。法規が異なることによって責任の前提要件となる事実や法律効果の異なる点が理由とされた。(29) 州際取引と州内取引とでは相互に排斥し合う事実関係を前提としている点で、原告の再訴の利益が認められたものと思われる。(30)

ところが法的視点が契約法と不法行為法の両分野にまたがる場合には判例は完全に分裂しているといえる。[31] これは、不法行為と契約とではその権利のもつ特性の差異が顕著であって、いずれの法的視点によるかによって、利用できる抗弁や証拠が異なり、賠償額や執行方法にも差異が生ずるために、この点に対する対応に差を生んだものと思われる。たとえば、右のような権利の特性の差異を強調して、原告の別訴の利益を認めた Janonneau v. Wetherilでは、[32] 売買契約による代金支払請求において敗訴した原告は、既に引き渡した物の横領を理由とする不法行為による訴えを妨げられないとされた。しかしこれに対して、失火による損害賠償請求を認められなかった原告が、寄託契約上の善管義務違反を理由として提起した訴えを排斥する判例もある。[33] 前訴と後訴の事実関係はほとんど同じであって、契約上の請求も前訴で主張すべきであったというのである。前訴で主張さえしておけば、債務不履行の要件事実の重要な部分は同時に審理されていたのだから、いまさらこの点を訴える利益はないというのであろう。

(3)　第二の類型は、経済的目的が同一である場合を同様に質的に分断する場合であって、第一類型の変型という点では基本的な違いはない。しかし、「請求の趣旨」の拘束力に固執し処分権主義を貫くわれわれの目からみると決定的な飛躍があるように思われるのである。救済の内容が金銭賠償と異なって種々に変わるのはエクィティ上の救済において多く見られるために、コモン・ロー上の救済との関連から特別の配慮を払う要素も生まれるわけである。つまり、この類型が最も典型的に現われるのは、同一の経済的な目的のためにコモン・ロー上の権利とエクィティ上の権利が考えられる alternative remedies の場合である。

もっとも、コモン・ロー上の権利とエクィティ上の権利とで、その給付の経済的目的が同一ではないために、alternative の関係にない場合がある。ニューサンスに対するインジャンクションと不法行為によってすでに生じた損害賠償請求とは共に成立する cumurative remedies である。[34] 契約書の訂正命令（reformation）というエクィティ上の訴えとこの契約不履行の損害賠償の訴えとは、前者が後者の予備的前段階をなす意味でやはり両立する請求である。[35] この二つの類型における再訴の可否は、同一の経済目的を対象とするのではないが、密接に関連する一連の事件をめぐる紛争の分断ができるかという点から問題になるわけである。[36] 実質的には金銭債権の一部請求と共通の面—量的な分断—をもっているが、救済申立ての内容が質的に異なる点でこれとも区別される。[37]

ところで、救済申立てが質的に異なるこれらの請求は、法典によってコモン・ローとエクィティが融合されるまでは、エクィティ上の clean up の申立てをする場合以外は、それぞれ別に救済されていた。[38] しかし、融合によって、両請求を同じ手続で訴えることができることになったために、全紛争を一挙に解決するという要請から、一方について終局判決があれば、他方による再訴を妨げることになるのかが問題とされるようになった。[39]

ここでもレス・ジュディカータの根拠とされる前述の種々の政策的考慮、中でも二重給付の危険の考慮がとくに問題となる。cumurative remedies の場合には、給付の経済的目的が別個であるから、本来二重給付の危険は問題にならない。これに対して同一の経済的目的をもつ alternative remedies については給付の内容は異なっているのに、なおこの危険性を考慮すべきであろうか、という問題がある。契約による特定履行の判決を得た原告が、次いで契約違反に基づく損害賠償の訴えを提起した場合がそうである。給付の内容自体は異なっていても、共に同じ経済的目的を目ざすものであってみれば、すでに一方の勝訴判決によって紛争は解決しつくされているともいえる。McCreary v. Stallworth はこのような配慮の下に再訴を禁止したのである。[40] しかし、この場合かりに特定履行の執行が不可能である場合にはどうであろうか。実体的にみれば、他の法的視点をなす権利は一方の満足によって消滅するが、勝訴判決だけでは消滅しないであろう。とすれば、給付の内容や執行の方法に差異のある他の法的視点による別訴を提起する原告の利益は認められないであろうか。わが国の場合には、この利益を認める点では異論はないものと思われる。[41]

この点で深刻な問題を提起したのは Hahl v. Sugo であった。[42] 原告は、被告のビルディングの一部に占拠された自己の土地の占有回復を求めるコモン・ロー上の ejectment の訴えを提起したが、これを執行すればビルディング全体が崩壊するので執行不能となった。そこで次に被告に自分の建物を収去させるエクィティ上の訴え（mandatory injunction）を提起したが、これは同じ「訴訟原因」に基づくとして排斥されたのである。原告がたまたま ejectment を初めに選んだために救済の機会を失うことになったので多くの論争を生んだ。(43) これに対して類似の事例である Piro v. Shipley において、(44) 原告は被告の土地上の地役権保護のためのインジャンクションを得たが、すでに地役権利用は被告の行為により不能になっていたために、全損害の賠償を求める訴えを提起した。裁判所がこれを認めたのは、右のような酷な結果を避けるために、別の法的視点を主張する原告の利益を認めたためである。

ところで、原告が一方の法的視点に基づいて敗訴した場合には二重給付は問題にならず、もっぱら全紛争を一挙に解決するという訴訟経済や被告保護の利益が考慮されることになる。たとえば、Naugle v. Naugleでは、(45) 契約に基づく特定履行で敗訴した原告が、この契約違反を理由に損害賠償を請求したが排斥された。理由とされたのは再訴による費用増と煩雑さから被告を保護するということであった。Ajamin v. Schlangerでは、(46) 契約解約の訴えで敗訴した原告が詐欺を理由に損害賠償の請求をしたが排斥された。全紛争の一挙的解決の要請が理由とされたが、この場合、原告は前訴で追認 ratification や懈怠 laches などの抗弁によって敗れたが、これはコモン・ロー上の請求には成立しないので、損害賠償を先に訴えれば勝訴の可能性があった。コモン・ローを先に主張しなかったばかりに救済を拒絶されることになったのである。その点は補正や選択的主張によって保障されるというのが判決の立場であるが、エクィティとコモン・ローでは権利のこのような特性の差異が大きいために、場合によっては原告の別訴の利益を認めるべきではないのかがとくに問題になるわけである。

この点の最も大きな問題は、コモン・ロー上の権利には陪審の審判をうける憲法上の保障があるのに、エクィティ上のそれにはないという点であるが、陪審制度をとらないわれわれの興味の外にある。しかしそれ以外にも、権利の特性の差異に従って別訴を要求する原告の利益を認めるべきいろいろの配慮が考えられる。(47) それぞれの権利によってこれを認容するについての条件が異なるのにこれを同一手続で審判することを要求するためかえって原告の不利益になると思われる場合がそれである。前述の Gilbert 事件のような事例において、injunction を認める要件は、コモン・ロー上の金銭賠償を認める要件より簡単であって、通常より迅速に認容できる。もし全紛争を同時に解決することを要求するならば、エクィティ上の救済の迅速な取得はあきらめる外はないことになる。さらにまた、同様に損害賠償を求めるにも、コモン・ロー上の権利によれば起訴時を基準にして判断されるが、エクィティでは起訴後の損害もすべて認められる。これは損害の範囲をプリーディングで明示すること要求する陪審制度に由来する差異であるが、このために別訴で訴えなければ原告の不利となる場合もある。このように法的視点の違いによって別訴を認めるだけの利益が存する場合には、審判の一回性の要請を法的視点を超えて拡げることは必ずしも妥当ではないというのが一般の傾向であるといえよう(48)。

(4)　第三の類型は、請求の内容が分量的に可分の場合に、これを量的に分断して訴えた場合であって、わが一部請求の問題と対応すること明らかである。alternative remedies と呼ばれる他の類型が、同じ経済的価値を目的とした請求を法的視点という質的な差異によって分断した場合であったのに対して、量的な分断（arithmetical splitting）といわれる場合は、分断された各訴の対象が経済的に密接に関連してはいるが、重複してはいない場合が予定されているといえる。この意味で alternative remedies の場合と異なる面をもつわけである。

金銭債権は不法行為や契約不履行を原因として生ずるが、損害事実が単一不可分であるかどうかによって事情が異なってくる。第一に、損害の事実が単一である場合に、これにつき一定額の勝訴判決を得た原告が、その額を不満として増額の請求をする場合である。たとえば、単一の過失行為によって生じた身体傷害の損害賠償を求め、一定額につき勝訴判決をえた原告が、これは損害の金額に充たないとして残額を訴求した場合である(49)。第二に、損害事実は一応他から区別できるが、同一の生活関係から生じたもので相互に密接に関連しているのにこれを分断して訴えた場合である。たとえば、同一の不法行為によって身体と財産につき損害を生じたために、それぞれの損害についての賠償請求を別個に提起した場合である。[50]

レス・ジュディカータの根拠をなす審判の一回性の要請、ことに訴訟経済と被告保護の視点からみれば、これらすべての場合に、同一手続で全紛争を一挙に解決してしまうことが望ましいことはいうまでもない。この点のリーディング・ケイスとされる Secor v. Sturgis は、[51] 量的な分断を認めるかどうかは、異なった訴訟の対象が同じ「訴訟原因」に属するかどうかによって決まるが、その基準は要するに全請求が性質上単一かつ不可分であるかどうかにあるとした。しかし、問題なのは、ここで請求の単一不可分といわれるものが何かということである。一般に、右にあげた第一の場合、つまり損害事実が単一で他から区別できない場合には分割請求を認めないことを原則とするが、逆に、第二の事例のように、一部を他から特定できる場合には事例によって一律ではないといえる。わが国の一部請求をめぐる論争がむしろ第一の場合にも分割請求が可能であるかという問題を中心に争われてきたことと事情を異にすること明らかである。[52] 金銭債権について客観的に特定識別できる基準がなくとも、原告の意思によってその一部を特定して分割請求ができるか、というわれわれの問題意識はアメリカの判例学説の中には見当らない。そのよってきたる背景にはいろいろ考えられるが、何といっても決定的な要素は制度的な差異である。つまり、法典制度の下では、訴状にかかげた救済の申立ては、被告出席の場合には裁判所を拘束しないということである。裁判所は訴状に主張された事実のみに基づいて「訴訟原因」を判断し、これに適する救済を与える。申し立てられた損害額の範囲には必ずしも拘束されずに、事案に適切な額を認めればよいことになる。そこで、逆にいえば原告は、訴訟における事実表示によって「訴訟原因」を特定できるだけであって、その上にさらにその意思によって損害額だけを分割して訴えることができないのは当然の帰結である。原告に審判の対象を特定する権限を認める処分権主義が、この限りで制限されていることになる。一部請求であることを明示する余地も認められないものと思われる。[54] むしろ、訴えの当時において損害額の算定が困難であるために、原告が請求額を全損害額と誤信していた場合にはこれを認容する判決を得た後にも、分割請求禁止の法則適用を緩和して、残額請求を認めようという傾向のあること後述の通りである。

そこでアメリカにおいては量的分断を認めることができるかどうかが問題になるのは、多く第二の場合であるといえる。この場合には、同じ契約に含まれる異なった条項のそれぞれの違反を理由に別個の訴えを提起した場合のように、それぞれに損害発生の事実が他から区別できるので、訴状の事実表示によって損害額の増加分も示されることになる。(55) したがって、量的な分割請求を阻止すべき前述の制度的な制約はみられず、レス・ジュディカータの範囲を決めるものは、もっぱら「訴訟原因」の範囲をいかなる事実関係にまで拡げるかにあるとされる。事実、契約については、これがいくつかの条項を含んでいても単一といえるかという事実関係が問題になるし、(56) 不法行為についても同様に違法行為や被害財産が複数の場合にも、これを実質上単一と見うるかどうかが吟味される。(57) ここでは、もっぱら事実関係の区別特定が決定的であって、法的視点の択一的に競合する alternative remedies の場合と事情を異にすることになる。損害事実が特定できる限りは分割請求を認めても、二重給付の危険は考えられない。量的分断の場合は、各請求の対象はそれぞれに重複しない経済価値が目的とされているし、損害事実の区別ができる場合であるから、この点の確定は困難ではないからである。(58)

そうすると、わが国では従来一般に分割請求が認められてきたといえる損害額特定の識別標識がある場合でも、これを超えて分割請求禁止の法則を適用するのは、紛争の一挙的解決という政策的配慮、ことに訴訟経済と被告保護の要請に基づくものと思われる。Sutcliffe v. U. S. は、(59) この点を強調して、賃貸借の賃貸料の不履行が何期にもわたって繰り返された場合に、起訴時の損害はすべて一挙に解決すべきことを一般的法則と認め、分割請求を禁止したのである。この原則はさらに、賃貸借だけではなく、すべての継続的契約関係についても、起訴時に生じている債務はすべて、場合によっては将来の損害をも含めて一挙に解決すべきであるという法則となるのである。(60) 同様の原則は、違法行為の繰り返される継続的不法侵害（trespass）やニューサンスによる損害賠償の請求についても見られる。(61)

違法行為が単一であれば、被害財産が複数でも、これについての損害賠償は分割しえないという法則にも、この政策的配慮が現われているといえる[62]。ただ、この場合に財産損害だけではなしに、身体傷害をも生じたときには、これを別個に訴えることができるという強い判例の傾向があることを注意する必要がある[63]。Vasu v. Kohlers, Inc. は身体傷害においては、財産損害と異なった特性をもつ権利が生じ、出訴期限法や注意義務の内容や譲渡可能性などについて顕著な差異があるのだから、これを別訴によって提起すべき利益を認めるべきことを強力に主張する[64]。この場合の分割請求は、単なる量的分断の問題ではなしに、質的な分断の要素がからまることになるが、第二類型において説明したニューサンスに対する injunction と損害賠償の関係と共通する事例とみることができる。つまり、両者とも法的視点を異にするが、alternative remedies ではなく、cumurative remedies である点で基本的には量的分断の面をもつわけである。

このようにみてくれば、alternative remedies の場合においては法的視点を基準とするかどうかに問題の焦点があったのに対して、量的な分断の特性は、多くの場合には事実関係の同一性の線をどこで引くかという優れて政策的な配慮の支配する点にあることが明らかであると思う。そこでこの場合に配慮しなければならないことは、いうまでもなく、「訴訟原因」の範囲を拡げれば拡げるほど、終局判決によって原告のうける遮断効の範囲も拡大するということである。この範囲の拡がりにつれて、原告のうけるべき損害額の算定が困難になり、場合によっては原告に全損害をくまなく請求することを強制するのが酷な事情も存することになる[65]。このような考慮の下に判例は、具体的事情によっては分割請求禁止の法則の適用を制限して、原告に別訴提起の利益を保障する一定の法則を確立してきたのである[66]。

「この分割禁止の原則が第一に目指すものは、被告の利益と保護である。しかし場合によってはこれを適用しなくともとくに被告にわずらわしさを与えず、逆にこれを強制すれば原告が深刻な損害を蒙る場合がある。こういう場合は当事者の権利やこれに対する影響を考慮した上で、具体的事情に即して実体的正義に従った法則適用の可否を決める

ことになる」(67)

まず原告が前訴で知らなかったために一部の損害事実を主張しなかった場合に、知らなかったことについて原告を責めるわけに行かないときには、その部分については分割禁止の法則を適用せず、別訴を認める、という法則が成立しているといえる(68)。White v. Adler は、さらにこれを一歩進めた(69)。原告は、株主に対する株式上の責任を追及する訴えにおいて、起訴時にすでに譲渡の指示のあった部分についての請求留保をしたが、これは当時この点について被告に法的に責任があるかどうか疑問であったためであるとして、留保部分の再訴が認められた。同様の例外法則は、原告が請求の損害事実の範囲を誤信していた場合、あるいは損害事実の脱落について被告の側に責任があったような場合にも、認められてきたのである(70)。さらに、原告の損害額を算定するのが困難な事情がある場合には一般的に残部についての再訴を認める傾向がみられる(71)。ニューサンスが永続的であるか一時的であるか疑わしい場合にも、将来の損害額を含めるかどうかについて原告の選択権を認めるという判例がみられるのもこの点の配慮によると思われる(72)。

アメリカの判例は、一方では特定識別の基準がある場合をも超えて分割禁止の原則を拡げているが、他方では、この原則によって生ずる不当な結果を避けるために具体的事例に応じて極めてフレクシブルに対処していることが明らかである。そしてこの例外法則も右にみたように判例法の中で類似的に確定されれば、その適用の法則性も保障されることになるであろう。しかしなお一般的に実体的不正義を避けるために適用の可否を決しうるという一般条項的判例もみられるし、この点についての法則性の確立が望まれるゆえんである(73)。

（1）　See Clark, Code Pleading, 2nd. ed.（1947）261-263, Albertsworth, *The Theory of The Pleadings in Code States*, 10 Calif. L. Rev. 202（1922）. たとえば、インディアナは今でも固執している代表的州である。吉村徳重「アメリカにおける訴訟物論の展開」民事訴訟雑誌一一号（昭三九）六三頁（本書一一七頁）注(6)参照。

（2）　これはレス・ジュディカータについての二、三の論説でアメリカの学者自身も試みている方法論でもあるが、ここではこれに示唆されつつも、さらに比較法的な問題意識を加味して進展させた。アメリカの学者の例として、Cleary, *Res Judicata reexamined*, 57 Yale L. J. 339（1948）をあげておこう。

（3）以下の四つの政策的配慮 policy considerations は、一般的にレス・ジュディカータを支えるものとされている。See Cleary, *op. cit. supra note* 2 at 244 ff.; Note, *Development in the Law-Res Judicata*, 65 Harv. L. Rev. 820, 826-827 (1952); Note, *Problems of Res Judicata created by Expanding "Cause of Action" under Code Pleading*, 104 U. Pa. L. Rev. 955, 962-963（1956）.

（4）たとえば、土地所有物に関する紛争を、これについて成立するいくつかの法的視点によって繰り返すことは財産の取引（marketability）の安全に添わない、という指摘として、Note, *op. cit. supra note* 3, 65 Harv. L. Rev. 827-828 参照。

（5）この見解が裁判の予測可能性に役立たないという指摘は多い。たとえば、Schopflocher, *What is a Single Cause of Action for the Purpose of the Doctrine of Res Judicata*, 21 Ore. L. Rev. 319, 363（1942）.

（6）たとえば、同じ土地所有権の紛争について、あるいは単一の契約違反、永続的ニューサンスから生ずる全損害について、これを経済単位として考える傾向ありという指摘として、Note, *op. cit. supra note* 3, 65 Harv. L. Rev. 827-828 参照。土地所有権をめぐる紛争については、Freemann, Judgment, 5th. ed.（1925）vol. 2 §712 は所有権を争う場合にはすべての理由を主張すべきで再訴を認めないという。なお、Schopflocher, *op. cit. supra note* 5 at 349-351. 参照。これらの問題意識は、わが国においても小山昇「請求について」訴訟と裁判（岩松裁判官還暦記念論文集（有斐閣・昭三一）〔同・判決効の研究（信山社・平二）所収〕一六一頁以下がまさに提起したところであった。

（7）吉村徳重「アメリカにおける訴訟物をめぐる学説の展開」民事訴訟の法理（中村宗雄先生古稀祝賀記念論集）（敬文堂・昭四〇）三五一頁（本書一七六―一七七頁）は実体法的概念の論拠を示しているので参照されたい。

（8）この可能性を示唆するものとして、例えば、Note, *op. cit. supra note* 3, 65 Harv. L. Rev. 831 参照。

（9）以下の三類型は Cleary, *op. cit. supra note* 2 at 343-344 に示唆をうけた。わが国の訴訟物論との比較法的対比からみても適切な類型であると思う。

（10）たとえば、Priest v. Foster,（前出三の注（4）と Bassett v. Conn. River Co（後掲注（33））を対比せよ。

（11）この点の詳細は吉村・前掲注（1）五二頁（本書一〇二頁）以下参照。

(12) たとえば Naugle v. Naugle, 89 Kan. 622, 132 p. 164（後掲注(45)の本文）; Restatement, Judgment (1942) §65 (c) の説明参照。

(13) Restatement, Judgment, §62 (d), III. 5, 6 など参照。

(14) See Restatement, Judgment, §§64, 65; Freeman, *op. cit. supra note* 6 §581.

(15) 請求併合の要件として consitency が問題とされ、これが alternative joinder の可否を決める要素として論じられたことにつき吉村・前掲注(1)八二頁—八三頁（本書一三五—一三六頁）参照。

(16) Freeman, *op. cit. supra note* 6 §583 のあげる多くの例を参照。

(17) See Freeman, *op. cit. supra note* 6 §§584, 581 ただ、ニューヨークの判例の中には、この原則に反するものがある。

(18) See Freeman, *op. cit. supra note* 6 §581.

(19) Restatement, Judgment, §64 (f) のあげる例である。

(20) この点を指摘するものとして、たとえば、Scott, *Collateral Estoppel*, 56 Harv. L. Rev. 1, 24 (1942) 参照。

(21) Williamson v. Columbia Gas & Elect. Corp., 186 F. 2d 464, (3d Cir. 1950), cert. denied, 341 U. S. 921 (1951).

(22) Cleary, *op. cit. supra note* 2 at 346 は特にこのことを強調する。

(23) 以上の推論は主に Schoplocher, *op. cit. supra note* 5 at 319 の包括的な判例分析を前提にした。

(24) Schopflocher, *op. cit. supra note* 5 at 335-340; Note, *op. cit. supra note* 3, 65 Harv. L. Rev. 826. もっとも明示契約について書面か口頭かなどの視点が変わった場合については区別しないものもある。

(25) Smith v. Kirpetrick, 305 N. Y. 66, 111 N. E. 2d 209 (1953).

(26) 新堂幸司「既判力と訴訟物」法学協会雑誌八〇巻三号（昭三八）一九頁（同・訴訟物と争点効（上）（有斐閣・昭六三）所収）は、わが国においても新説に立ちながら、売買代金支払請求と不当利得返還請求とではこのような配慮の余地があることを述べている。

(27) Schopflocher, *op. cit. supra note* 5 at 325 ただ、リーガル・セオリーの原則をとるインディアナでは、法的視点の変更を認めないのだから再訴を認めるものと思われる。傍論でその旨を述べる判例である。*ibid.*, 326-327.

(28) Troxwell v. Delaware, L. & W. R. R., 227 U. S. 434 (1913).

(29) 前訴では利用できない fellow servant が後訴では根拠にできる点などが論拠となる。この点でその後の Baltimore SS. Co. v. Phillips, 274 U. S. 316 (1927) は Troxwell から distinguish された。See Moore, Federal Practice, 2nd ed. (1962) vol. 2, 581-583.

(30) Restatement, Judgment, §65 (k) はこれを mutually exclusive remedies として、この場合には再訴を認めるという。

(31) See Schopflocher, *op. cit. supra note* 5 at 340-343.

(32) Janonneau v. Wetherill, 98 N. J. L. 80, 118 A. 707 (1922).

(33) Bassett v. Conn. River R. Co., 145 Mass. 129, 13 N. E. 370 (1887). しかし、類似の失火の事例でも Priest v. Foster（前出III注(4)）は再訴を認める。

(34) E. g. Gilbert v. Boak Fish Co., 87 Minn. 365, 90 N. W. 767 (1902); Woodbury v. Porter, 158 F. 2d 194 (8 th cir. 1946) インジャンクションで勝訴した原告が、Gilbert 事件では再訴を認められなかったが、Woodbury 事件では認められた。後者においてはインジャンクションは将来の侵害阻止のためであるのに、損害賠償は過去にすでに生じた侵害の賠償だからであるとして、二つの「訴訟原因」を認めたのである。

(35) E. g. Nothern Assurance Co. v. Grand View Bldg. Ass'n, 203 U. S. 106 (1906).

(36) Gilbert 事件は後訴を排斥するについて、双方の権利は一つの訴訟で強制できるのだから一つの「訴訟原因」であるとしてレス・ジュディカータが及ぶとした。

(37) 前掲注(19)本文の例もこの場合と同様であるので参照。

(38) この点の簡単な説明として、Note, *op. cit. supra note* 3, 104 U. Pa. L. Rev. 956. et. seq. 参照。

(39) Note, *ibid.* 960 は、一挙に請求できるという opportunity を請求すべきだという requirement に移そうという要請がレス・ジュディカータ問題の要点であるという。

(40) McCreary v. Stallworth, 212 Ala. 238, 102 So. 52 (1924).

(41) 通常は代償請求を提起するものと思われる。

(42) Hahl v. Sugo, 169 N. Y. 109, 62 N. E. 135 (1901). この場合には、土地収去と建物明渡との二つが救済の申立ての内容として異なるのかという問題はあるが、執行方法が異なる点では、決定的な違いがある。

(43) McCaskill, *Actions and Causes of Actions*, 34 Yale L. J. 614, 648（1925）はこれを実用主義的概念の欠陥を示すものとして攻撃した。Clark, Cases on Modern Pleading, 792（1952）は、裁判所は勝訴原告の救済に必要なときは被告に収去を命ずる補充的命令を出す権限があるのだから、これによって解決すべきであるという。

(44) Piro v. Shipley, 33 Pa. Super. 278（1907）cited in *Note, op. cit. supra note* 3, 104 U. Pa. L. Rev. 965.

(45) Naugle v. Naugle, 89 Kan. 622, 132 P. 164（1913）.

(46) Ajamin v. Schlanger, 14 N. J. 483; 103 A. 2d 9, cert. denied, 348 U. S. 835（1954）.

(47) Note, *op. cit. supra note* 3, 104 U. Pa. L. Rev. 967, esp. 970 以下は、この点を追及する。ここではその研究により、問題点を指摘する。

(48) See *ibid.* 972-973.

(49) Restatement, Judgment, §62 (d).

(50) E. g. Vasu v. Kohlers, Inc., 145 Ohio St. 321, 61 N. E. 2d 707, 166 A. L. R. 855.

(51) Secor v. Sturgis 16 N. Y. 548（185）8.

(52) しかし、最近の新訴訟物論による論者の主張はさらに、たとえば、不法行為に基づく損害賠償でも、身体障害と精神損害など特定可能な場合にも分割請求を禁止しようという見解が主張されているために、アメリカにおける分割請求と共通の問題が提起されることになった。三ヶ月章「訴訟物をめぐる戦後の判例の動向とその問題点」民事訴訟法研究一巻（有斐閣・昭三七）二四五頁、新堂・前掲注(26)三一〇頁参照。

(53) 救済の申立て、すなわちわが請求の趣旨に相当する部分には、「金何ドルの額の判決を要求する」（See Official Form 9）と書くが、これには裁判所は拘束されない。一般的に救済の申立ての拘束力につき吉村・前掲注（1）一一号五二頁（本書一〇二頁）以下参照。

(54) 一部請求明示のもつ意味について、井上正三「一部請求と残部請求」立命館法学六一号（昭四〇）二六八頁以下参照。

(55) 訴状における損害事実（facts of injury or loss）の記載方法については、Clark, *op. cit. supra note* 1 at 327-330 参照。

(56) その基準は当事者の意思解釈によって決まるし、意思が明らかでなくとも、bond（債権証書）や coupon（利札）

があれば別個と考えられる。

（57） See Schopflocher, *op. cit. supra note* 5 at 360-361 多数の不法行為が同じ時と場所で侵されても同一の「訴訟原因」が認められるが、異なった時と場所だと別個になる。

（58） Cleary, *op. cit. supra note* 2 at 344-350 が前訴において損害の支払われた部分が確められれば、二重給付の危険はないことを強調する。

（59） Sutcliffe Storage & Warehouse Co. Inc. v. United States, 162 F. 2d 849 (1947). この判例の紹介解説として吉村徳重「Res Judicata」ジュリスト・英米判例百選（昭三九）二六四頁（本書四七七頁）参照。

（60） いずれによるかは、契約違反によって完全に拒否されたかどうかにかかる。これは違反の程度と当事者の意思解釈により決まることになる。完全に否定されておれば、将来にわたる全損害を請求しなければならないが、そうでなければ、起訴時までの損害全額を請求する必要がある。See Clark, *op. cit. supra note* 1 at 481-483.

（61） 侵害が永続的か一時的かで決まるとされるが、一般的な基準は被告が適法に侵害を阻止することができれば一時的であり、損害請求の訴えを繰り返すことになるが、阻止するにつき新たに違法行為を要するときは永続的とされ、将来の損害を含めた全額を訴えなければならない。See Clark, *op. cit. supra note* 1 at 486-487.

（62） See, Schopflocher, *op. cit. supra note* 5 at 259.

（63） Moore, *op. cit. supra note* 29 at 378-380, Clark, *op. cit. supra note* 1 at 488-489 によれば、これは少数の州とイギリスにおける法則である。

（64） Vasu v. Kohlers, Inc., 145 Ohio St. 321, 61 N. E. 2d 707, 166 A. L. R. 855.

（65） Note, *op. cit. supra note* 3, 65 Harv. L. Rev. 828 がこの点を強調する。

（66） Restatement, Judgment §62 は、この判例の例外を次のように定式化している。(a)原告の採用した手続の制約によって全額の給付が得られず、かつ、この手続が原告の権利保護のために不可欠であった場合、(b)被告の詐欺や不実表示のために、前訴で全請求を含めえなかったとき、(c)被告が請求分割に同意したときの三つの場合である。

（67） White Pine Sash Co. v. Superior Ct., 145 Wash. 576, 261 P. 110.

（68） Note, *op. cit. supra note* 3, 65 Harv. L. Rev. 830-831; See Anno. 142 A. L. R. 905; Louisell and Hazard, Pleading and Procedure（1962）564.

(69) White v. Adler, 289 N. Y. 34, 43 N. E. 2nd 798 (1942), 142 A. L. R. 808.
(70) 142 A. L. R. 907 以下に引用説明の多数の判例参照。
(71) See Note, *op. cit. supra note* 3, 65 Harv. L. Rev. 828.
(72) Louisell and Hazard, *op. cit. supra note* 68 at 565; Note, *op. cit. supra* note 3, 65 Harv. L. Rev. 828-829 がその点を指摘している。
(73) See Note, *op. cit. supra note* 3, 65 Harv. L. Rev. 831.

五　学説の対応——むすびに代えて

(1)　アメリカにおける既判力の客観的範囲をレス・ジュディカータを中心に論じてきた。そしてその範囲をすぐれて実用主義的な概念によって拡張する傾向の強い現時点においても、これを横断的にみた場合にはなお、歴史的な展開の中で克服されたかに見える実体法的概念が根強く生き続けていることを知った。これは法制度ないし法理論の発展のもつ宿命的側面ではないかと思う。本来克服するというのは、従来の制度や理論のもっていた要請を満たしながら一段と高次元のものに発展することであって、単に従来のものを廃棄することではない。その意味ではいかなる理論も歴史の厚みを背後にひそめているし、これを無視して真の内容を理解することはできないように思われる。しかし他面において、このような歴史的背景をもつ要請を満たしながら同時に現代的要請をも実現すべき理論というものは、いうべくして難かしく、あるいは不可能事を求めるバラ色の夢かもしれない。しかし理論はこれを冷厳に追及してゆかざるをえない。右にみたようなレス・ジュディカータについての判例理論の状況の中で、これをいかにうけとめ評価するかについてのアメリカの学説もまたこのような苦悩を示しているように思われる。実用主義的概念に依りつつ、勇ましく進軍ラッパを吹きならすクラーク一派の理論と(1)、あくまでも実体法上の権利に固執するマッカスキルの理論を除けばである(2)。

本稿の四でみたように、事件状況（situation）を類型化し、そこにおける判例法則を追及し、あるいはこれを確定しようとする方法論も、このような学説の努力に示唆されたものであって、それ自体アメリカの学説の現状を示しえていると考える。そこから、現在の判例に現われている法則の一般的な傾向を抽出することは必ずしも容易ではない。加えて、これは判例法則のもつ具体的な事件状況との関連を見失わせるおそれがある。そのことを留保した上で敢えて二、三の法則をあげれば次の通りである(3)。

第一に、実体法上の権利によって区別する方向であるが、次のような限定を附する必要がある。つまり、法的視点の差異によって、用いうる抗弁や証拠が異なるなどのために審理の内容が異なり、執行方法や賠償額の差異のために判決効の内容に差異を生ずる場合には、この差異が顕著であればあるほど、法的視点毎に別訴を認めるという判例が多い。

第二に、事実関係を基準にして再訴禁止の範囲を決めようとする方向であるが、これによって審理の重複を防ぎ、訴訟経済を計ろうとするか、あるいは審理の適正を確保しようとするかによりいくつかの基準が生れる。(イ)　両訴に必要な基本的な事実にほとんど差異がないか、両訴に要する証拠がほとんど同じであることを基準とするもの、(ロ)　同じ生活関係から生じた事実であることを基準とするもの、(ハ)　同一訴訟手続において最も適正な審判のできる事実関係の範囲であることを基準とするものなどが指摘できる。しかし、問題なのはこれらいずれの基準も必ずしも統一的には妥当しないし、基準相互の関係も必ずしも明らかではないことである。たとえば第一の基準の目的の一つは、第二の(ハ)にあげた審判の適正な範囲を示すことであろうし、両訴に必要な事実と証拠を比較してみても単に相対的な基準しか出てこない。ただいずれの場合にもレス・ジュディカータの範囲を決める基準を提供する核をなすものは、実体法的視点であるか、特定可能な事実関係であるかである。

(2)　ところで、学説の中には、以上の認識の上に立って、積極的に一定の基準となる法則を提案するものが見られる。そしてその共通の問題意識は、同一紛争の繰り返しとして再訴を阻止すべき範囲についての依るべき基準は、実体法的概念と実用主義的概念の中間に存するのではないかというところにあると思われる。ことに、実用主義的概念が審判の便宜を考慮して裁判官の自由裁量に委ねるというのは曖昧であって、これでは「訴訟原因」の範囲は伸縮自在なものになり、何らの予測可能性も与えないという批判から出発する。(4)

判例がレス・ジュディカータの範囲を実体法的視点から解放する方向を示したのは、法的視点の併合や補正が自由にできるようになったためであったことは前述した。同時に審判できたのであるから再訴を禁止するというのである。もしこれをレス・ジュディカータの範囲とみるならば、請求の併合審理が可能な限りその効果は及ぶことになって、併合されるべき請求や「訴訟原因」の範囲には限定されないことになろう。「訴訟原因」の範囲とレス・ジュディカータの範囲とを一致させるには、併合できるだけでは判決効は及ばぬとするか（マッカスキル）、あるいは「訴訟原因」の内容を曖昧化することによって、これを法典が併合の限界としている「同一生活関係」（same transaction）と同視する（クラーク）しか途がないように思われる。(5) 前者では判決効の範囲が狭すぎるし、後者では「訴訟原因」が曖昧化するところにこれ以外の学説が生まれる理由があった。

第一説は、「訴訟原因」を実体法上の権利を基準にして考えるが、レス・ジュディカータの範囲は、この「訴訟原因」の範囲に限定されないという見解である。(6) レス・ジュディカータを“might have been litigated”事項に及ぶとする判例自身がそのことを認めているとの理由づけは、レス・ジュディカータの及ぶ「審判できたであろう」事項は同一「訴訟原因」内に限られるという当然の前提があることからみて、(7) 適切ではない。基本的には、レス・ジュディカータを「訴訟原因」の範囲と一致させない点は伝統的な原則からの逸脱であるだけでなく、併合できるのにしなかったというだけで絶対的な処罰であるレス・ジュディカータを及ぼすのは酷な結果を生ずることがある。第二説は、同様に「訴訟原因」を実体法上の権利を基準にして考えるが、「訴訟原因」およびレス・ジュディカータとは別に、訴訟法上の制度として同一生活関係から生じた「訴訟原因」の必要的な併合という制度を提案する見解である。(8) 併合しなければ再訴できなくなるが、これは訴訟上の公正の要請に由来する一種の手続上の罰則であるから、原告が責に帰すべき事由によってこの手続上の義務を怠った場合だけに限られる。こうすれば、一方では、原告の落度が軽微なのに較べて酷な結果になる場合にはいろいろの配慮を加えた上でこの罰則の適用を制限することもできるし、他方では「訴訟原因」の内容を曖昧にしなくてすむことになる。ただこれでは再訴禁止の範囲を一向に明確化したことにならないという問題がある。しかし、実体法的概念による「訴訟原因」は明確に確立しているのだから、その限りでレス・ジュディカータの自動的適用が可能であり、裁判所の裁量を認めて政策的考慮を調整すべき限界も明らかとなる。きわめて説得力をもった見解であり、好意ある評価をうけているようであるが(9)、連邦規則におけるコンパルソリ・カウンタークレームのような明文の規定がないのに、通常の法典では併合許容の条件にすぎない同一生活関係の範囲で何故に併合が強制されることになるかの説明に窮することになる。第三説は、併合可能であった事項について再訴を禁止することをあきらめ、留保部分の再訴を認めるが、これによって相手方に生じた費用の増加分は全部―弁護士費用を含めて―これを負担しなければならないとする(10)。これによってレス・ジュディカータを認めるほどひどくはないが、単なる併合よりも効果的に、併合可能の関連事項を同時に訴えさせることができるというのである。

これらの学説は、第一説を除けば、一方においてできるだけ紛争の一回的解決を計り、他方において責任のない原告の蒙る過酷な結果を防ごうという二つの目的を調和させようという努力を示している。これは既にみたように、判例が一方において実用主義的な概念に向かう一般的傾向をもちながら、なお個々の具体的事情によって例外法則を認めてきたものを、更に包括的な法則でもって説明しようとした試みであるといえる(11)。ことに第二説が、一方において裁判の予測可能性のために再訴禁止の範囲を決める明確な法則の必要性に十分に留意するにもかかわらず、他方ではなお裁判所の裁量の余地を認めざるをえないのは、初めに指摘した学説の苦悩の表われであるように思われる。

(3)　アメリカの既判力制度の以上のような展開と広がりが、わが国の既判力制度を考えるうえでどのように受けとめられ、どのような示唆を与えるかという最後の、しかし最も重要な問題が残されることになった。この点の立ち入った考察は別の機会に譲らざるを得ないが、基本的な点について一、二の問題点を指摘して結びに代えたいと思う。

第一は、法典の採用した制度、ことに訴状記載の救済の申立てがわが「請求の趣旨」におけるような拘束力をもたないという制度的な差異のために、種々の基本的なくいちがいが生まれているということである。救済の申立ての異なった請求についてもレス・ジュディカータが生ずるという点において、あるいは、事実によって特定識別できない請求額を量的に分断請求することは考えられないという点においてこれは決定的である。このことが、裁判所は訴状記載の事実にのみ拘束されるという法典の趣旨に由来することはすでに各所で指摘した通りである。逆にいえば、当事者のもつ、審判の対象を特定する権限は、事実表示によって「訴訟原因」を特定することに限られるのであって、救済の内容を申立てによって特定する点には及ばない、という意味で処分権主義が制限されているわけである。この点については、わが国の一部の見解がわが民事訴訟法の解釈論としても右と類似の立場を示していることに注目せざるを得ない。一方では、会社関係訴訟における決議を争う訴えについては、裁判所は訴状における訴えの類型に基づく判決内容の指示に拘束されずに訴訟物の同一性を決めることができるという見解が現われ(12)、他方において、損害賠償事件に限ってであるが、裁判所は原告の損害額の指示に拘束されないという提案がなされているのである(13)。いずれも特殊の訴訟に限っての議論であるし、このような解決を要請する訴訟実務の状況がその主な論拠とされている。しかし共に当事者の処分権主義を制限する点では共通であって、アメリカのように明文をもってこれを制度自体の立前としていないわが民事訴訟法の解釈論として主張するにはこの問題との深刻かつ根本的な対決を迫られざるをえないように思われる。このことを前提とした上で、それぞれの立場から既判力がどの範囲に及ぶかという問題を考える際には、それぞれに対応する第二類型および第三類型として論じてきたようなアメリカの制度自体の経験してきた苦闘がここでも繰り返されることになると思われる。

第二は、既判力の背景をなす審判の一回性の要請といわれるものの具体的な内容である。これが二〇世紀に至って複雑な訴訟事件が激増したという事態に対処して特に強調されるに至ったことは前述の通りであって、その限りでこの要請が訴訟の能率的な処理という面から把握されることの多いことは事実である。(14)しかし、この主張の行われている社会的な背景は、個人主義思想を徹底的に身につけた国であることを看過すべきではないし、既判力制度自体についても前述の通り私法的把握を基本にしていることを留意せねばなるまい。したがって、一部実用主義者の強力なキャンペーンにもかかわらず、審判の一回性の根拠は主として被告保護に基づくのであって、裁判所の訴訟経済という点は論拠とならない、という考え方がなお抜き難く維持されているといわなければならない。次のクリアリィの主張はこのことを如実に現わしている。(15)

「レス・ジュディカータの最後の根拠とされる、裁判所の時間の節約ということは、とくに説得力をもたない。裁判所は訴訟事件の審理を目的として存在するのであって、忙しすぎて事件の適正かつ充実した審判ができないというのであれば、どこかが間違っている。もっぱら裁判所の便宜ということだけで問題を解決しようというのであれば、個人は国家のために存在するという理論に近い。司法制度の維持には国家予算のごく少部分しか当てられていない。もし裁判官が少なすぎて事件の適切かつ充実した審判ができないというのであれば、国民は裁判官を増す費用位はまかなえる。当事者がレス・ジュディカータの抗弁を放棄できるという事実は、裁判官の時間の節約ということが理由にならない思いつきであることを示している」。

アメリカの判例が、レス・ジュディカータの範囲につき原告の利益保護を考慮して多くの例外をみとめているのは、レス・ジュディカータの根拠とされる被告の利益とこれに対する原告の利益とを比較衡量したことによるものであった。これは、既判力についての右のような把握を背景にして初めて理解できる。既判力制度をもっぱら国家の公権的な制度として把握してきた大陸法においてこのような処理をするのはきわめて難事業のように思われる。言葉をかえていえば、アメリカのような制度的・社会的背景のないところで、訴訟経済を強調して既判力の範囲を拡張したとしても、これによって生ずる不合理を緩和すべきいろいろのテクニックを認めることは、(16) アメリカにおけるほどに容易ではないであろうということである。

（1）Clark, *The Code Cause of Action*, 33 Yale L. J. 817, 836（1924）; Clark, Code Pleading, 2nd. ed., 472 *et. seq.*（1947）; Arnold, *The Code “Cause of Action Clarified by United States Supreme Court*, 19 A. B. A. J. 215（1933）; Moore, Federal Practice, vol 2, 378（1962）などがある。

（2）McCaskill, *Action and Causes of Actions*, 34 Yale L. J. 614, 648-650（1925）もっとも「訴訟原因」について実体法的概念をとる学者も、res jndicata の範囲については、必ずしも一致しない。ガヴィットやウィートンは後述の通り「訴訟原因」より広くこれをみとめる。実体法的概念一般については、吉村徳重「アメリカにおける訴訟物をめぐる学説の展開」民事訴訟の法理（中村宗雄先生古稀祝賀記念論集）（敬文堂・昭四〇）三三三頁（本書一六三頁）以下参照。

（3）以下の列挙については、Note, *Development in the Law—Res Judicata*, 65 Harv. L. Rev. 188, 824-825（1952）; Comment, *Res Judicata in California*, 40 Calif. L. Rev. 412, 413（1952）の抽出を参照した。

（4）この点の指摘として、Schopflocher, *What is a stngle Cause of Action for the Purpose of the Doctrine of Res Judicata?*, 21 Ore. L. Rev. 319, 363（1943）; Note, *op. cit. supra note* 3 at 825 がある。Cleary, *Res Judicata reexamined*, 57 Yale L. J. 399, 340（1948）は、クラークがレス・ジュディカータの範囲を拡げることによって多少酷な結果が生じても、これは裁判への信頼を増すための授業料だと考えていることを批判する。酷な結果は多少どころではないので、これは楽観的にすぎるというのである。esp. see *ibid.*, note 8.

（5）「訴訟原因」と「同一生活関係」との関係について、吉村徳重「アメリカにおける訴訟物論の展開」民事訴訟雑誌一一号（昭三九）七七頁（本書一三〇頁）以下参照。

（6）Gavit, *The Code Cause of Aciton, Joinder and Counterclaims*, 30 Col. L. Rev. 802, 820,（1930）; Wheaton, *Causes of Aciton Blended*, 22 Minn. L. Rev. 498（1938）.

（7）Cleary, *op. cit. supra note* 4 at 346 はとくにこの点を指摘する。

（8）Schopflocher, *op. cit. supra note* 4 at 363-364 が最も精緻に構成しているので、これによって説明する。Blume,

Required Joinder of Claims, 45 Mich. L. Rev. 797, 798-802（1950）も大体同説。ただし、ブルームは併合を強制する訴訟法則を rule against splitting と同視する点では、これを res judicata と区別するショプロッヘルと異なる。Louisell and Hazard, Pleading and Procedure, 566（1962）も類似の見解をとる。すなわち「当事者が同じ条件にあって普通和解条項に含めるような請求はすべて同一手続に併合しなければならない。ただし請求併合が許容される範囲内に限るし、具体的事情によって延期が相当なときはこの限りでない」というものである。

（9）See Clark, Code Pleading, *op. cit. supra note* 1 at 144-145.

（10）Cleary, *op. sit. supra note* 4 at 347. もっとも、これは同じ給付について法的視点を分断した場合、つまりわれわれの第一類型の場合を除き、第二、第三類型の場合に限っての見解である。この見解の評価について、Louisell and Hazard, *op. cit. supra note* 8 at 566 参照。

（11）Cleary, *op. sit. supra note* 4 at 349 がこのことを指摘する。

（12）霜島甲一「決議を争う訴訟の訴訟物」民事訴訟雑誌一一号（昭三九）一二六頁以下。

（13）五十部豊久「損害賠償額算定における訴訟上の特殊性」法学協会雑誌七九巻六号（昭三七）三〇頁以下。

（14）さしあたり、ビーアド「アメリカ合衆国史」（松本重治外訳）（岩波書店・昭三九）三五七頁以下参照。

（15）Cleary, *op. cit. supra note* 4 at 348.

（16）新堂幸司「既判力と訴訟物」法学協会雑誌八〇巻三号（昭三八）一頁（同・訴訟物と争点効（上）（有斐閣・昭六三）所収）、特に一五頁以下の一部請求に関する部分は、その貴重な努力である。

（原題「アメリカにおける既判力の客観的範囲」九州大学法政研究三三巻二＝六号、一九六六年）

第六章　判決理由中の判断の拘束力（コラテラル・エストッペル）

一　序　言

(1)　民事訴訟において、審理および判決の対象となるのは、いうまでもなく、訴訟物である権利関係の存否であって、判決の既判力もこの点の判断についてのみ生じ、その前提をなす判決理由中の判断については生じない。ここで判決理由というのは、決して形式的に判決文の理由とされる部分を指すのではなく、実質的内容的に、訴訟物である権利関係の判断をうるための前提をなすところの事実や法律問題あるいは先決的法律関係を意味することはもちろんである。わが民事訴訟法一九九条〔現一一四条〕一項が確定判決は「主文に包含するものに限り既判力を有す」と規定し、ドイツ民事訴訟法三二二条一項が「…請求につき裁判がなされた限りにおいて既判力を生ずる」と規定するのは、このことをそれぞれ形式的あるいは実質的側面から表現したものに他ならない。これはドイツおよびわが国において、民事訴訟法が成立して以来、異論なく認められてきた原則であった(1)。

(2)　しかし、近年、この原則に対して鋭い批判がむけられ、新たに、判決理由中の判断にも、一定の限度において拘束力を認めるべきであるという提案がなされるにいたった。これは二つの方法において現われているといえる。一つは、かのツオイナー理論にみられるように、判決理由中の判断にも既判力を認めようという方向であり(2)、他は、既判力を認めることはできないが、民事訴訟における信義則の定着したものとして、いわゆる争点効を承認しようという見解である(3)。その論拠づけにおいて若干の差異は見られるが、いずれも実質的には、紛争解決の一回性の要請を更に徹底しようという趣旨に根ざすものと見ることができる。この点では共に、いわゆる新請求概念の延長線上にある理論であるといえよう。しかし、訴訟物の範囲を拡げることによって生ずる既判力の拡がりと、判決理由中の判断へと判決の拘束力を深めることとでは、これがもたらす各種の作用もまた異なってこざるをえない。そこで新たに吟味すべき多くの問題点が提起され、これは未だ必ずしも十分に論証されたとはいえないのである。(4)

(3)　アメリカ法におけるコラテラル・エストッペルは、訴訟物を異にする後訴において前訴判決の理由中の判断に認められた拘束力であるが、(5)わが国における右のような新しい傾向と興味ある対応関係を示している。事実、いわゆる争点効理論は、この制度を一つの論拠としているのであるが、アメリカでも未だ多分に流動的な状態にあるとみられているこの分野において、払われるべきいくつかの政策的配慮が再吟味されていることは注目に価する。(6)ことに判決理由の拘束力をめぐるドイツやわが国の論争にみられたいくつかの基本的視点と、ここでのいわゆる政策的配慮とは、ある面では重なり合い、ある面では微妙なズレを示して交錯している。本稿は、これらの点を比較検討することによって、問題分析のメスとなる何らかの新しい視点を探ると共に、この分野において吟味を迫られている若干の問題点が、コラテラル・エストッペルにおいてはいかに処理されているかに焦点をあてつつ、この制度の比較法的な考察を試みようとするものである。この問題についての議論を深めるためには不可欠の作業であると思われるからである。

（1）　兼子一・民事訴訟法体系〔増補版〕三四一頁（酒井書店・昭四〇）以下、中川淳一・民事訴訟法講義上巻（有信堂・昭二九）一六四頁以下、菊井維大・民事訴訟法講義（弘文堂・昭二九）三八七頁以下、三ヶ月章・民事訴訟法（有斐閣・昭四三）一二一頁以下、Hellwig, System des deutschen Zivilprozessrechts, I, 1912, S. 791ff.; Rosenberg, Lehrbuch des deutschen Zivilprozessrechts, 8 Aufl. 1960, S. 748ff.; Lent, Zivilprozessrecht, 9 Aufl. 1959, S. 177ff.; Nikisch, Zivilprozessrecht, 2 Aufl. 1952, S. 416f.

（2）　Zeuner, Die Objektiven Grenzen der Rechtskraft in Rahmen rechtlicher Sinnzusammenhänge, 1959 が提唱し、Blomeyer, Zivilprozessrecht, 1963, S. 457ff. bes. 460ff. はこれを一部採用している。わが国では、上村明広「既判力の客観的範囲に関する一問題」法学と法史の諸問題（岡山大学創立十周年記念論文集・昭三四）一七九頁以下がツォイナー理論とほぼ同じ立場に立つ。

（3）　新堂幸司「既判力と訴訟物」法学協会雑誌八〇巻三号（昭三八）二九五頁、同「条件付給付判決とその効果」民事訴訟雑誌一〇号（昭三八）一頁〔いずれも同・訴訟物と争点効（上）（有斐閣・昭六三）所収〕が提唱し、中務俊昌「民事訴訟の動向」三ヶ月章編・現代の裁判（岩波書店・昭四〇）七七頁はこれを採用する。さらに、京都地裁昭和四〇年七月三一日判決（下民集一六巻七号一二八〇頁）、東京地裁昭和四一年四月二〇日判決（判例時報四四四号七六頁）は同様の立場に立って事件を処理した。なお、京都地裁判決について、上村明広「評釈」判例評論九〇号（昭四一）二四頁参照。

（4）　倉田卓次「いわゆる争点効の理論について」判例タイムズ一八四号（昭四一）八一頁が、その基本的な方向自体には賛成しながら、要件の不明確な点を検討しているのを参照。

（5）　その概要については、すでに、吉村徳重「Collateral Estoppel」ジュリスト英米判例百選（昭三九）二六六頁（本書四七一頁）において紹介しておいた。

（6）　この点をとくに指摘する Polasky, *Collateral Estoppel —— Effects of Prior Litigation*, 39 Iowa L. Rev. 217 (1954) 参照。

二　判決理由の拘束力論争における基本的視点

（1）　わが民事訴訟法の母法となったドイツ民事訴訟法三二二条（制定当時二九三条）は、普通法以来の激しい論争を背景にして、[1] 結局は、判決理由中の判断に既判力を認めないことにしたのであった。草案理由書がその論拠としたものは、何よりも「当事者の意思と個別訴訟の任務」であった。[2]「当事者は訴訟において法的紛争の対象を明示しかつ限定しているのであって、この訴訟においてはこの事項についてのみ裁判官の裁判を期待しているのである。」これ以外の先決事項について既判力を認めることは、このような当事者の意思と個別訴訟の任務を超える。当事者の意思を超えて判決の効力を及ぼしてはならないし、当事者が訴訟中全く意識しなかった結果を生ぜしめることは許されない。

判決理由中の判断に既判力をみとめるサヴィニー理論は、(3)これに対して「法的紛争の性質と裁判官の使命」を強調した。裁判官の使命は、係争権利関係を確定すると共にその作用を保障する点にあるが、これは外部的な侵害を一時的に阻止して、さし迫った要求に答えるだけではなく、確定された権利関係の安全性（Sicherung）を将来にわたって維持することをも必要とする。この安全性は、判決要素（Elements des Urteils）、つまり判決理由となった先決的権利関係を確定し、この既判力を将来のすべての新しい法的紛争にあたり利用できるようにすることによってのみ確保できる、というのである。しかし、当事者の意思が直接向けられる請求以外の事項について既判力をみとめるサヴィニー理論は、ヴエッツエルによれば、(4)訴訟における当事者の意思の支配的影響を認める弁論主義に直接矛盾するし、ウンガーによれば、(5)請求のために相対的に処理した事項を独立の紛争の対象と同様に絶対的に確定することになって、個別訴訟の任務と当事者の意思を超えるものである、と批判されていたのである。

ドイツ民事訴訟法の立法者が、このヴエッツエルやウンガー理論を直接論拠にしたことはいうまでもない。(6)しかし同時に、サヴィニー理論が同一当事者の同一法律問題について矛盾した判断がなされることを阻止する点では、これを高く評価していた。(7)そこで、この要請にも答えるために、訴訟手続中に先決事項を直接訴訟の対象にできる中間確認の訴えを認めた。先決事項を確定するのも、法律上当然にではなく、当事者の意思によらしめたのである。判決の効力の分野においても、当事者意思の支配を認めて、市民法の論理を一貫したことを意味する。(8)

(2)　矛盾した判断を防ぎ法的安定性を計って判決理由中の判断に既判力を認めれば、当事者の意思に反し個別訴訟の任務をこえる。ドイツ民事訴訟法三二二条はこのような配慮の下に成立したが、それから一世紀近くたった今、ツオイナーは再び判決理由中の判断の一部に既判力を認めるという提案をしたのである(9)。ただ、これが一旦否定されたサヴィニー理論の単純な復活でありえないことは、立法の経過からみて当然であった。しかし、立法当時には対立的にのみ把えられた右の二つの要請も、場合を限ってみれば必ずしも矛盾するとはいえないであろう。その限度にとどまるならば、判決理由中の判断にも既判力を認めることができよう。そこで一方、矛盾判決を防ぐためには、判決理由中の判断に拘束力を認めないと、前訴の判決主文で確定した法的効果が後訴判決によって実質的に侵害される場合に限って理由中の判断を争えないことにすればよい(10)。そして他方、判決理由を争えなくすることが、当事者の予測に反せず、また個別訴訟の任務をこえない限度を探る必要がある(11)。双方の要請を充す典型的な例は、前訴の訴訟物が後訴の先決事項となる場合である。この場合は、後訴が前訴の続行ないし補充と考えられるから、異論なく認められるように前訴判決の既判力が後訴に及び、その結果前訴の判決理由もまた争いえなくなっても、当事者の予測に反することはない(12)。そこで、この関係を一般的に推論すれば次のようになる。すなわち、前訴で確定した訴訟物たる法的効果の目ざす法秩序が、後訴の訴訟物として争われている法的効果を含むかあるいはこれを排斥するような場合には、両訴の訴訟物の間には法的意味関連がある。この「意味関連」を保持するためには、判決理由中の判断に既判力を認める必要がある、というのである(13)。

ツオイナー理論の出発点とされている先決関係のある場合、すなわち判決主文において確定した法的効果とこれに条件づけられた法的効果との間に、右にいわゆる「意味関連」が存することは疑いない。またこの場合の判決理由が将来争えなくなることも当事者の予測するところであろう。しかし、彼がこの先決関係の場合をこえて意味関連の範囲を拡げようとするとき、その限界は必ずしも明確でない(14)のみならず、判決理由の拘束力も当事者の予測するところであるかは甚だ疑問となってくるのである(15)。たとえば、彼はサヴィニー理論に反して、利息請求や所有物妨害排除請求の存否を確定する判決は、元本債権や所有権の存否を確定しないとするが、(16)他方所有物返還請求を認める判決は、所有権の存在を絶対的に確定するという。(17)所有権妨害排除請求の場合と所有物返還請求の場合とがどの程度異なるかを思えば、いわゆる「意味関連」なる基準も、主観的判断に頼らざるをえない不明確なものといわざるをえない。また、たとえば不作為請求訴訟において、先決事項として問題になる権利侵害の判断が、後に損害賠償請求が提起されて争えなくなるということを当事者は果して予測するであろうか。(18)

また、ツオイナー理論のように判決理由中の判断に既判力が生ずることになると、競合する攻撃防禦方法についての裁判所の自由な選択権も認められないことになろう。(19)当事者はこの点について審判すべき事項や順序を指定できるし、これは裁判所を拘束するとせざるをえないであろう。(20)また当事者には判決理由だけを不服とする上訴が認められねばなるまい。(21)さもなければ、裁判所がたまたま何を判決理由として選ぶかによって、判決の拘束力の内容に差異が生じ、当事者に不利益を生ずるからである。たとえば、ツオイナーによれば、債務支払請求において、被告が債務の成立を争うと共に弁済の抗弁を主張したが、裁判所は弁済の抗弁を容れて請求を棄却した場合、被告は後訴で債務が初めから成立しなかったと主張して、弁済したものの不当利得を請求することはできない。(22)そうであれば、被告は債務の不成立を第一次的に、弁済を予備的に主張して審判の順序を強制できなければ困るし、また、債務の不成立を理由とする請求棄却を求める上訴の利益が認められねばならない。

しかし、もし右のような審判の順序の強制や判決理由だけを不服とする上訴が許されるとするならば、最も労力の省ける方法で訴訟物についての結論に達しうる方法が閉されることになる。またすでに結論に達した場合にも、判決主文を直接左右しない事項についての争いのために、訴訟が引き延ばされ、迅速な紛争解決という要請は踏みにじられてしまう。(23)もっとも、ツオイナー理論を前提とすれば、将来起りうる訴訟との間に「意味関連」の存する場合にのみ、当事者の判決理由についての指定や不服申立ての「保護の必要」（Rechtsschutzbedürfnis）があると考えられる。(24)しかし、この「意味関連」が認められるとしても、将来後訴が提起されることになるかどうか、前訴審理中には全く不明確である。はっきりしない将来の紛争のために、当面の訴訟物を直接左右しない余分の労力を費すべきか否かは甚だ疑問とならざるをえない。(25) このことは、ツオイナーが「意味関連」による既判力拡張を、個別訴訟の任務を越えない限度で認めようとした前提自体がもろくも崩れ去ったことを意味する。

(3)　判決理由中の判断の既判力を一定限度に限って認めることにより、立法当時以来の懸案を解決しようというツオイナーの試みは、現在の通説のもつ問題点を鋭くえぐり出したが、なお右のような矛盾に陥った。このことは既判力という厳格な概念の操作だけでは問題の解決が難しいことを示している。(26) その意味では参加的効力を当事者間にも拡張しようという兼子博士の見解は、(27) この問題への異なった視点からのアプローチを示唆するものであった。すなわち、参加的効力の根拠は当事者間の公平に基づく禁反言の要請であることから、相互に予備的関係にある請求におけるように、当事者間にもこういう要請が認められる場合には、これを類推しようとした。たとえば、債務支払の請求において、債務者が弁済の抗弁だけを出して勝訴しておきながら、後に債務が初めから不成立であったという理由で弁済の無効を主張して不当利得返還の請求はできない、というのである。この場合には、禁反言という一種の信義則の要請によって、ある事項を請求との関係でのみ争えばよいという弁論主義の要請が譲歩させられるのである。しかし、あくまで公平の要求であるから、禁反言を認めるのがかえって酷な場合には除外されねばならない。そこで、弁済の抗弁の例では、債務者が不成立を主張し、仮定的に弁済の抗弁をしたのに、裁判所は債務の成否を判断せず弁済の事実を認めた場合には、この点の拘束力をうけない、(28) というのであった。

新堂教授のいわゆる争点効の理論は、この兼子説の積極的評価の上に立って、さらに、紛争解決一回性の要請と審判の便宜の要請という広い視点の下にこれを再構成したものであった。(29) すなわち、既判力が判決主文に限られるのは、当事者の弾力的活動と裁判所の審判の便宜を保障し、迅速な解決を可能にするという実践的意図に支えられている。そこで既判力を判決理由に拡げ紛争解決の範囲拡大を図れば審判の便宜の要請に反することになる。審判の弾力性を前提として紛争解決機能を拡充するためには、既判力ではなくて、禁反言という信義則の適用を判決効として定着した争点効を認めるべきであるというのである。こうして争点効とされるものは、訴訟物以外の各争点についてなされた裁判所の判断に結びつけられた効力であって、訴訟物の違う後訴においてこの判断と異なった主張を排斥するという効果である。そして(イ)当事者が真剣に争い、(ロ)裁判所が実質的な審理判断を下した場合に、その争点の判断に拘束力をもたせようというものである。

このように「参加的効力拡張の理論や英米法のコラテラル・エストッペルに示唆された観念である」争点効の理論は、その詳細な内容および予想される問題点の吟味を未だ留保している面が多い[30]。たとえば真剣に争ったことを要件とする以上、前に挙げた弁済の抗弁の事例で、債務の成立を争わなかった債務者は、後訴で債務の不成立を主張して不当利得の請求ができることになろう[31]。兼子説と異なるのはおそらく審判の便宜の強調の結果であると思われる。そうすると、この事例で不当利得の請求が阻止されるのは、裁判所が債務の成立を認めた上で、弁済の抗弁を容れて請求を棄却した場合だけになろう。しかし、この場合にも、当事者が真剣に争った以上は債務成立の判断に拘束力を認めることになると、この点の判断だけを不服とする上訴や審判の順序の指定というツオイナー理論で論じたと同じ問題がここでもやはり提起されることになろう。だが、これらの問題点を吟味するためには、争点効理論の基礎となったアメリカ法のコラテラル・エストッペルの法理が、永い英米法における判例の伝統の中で展開してきたいくつかの法則やこれをめぐっての問題点を検討することが不可欠の前提となる。

(1) 普通法における論争の詳細について、霜島甲一「ドイツ民事訴訟法三一二条の前史」民事訴訟雑誌八号（昭三七）一〇八頁参照。

(2) Vgl. Hahn, Die gesamten Materialien zu den Reichsjustizgesetzen, Bd. II, 1881, S. 290f.

(3) Savigny, System des heutigen römischen Rechts, Bd. 6, 1847, S. 350ff. bes. 358f. サヴィニーは先決的権利関係の判断に限り既判力を拡張したが、ヴィントシャイドは、事実の判断にも既判力を広めた。Vgl. Hahn, a. a. O.（Fn. 2）S. 290

（4）　Wetzell, System des ordentlichen Civilprocesses, 3 Aufl. 1878, S. 574ff. 592ff. すなわち「裁判官は当事者の提出する資料によって判決を下し、当事者の意思は、放棄や自認によって、判決の内容に決定的作用を与える。しかも、攻撃防御の向けられるべき目標は、訴訟の全過程のために、訴状においてあらかじめ示されている。だから、もっぱらこの目標について当事者の意思が作用を及ぼすものと考えられる。そこで、判決の効果が当事者の意思をこえて及び、当事者の全く予想しない結果を生ずることはできない。」（*Ibid.* 575f.）。

（5）　Unger, System des österreichischen allgemeinen Privatrechts, 1859, Bd. 2, S. 615ff., bes. 628f.

（6）　草案理由書ではそれ以外に、プロイセン法についての上級裁判所の実務およびフランスの理論と実務が論拠とされている（Vgl. Hahn. a. a. O.（Fn. 2）S. 291）。理由書についての上院の委員会においてサヴィニー理論に従った修正案が出されたが、これは対する委員の発言の中では、当事者の予測をこえて既判力が生ずることにより酷な結果となるという実務経験からの反論が目立つ。欠席判決の事例と妨害排除請求の事例が出されている。その他にも、詳細な調書が欠ける場合には、どの点が前訴で判断されたか判定困難なことがあること、判決理由だけを不服とする上訴を認めざるを得ないことなどが挙げられ、結局右の修正案は否決されたのである。Vgl. Hahn. a. a. O.（Fn. 2）S. 608f.

（7）　矛盾した判決は国民に不当な事態だとうけとられるに違いないからである（Vgl. Hahn. a. a. O.（Fn. 2）S. 291）。委員会におけるサヴィニー理論の支持者もこれは矛盾判決を阻止し、判決の権威を高める点で公的利益に合致するという（*Vgl. Ibid.* 608）。

（8）　各ラント毎に異なっていた実務を統一する必要性からの立法であったこと、およびフランス法の影響が強いことは、意思主義が貫かれたことと共に（Vgl. Hahn. a. a. O.（Fn. 2）S. 291）、この立法が近代市民法としての性格をもつことを示している。先決事項の確定もまた当事者の意思に委ねる制度がフランスにおいて形成され、ヨーロッパ各国に継受されたことについて、Millar, *The Premises of the Judgment as res judicata in Continental and Anglo-American Law,* 39 Mich. L. Rev. 1, 10 *et. seq.*（1940）参照。

（9）　Zeuner, Die Objektiven Grenzen der Rechtskraft im Rahmen rehtlicher Sinnzusammenhänge, 1959. このツォイナーの見解についてわが国でも多くの紹介批評がなされている。上村明広「既判力の客観的範囲に関する一問題」法学と法史の諸問題（昭三四）、伊東乾「書評」民事訴訟雑誌六号（昭三五）一九七頁、井上正三「既判力の対象と裁判所の選択権(一)(二)」立命館法学三二号（昭三五）七三頁、三三号（昭三五）四七頁、霜島甲一「紹介」法学協会雑誌七六巻六号（昭三五）六八九頁。ここでは内容の紹介を繰り返さないが、ただツォイナー理論の基本的視点をドイツ民訴法の立法過程における論争との関連で追跡するという新しい側面からこれに光を当ててみる。

（10） Vgl. Zeuner, a.a.O.（Fn.9）S.41. サヴィニーのようにいかなる将来の訴訟においても拘束力を生ずるとするのではない。ただ、前訴判決の内容と後訴で主張される法的効果との間に単に論理的概念的な関係ではなく、内容的関連が存するか否かによって、既判力の限界を決めるべきである（Vgl. Zeuner, a.a.O.（Fn.9）S.30）。確定判決の内容は判決理由中の判断によって左右されるから、前訴判決の既判力が後訴で主張されている法的効果にどの範囲で影響するかも本文で示したように判決理由中の判断を基準にして決まるという。

（11） Vgl. Zeuner, a.a.O.（Fn.9）S.43f. 判決理由において処理された事項を再び争えなくすることを正当化する事例の特性を探るには、このような利益状態を考察する必要があるという（*Ibid.* S.42）。

（12） Vgl. Zeuner, a.a.O.（Fn.9）S.44. この場合に、人は新しい手続を初めうるのは前訴が止めたところからであり、既に前訴で処理した事項を再び争うことはできないと感じているからである。

（13） Vgl. Zeuner, a.a.O.（Fn.9）S.44, 51ff.

（14） 井上・前掲注（9）㈠八四頁、霜島・前掲注（9）六九二頁、Lent, Besprechungen, ZZP Bd. 73, S.316, 320（1960）; Peters, Zur Rechtskraftlehrre Zeuners, ZZP Bd. 76, S.229（1963）などがこの不明確性を指摘する。

（15） Peters, a.a.O.（Fn.14）S.232 が同じ疑問を提出する。そして、当事者が前訴において実際に拘束力ある判断を期待しているならば、なぜこの効果を生ずる中間確認の訴えを利用しようとしないのかを説明できない、という。

（16） Zeuner a.a.O.（Fn.9）S.52, 54. 前者は後者の志向する秩序に属するが、後者は前者の志向する秩序に属しない、とされるためである。

（17） Zeuner a.a.O.（Fn.9）S.144ff. 後訴がどのような訴訟であっても所有権訴訟のすべては、所有物返還請求権の志向する秩序に包含されるのである。

（18） Zeuner a.a.O.（Fn.9）S.59ff. はこの場合の侵害行為についても前訴判決の拘束力をみとめる。Peters, a.a.O.（Fn.14）S.232 が同じ疑問の事例として挙げているところである。

（19） 井上・前掲注（9）㈠七五、八五頁が強調した視点であった。すなわち、裁判所は、競合する攻撃防御方法のうちいずれを選んで判決理由とするかは自由であるが、これは理由中の判断に既判力が生ぜず、いずれを選んでも判決の既判力にとってはどうでもよいからである。したがって、裁判所の自由な選択権は、いずれを選ぶかによって既判力に差異が生ずるところに限界をもつのである。Peters, a.a.O.（Fn.14）S.237も同様の視点からツオイナー理論を批判する。

(20) 井上・前掲注(9)(一)八五頁。サヴィニーはいずれを判決理由とするかは自由裁量の領域に委ねられるとしていたが（Savigny, a.a.O.（Fn.3）S.360）、ツオイナーはこの点についての配慮を示していない。しかし当事者が自己に有利な判決理由を指定できないとすれば、ツオイナー理論の破綻というほかない（Vgl. Peters, a.a.O.（Fn.14）S.238）。

新請求概念を前提とする場合には、その実体法的性質決定もまた攻撃防御方法として判決理由となるのだから、同様の問題が生ずる。ツオイナーはこの点の既判力による確定を前提とする以上（Vgl. Zeuner, a.a.O.（Fn.9）SS.31, 175）、同様に当事者が法的視点を指定ないし順序づけることを認めねばならない（Peters, a.a.O.（Fn.14）S.238）。井上・前掲注(9)(二)四八頁以下は、ドイツおよびわが国の新説が法的視点存否の判断に確定力を認める以上は、この点の当事者による指定、順序づけを認めて、初めて「裁判所の選択権」の限界が考えられたといえる、と論ずる。

(21) ツオイナーも判決理由だけを不服とする上訴を認め、これは既判力が判決理由に左右される場合の従来の取扱と異ならないという（Vgl. Zeuner, a.a.O.（Fn.9）S.174f.）。Grunsky, Rechtskraft von Entscheidungsgründen und Beschwer, ZZP Bd. 76, 165（1963）は同一訴訟物についての後訴における判決理由の既判力の問題に限って、不服の利益を認める。しかし、ツオイナー理論を前提とすれば、問題は訴訟物を異にする後訴との関係で生ずる（Vgl. Peters, a.a.O.（Fn.14）240f.）。なお、上村明広「形成対象の繰返しと既判力」民商法雑誌五五巻一号（昭四一）四六頁参照。

(22) Vgl. Zeuner, a.a.O.（Fn.9）S.84ff.

(23) すでに井上・前掲注(9)(二)四七頁がするどく批判したところであった。

(24) Vgl. Peters, a.a.O.（Fn.14）SS.239f., 241. もともと新請求概念の下で、実体法的視点を指定する利益として論ぜられたところであったが（Vgl. Habscheid, Streitgegenstand im Zivilprozess und im Streitverfahren der Freiwilligen Gerichtbarkeit, 1956, S.173ff.）、ツオイナー理論においては、一般的に問題になろう。

(25) Peters, a.a.O.（Fn.14）241もほぼ同趣の疑問をのべる。

(26) もっともドイツにおいては、ツオイナー理論に批判的な人々も、従来から既判力拡張の根拠とされた先決関係や矛盾関係の概念を拡げることによって、ツオイナーの通説批判に答えようとしているようである。Vgl. Peters, a.a.O. (Fn.14) S.242f.

(27) 兼子一「既判力と参加的効力」民事法研究Ⅱ（酒井書店・昭二九）五五頁、六五頁以下参照。

(28) この場合にツオイナーは拘束力を認めて不当利得の後訴ができないとした点については前述の通りである。既判力による窮屈な処理が禁反言では緩和されることを意味する。

(29) 新堂幸司「既判力と訴訟物」法学協会雑誌八〇巻三号（昭三八）二九五頁、同「条件付給付判決とその効果」民事訴訟雑誌一〇号（昭三八）一頁〔いずれも同・訴訟物と争点効（上）（有斐閣・昭六三）所収〕。

(30) 新堂・前掲注(29)法協三三一頁注(36)はこのことを留保している。

(31) 同論文三二一頁はこの事例でも拘束力を承認すべきであるとされるようにも思われる。しかし、同三二六頁は、所有権に基づく土地明渡請求において、被告があえて争わなかった場合にも所有権の存在を確定するのは審判の便宜に反するとされるところからみれば、弁済の抗弁の事例でも本文の通りになろう。

三　コラテラル・エストッペルの形成と政策的配慮

前節で述べた論争にみられたいくつかの基本的視点は、先決事項ないし判決理由中の判断に拘束力を認める以上は、ひとり大陸法に限らず、英米法においても避け難い論点であるように思われる。ただ、判例法主義という背景の中で一八四八年以降に制定された英米の各種民事訴訟法典は、直接には判決効の問題を取り扱わず、結局はこれを判例法に委ねた。しかもその際、ドイツにおけるように尖鋭な形で対立した論争が立法者の態度決定を迫るという現象もみられなかったのである。したがって、問題は、英米法の判例の中で伝統的に認められてきた判決理由中の判断の拘束力が、時代の変遷につれていかに変容したか、そしてこの判例の変遷を動かしているものは何か、という点に存する。そこで払われているいろいろの政策的配慮とこの配慮に支えられたこの種拘束力の合理性の検討が、将来の判例法則の方向をさし示すと共に、同じ問題を考察するわれわれの興味の中心となる。

(1)　英米法における先決事項の判断の拘束力をめぐる判例法則の変遷を一言でもっていえば、ゲルマン法に由来するエストッペル（禁反言）の原則から判決効としての法則への定着であった、ということである。禁反言の一つと考えられる参加的効力の拡大の理論から争点効理論を生み出したわが国理論の進展と対比してみれば、この変遷の跡のもつ意義は明らかである。

アメリカ法にいわゆるコラテラル・エストッペルが、英米法の判例において Estoppel by record や Estoppel by judgment と名づけられてきた法理をリステイトメントにおいて整理構成した産物であったことはいうまでもない。(1)これは、前訴判決の理由中の判断が訴訟物を異にする後訴において生ずる拘束力を意味するわけであるが、(2)沿革的にみれば、ゲルマン法に起源をもったエストッペルの法則に由来するといわれる。(3)他方、ノルマン征服（一〇六六年）の前、おそくとも一一世紀初頭までには、ローマ法に基づくレス・ジュデイカータの法理が導入されたと思われるが、それ以後これと並んでゲルマンの伝統的法則はなお維持されてきたのである。以来、この二つの法則は伝統的に二つの異なった役割を分担してきた。すなわち、ローマ法に由来する法則は、後訴請求が前訴請求と同じであり、実質的にみて同じ紛争の繰り返しである場合に後訴を排斥するところの、前訴判決自体の拘束力であった。これに対して、ゲルマン法の法則は、後訴が前の紛争の単なる繰り返しではなく、請求を異にするときの排除効であった。これは、後訴でなされている当事者の主張を認めると、前訴で記録された当事者の主張や自認、あるいは陪審の認定と矛盾することになる場合に、この記録（record）を援用してこれと矛盾する主張を排除できる効果であった。Estoppel by record の名称の由来である。したがって、これは本来、判決自体の生ずる拘束力ではなく、訴訟手続、プリーディングに結びつけられた効果であって、後に現われる estoppel by deed および estoppel in pais と同様に、本来の意味における禁反言の作用であった。つまり、この効果の本質は、当事者はみずからの行為によって作り出した立場や結論に矛盾する主張をすることは法律によって禁止されているという点にあった。[4]

しかし、この禁反言の作用は、訴訟上の記録の国家的権威に基づいてのみ基礎づけられるという考えが拡がるばかりでなく、判決によって終局性を認証された場合にのみ、認められるようになった。[5] Estoppel by judgment の名称の起りである。だがこれによって、その禁反言としての特性が変質したわけではなく、Outram v. Morewood（1803）においてエレンボロー裁判官もいっているように、「禁反言を生ずるのは給付判決（recovery）ではなく、その前提をなす当事者の主張した事実」であった。[6] そこで、自認や欠席判決の場合にも常に禁反言を認めるというのがイギリス法の一貫した原則であったし、訴答手続記録によって主張事実を明確にすることが不可欠の前提となっていた。[7]

しかし一九世紀における英米民事訴訟法の改革、ことにコモン・ロー訴答手続の廃止は、前訴の争点を記録以外の証拠により特定するという一八世紀以来の実務と一緒になって、Estoppel by record の根拠をゆるがし、これを終局判決の拘束力として把える傾向を決定づけたのである。[8] このことは、若干の用語上の、混乱を生ずると共に、Duchess of Kingston's case（1776）以来の法則、[9] すなわち「いかなる判決も、附随的に問題となった事項や附加的に認められた事項、あるいは判決から推論できる事項については証拠にならない」という、それ自体としては判決効を合理的に制限する近代的法則をやや緩和せざるをえないようにしたのである。[10]

(2)　しかし、最も新しい進展は海を渡ったアメリカに現われるように思われる。Cromwell v. County of Sac（1876）事件において、[11] フィールド裁判官は、後訴が前訴と同じ請求に基づく場合には、前訴判決は攻撃防御のために現に提出された事項だけではなしに、提出することのできたであろうすべての事項について絶対的な bar となるとした後に次のように述べた。

「しかし、後訴が同一当事者間で異なった請求に基づくときには、前訴判決は認定ないし評決された争点について禁反言として作用する。したがって、ある訴訟原因について言渡された判決の禁反言が、これと異なった訴訟原因に基づく訴訟において生じた事項について適用される場合にはすべて、前訴において現に争われかつ判決された論点が必ず問題にされねばならない。審理判決できたであろう事項ではないのである。（傍点付加）[12]」

ここで判決の拘束力を請求の異同によって二つの場合に区別するという前述の英米法に伝統的な原則が確定的に宣言されていることは明らかである。しかしさらに、判決の禁反言の効力が、現に争われかつ判決された争点のみに限られると共に、争われない事項だけでなく欠席判決にも及ばないという意見を示している点において、コモン・ローの伝統からの進展がみられる[13]。同裁判官は続けて「欠席判決は、当面の訴訟のために訴えられた請求の適法性を認めるにすぎないのだから、訴状における主張が異なった訴訟原因に基づく訴訟において拘束力を生ずるわけではない[14]」と述べているのである。これは判決禁反言の法則が、終局判決の拘束力の一種と考えられると共に、単に伝統的禁反言法則の承継ではなしに、訴訟の制度目的を考慮して再構成されていることを意味する。フィールド裁判官の配慮を聞こう。

「当事者は、請求自体を念頭におく外にも、争いとなっている金額や財産が少額であったり、必要な証拠の入手が困難であったり、訴訟経費がかさんだりすること、あるいは当時の個人的事情などを考慮して、当面の訴訟における攻撃防御を提出するにすぎない。これらの事情は請求を異にする別訴では存しないかもしれないのだ。当事者はこのような事情を考慮して行為するのだから、後訴において異なった請求を争うことを排斥すべきではない[15]。」

こうしてさらに、Jacobson v. Miller（1879）[16]は、クロムウエル法則に従って、賃料支払請求において、被告がその先決事項としての賃借権の成立をあえて争わずに請求が認容されたとしても、この先決事項について拘束力を生ずることはない、と判旨した。被告がこの点を争わないのは、当面の訴訟を目的とする限度においてこれを認めるというにすぎない。もし先決事項についてこれを争わなければ、以後請求を異にするすべての訴訟においてもこれを主張できないというのであれば、当事者は当面の請求のいかんにかかわらずあらゆる攻撃防御方法を尽くすよう強制されることになる。

「些細な請求について訴えられた者が、…すべての主張事項の別訴における拘束力を阻止するために、費用のかさむ訴訟にたずさわらざるをえないというのは、苛酷かつ不当な法則である。……原告は訴状において申し立てた事項以上を与えられるよう要求することはできない。被告が抗弁や争点を提起して、将来の紛争のためにあらかじめ先決事項を解決できるようにしなかったからといって、これを非難することはできないのである。(17)」

クロムウエル事件において確立された法則は、以上のような論証によって次第に固められ、以来若干の曲折を経たうえで、アメリカにおける支配的な見解となっていった。(18) ことに一九四二年には、リステイトメントにも採用され、そこで使われたCollateral Estoppelという名称は、それ以来従来の用語上の混乱を収拾して、一般的に用いられるにいたったのである。(19)

(3)　こうして形成されたコラテラル・エストッペルが、最早単なる禁反言の法則ではなく、終局的判決の効果として把握されるようになったことは明らかである。(20) したがって、この法則もまた、レス・ジュデイカータの法則と共に、一旦審判された事項について再び審判を繰り返すことを禁止して、紛争に終結を与えようという要請に基づいている点では差異はない。(21) これが他ならぬ紛争解決の一回性の要請といわれるものに当ることはいうまでもない。(22)(23)

ところで、この紛争解決の一回性の要請によれば、コラテラル・エストッペルも、条件付きでなしに、レス・ジュデイカータと同様に全面的に拘束力を生ずるとすべきであるように思われる。けだし、一回的紛争解決の目ざす法的安定性や訴訟負担軽減の要請は、請求自体だけではなしに、先決事項となるすべての事項を一律に確定することによって、より完全に実現されるように思われるからである。(24)

しかし、クロムウエル事件以来の判例は、これを現に審判された争点に限定してきたのであって、その際の裁判所の配慮は次の通りであった。(25) すなわち、当事者が攻撃防御方法を尽くして争うかどうかは、当面の請求との関連で当事者が決めることであって、この点に一律に拘束力を認めて争うことを強制するのは不当である。当面の請求を目的として先決事項を争わなかったのにすぎないのに、別の請求との関連においてもこの点に拘束力を認めるのは、結局は、当事者が攻撃防御方法を自由に処分できるという立場と矛盾することになる。これは要するに、攻撃防御方法についての当事者の自由な処分権を認めるアドバーサリイ・システムを前提とした論拠であるとみることができる。(26) そうであれば、先決事項の拘束力を支える紛争解決一回性の要請とアドバーサリイ・システムとのこのような矛盾関係とは、争われなかった事項だけでなしに、現に争われた点に拘束力を認める場合にも見られるように思われる。けだし、アドバーサリイ・システムの立場からみれば、先決事項についてどの程度まで争いあるいは立証するかも当面の請求との関係で相対的に認めればよいはずである。将来の別の請求を予定して徹底的に争う必要はないからである。(27) これはまさに、大陸法において判決理由中の判断の既判力が否定された有力は論拠であった。(28) そこでは、弁論主義、つまり当事者の意思の優位を貫いた立法が成立した。これに対し、先例拘束主義の下では、現に審判された争点に限って拘束力を認めるという判例法則を形成することに、対立する要請の調整点を求めたわけである。

しかし、クロムウエル事件のフイールド裁判官がいうように、当事者は個々の訴訟では当面の請求との関連においてのみ攻撃防御を提出するにすぎないとすれば、仮に争われた先決事項の判断であっても、異なった請求との関連において拘束力を生ずるのは、当事者の予期しないところであろう。(29) のみならず、コラテラル・エストッペルは、訴訟物を異にする後訴において同一争点が問題になるときに与えられる拘束力であるために、将来いかなる訴訟において拘束力を生ずるかを前訴当時に合理的に予測することはきわめて困難である。(30) このような事情にもかかわらず、争点の判断に一律に拘束力を認めることになれば、前訴当時に当事者の合理的に予測できなかった結果を生ずることになって、当事者に酷である。(31)

もともとコラテラル・エストッペルを支える積極的な政策的配慮といわれる紛争解決一回性の要請は、その重要な眼目の一つとして、裁判所も当事者も、無駄な時間や労力を費やして訴訟をする負担から軽減されねばならないという点をあげる。しかし、この分野で紛争解決の一回性の要請を拡充することは、必ずしも訴訟負担の軽減の要請と調和しない。[32] 成程、前訴の争点についての判断を再び争いえないことにすれば、後訴の審判の範囲は狭くなるのであるから、訴訟負担は軽減されるようにみえる。しかし眼を前訴自体に注いでみれば、一回的紛争解決の範囲を拡充することが、必ずしも訴訟負担を軽減しないこと明らかである。すなわち、先決事項が争点となった以上、この点の判断が将来のすべての訴訟において拘束力を生ずることになれば、当事者はいきおい当面の請求いかんを問わず、これをとことんまで争わざるをえないことになろう。ひいては当面の請求にかかわらない上訴が異常に増加することも避け難いであろう。ことに将来この拘束力の及ぶ範囲が、前訴時には合理的に予測できないとすれば、右の傾向はさらに甚だしいことになる。その結果、この点の拘束力を認めない場合よりも、かえって裁判所および当事者の訴訟負担を増し、個々の訴訟の解決も遅延することになりかねない。これでは、紛争解決の一回性の要請は、その重要な柱の一つである。訴訟負担を軽減し訴訟能率をあげるという要請と矛盾することになって、その足元から掘り崩されて行くことになるのである。[33]

コラテラル・エストッペルをめぐって対立する政策的配慮は、要するに、一方の紛争解決の一回性の要請に対して、他方、当事者の利益を主体とするアドバーサリイ・システムや予測可能性の要請、さらには裁判所をも含めた訴訟負担の軽減の要請との間の対立関係として把握することができる。アメリカの判例や学説の中にみられるこれらの配慮が、若干のズレを示しながら、多くの点において既にみた大陸法におけるこの問題についての基本的視点と重なり合っていることは、いちいち指摘するまでもない。[34] 右の配慮のいずれを強調し、どこにその調和点を求めるかによって、コラテラル・エストッペルの効力を認める限界線が引かれてきたように思われる。

もっとも、同様に阻止的要因と考えられるそれぞれの要請の中でも、たとえば、アドバーサリイ・システムの要請のように、その考え方自体に、変容が見られるようになると、その要請のもつ意味あいも異なってくることになる。すなわち、ここでも、請求や攻撃防御についての当事者の支配権を基調とする古典的な考え方から、直接利害関係のある当事者の提出した資料に基づく方が真実に近づきやすいことに根拠を求める考え方に移行する傾向がみられるが、[35] その結果、当事者の主体的地位の保障よりも、判断の正確性の保障に比重がかかることになる。たとえば、対立当事者によって争われた事項に拘束力を限るのは、この点の判断には正確性の保障があるからとされる場合にはこの傾向を現わしている。[36] しかし、一般的にいって、判決の拘束力を認めることは、誤判を固定化するという危険性を含んでいるのであるから、[37] 拘束力を認める判断には正確性の保障が要求されることは当然である。[38] 正確性の保障（適正裁判の保障）は前述の当事者の自由な処分権や予測可能性あるいは訴訟負担軽減の要請と並んで、この種の拘束力を制限する政策的配慮の一つとされるわけである。

いずれにしても、コラテラル・エストッペルの要件を定める判例法則が、これらの要請の緊張関係に規制されて今後とも進展して行くことは間違いないように思われる。

（1） American Law Institute, Restatement of th Law of Judgments（1942）〔以下、Restatement, Judgments として引用〕p.15 *et. seq.*, esp. 293 *et. seq.* 同書の Reporter となった Austin Scott, *Collateral Estoppel by Judgment*, 56 Harv. L. Rev. 1（1942）はリステイトメント法則の根拠となった判例法則を説明している。

（2） 訴訟物を異にする点が *collateral* estoppel と呼ばれるゆえんであり、同じ訴訟物における判決理由中の判断の拘束力を *direct* estoppel と呼んでいる。See Scott, *op. cit. supra note* 1 at 1, 3 note 5; Restatement, Judgment, §45（d）, §49（b）. なお吉村徳重「アメリカにおける既判力の客観的範囲」法政研究三二巻二＝六号（昭四一）七一一頁、七一三頁（本書一八七頁）以下は、レス・ジュデイカータを含めて判決効制度一般を概説しているので参照されたい。

（3） Millar, *The Historical Relation of Estoppel by Record to Res Judicata*, 35 Ill. L. Rev. 41（1940）が、この沿革の詳細を解明する。以下の説明はその大要である。なお、平良「英米法の歴史における既判力と判決による禁反言」法学研究三八巻二号（昭四〇）一頁参照。

（4） Millar, *op. cit. supra note* 3 at 52f., Millar, *The Premises of the Judgmens as res judicaia in Continental and Anglo American Law*, 39 Mich. L. Rev. 238（1944）にも同様の指摘がある。

（5） これは、ローマ法に由来する res judicata の観念にある終局性の概念の影響であるといわれる。See Millar, *op.*

cit. supra note 3 at 53.

（６）　Outram v. Moorewood, 102 Eng. Rep. 630（1803）. なお、Ellenborough 裁判官の基準がこの語の本来の意味を示しているとする Millar, *op. cit. supra note* 3 at 58 参照。

（７）　See Millar, *op. cit. supra note* 4 at 244; Houlett v. Tarte, 142 Eng. Rep. 673（1861）では、禁反言は前訴の記録に矛盾する主張を排斥するのであって、否認できる事項（traversable matter）を否認しなかったときは、これを争えなくなる、としてこのことを明らかにしていた。しかし、厳格なコモン・ロー訴答手続がなくなるとこの法則の適用が困難になる。See Millar, *ibid.* 245.

（８）　See Millar, *op. cit. supra note* 3 at 57 のみならず、コモン・ロー上の法則である estoppel by record の適用されないエクイティの分野では、判決の効果と考えられたレス・ジュデイカータが先決事項についても多少は拡げて解されていた事情も影響を与えた。

（９）　Duchess of Kingston's case 自体は教会裁判所の事件であるが、そこで判旨された法則は、以後の判例に大きな影響を与えた。See Millar, *op. cit. supra note* 4 at 242, 243.

（10）　判決事項が決定的に判決理由の一部をなせば附随事項とならずまた明示の決定でなくとも判決主文の必然的前提は推論事項にはならないという点であった。See Millar, *op. cit. supra note* 4 at 251.

（11）　Cromwell v. County of Sac, 94 U. S. 351（1876）. この有名な事件において、原告は County 発行の債権証書による利息（coupon）の支払を求める前訴において、証書発行が詐欺的でありかつ原告の代金支払が立証されていないとされて敗訴した。債権証書の満期後その支払を求めた後訴で、被告は前訴判決のエストッペルを主張したが、最高裁判所はこれを認めなかった。代金支払の点が争われたかどうかが問題となったのである。

（12）　See 94 U.S. 351, 352-353, 24 L. ed. 195, 198.

（13）　自認や欠席判決にも禁反言をみとめるというのがコモン・ローにおける伝統であったことは前述した（ことに Houlett 事件・前掲注(７)参照)。Millar, *op. cit. supra note* 4 at 254 は同様の指摘をする。もっとも後注(18)参照。

（14）（15）　See 94 U.S. 351, 356, 24 L. ed. 195, 199.

（16）　Jacobson v. Miller, 41 Mich. 90（1879）（Justice Codey）.

（17）　これは Watts v. Watts, 160 Mass. 464, 465, 36 NE 479（1894）における Justice Knowlton の配慮である。

(18) もっとも、Cromwell事件の後にも、欠席判決や和解判決について反対の判例もみられた。Last Chance Mining Co. v. Tyler Mining Co., 157 U.S. 683 (1895) (default) しかし、James, Civil Procedure (1965) 578 note 14, Moore, Federal Practice, vol. IB (1965) 4006 はこのクロムウェル法則を支配的であるとしている。但し、Note, *Collateral Estoppel*, 52 Col. L. Rev. 647, 654 (1952) はこれを少数説とする。

(19) Collateral Preclusion などの用語も考えられたが、すでに一般化されていた estoppel の用語を用いたという由来につき、Scott, *op. cit. supra note* 1 at 1, 3 note 4 参照。

(20) 判決効としての estoppel と estoppel in pais（行為による禁反言）とを区別すべきことを強調する Von Moschzisker, *Res Judicata*, 38 Yale L. J. 299, 315 (1929) 参照。

(21) しばしば指摘されるところであるが (eg. Scott, *op. cit. supra note* 1 at 1)、とくにコラテラル・エストッペルの背景となる政策的配慮を問題分析の基準として取り扱うものとして、Polasky, *Collateral Estoppel Effect of Prior Litigation*, 39 Iowa L. Rev. 217, 219 (1954) や James, *Consent Judgment as Collateral Esteppel*, 108 U. Pa. L. Rev. 178, 184 (1959) は注目に価する。

(22) ここに紛争の終結性ないし紛争解決の一回性の要請といわれるものは、次の二つの配慮に支えられているといえる。すなわち法的安定性（stability）と訴訟負担軽減（minimising litigation）の要請である。法的安定性が社会的な要請であることはもちろんであるが、当事者もまたこれに基づいて将来の取引の予測を立てることができる。訴訟負担軽減もまた、裁判所の時間や労力を節約して訴訟の能率を高めるという要請であると共に、当事者もまた何度も同一事項について煩わされるべきでないという利益をもっている。See Polasky, *op. cit. supra note* 21 at 219; なお Von Moschzisker, *op. cit. supra note* 20 at 300 は裁判所の時間の節約よりも法的安定性の方がより重大であるという。

(23) さらにここで紛争解決の一回性の要請を支えるいくつかの配慮は、当事者が訴訟の終結を阻止しようとする場合には、必ずしも等質的な要因となって作用するとは限らない。See, Polasky, *op. cit. supra note* 21 at 220. 後述の点を別としても、ここに含まれている公的な利益と私的な利益とは、全く異なった程度と関連において作用することになると思われる。私的利益の側面では当事者間の公平だけを考慮すれば足りようが、公的利益の側面ではこれを超えた次元での配慮が問題になるからである。Von Moschzisker, *op. cit. supra note* 20 at 299 は、公的利益の側面を強調する代表的な見解である。なおこの点の交錯をレス・ジュディカータの分野において検討したものとして、吉村徳重

「アメリカにおける既判力の客観的範囲」法政研究三二巻二＝六号（昭四一）七一一頁、七二二頁、七三二頁（本書一八七頁、一九四頁、二〇七頁）以下参照。

(24) Schuylkill Fuel Corp. v. B. & C. Neiberg Realty Corp. 250 N. Y. 304, 165 N. E. 456 (1929) において Cardozo 裁判官は、二つの請求の間に、後訴で異なった判決がなされれば、前訴で確定された権利が実質的に侵害されることになるような関係がある場合には、現に争われた事項だけでなく、争うことのできた事項をも拘束するという意見を述べている。両請求の関係づけの基準は、ツオイナー理論の意味関連の基準に近似することは興味深い（前述二(2)参照）。Note, *Developmeuts in the Law- Res Judicata*, 65 Harv. L. Rev. 818, 841 (1952) も同一事件から生じた両請求間では、現に争われたという条件をつけずに、争うことのできた事項はすべて排斥すべきであると提案する。いずれも法的安定性ないし紛争解決一回性の要請を論拠としていることは明らかである。

(25) 詳しくは、Cromwell 事件、Jacobson 事件、Watts 事件における前述の配慮を参照されたい（前述注(14)—(17)迄の本文）。

(26) ここで Adversary System というのは、英米訴訟手続に支配的な特性とされるものであり、民事訴訟においては、訴訟を初め、追行し更に事実や証拠や弁論を裁判所に提出するのはすべて当事者に委ねるという原則である。See James, Civil Procedure (1965) 3 *et. seq.* これは明らかに、大陸法において当事者主義あるいは広義の弁論主義の意味するものであって Millar, Tne Formative Principles of Civil Procedure, (special issue reprinted from 18 Ill. L. Rev. 1) (1923) 9 *et. seq.* がこの点を比較法的に解明している。これらによれば、Adversary System は、われわれの弁論主義（処分権主義）、当事者追行主義（Parteibetrieb）、双方審尋主義のすべてを含んだ原則であるとみることができる (esp. See James, ibid. 4)。したがって、「私法の分野では、当事者が自己の権利の支配者であって、請求や抗弁を主張しようと放棄しようと当事者の自由に委ねられる、という観念を現わしている」原則である。なお Adversary System については、更に Field and Kaplan, Materials for a Basic Course in Civil Procednre (1953) 166, 173 に引用されている、Fuller, Problems of Jurisprudence, 706-708 (1949); Joughin and Morgan, The Legacy of Sacco and Vanzettii, 184-185, 189-191 (1948) 参照。

(27) 事実、当事者は、当面の請求との関係で争点について徹底的に (thorougly or to the utmost) 争わなくともよいということはしばしば強調される。たとえば Polasky, *op. cit. supra note* 21 at 226 参照。

(28) ドイツ民訴法草案理由書およびUngerやWetzellの見解（前述二(1)注(2)(4)(5)およびその本文）参照。

(29) James, *op. cit. supra note* 21 at 188は、争わない事項の拘束力については、将来の訴訟の予測可能性の問題とは別に、それ自体当事者の予期しないところであるという。当事者にその意識がないからであろう。同様のことは手段として争った場合にもいえるというのがドイツ民訴法草案の根拠であった。

(30) The Evergreens v. Nunan, 141F. 2d 927, 929, cert. denied, 323 U.S. 720 (1944) においてL. Hand裁判官がまさに強調したところであった。

(31) 当事者は将来争いになることもあるまいと考えて先決的争点についてまで全力を注ぐこともないだろうからである。See, Note, *op. cit. supra note* 24 at 842 note 170, 843; Polasky, *op. cit. supra note* 21 at 218; Moore, *op. cit. supra note* 18 at 3780, 3861など多くの見解に支持されている。なお、James, *op. cit. supra note* 26 at 582; *id.*, *op. cit. supra note* 21 at 187-188参照。

(32) Polasky, *op. cit. supra note* 21 at 220が強調したところであった。同旨、James, *op. cit. supra note* 21 at 184; *id.*, *op. cit. supra note* 26 at 577. ツオイナー理論においては複数の攻撃防御についてとくに問題にされたところであったが、その場合に限る必要もないわけである。

(33) そこで紛争解決の一回性の要請を支えるものは、法的安定性（矛盾判断の防止）の要請だけとなり、訴訟負担軽減の要請はこれに対立する関係となる。

(34) 紛争解決の一回性の要請の目ざす法的安定性（矛盾判決防止）はまさにサヴィニーの論拠であった（前述二(1)注(3)）。これに対して、Adversary SystemがWetzellや草案理由書の弁論主義、当事者の意思の尊重と対応し、拘束力の予測可能性の要請もまた草案理由書の要求するところであったし、さらに後訴の予測可能性は、ツオイナーの意味関連がまさに意図するところであった。訴訟負担を増加し能率的な訴訟運営を害するとの配慮はまさにツオイナー理論に加えられた批判そのものであった。

(35) James, *op. cit. supra note* 26 at 4 *et. seq.* はこの新しい傾向の観点を明瞭に説明し、これに賛意を表している。なお、古典的なAdversary Systemの問題点につき、Joughin and Morgan, *op. cit.*, in Field and Kaplan, *op. cit. supra note* 26 at 174-175; J. Frank, Court on Trial, 195 (1950) など参照。

(36) See Moore, *op. cit. supra note* 18 at 3909; Note, *op. cit. supra note* 18 at 647, 654.

(37)　この点を指摘するものも多い。Jamas, *op. cit. supra note* 21 at 187; Note, *op. cit. supra note* 24 at 820 など。
(38)　後述するように、コラテラル・エストッペルを適用するには、判決主文にとり必要不可欠の前提となる判断であるを要するという要件も、この場合の正確性の保障が大きいことが一つの根拠となる。See, Moore, *op. cit. supra note* 18 at 3922.

四　コラテラル・エストッペルの要件をめぐる問題点

コラテラル・エストッペルの原則は、これを一般的に述べれば、訴訟物を異にする後訴において生ずる終局判決の拘束力であって、前訴において現に争われ、かつ判決に必要な前提として判断された争点を再び争うことを排斥する。(1)この一般的な命題は、前節にのべたいろいろの配慮に基づいて、判例の到達したコラテラル・エストッペル適用を制限する要件である。そこで、この法則の適用を主張する当事者が、そのために示さなければならない要件は次の点である。すなわち、後訴で争われている事項と同じ争点が、前訴において(1)当事者によって実際に争われ、かつ(2)裁判所によって現に判断されたこと、および(3)この判断が本案判決にとって必要不可欠であったことである。(1)(2)がクロムウエル事件により確立され、(2)(3)がデュチェス事件以来の要件であったことは明らかであるが、(3)それぞれについて多くの問題が生ずる。そしてさらに、(4)この種の拘束力は主要事実についてだけ生ずるのか、あるいは、(5)同一法律問題についても適用されるのかという点をめぐって展開しつつある判例法則は、コラテラル・エストッペルの適用を制限する必要性を示す重要な傾向である。

(1)　先決事項の判断の拘束力は、当事者が現に争った事項に限って認め、争うことができたが実際には争わなかった事項には及ばない。前述の政策的配慮からみてこの制限的要件は不可欠である。(4)そこで相手方の主張を認めればもちろんだが、進んで否認しないときも、争ったことにならないから、拘束力を生じない。(5)ただ、欠席判決、和解判決あるいは合意した事項に基づく判決にこの種の拘束力を認めるかどうかについては、判例の立場は一貫していない[6]。しかし、これらの場合には、現実に争点が争われたわけではないから、この効果を否定する立場が一貫し、リステイトメント及び学説によって支持されている[7]。各種の配慮の外にも、とりわけ、この場合に拘束力を認めることは、和解や合意によって簡単に事件を解決するという、望ましい方法をとることをためらわせる結果を招くことになろうからである。訴答手続において一旦争点となったが、公判前の準備手続又は審理中に撤回すれば、争ったことにはならない。しかし、撤回せずに証拠提出を怠ったために不利な認定ないし指示評決をうけたとしても、コラテラル・エストッペルの適用を排除できない[8]。

他方、前訴で主張できたが実際には主張しなかった事項が後訴で排斥されないことというまでもない[9]。しかし、新しい主張が「現に争われた事項」の範囲内に含まれるとされれば、この主張は排斥されることになる。そこで争点の同一性を何によって決めるかが問題にならざるをえない[10]。積極的抗弁であるか消極的抗弁であるかによって区別しようという立場もあるが、判例が明確な法則を確立しているとはいえない[11]。

(2)　当事者によって争われても、裁判所が現に判断しなかった事項については拘束力を生じない。コラテラル・エストッペルが単に当事者の行為に基づく禁反言ではなく、終局判決による裁判所の判断自体の効果であるとされたことによる。実体法の論理にかかわらず、弁済だけを認定して請求が棄却されたときは、判断の留保された債務の成立に拘束力を生ずることはない[12]。そこで裁判所が実際に何を判断したかを知る必要がある。特別評決や特別認定と同様に、判決理由中で事実の判断を明示するわが国の実務からみれば、この点はわれわれの興味を惑かない。しかし、一般評決のなされる英米法では問題とされる。判決主文にとって必要な前提となる判断であれば、必要的推論（necessary inference）が認められるが[13]、競合的主張であればこの推論もできないことがある[14]。ところで取消の抗弁を明示的に排斥したうえで、弁済の抗弁を認め支払請求が棄却されたときは、いずれの点も判断されたことは明らかであるが、さてこれが判決主文にとり必要的な前提をなす判断であるかどうかはさらに次の要件に関する問題となる。

（3）　争点の判断が判決主文にとって必要的な前提でなければならないという要件は、古くThe Duchess of Kingston's Case (1776) が「附従的に判決された事項」には拘束力を認めないとした原則に由来する。その趣旨は、要するに、訴訟の対象に密接に関係ある争点の判断だけに拘束力を認めるということにある。(15) 判決にとり必要不可欠の事項であれば、いきおい当事者や裁判所の関心を集め、(16) 審理も集中されることになるから、この点の判断に限って拘束力を認めれば、前述した各種の配慮にも即することになろう。(17)

このことは、とりわけ競合的な争点の判断をめぐって問題とされる。たとえば、元本債務負担が詐欺によるという理由の取消の抗弁と利息債務を支払ったという弁済の抗弁とはいずれも利息債務支払請求を棄却する理由になりうる。(18) いずれか一方の判断を必要的だとはいえないが、弁済の抗弁だけを判断して請求を棄却した判決は、弁済の判断にだけ拘束力を生ずるとされている。(19) そこで、債務者はあらかじめより有利な取消の抗弁の判断を指定できないかが疑問となる。アドバーサリー・システムに基づいて、一般的にも当事者が意識的にこの点を指定するならば、裁判所はこれに拘束されると考えられるが、実際にはあまりこの種の指定はなされていないようである。(20)

ところで、取消も認めるが弁済も認めるという理由で請求を棄却する判決においては、これまた双方とも判断することは必ずしも必要的だとはいえない。判例やリステイトメントはそれでも、両者をとくに区別する必要はないとして、いずれの判断にも拘束力を認めている。(21) しかし、他の理由によっても支えられていると考えれば、一方の理由に適正な考慮を払わないおそれがあるとして、いずれにも拘束力を否定する見解もみられる。(22)

それでは、取消の抗弁を否定した上で弁済の抗弁を認めて請求を棄却した判決の拘束力はどうであろうか。請求棄却の判決にとり唯一の必要的な理由は弁済の判断であって、取消を認めないという判断は必要的な前提ではない。それ故、判例およびリステイトメントは取消を拒む判断に拘束力を認めないのである。(23) 判決主文に必要的な前提であれば自然と当事者や裁判所の関心も注がれるが、不必要な判断には関心もうすれるという配慮が考えられる。[24] しかし何よりも、この場合に拘束力を否定する多数の判例を支える実質的配慮は、理由中の判断だけを不服とする上訴が認められない、ということである。[25] さもないと、この点の不利な認定について、上級審の審査をうける機会を奪ったまま拘束力を認めることになり不当だからである。[26]

そこで、この点の判断に拘束力を与えるためには、上訴の利益を認める必要がある。[27] しかしかりに取り消されても原判決の主文に影響しない判断を不服とする上訴を許すことは、訴訟負担を増加するだけであってかえってこの制度の趣旨に反する。[28] ただ敗訴当事者の上訴にさいして、附帯上訴（cross appeal）がある場合には、勝訴当事者に不利な判断が覆されることも考えられる。そこでこの場合の判断には拘束力を認めてもよいとする立場もあるが、[29] 審査するかどうかは上級審裁判所の裁量に属するのであって、一般には不必要な判断として審理しないのが常だから拘束力を否定する見解も有力である。[30]

(4)　前訴判決にとって必要な前提としての判断に拘束力を限定するという法則は、しばしば、単なる間接事実（evidentiary facts）ではなしに、主要事実（ultimate facts）についての判断に限って拘束力を生ずるという意味に解され、その趣旨の判例を生み出した。[31] アメリカ法におけるこの点のリーディング・ケースは King v. Chase（1844）であるといわれるが、[32] その趣旨とするところは、判決に必要な判断の要件と同様、関与者の関心の集中する点に拘束力を限定して、正確性を保障し、当事者の予測しない結果の生ずることを防止しようとする点にある。[33] のみならず、「必要的な判断」という要件に残される若干の曖昧な要素をこれによって明確化できる。[34] The Evergreens v. Nunun（1944）において、[35] L・ハンド裁判官は、主要事実を定義して、「法律上の権利義務を生ずる基礎となる事実」であるとし、リステイトメントはこの定義を採用した。[36] 一部反対の判例を除いて多数の判例によって支持されているこの原則については、賛否こもごもである。[37]

ところが、The Evergreens 事件のL・ハンド裁判官は、さらに前訴で認定された事項が―主要事実であったか間接事実であったかを問わず—後訴において主要事実である場合にのみ、拘束力を認めると判旨したのである。その趣旨とするところは、コラテラル・エストッペルの効果を前訴当時に合理的に予測できる限度に限ろうというところにある。この拘束力を前訴判決に必要な事項の判断に限ったとしても、なお「この事項が将来どのような法的関連をもつようになるかを何とか予測することは不可能なことが多い。」[38]そこで、この拘束力を後訴の主要事実に限れば、将来どのような訴訟において拘束力を生ずることになるかを前訴の審理中に合理的に予測することができることになろう。というのは、こうすれば、拘束力の適用される後訴の訴訟原因は既に前訴当時に存在することが多いからである。さもないと前訴の判断事実が後訴の間接事実となる事件は限りなく拡がることになろう、というのである。

先決事項の判断の拘束力を当事者の合理的に予測できる範囲に限ろうという配慮から、これと後訴の訴訟物との密接な関係を要求するのは、ツオイナーの意味関連の理論と共通の発想であるといえる。[39]そして、将来の訴訟において拘束力の生ずることが前訴当時合理的に予測できる限度においてのみ、コラテラル・エストッペルの効果を認めるべきであるとする点では、今は全く異論をみないように思われる。[40]その意味では The Evergreens 事件は重要な意義をもつ判決であった。しかし、予測可能性の限度を決める基準を何に求めるかの点になると、後訴における主要事実となることを基準とする判例はまだ多くは現われていない。[41]後訴が前訴と同一事件から生じたものでない場合には、コラテラル・エストッペルの効果を認めないという提案も、この予測可能性を決める基準を具体化しようという趣旨に基づいている。[42]そして最近では、むしろ端的に「事実の判断が前訴当時に合理的に予測できる場合であって当事者が現にその重要性を認識し、裁判所が前訴判決にとって必要であると認めていた判断に限って」コラテラル・エストッペルの効果を与えるべきであるという立場が有力に主張されているのである。[43]

(5)　具体的にコラテラル・エストッペルが問題になる事項の大部分は、事実問題と法律問題の混合争点である場合が多い(44)。事実問題を前提にして論じてきた以上の制限法則は、認定事実に対する法適用の判断についても同様に妥当する。ただこの法律問題の判断が、適用された具体的事実を離れて拘束力を生ずることになるとその範囲は限りなく拡がることになるので、その制限をめぐって新たな問題が生ずる(45)。ここではこの興味ある問題に立ち入ることは避けるが、ただ、リステイトメントの採用した法則をのべれば次の通りである(46)。すなわち「同一事項又は同一事件に基づいて生じた」訴訟原因についての後訴以外においては、同一法律問題の判断に拘束力を与えないと共に(47)、これが将来において不当な結果（injustice）を生ずる際にも除外される(48)、というものである。

以上述べ来ったコラテラル・エストッペルの要件をめぐる問題点が、いずれも、その拘束力の範囲をいかに制限するかという視点から生まれてきたことは明らかである。これは、近代市民法成立期における英米法のこの分野において、ドイツ法におけるような、判決の効力を判決主文に限るという立法的解決がなされなかったことの必然的な帰結であった。すなわちそこでは、ゲルマン法以来の伝統的なエストッペルの法理が判例法として厳存していたために、これを判決の効力として構成したうえで、近代法の一環としてその効力範囲を合理的に制限する必要があったわけである。そのための判例の努力の成果が右にみた判決効の制限法則であった。そこに作用した各種の要請、ことに攻撃防御についての当事者の自由な処分権や拘束力の範囲の予測可能性の要請が、近代市民法における私的側面の優位という一般的特色の訴訟における反映であったことはいうまでもない。これらの要請は、その後更に訴訟負担軽減の要請や適正裁判の要請に補強されてますます強くこの分野における判例の傾向を支配しつつあるように思われる。

このような進展の中でなお流動的状態にあるといわれるこの法則にはなおかなりの不明確性が残されているが、これは、実務上明確に適用されるべき判例法則としては好ましいものではない。そこでアメリカの学説の中には、コラテラル・エストッペルの伝統的法則を廃止して、大陸法におけると同様の制度を採用すべきであるという提案すら生まれている(49)。すなわち、判決の効力は請求についての判断に限ってみとめ、先決事項については宣告的判決の申立てに基づいて判断がなされた場合に限って拘束力を与える、というものである。その方が訴訟の能率的運営と調和するし、何よりも効果の範囲を明確化することになる。しかも、先決事項についても請求自体と同様に適正な弁論を保障することになる。とりわけ、申立てによって相手方に将来においてこの点に拘束力の生ずることを明確に予告することになって、現在のように当事者の予測しない結果を生ずることがなくなる、という。

この提案は、判例法を中心とするアメリカ法の中では、必ずしも一般的に支持されているとはいえないようである。しかし、コラテラル・エストッペル法理に含まれている問題点を鋭くえぐり出して、前述した判例の一般的傾向を示唆しているように思われる。このことは、判決の効力を主文に限るという実定法規をもつわが国において、新たに先決事項の判断に拘束力をみとめようとするとき、どのような意味をもつことになろうか。

（1）See Restatement, Judgment, §68 (1) (1942), Note, *Development in the Law—Res Judicata*, 65 Harv. L. Rev. 818, 840 (1952).

（2）Cromwell v. County of Sac, 94 U. S. 351 (1876). 前出三⑵注(11)(12)参照。

（3）The Duchess of Kingston's Case, 20 How. St. Tr. 355 (1776), See Note, *Collateral Estoppel*, 52 Col. L. Rev. 647, 660 (1952).

（4）Adversary System の要請に基づいて形成されたこと前述（三⑵、⑶参照）の通りであるが、予測可能性、訴訟負担軽減、適正裁判の保障などすべての要請に支えられる要件である。前述三⑶に述べたこと以外にたとえば、Polasky, *Collateral Estoppel—Effects of Prior Litigation*, 39 Iowa L. Rev. 217, 226 (1954), Note, *op. cit. supra note* 3 at 647, 653-654 (1952) 参照。

（5）Jacobson v. Miller, 41 Mich. 90 (1879)（前出三⑵注(16)本文参照）。訴状の中の多数の主張に対してその一つだけを否認し、あるいは抗弁だけを提出した場合にも、黙示の自認となり、拘束力を生じない。See Note, *op. cit. supra note* 3 at 655.

（6）詳しくは Louisell and Hazard, Cases and Materials on Pleading and Procedure (1962) 573. 和解判決について、谷口安平「アメリカにおける和解判決の効力」法学論叢六七巻五号（昭三五）二四頁、四八頁以下〔同・民事紛争処理（信山社・平一二）所収）」、および James, *Consent Judguent as Collateral Estoppel*, 108 U. Pa. L. Rev. 173 et. seq. (1959) 参照。

(7) Restatement, Judgment, §68 comment f, h, j; Scott, *Collateral Estoppel*, 56 Harv. L. Rev. 1, 5-6 (1942); Polasky, *op. cit. supra note* 4 at 226-228; James, *op. cit. supra note* 6 at 177, 183; Moore, Federal Pactce, 1B (1965) §0. 444 などほとんどの学説が支持する。

(8) Restatement, Judgment, §68f, James, Civil Procedure (1965) 578. この点では、後述するようにわが国の判例が争点効を認めるにつき、「主張立証を尽くした」ことを要件としている（後出五⑶注(9)本文参照）のと対象的である。

(9) たとえば、前訴で主張できた請求原因事実や抗弁を主張しなかったからといって、後訴でこれが排斥されることはない。See Restatement, Judgment, §68, d. e.

(10) Polasky, *op. cit. supra note* 4 at 222-224; Note, *op. cit. supra note* 3 at 650-652. Moore, *op. cit. supra note* 7 §0. 33〔2〕がこのことを問題にする。従来この点を看過してきた嫌があるが、この範囲の基準が狭すぎれば制度の意味が少なくなるし、広すぎると実際には争われなかった点に拘束力が生ずることになり影響するところが大きい。なお、この点でわが国の争点効を認めた判例は、所有権に基づく土地明渡請求で主張されなかった時効取得を、後訴の所有権確認訴訟で主張したのを争点効理論によって排除した（京都地裁昭和四〇年七月三一日判決下民集一六巻七号一二八〇頁）。所有権を基準に争点の同一性を決めたのであろうが疑問がある。なお倉田卓次「いわゆる争点効の理論について」判例タイムズ一八四号（昭四一）八一頁、八三頁参照。

(11) See Note, *op. cit. supra note* 3 at 651.

(12) ツオイナー理論ではこの場合にも拘束力を認めることになる。前出二⑵注(22)参照。

(13) Little v. Blue Goose Motor Coach Co., 346 Ill. 266, 178 N. E. 496 (1931). 本件については、吉村徳重「Collateral Estoppel」英米判例百選（昭三九）二六六頁（本書四七一頁）参照。See Moore, *op. cit. supra note* 7 at 3913-3914.

たとえば利息支払請求認容の判例にとって、取消の抗弁も弁済の抗弁も共に否定されたことが必要的である。See Restatement, Judgment, §68 m; Scott, Collateral Estoppel by Judgment, 56 Harv. L. Rev. 11 (1942).

(14) 前注の例では、請求棄却の判決はいずれの抗弁によったかは推論できない。See James, *op. cit. supra note* 8 at

580-581, Note, *op. cit. supra note* 1 at 846, Moore, *op. cit. supra note* 7 at 3915.

(15) See Note, *op. cit. supra note* 3 at 660.

(16) James, *op. cit. supra note* 8 at 583 はこの配慮を強調し、先例拘束の法則が obiter dicta（傍論）に生じないのも同様の配慮によるという。

(17) 当事者の自由な処分権、予測可能性、訴訟負担軽減、正確性の保障それぞれについての配慮が妥当すると考えられる。

(18) Retatement, Judgment, §68 n Illustration 7（但し若干変更してある）参照。

(19) Moore, *op. cit. supra note* 7 at 3020-3021 しかし、期限到来後の元本支払を求める後訴においては、前訴の棄却判決がいずれの抗弁によったかにより決定的な効果の差異を生ずる。

(20) See James, *op. cit. supra note* 8 at 6 によれば、Adversary System を根拠に「当事者がある理由の判断を意識的に拒否するならば、裁判所はおそらくこれに拘束されねばなるまい。しかし、このような事例は少ない」。Webster Eisenlohr, Inc v. Kalodner, 145 F. 2d 316（1944）, cert. denied 325 U.S. 867（1944）では同様の問題が提起されている。同じことは実体的視点についてもいえる。当事者が損害賠償ではなく特定履行に固執すれば、裁判所はこれに拘束されざるをえない。しかし通常は有利な救済や判決理由を裁判所に委ねることが多いし、望ましい理由以外は主張しないことが多い。

(21) Retatement, Judgment, §68. m; Scott, *op. cit. supra note* 13 at 12, Moore, *op. cit. supra note* 7 at 3922 はこれが共に判決を支える点を意識した上での判断であり、さらに上級審の審査もうけられることを論拠に挙げる。上級審が一方の理由だけで原判決を維持したときは、この点だけに拘束力を生ずることになる。

(22) Note, *op. cit. supra note* 1 at 845.

(23) Cambria v. Jeffery, 350 Mass. 49, 29 N. E. 2d 555（1940）; Karameros v. Luther, 279 N. Y. 87, 17 N. E. 2d 779（1938）; Retatement, Judgment, §68 o; Scott, *op. cit. supra note* 13 at 12-13. そこで、本文の設例では、後に元本支払を求める請求において、債務者は再び取消を主張して請求を拒むことを排斥されない。Restetement, ibid. Illustration 9 参照。

(24) See James, *op. cit. supra note* 8 at 583. ことに勝訴当事者に不利な理由中の判断は判決主文の根拠となる処分的判断ではないのだから、その正確性も保障されない。Moore, *op. cit. supra note* 7 at 2302, 3922.

(25) Lindheimer v. Illinois Bell Telephone Co., 292 U. S. 151; Scott, *op. cit. supra note* 13 at 16–19; Note, *op. cit. supra note* 1 at 846; Moore, *op. cit. supra note* 7 at 2303, 3923; Note, *op. cit. supra note* 3 at 661; James, *op. cit. supra note* 8 at 582 など多数。Harv. Note はとくにこの点を強調。

(26) Moore, *op. cit. supra note* 7 at 2303; なお Note, *op. cit. supra note* 1 at 847 は上級審の審査により正確度をチェックする機会がないことを論拠とする。

(27) Electrical Fittings Corp. v. Thomas & Betts Co., 307 U. S. 241 (1939) は判決理由だけを取り消すための上訴を認めた。もっとも、これは理由中の判断が推定的な不利益を生ずるのを排除するためであって、コラテラル・エストッペルを前提としたためではないと評価されている。See Moore, *op. cit. supra note* 7 at 3925.

(28) Note, *op. cit. supra note* 3 at 661. 一般的には、Polasky, *op. cit. supra note* 4 at 220 参照。

(29) Note, *op. cit. supra note* 1 at 846, Equitable Life Assurance Soc. v. Gillan, 70F. Supp. 460 (1945).

(30) Moore, *op. cit. supra note* 7 at 3925.

(31) Paulos v. janetakos, –N. M. –, 129 P. 2d 636, 142 ALR 1237 (1942); King v. Chase, 15 N. H. 9 (1844).

(32) See Note, *op. cit. supra note* 3 at 661.

(33) See Moore, *op. cit. supra note* 7 at 3859 (for foreseeability); Note, *op. cit. supra note* 3 at 662 (for correctness). なお Note, *op. cit. supra note* 1 at. 842 は、コモン・ローにおける記録が訴答手続、判決、評決のそれに限られていたため後訴裁判所は主要事実しか確定できなかったという歴史的理由によるという。

(34) ことに間接事実が果して実際上判決主文に必要的であったかを決めることは非常に困難であるためである (Polasky, *op. cit. supra note* 4 at 228)。競合的争点の判断を必要的といえるかについて見解の分れることは前述したが（前出注(21)(22)本文参照)、双方共主要事実の場合拘束力を認める判例が多い (Note, *op. cit. supra note* 3 at 660)。

(35) The Evergreens v. Nunan, 141F. 2d 927 (1844). この有名事件においては、土地売買による収益に対する課税処分を不当とする審査請求において、前訴で争われた土地価格の認定について、コラテラル・エストッペルを生ずるかが問題となった。

(36) Restatement, Supplement, (1948) §336-337. これは Restatement, Judgment, §68 comment p が単に争点事実の

認定に拘束力を生じ、間接事実に生じないとしていたものを、明確化したもの。

(37)　間接事実も場合によっては判決主文を左右する唯一の争点となって十分に審理されることもある、というのが反論の立場である。Moore, *op. cit. supra note* 7 at 3858. 争点効理論について、倉田・前掲注(10)八四頁同旨。しかし判決効の明確な限界づけのために一般的な類型的基準を定立するには主要事実の概念が有用であると考えられる。See, Note, *op. cit. supra note* 4 at 662. なお前注(34)参照。

(38)　141F 2d 927, 929.

(39)　ツオイナーの意味関連は、前訴の判決主文と後訴のそれとが、その共通の先決事項の判断が区々になれば、矛盾し合うような関連であったが、その眼目の一つは判決理由中の既判力を予測可能の限度に画することにあったこと前述二(2)注(10)(11)(12)(13)参照。

(40)　予測可能性の要請について前述したところ（前述三(2)注(29)(30)(31)の本文）、ことに注(32)参照。

(41)　See Polasky, *op. cit. supra note* 4 at 239; ibid. 238 及び Note, *op. cit. supra note* 1 at 843 はこの基準自体の一般的採用が望ましいとする。

(42)　See Note, *op. cit. supra note* 1 at 842.

(43)　James, *op. cit. supra note* 8 at 582; Recent Cases, 74 Harv. L. Rev. 421, 423 (1960); see Hinchey v. Sellers, 7 N. Y. 2d 287, 165 N. E. 2d 156 (1959).

(44)　「裁判がなされるのは事実認定ではなくして、法律問題として判断されるところの、これらの事実の効果についての裁判所の結論である」という表現は、多少広きにすぎても、一般的に正しいといえる。See Moore, *op. cit. supra note* 7 at 4232. たとえば賃料支払の前提とされる賃借権の判断はもちろんだが、取消の抗弁や過失の判断も事実認定の問題だけではない。

(45)　最近、ドイツやわが国において、違法な形成の繰り返しを阻止するために、取消訴訟における具体的形成行為や時点の差異を超えて、同一の違法性を同一訴訟物としてこの点の判断に拘束力を与えようとする傾向がある。（上村明広「形成対象の繰返しと既判力」民商法雑誌五五巻一号（昭四一）二八頁、井上正三「紹介」立命館法学三七号（昭三六）九〇頁、本間義信「紹介」民事訴訟雑誌一二号（昭四一）二六〇頁参照）。これは実質的には同一法律問題についてのコラテラル・エストッペルの作用と異ならない。したがって一旦これを認めれば直ちに、これをいかに合理的に限界づけるかという同じ問題に直面するものと思われる。ここでは論点をしばるためにあえてこの問題に立ち入らず後日の検討に譲りたいと思う。

(46) Restatement, Judgment, §70.

(47) たとえば、同一契約の再度の違反に基づく損害賠償請求において、この契約成立の有効性の判断は拘束力をもつ。Restatement, Judgment, §70 b; U. S. v. Moser, 269 U.S. 236 (1924). しかし、これが全く別個の契約に基づく場合には、同種の争点を含んでも拘束力を生じない。Ibid, §70 e; Commissioner v. Sunnun, 33 U.S. 591 (1948).

(48) Commissioner v. Sunnun, *supra* note 47 は、同一契約からの収入についての課税可能性についての前訴判決は、これと矛盾する、別事件の判決の介入によって、後期の収入についての後訴において拘束力を生じないとした。他の納税者との公平な取扱ができなくなるという理由による。Restatement, Supplement. (1948) 341-342 は不当な結果の一設例としてこの事例を補充した。矛盾する法的状況の介入の基準を一般化しようという傾向が強い。Polasky, *op. cit. supra note* 4 at 240-241; Note, *op. cit. supra note* 1 at 835.

(49) Millar, *The Premises of the Judgment as res judicta in Continental and Anglo-American Law*, 39 Mich. L. Rev. 1, 238, 262 *et. seq.* (1940).

五　結語——争点効理論の検討

(1)　民事判決の既判力が判決主文にかかげられた訴訟物についてだけ生ずるのは、すでに述べてきたように、当事者が意識的に紛争の対象として判決を求めている事項は訴訟物だけだからである。民事裁判の目的は、当事者が判決による解決を求めている事項についてだけ解決の基準を与えることにある。その他の事項はこのための前提として問題となるにすぎず、当事者がこの前提事項を主張し争うのも、訴訟物についての判決を求めるための手段として意味をもつにすぎない。他の訴訟物との関係では何ら意味をもたないのである。当事者はもともと、みずから紛争を解決することができ、訴訟物を自由に処分することができるのであるから、その前提となる訴訟資料の提出処分をも当事者の欲するにまかせるというのが広義の弁論主義の要請するところである。そこで、当事者は、訴訟物だけを念頭において訴訟資料を提出するにすぎないわけであるが、それにもかかわらず、先決事項の判断に既判力を認めるならば、当事者が相対的に主張しているものを絶対的に確定してしまうことになり、当事者の予測しなかった結果を強いることになる。そこで、先決事項について既判力が生ずるのは、当事者が中間確認の訴によってこれを明確に訴訟物として判決を決めた場合に限られる。相手方は、これによって既判力を生ずべき事項を明確に予測したうえで、訴訟活動をすることを保障されることになるのである。このように、先決事項についての判断は、中間確認の訴えによる以外、既判力を生じないとされるのは、訴訟物および訴訟資料を提出するについての当事者の主体的意思を尊重すると共に、訴訟中には当事者が予測しなかったような結果を生ずることを阻止するためであることは明らかである(1)。

(2)　ところが、他方、既判力を訴訟物に限って認めるのは、主として、当事者および裁判所の審判の便宜という実践的な意図に支えられるものであると解する見解がある(2)。すなわち、判決理由中の判断に既判力が生じないことによって、一方、当事者は訴訟物についての結論のみを考慮して自由な訴訟活動ができることになって、前提問題については自由に処分が可能になり、争点をしぼって結論を急ぐ訴訟追行ができる。他方、裁判所も、実体法の論理的な順序にこだわらず、結論に達する最短距離と思われる順序で審理してもよいという自由をうる。先決事項に既判力を認めれば、審判の順序を強制されることになって、弾力的な審理と迅速な結論を可能にする審判の便宜の要請に反する。そこで、このような前提の下に審判の便宜を保ちながら紛争解決の範囲を拡大するための判決効として考案されたものが、いわゆる争点効に他ならなかったのである。

判決理由中の判断に既判力を認めないことによって右の意味での審判の便宜が保障されることは確かであり、当事者の提出した複数の攻撃防御方法について裁判所のいわゆる選択権が認められることは、従来から説かれてきた(3)。しかし、ここでは攻撃防御方法の処理についての裁判所の自由な立場だけでなく、当事者の自由な地位をも、審判の便宜＝訴訟の迅速な処理という一点において等質的に理解されているところに、その特質が認められる。しかし、この点についての裁判所の立場と当事者の立場とが、審判の便宜という視点によってカバーしつくせるような等質的なものであるかは疑問である。攻撃防御方法についての裁判所の自由な選択権が、審判の便宜を目ざすものであることは疑いないが、当事者の自由な処分権は、単に審判の便宜のためのものではなしに、前述した弁論主義の要請に裏打ちされた民事訴訟における当事者の主体的地位に由来するものだからである。この立場からすれば、当事者は、本来、攻撃防御方法についても審判すべき事項を指定できるはずである。(4) ただ、先決事項の判断については拘束力が生じないのが原則であるから、複数の争点が提起された場合に、当事者がその中から審判すべき事項や順序を指定するという利益は認められず、その限りで裁判所の自由な選択、つまり審判の便宜に道を譲っているにすぎない。もし、先決事項の判断についても拘束力が生ずることになれば、当事者は審判すべき事項およびその順序を指定する利益をもつにいたり、(5) その結果裁判所は選択権を失なうことになるのである。(6) この意味では、攻撃防御方法についての当事者の主体的かつ自由な地位は、裁判所の選択権すなわち審判の便宜と対抗関係に立っているといえるわけである。

このようにみてくれば、審判の便宜を維持しながら、紛争解決の範囲を拡大するために、争点効を認めることがいかなる意味をもつことになるかが明らかとなるであろう。本来、審判の便宜と紛争解決の範囲拡大の要請とは、いずれも訴訟運営の能率化を目ざす点において、共に公的な利益のための等質的な配慮であった。請求概念を実体法的視点から解放して、既判力の範囲を拡げた場合には両者は矛盾なく満足された。(7) 今紛争解決の範囲を先決事項にも深めようとすれば、両者は矛盾関係に立たざるをえないとされるのは、攻撃防御方法についての当事者の主体的地位のもつ次の二つの側面が媒介的前提とされているからに他ならない。すなわち、先決事項の判断に拘束力を生ずることになれば、第一に、当事者に審判すべき事項や順序を指定する権利を認めざるを得ない。そうでないと、裁判所の自由に選択した事項のいかんによって拘束力の内容が異なり、当事者の利益に反することになる。第二に、当事者は、請求との関係いかんにかかわらず、先決事項についても全力を注いで争わざるをえない。さもないと、請求との関係で相対的に争った事項の判断に拘束力を生ずることになって、予測しない結果を生じ、当事者の利益に反することになる。そこで、紛争解決の範囲を拡げるという要請は、当事者の利益を守るという右のような前提に立つ場合には、いきおい審判の便宜と排斥しあう関係に立つのである。しかし、この前提を度外視すれば必ずしもそうとは限らないであろう。争点効理論は、一については、当事者の指定権を否定し、二については、当事者が真剣に争った場合に限って拘束力を認めるとして、審判の便宜と紛争解決の範囲拡大の要請の調整を計ったのである。しかし、そこでは、両者の要請を対立させる媒介項をなしていた当事者の利益あるいはその主体的地位について、必ずしも十分な配慮が払われているとはいえないように思われる。

　このような基本視点に立って、いわゆる争点効理論が要件としているものを、コラテラル・エストッペルのそれと対比しながら検討してみる必要がある。

(3)　争点効理論が、コラテラル・エストッペルと異なる何よりの特質は、当事者が真剣に争った事項に限って拘束力を認めている点にある。これは、コラテラル・エストッペルに対する批判、すなわち争点となった以上はすべての事項について徹底的に争わざるをえないことになって、却って訴訟負担を増加するという批判に対する配慮と思われる(8)。当事者は少なくとも請求との関係で真剣に争わなくともいい事項については、全力を注ぐ必要がなくなるわけである。しかし、「真剣に争う」とはどのような場合であろうか。争点効理論を採用した判例の用語によれば、当事者が主要争点として主張立証をつくした場合であると説明している(9)。主要争点とは何を指すのか、主張立証をつくすとはどの程度を意味するのかは、具体的にはかなり困難かつ曖昧なものとなることは否めない(10)。真剣に争ったのか、やや手を抜いて争ったのかを区別する基準は、甚だ不明確なものであるといわざるをえない(11)。コラテラル・エストッペルの法理は、前述の批判にもかかわらず、あえてこの種の実質的概念を要件にしてはいない。これは、実務上の法則としての有用性はその明確性にあるという理由(12)だけではなしに、どの程度に力を注いで争えば争点効を生ずるかが曖昧であれば、当事者は将来の拘束力を合理的に予測できず、常に不意打ちにおびえて訴訟活動をせざるをえないからであろう[13]。

同様の不明確性は裁判所が実質的な審理判断を下した事項という要件にもみられる[14]。コラテラル・エストッペルが現に判断したことを要件とするほか、この判断が判決主文に必要不可欠であることおよび主要事実に関するものであることという要件を加えたのは、この点の配慮に対応する。これらの要件を充す場合であれば、一般的に当事者が真剣に争い実質的に審理判断をする類型的事例であるといえるわけである[15]。実質概念の曖昧さを避けて実務の利用に耐え、当事者の合理的予測可能性を保障するためには、論理概念を用いた類型化が必要である。

ところで争点効を判決主文に不可欠の前提をなす判断に限ることになると、たとえば、取消の抗弁を否定し、弁済の抗弁を認めて債務支払請求を棄却した判決の場合には、取消を否定した判断には拘束力を生じない。この判断は棄却判決に必要不可欠ではないからである。そこで、被告は再び取消を主張して、不当利得返還請求ができることになる。しかし、争点効理論はこの点にも拘束力を認めるという趣旨と思われる[16]。ここでもまた実質的に審理判断した点は、判決主文にとり必要でなくとも拘束力を生ずる。実質的な審理判断という基準の不明確さを思えば、当事者はいきおい判決主文に直接必要でない争点をも全力を注いで争わざるをえないことになろう。ことにこの点だけの上訴の利益も与えられるとされるから[16]、判決主文に影響しない問題についての争いのために、紛争の解決を遷延し、却って訴訟負担を増加することになるという批判は免れないように思われる。

他方、裁判所の選択権が問題になるのは、争点が競合する場合に限られるが、審判の便宜を強調する争点効理論は、当事者の指定や順序づけを認めていないようである。しかし、当事者が真剣に争った事項であっても、裁判所が何を選択するかによって判決の効力に差異が生ずるとすれば、当事者の利益に反することになる[17]。アメリカ法では、アドバーサリー・システムを論拠に判決理由とすべき事項を指定する余地があるようである。争点効理論の下でこの指定権を認めるとしても、この効力の生じうる要件を充す場合に限って、これを行使する利益を認めるべきことになろうから、[18]審判の便宜との調整もある程度は可能になろう。

そこで、争点効を、主要事実についての争点の判断の中で、判決主文に必要不可欠なものに限って認めるとしても、当事者は通常訴訟物だけを念頭において弁論をするにすぎない。それにもかかわらず、この点の判断が将来他のすべての訴訟物との関係においても拘束力をもつことになると、当事者の予測しない結果を生ずることは避け難い。「真剣に」争った場合に限ったとしても、これとて、当面の訴訟物との関係で真剣であるにすぎないであろう。コラテラル・エストッペルについてのほとんどの学説が、前訴判決にとって不可欠な判断が、将来の訴訟において再び争われるような重要なものであることを合理的に予測できる場合にのみ、この点の拘束力を認めるという立場をとっているのはこのためである。ツオイナー理論が、前訴と後訴の訴訟物との間に法的意味関連のある場合にだけ先決事項についての既判力を認めたのも、その限りで当事者は後訴における拘束力を予測するであろうという前提に立っていたのであった。しかし、法的な意味関連なる概念が必ずしも一義的に限界を画するとはいえなかったのと同様に、合理的な予測可能性といっても、やはり明確な基準を提供するとはいえない。後訴において主要事実となる場合に限って拘束力を認めようという The Evergreens 事件の法則や、同一事件から生じた後訴においてのみコラテラル・エストッペルを適用しようという提案などは、予測可能性の存する類型的事例を探ろうとする趣旨に出たものに他ならなかった。争点効理論には、この点の配慮が十分に払われているとはいえない。[19]

(4)　以上述べてきたことを前提とすれば、争点効は、次のような要件の下に認められるべきであろう。(1)前訴における主要事実に関する争点の判断の中で、(2)判決主文に必要不可欠の前提となる判断であって、(3)将来の訴訟において問題になることが合理的に予測できる場合に限って拘束力を生ずるということである。[20]もしこの要件が正しいとすれば、当事者は、この要件を充す先決事項については、訴訟物のいかんを問わず、将来の紛争に備えて、弁論を尽くし、あらかじめこれを確定しておくことが要請されるわけである。これを比喩的にいえば、客観的にみて先決事項についての中間確認の訴えが提起されて然るべき場合には、これを強制するに等しいわけである。[21] したがって、そこには次のような基本的な問題が提起されていることを看過することはできない。

まず、この立場では、先決事項を訴訟物として判決の対象とするか否かを決める当事者のもつ権限（処分権主義）が、この限度で制限されていることになるし、攻撃防御について自由に処分できる当事者の地位（弁論主義）も否定されることになる。ここでも、民事訴訟における当事者の主体的地位を基調とする考え方が後退し、紛争解決の一回性の要請のためには、当事者も先決事項の確定のために協力すべきであるという観点が前提とされていることは明らかである。[22]

次いで、個別的な訴訟は、訴訟物としての法律関係を確定することによって、当面の紛争を解決することを任務とするものであるのに、争点効理論は、さらに将来予測される紛争に備えて先決事項についての争いをも同様に解決することを、一つの訴訟に押しつけることになる。これでは、簡単に解決できる件でも慎重にならざるをえないことになって、訴訟負担を増加するという難点が依然残されることになるだけではなしに、申立てに示された紛争解決の類型を重視する新訴訟物理論においては、かえってその足元を掘り崩すことにならないのかという新しい疑問が提起されることになる。[23] すなわち新請求概念は、給付、形成、確認という訴えの類型の差異を重視し、給付訴訟においては、一定の給付をうける地位が問題であって、その法的性質決定は重要ではないという。しかし、紛争解決の範囲拡大の要請からすれば、判決理由中の実体法上の請求権の判断についても拘束力を認めて、この点の争いをむし返すことを阻止しようということになる。すなわち、一方請求概念を考える場合は、給付訴訟の目的は執行力の取得にあり、判決理由となる実体法上の請求権の判断は重要ではないとしながら、他方給付訴訟においても実体法上の請求権の確定が共にその目的とされることになる。個別訴訟の任務を超えて、本来は別個の確認訴訟の対象となるべき先決事項をも確定しようとすれば、新説の前提自体が否定されることにならないかという疑問は避け難いのである。

ここでも再び、当事者がたまたま真剣に争った事項についてだけ争点効を認めることにすれば、真剣に争わない限りは、先決事項の確定を強制されることはない。先決事項についての当事者の自由な処分権を正面から否定し、この点の確認をも初めから個別訴訟の任務として押しつけるという右の批判は、その限りで、ある程度緩和されることになる。しかし、「真剣に争う」という実質概念の不明確さのために、当事者はどの程度争えば拘束力を生ずるかを訴訟中に合理的に予測することは困難である。のみならず、かりに真剣に争ったとしても、競合する争点のいずれを判決理由とするかが裁判所の自由な選択に委ねられるとすれば、いずれの点が判断され拘束力を生ずることになるかは、全く当事者の予測を超えること明らかである。[24] 争点効理論は、このような二律背反に直面せざるをえないことになる。

（1）　従来の通説の立場である。前出二(1)注（2）（4）（5）の文献のほかに、兼子一「既判力と参加的効力」民事法研究Ⅱ（酒井書店・昭二九）五五頁、六二頁、岩松三郎＝兼子一編「確定判決の効力」法律実務講座・民事訴訟編第六巻（有斐閣・昭三八）二四頁注（二）、Stein-Jonas-Schöncke, ZPO §323 V. 2 などが同様の趣旨を述べている。

（2）　新堂幸司「既判力と訴訟物」法学協会雑誌八〇巻三号（昭三八）三二五頁〔同・訴訟物と争点効（上）（有斐閣・昭六三）〕。

（3）　井上正三「既判力の対象と裁判所の選択権（一）（二）」立命館法学三二号、三三号（昭三七）が強調したところであった。

（4）　Schwab, Streitgegenstand im Zivilprozess, 1954, S. 98ff は、複数の事実主張のうち、審理を一定の事実に限定し、あるいは事実に順序をつけて主張でき、裁判所はこれに拘束されるという。James, Civil Procedure（1965）6 は Adversary System を根拠に一定の判決理由の審判を拒んで、他の有利な理由の審判を指定できる地位を認める。

（5）　当事者はあたかも訴えの利益と同様に、攻撃防御についても指定の利益が要求されるであろう。Peters, Zur Rechtskraftlehre Zeuners, ZZP Bd. 76, 239（1963）. 前述二(2)注（24）参照。

（6）　井上・前掲注（3）も同様の関係をみとめるが、そこでは裁判所の選択権の限界と既判力の対象との照応関係が出発点とされる。しかし後述のように、裁判所の自由な選択と既判力の拡充とが矛盾するのは、当事者の利益ないしその主体的地位の尊重を媒介とするからに他ならない。そこで、ここでは当事者のこのような地位に出発点を置いて同様の関係を考察したわけである。さもないといわゆる当事者の指定権の根拠が薄弱である。

(7) アメリカにおける新説が何よりも審判の便宜（Trial Convenience）を最大の論拠としていたことを考えよ。Eg. see Note, *Development in the Law—Res Judicata*, 65 Harv. L. Rev. 818, 826 (1952).

(8) ここで訴訟負担の軽減の要請といってきたものは、審判の便宜とほとんど重なり合う内容をもつ。共に訴訟の能率的運営を目ざすものだからである。Polasky, *Collateral Estoppel—Effect of Prior Litigation*, 39 Iowa L. Rev. 217, 220 (1954) が disirability of minimizing litigation と呼ぶものである。

(9) 京都地裁昭和四〇年七月三一日判決下民集一六巻七号一二八〇頁、一二八四頁、東京地裁昭和四一年四月二〇日判決判例時報四四四号七六頁、七八頁は共に同じ要件をとる。新堂幸司「条件付給付判決とその効果」民事訴訟雑誌一〇号（昭三八）九頁〔同・訴訟物と争点効（上）（有斐閣・昭六三）〕は「重要な争点とされ当事者双方がそこを天王山としてたたかった結果出された結論」と説明する。

(10) 倉田卓次「いわゆる争点効の理論について」判例タイムズ一八四号（昭四一）八二頁がその不明確さを具体的に検討する。

(11) 研究会「実務と新訴訟物理論（二）」判例タイムズ一五五号（昭三九）五頁（田辺公二発言）、さらに「この不明確さということは、既判力というものの定められている目的というか、その性質から云って致命的な欠点だと思うのです」という。

(12) 倉田・前掲注(10)八二頁が強調するところである。Millar, *The Premises of the Judgment as res judicata in Continental and Anglo-American Law*, 39 Mich L. Rev. 1, 238, 262 (1940) は「アメリカ法においてはこの分野ほど、実務の取扱上、明確かつ有用な法則の展開について信頼のおけない分野はない」と嘆くのである。

(13) See Millar, *op. cit. supra note* 12 at 264.

(14) 倉田・前掲注(10)八三頁が不明確な点を具体的に指摘しているところを参照。

(15) 東京地裁判決・前掲注(9)七八頁は、判決の決定的前提として判断したことという要件を付加して、この点の配慮を示している。

(16) 新堂・前掲注(2)三二〇頁以下、殊に三二九頁注(33)参照、もっとも、研究会・前掲注(11)一一頁の新堂幸司発言はいわゆる積極否認の際には被告の所有権の判断の拘束力は、これが結論に不必要であるとの理由で否定される。

(17) たとえば、利息債務弁済の抗弁だけを認めて利息債務請求の棄却判決をえた被告は、後に元本債務の請求においてこの判決を利用できない。被告は前訴で同時に真剣に争った元本債務負担行為の詐欺による取消の認定に、より大きな利益をもつ。この点が理由とされない限り、被告は後訴でこの点を再び争わねばならぬことになる。

(18) すなわち、判決主文にとって必要不可欠な前提となる主要事実であって、将来この点が問題になることが合理的に予測される場合に限り指定の利益を認めるべきであろう。前出注(5)参照。

(19) 「真剣に」争った場合には不測の結果にはならないという趣旨と思われるが、それだけで十分であるかは疑問が残る。京都地裁判決・前掲注(9)一三八四頁は、さらに「新たな審理を許せばその判断如何によっては前訴判決主文中の判断の内容を実質的に破毀する結果となり」「法律的にも不即不離の関係にあり…、実質上の同一紛争のむし返しに過ぎない場合」という要件を付加する。ツオイナーの「意味関連」に近い要件と思われるが果して明確な基準を提供しうるかは問題であろう（倉田・前掲注(10)八三―八四頁参照）。

(20) 現在の争点効理論と異なるのは「真剣に」や「実質的な」という実質概念の代わりに、これを類型化した二、三の規制要件が付加されている点である。通説的見解によるコラテラル・エストッペルの要件であるといえる。

(21) 研究会・前掲注(11)一四頁における同旨の新堂幸司発言参照。被告に対して、この考えをさらに拡張するものがアメリカ法におけるコンパルソリー・カウンタークレームである。この新しい制定法上の制度の下では、さらに審判断されなかった事項についても排除効が及ぶので批判が強い。See Note, *op. cit. supra note* 7 at 832; ことに立法によらずにこれに近い効果を認めることは不可能である（田辺発言前掲注(11)九頁参照）。なお、Wright, *Estoppel by Rule: The Compulsory Counterclaim under Modern Pleading*, 39 Iowa L. Rev. 255 (1944) は好意的評価をする。

(22) この前提に立って初めて、当事者の自由な訴訟活動を裁判所の選択権と共に審判の便宜の要請の下に等質的に把握することができる。

(23) 井上正三「学会回顧――民事訴訟法」法律時報三八巻一三号（昭四一）三〇頁参照。

(24) 当事者が真剣に争った限りは、裁判所は必ず判断すべきであって、これを怠れば裁判の脱漏になるといえるかが一応問題になろう。ツオイナー理論についての霜島甲一「紹介」法学協会雑誌七六巻（昭三五）六九二頁の指摘参照。

（原題「判決理由中の判断の拘束力――コラテラル・エストッペルの視点から」

九州大学法政研究三三巻三＝六号、一九六七年）

第七章　判決効の主観的範囲拡張

一　序　論

アメリカにおける民事裁判の既判力（Res Judicata）は滔々としてその範囲を拡張する傾向にある。それは客観的範囲たると主観的範囲たるを問わない。いかなる要因がこのような傾向の背景となり支えとなっているのであろうか、根本的な検討を要する問題であると思われる。ここでその社会的経済的意味を探るゆとりはない。(1) ただいわばその前提として、アメリカの判例自体あるいはアメリカの法律家自身がどのような考慮に基づいてこの傾向を推進しあるいは受けとめてるのかを明らかにしたい。

既判力の客観的範囲の拡張に大きな影響をもたらしたものに二つの要因があるといえる。一つは一八四八年にニューヨーク州に初まった統一訴訟方式採用の一般化という制度的変革である。(2) 二つはこの改革の思想的背景をなすと共に、(3) その後も判例に大きな作用を及ぼしてきたプラグマティックな政策的諸考慮（policy considerations）である。(4) 統一訴訟方式をとる法典体制が従来の種々の訴訟方式（forms of action）を棄て普通法と衡平法との区別を廃止したことは既判力の客観的範囲を拡張する制度的契機を与えた。しかしこのことが直ちに、既判力の範囲ひいてはこれと関連して「訴訟原因」ないし請求の範囲を拡張する結果をきたしたわけではない。これはアクチオ制度を廃止したドイツ普通法以来の民事訴訟法において訴訟物の範囲をアクチオの定着物たる実体法上の請求権を基準として決定する有力な見解が維持されてきたのと同様である。アメリカ法における統一訴訟方式の下においても、「訴訟原因」の概念をめぐって一つの「権利」を基準に個別化する立場とプラグマティックな基準を主張する立場とがしのぎをけずって争われてきた。(7) 紙数の関係でこの点の詳細な研究は後日に譲らねばならぬ。ただ現代の一般的傾向は、裁判所および当事者の訴訟経済の利益あるいは法的安全性という政策的考慮に基づいて既判力の範囲を拡張する方向にあることは指摘できる。しかも、先ず第一に「訴訟原因」の範囲を統一的に概念規定するという従来の方向よりもむしろ、問題になる類型的な事態に応じて政策的考慮がいかに訴訟原因および既判力の範囲を規定するかという逆のアプローチが優位を占めつつある。(8)「訴訟原因」による既判力拡張の説明が困難な場合には、むしろ「必要的請求併合」という判例にも見られたテクニックにより同一の効果をえようとする提案もこの線に沿うアプローチであるといえる。(9)

原告は訴えを提起し終局判決が下れば同じ請求又は訴訟原因につき再訴ができなくなる。この意味での判決の拘束力を Bar or Merger あるいは Stirct Res Judicata という。同じ請求又は訴訟原因は原告勝訴判決に混同され（merge)、あるいは敗訴判決により排斥される（bar）という。いずれの場合にも訴訟原因が消滅し以後原告はこれに基づき被告を訴えることができない。(10) 右に述べた既判力の客観的範囲はこの意味での既判力の問題である。ところが後訴の訴訟原因が前訴のそれと異る場合には、この Strict Res Judicata は生じない。ただ前訴で現実に審理且つ判決された事項が拘束力をもつことになる。これを判決のコラテラル・エストッペル（Collateral Estoppel）という。(11) したがって判決理由中の判断にも、これが判決にとって重要であればこの拘束力が生じる。

既判力の主観的範囲が前訴の当事者を超えて第三者に拡張される場合には、この判決のコラテラル・エストッペルだけが問題とされる。当事者を異にする前後の二つの訴訟における訴訟原因は常に同一でないと考えられるためである。(12) したがって既判力の主観的範囲についてはその客観的範囲とは異なって統一訴訟方式の採用という制度的変革も直接の影響をもちえない。にもかかわらず、既判力の主観的範囲も伝統的な相対性の原則を超えて、漸次第三者に拡張される傾向にある。この傾向の背景をなすものは何であろうか。客観的範囲の拡張と同様に政策的考慮であろうか。本稿においては焦点をこの問題に限定する。そして判例法がこの分野でいかに変遷してきたのか、いかなる考慮がいかなる形でこの変遷を支えてきたのか、さらにアメリカの学者がこれをいかに受けとめているのかをやや詳細に紹介することを主な目的とする。この一般的傾向を伝統的背景を異にするわが国の制度の中でいかにうけとめるかは非常に難かしい問題であろう。しかし異なった制度に対する異なったアプローチの仕方を明らかにすることは、わが国訴訟法学の方法論の位置を確かめるためにも有益であると思われる。

（1）江藤价泰「民事訴訟法に対する一考察」人文学報一八号（昭三三）二七五頁以下によれば判決効の相対性は民事訴訟における私法的契機を示すが、これは資本制社会の初期の段階としての産業資本主義時代、自由主義的個人主義的国家の時代に私法原理が優位を占めたことに基く。しかし近代資本社会における矛盾の顕在化によって政治社会としての国家の積極的介入を招き、これが公法的原理の優位を生む。民事訴訟における公法的契機＝公益的契機の強調もその流れに測うものである。アメリカにおいて二〇世紀に入って判決効の相対性の原則からの離脱の傾向が公益的考慮によって推し進められてきたことも基本的にはこのように位置づけることができよう。

だが問題なのはここからであり、江藤論文も指摘するようにたんなる反映論におわることなく、各制度において判決効がいかに自己発展をし、この発展が社会的経済的要因によるだけでなくいかに種々の内的要因を媒介にしているかを追及する必要があろう。そうでなければわが国とアメリカで判決効の範囲について差異を生ずることすら適確に説明できない（この点につき第四の比較法的見地からの若干の視点参照）。

（2）田中和夫「アメリカにおける単一訴訟方式」訴訟法学と実体法学（中村宗雄教授還暦祝賀論集）（早稲田大学法学会・昭三〇）七五、八九頁。Clark, *The Code Cause of Action,* 33 Yale L. J. 817, 836 (1924), Clark, Code Pleading, 473-475 (2ed. 1947).

（3）See Clark, *op. cit. supra note* 2 at 817, 820; この間の事情は、Hepburn, The Historical Development of Code Pleading in Amerca and England（1987）に詳しい。すなわち社会の発展と複雑化につれて古く化石化したコモン・ローの訴訟手続である forms of action の体系では社会の要請に側い得なくなった（p.19~43）。殊にこの古い訴訟手続を廃止させた主な原因といえるものは、⑴衡平法手続と普通法手続の分離、⑵多数の異なった恣意的な訴訟方式

(forms of action) の存在、(3)請求の併合や共同訴訟についての技術的制約、(4)訴答手続の冗長且つ不明確性であり、これらが訴訟を耐え難く不便且つ不合理で非能率的なものとした (p. 43〜66)。ニューヨークに始まった改革運動はこれらの欠陥を除き「民事事件におけるより簡単でより迅速な訴訟手続」を成立させるためのものであり (p. 77〜89)、ニューヨークに法典が成立するや、これはアメリカの多くの州に影響を及ぼして行ったのである (p. 87〜90)。

(4) See Note, *Developments in Law—Res Judicata*, 65 Harv. L. Rev. 820, 824-831 (1952).

(5) McCaskill, *Actions and Causes of Action*, 34 Yale L. J. 64 (1925); Gavit, *The Code Cause of Action; Joinder and Counterclaim*, 30 Col. L. Rev. 802 (1930).

(6) Clark, *op. cit. supra note* 2 at 817, 837; Clark, *op. cit. supra note* 2 Code Pleading, 127, 137-140.

(7) 谷口安平「アメリカにおける和解判決の効力」法学論叢六七巻五号（昭三五）三六頁〔同・民事紛争処理（信山社・平一二）所収〕に要領のよい紹介がある。Schopflocher, *What is a Single Cause of Action for the Purpose of the doctrine of Res Judicata*, 21 Oreg. L. Rev. 319 (1942) は両者を "Individualized Concept" および "Pragmatic Concept" と名づけ、それぞれに立つ錯綜する判例を分析し同一性識別の基準の定立を図る。Note, *op. cit. supra note* 4 at 824 は統一訴訟方式採用がこの問題を重大且複雑化したことを指摘する。

(8) See Cleary, *Res Judicata reexamined*, 57 Yale L. J. 339-349 (1948); Note, *op. cit. supra note* 4 at. 831.

(9) Blume, *Required Joinder of Claims*, 45 Mich. L. Rev. 797, 799, 802-803. (1947); See Schopflocher, *op. cit. supra note* 7 at. 324, 363: 後者が "Pragmatic Coneept" が結局この必要的請求併合という訴訟上の義務の認められる場合と異ならないとして、訴訟原因同一性の概念から区別するのは興味深い。

(10) American Law Institute, Restatement of the Law of Judgments (1942)〔以下、Restatement, Judgments として引用〕§§47. 48 (1942), 谷口・前掲注(7)三四頁参照。

(11) Restatement, Judgments §§68. 70. 谷口・前掲注(7)三四―五頁参照。See. Scott, *Collateral Estoppel by Judgment*, 56 Harv. L. Rev. 1, 3 (1942).

(12) See Moore and Currier, *Mutuality and Conclusiveness of Judgments*, 35 Tul. L. Rev, 303 (1961).

二　相対効の原則とその離脱の傾向

民事判決の既判力は当事者およびそのプリヴィ（Privies: 利益帰属主体や承継人など）にしか及ばない。この原則は判決のコラテル・エストッペルの相対性（Mutuality）の要求に基づくといわれる。判決に拘束されない第三者はこれを有利に利用することもできないというのである。ほとんどの裁判所によって認められてきたこの伝統的な判決の相対効の原則[1]にもかかわらず、近年判決の効果を当事者でもプリヴィでもない第三者に広く認めようとする傾向が強い。

(1)　相対効の原則

判決の既判力が当事者とそのプリヴィに限られるという原則は、正確にいえばコラテラル・エストッペルの相対性の要求と共にデュー・プロセスの保障に基づく。何人も公正な裁判所の審判なしには権利を奪われないというデュー・プロセスの要求により、訴訟に参加しない第三者は判決に拘束されない。その反面、コラテラル・エストッペルの相対性の原則によりこれを有利に利用することもできない。Restatement of Judgment はデュー・プロセスおよび当事者間の公平の要請が判決の相対効の根拠だとしている[2]。判決に拘束されない新しい相手方に対しては、前訴の当事者といえども再び争えるのが公平に合するというのである。

このような判決の相対効の原則は基本的には民事訴訟制度の目的趣旨に由来する限界であるとうけとられてきた。グッドリッチ判事（Goodrich）は判決の中でこう説明している。

「判決の効力は訴訟における認定を終局的真実とするものではない。訴訟制度は普遍的に適用できる客観的な（physical）法律を発見する研究所ではなく当事者間の紛争を解決する手段にすぎない[3]。訴訟を通じ既判力により当事者間に事実として解決されたものは当事者自身及びそのプリヴィを拘束するにすぎない。」

当事者は相手側のことを考慮して自己の立場を十分に立証するのをさしひかえてもよい。他の者に対するのであれば争ったであろう事項でも、特定の相手方に対してはこれを認めることもできる。法はこのことを承認している。ペンシルバニヤ州の前裁判長フォン・モシュスカー（von Moschzisker）はこれが判決の相対効の本来の理由であるという。(4)私的紛争の解決手段である民事訴訟制度においては、当事者間の紛争を相対的に解決することを目的とする。これは同時に当事者の意向にも合する。さもなければ当事者は相手方いかんにかかわらず、将来の第三者との訴訟を考え常に余力を尽して争わざるをえないであろう。民事訴訟の私的紛争という面を強調した立場でありわが国においては判決の相対効を弁論主義を以て説明するのと異ならない。(5)

しかしながらこのような理由づけも、他面民事訴訟が紛争の公的解決手段であり、殊に既判力がすぐれて公的利益に支えられた制度である点が強調されるとき、その説得力を失って行った。(6)既判力の根拠をなす基本的な政策は社会における紛争を終結させることであり、そのために判決の認定に終局性を与えて訴訟の繰り返しを禁ずることにあった。(7)これは同時に、一方では訴訟の無駄な繰り返しから個人を守るためであり、他方国家機関である訴訟制度の浪費および矛盾した判決の可能性を防ぎ法的安定性を保つことにもなる。(8)このような既判力の基礎をなす諸政策の中でも殊にその公的制度としての側面からの考慮はやがて、一旦訴訟において解決した同じ事項について、単に相手方を変えただけで再び紛争を繰り返すことは認め難いという考えに導くのである。

(2)　相対効の原則からの離脱の傾向

伝統的な判決の相対効の原則に正面から対決するいわゆる「在廷法則」（"his day in court" rule）は二〇世紀前半のコカコーラ事件（Coca-Cola Co. v. Pepsi-Cola Co., 1934）を初めとする一連の判決によって定立された。いくつかの法域ではほとんど確立されたかに見えるこの法則に至る道は、既に古くから相対効の原則に対する例外とされてきた諸事例の中で踏みならされてきたといえる。

(イ)　「派生責任法則」（Derivative labiliy rule）　相対効の原則に対して一般的に例外が認められてきたのは派

生的責任関係（Derivative liability relation）といわれる場合である。第三者の法的責任が当事者のそれに派生している（depend）場合がそれである。[9] この派生的責任関係はたとえば保証人と主債務者のように契約によって生ずることもあり[10]、雇主と雇人の事例のように不法行為によっても生ずる。[11] 主な責任を負う当事者に有利な判決は、同じ相手方が派生的責任を負う第三者に対して提起した訴訟において拘束力をもつ。こうして派生責任法則によって、保証人は主債務者の勝訴判決を援用することができ、雇主は使用者責任を問われるときは雇人を免責する判決を援用できる。

　これらの判例において特徴的なことは、前の判決を抗弁として（defensively）援用することだけが認められていることである。[12] 通常派生的責任を負う第三者が前の判決を援用するのは、前訴の当事者によって提起された訴訟で被告となった場合である。第三者が自ら訴えを提起して前の判決を積極的に利用した例は少ない。[13] のみならず従来の判例では、第三者が前の判決を援用するためには、相手方はいずれの訴訟でも原告であるのが一般であった。[14] 原告は積極的に先ず主な責任者を選んで訴え敗訴した以上、次いで単に相手方を代えて派生的責任者を訴えてみても、前の判決の援用をうけざるを得ないという趣旨であった。グッドヘルス事件は自動車衝突事件においてこの点の要件を緩和した。[15] 第三者であった自動車所有者は自己の運転手に過失なしと認定した前訴の判決を同じ相手方の提起した訴訟において援用することが認められた。ところが本件で原告となった相手方は前訴では被告として前記の運転手により訴えられ、その助成過失を主張したが、容れられなかった事例であった。

　ところで右のようないわゆる派生的責任関係においてなぜ相対効の例外が認められるのであろうか。常に繰り返されてきた理由に派生的責任関係が通常求償関係（Indemnity relation）を伴うということがあった。[16] 主たる責任者は派生的責任者が敗訴した場合にはその求償に応ずる必要がある。その結果あらかじめ勝訴していてもその判決効の拡張を認めない限り後に求償を要求されることになれば意味がなくなる。さもなければ敗訴した派生的責任者に求償権を否定する以外にないという二律背反に立たざるをえない。

だがいわゆる派生的責任とされる事態がすべてこの求償関係を伴うとは限らない。たとえば派生責任法則のリーディングケースとされるポートランド事件では求償関係は含まれない[17]。そこではこの例外法則の根拠も別に求められる。第一次的に責任を負う者が既に責任なしと判決されている以上、これに由来してのみ責任を負う第三者に対してさらに責任を問う訴訟を許すことは公正ではない。主たる責任者に責任がなければ派生的責任者にないのは当然だからである。ここでは派生的責任関係自体が根拠となる。

(ロ)　例外法則の拡張と理由づけ　だが相対効の例外のこのような理由づけについて問題が生ずるのは、多くの裁判所が右の派生的責任関係とは逆の事実状態に際しても判決効の第三者による援用を認めている場合である。たとえばギドルウィッツ事件では、先ず派生的責任者である雇主に有利な判決が下され、次いで主な責任者である雇人が同じ原告に対してこれを援用することを認めている[18]。援用された判決では雇主の責任の前提問題として雇人に過失なきことが判断されており、この点のコラテラル・エストッペルが第三者たる雇人に及ぶことになる。したがってこの場合には例外法則の根拠として前述した求償関係や派生的責任は妥当しない。ここで判例の求めた根拠は、原告は既に法廷に出廷して（"his day in court"）争点を立証する機会をもったのだから、同じ争点につき再び争いを繰り返すことは許されない[19]。公的政策および正義実現という利益考慮から見てこの例外法則は妥当性をもつ[20]。例外法則をこのように理由づける傾向は、ギドルウィッツ事件のように何らかの意味で派生的責任と関連する事件だけでなく、一般的に同じ争点を含む訴訟においてはコラテラル・エストッペルの効力を第三者にも認める方向に途を開いたといえる[21]。

(ハ)　「在廷法則」（"his day in court" rule）　この新しい展開に第一歩を印したのはコカコーラ事件（一九三四年デラウェア州）であった[22]。初めコカコーラ会社は商人に対して差止命令を求める訴えを起こし、コカコーラの瓶にペプシコーラを入れて売っているのは不正競争だという理由をあげた。だがこの点の立証が不十分であるとして請求棄却の判決があった。次いでコカコーラ会社はペプシコーラ会社を訴え、かねて後者が別の会社の瓶にペプシコーラを入れて売る者の発見者に報酬を与えるという申出をしていたことを理由にその支払を要求した。裁判所はこの訴訟において派生的責任関係はないにもかかわらず、同じ争点についてのコラテラル・エストッペルの適用をも認めたのである。既判力の根拠は第一次的には公益政策と公安の要請に存するものであり当事者の一方が既に同一事項を争うに十分且つ自由な機会をもった場合には訴訟に終局を与えることが必要となる。判決の相対効の唯一の根拠と考えられるデュー・プロセスは裁判所に事件を提出する十分の機会を要求する。しかし原告が一度自ら自由に法廷を選び争点を立証する十分の機会をもてば足る。その上でこれに成功しなかった場合には、同一争点を含むその後の訴訟においては前訴の不利な判決に拘束される。さもなければ、単に相手を変えるだけで既に判決された同一事項につき何度も紛争を繰り返すことを許すことになる。相対効の要件も公益政策の要請に道を譲らねばならない。

バーンハード事件（一九四二年カリフォルニア州）はその理由づけにおいてコカコーラ事件に従った[23]。遺産の受益者たる原告は遺言執行者が預金中の遺産金を銀行から引き出し横領したと主張して遺言検証手続において異議を申し立てる。検証裁判所は当該金銭が遺言執行者に贈与されていた旨を判決しこれを免責した。後に原告は銀行を訴え遺産金から遺言執行者に支払った金銭につき賠償を求めた。銀行は当該金銭が遺言執行者に贈与されたとの前判決を援用することを認められた。「既に法廷に現われたことのある当事者（who has had his day in court）が単に相手を代えただけで同一事項の紛争を繰返すのを許すことは正義に反する」。

イズラエル事件（一九五六年ニューヨーク州）においてもこの「在廷法則」が派生的責任関係の存しない事件にコラテラル・エストッペルを適用する理由とされた[24]。契約違反の訴えにおいて違反を立証できずに敗訴した原告が、今度は第三者に対してこの契約違反を誘発したという理由で損害賠償を請求した。裁判所は原告が既に前訴においてこの契約違反を立証する十分の機会をもったことを理由にこの請求を排斥した。

(3)「在廷法則」の意味と限界

このように判例の展開の中でいわゆる「在廷法則」は着々としてその地歩を固めつつあるように思われる。その根拠は公的利益の考慮を背景とした一事不再理の要請であった。だが「一旦在廷した者（"his day in court"）は同一事項について再訴することは許されない」ということがそのまま、これらの事件の正確な判旨（holding）とはいえないであろう。判旨は各事件の事実関係に従って正確に述べらるべきであるとすれば、「在廷法則」はその理由づけの中の傍論にすぎない。今もしこの法則を機械的に何の制限もなく適用したならば、極端且つ不合理な結果を生ずることになろう。しばしば用いられる設例だが、多数乗客が鉄道事故で傷害をうけた場合がその例である[25]。多数の乗客が鉄道会社に対する訴えで敗訴した後にある乗客が勝訴したとしよう。「在廷法則」によれば、その後原告となる他の乗客は鉄道会社に対する訴訟で会社の過失の争点についての右の判決を援用できることになる。鉄道会社はこの争点につき既に法廷に現われ十分に争う機会をもったからである。

学説の中には「在廷法則」の一般的正当性を主張し、右の設例の結果を認容するものも少なくない[26]。既に判決された争点についての再訴を禁ずるという公的利益を根拠とするこれらの見解は、この法則を鉄道事件にも適用できると主張する。(1)もし鉄道会社が最初の訴訟に勝てばその経験によって十分に他の訴訟を弁護できる。(2)たとえば敗けたにしても、事件を争う十分の機会をもった後であるから不利な判決に拘束されても文句はいえない[27]。

しかしながら、これでは鉄道会社はすべての乗客に対して常に全力を尽して事件を争わねばならず、一人にでも敗ければその後のすべての訴訟を失なうという危険にさらされるわけである。この結果は明らかに不公正であり、「在廷法則」を理由とした諸判例の判旨をすら超えているといえる。多くの見解が何らかの合理的法則を発見し、既判力拡張の妥当な限界線を劃する努力を重ねてきたゆえんである。

ここで問題にされていることは、コカコーラ事件の判決も指摘しているように、二つの相矛盾する原則つまり相対効の要件と既判力の基礎をなす公益的政策をいかに調整するかということであろう。当事者主義の下では民事訴訟は当事者間の紛争を解決する手段にすぎず判決の効力も当事者を拘束すれば足る。相対効の原則を支えるものはこのような考慮であったが、他方公的利益といわれるものは同じ事項についての紛争を繰り返すことを禁じ、訴訟を減少させるという社会の要請であった。ところが既判力をこのように拡げることにより、訴訟を減少させ訴訟制度の浪費を防ぐという要請が果されるかどうかにつき疑いがないわけではない[28]。判決効が第三者に及ぶことになれば、当事者は請求の大小や相手方の如何にかかわらず、将来生じうる別の訴訟のことを考えて常に全力を尽して争わざるを得なくなろう。とすれば本来簡単に和解などによって解決できた訴訟も常に争われることになり、かえって訴訟を減少するという公的利益にも反する。こうして、既判力の拡張の基準を公的利益という政策的考慮に求めようとするいわば機能的アプローチ自体の中でも、今や錯綜する諸々の利益考慮により具体的に訴訟手続上の基準として定着することが要請されているといえる。

（1）Federal Courts: Bigelow v. Old Dominion Copper Mining & Smelting Co., 225 U.S. 111, 127（1912）; Keokuk & W. R. R. v. Missouri, 152 U.S. 301（1894）; Iselin v. C. W. Humter Co., 173 F. 2d 388（5th. Cir. 1949）; State Courts: Montgomery v. Taylor-Green Gas Co. 306 Ky. 256, 206 S. W. 2d 919（1947）; Ferabee v. Hungote, 199 Va. 32 63 S. E. 2d. 761; also see 23 A. L. R. 2d. 710, 117（1952）, 133 A. L. R. 181, 185; Freeman, Judgments §428（5th. ed. 1925）.

（2）Restatement, Judgments §96（a）（1942）.

（3）Hornstein v. Kramer Bros. Freight Lines, 133 F. 2d 143, 145.

（4）Von Moschzisker, *Res Judicata*, 38 Yale L. J. 299, 303（1929）.

（5）See Seavey, *Res Judicata with Reference to Persons neither Parties nor Privies–Two California Cases*, 57 Harv. L. Rev. 105（1943）.

（6）See Coca-Cola Co. v. Pepsi-Cola Co. 36 Del. 124, 132-34（1934）; Judge Clark's dissenting opinion in Riordan v. Ferguson, 147 F. 2d 983, 988（2d Cir. 1945）.

（7）II Black, Judgments, §300 p. 759-760（1902）; Bower, The Doctrine of Res Judicata, Sect. 2 p.3-5（1924）.

（8）Bower, *Ibid*; Note, *Developments in the Law—Res Judicata*, 65 Harv. L. Rev. 820（1952）.

(9) Brobston v. Darby 290 Pa. 331, 138 A. 849 (1927).

(10) Lamb v. Wahlenmaier, 144 Cal. 91, 77 Pa. 765 (1904); People v. Metropolitan Surety Co., 171 App. Div. 15, 156 N. Y. S. 1027 (1916).

(11) Overstreet v. Thomas, 239 S. W. 939 (Ky. 1951).

(12) Haverhill v. International Ry. 217 App. Div. 521, 217 N. Y. Supp. 522 (1926); accord, Elder v. New York & Pennsylvania Motor Express, 284 N. Y. 350, 31 N. E. 2d 188 (1940).

(13) 少ない例として、Voss Truck Lines v. Pike 350 Ill. App. 528; 113 N. E. 2d 202 (1953); United Mutual Fire Ins. Co. v. Saeli, 292 App. Div. 951, 71 N. Y. S. 2d 696 (1941); See Moore & Currier, *Mutuality and Conclusiveness of Judgment*, 35 Tul. L. Rev. 312 note 31 (1961).

(14) See Brobston v. Darby, *op. cit. supra note* 9; 133 A. L. R. 181, 192-193.

(15) Good Health Dairy Products Corp. v. Emery, 275 N. Y. 14, 19 N. E. 2d 758 (1937); accord, Blue Valley Creamery Co. v. Cronimus, 270 Ky. 496, 110 S. W. 2d 286 (1937); See 133 A. L. R. 181, 191, 196.

(16) Brobston v. Darby, *op. cit. supra note* 9; RESTATEMENT, JUDGMENTS §96 Comment (a). at 473-474 (1942), See 1 FREEMAN, JUDGMENTS §452 (4th 1925).

(17) Portland Gold Mining Co. v. Straton's Independence, 158 F. 63 (8th Cir. 1907); See Moore & Currier, *op. cit. supra note* 13 at 316.

(18) Giedrewicz v. Donovan, 277 Mass. 563, 179 N. E. 246 (1932); Spector v. El Ranco, Inc., 263 F. 2d 143 (9th Cir. 1959); contra Elder v. N. Y. & Pa. Moter Express, *op. cit., supra note* 12.

(19) Jones v. Young, 257 App. Div. 563, 14 N. Y. S. 2d 84 (1939); Silva v. Brown, 319 Mass. 466, 66 N. E. 2d 349 (1946); もっとも、この理由づけは派生的責任関係においても付加的な根拠として述べられている。See the Portland case, *op. cit. supra note* 17 and the Good Health case, *op. cit. supra note* 15.

(20) See Giedrewicz v. Donovan, *op. cit. supra note* 18.

(21) See Eisel v. Columbia Packing Co., 181 F. Supp. 298 (D. Mass. 1960).

(22) Coca-Cola Co. v. Pepsi-Cola Co., *op. cit. supra note* 6.

(23)　Bernhard v. Bank of America, 19 Col. 2d 807, 122 P.2d 892 (1942). バーンハード判決に従う判例として、San Francisco U. Sch. Dist. v. California Bldg. Co., 328 P.2d 785 (1958); Davis v. Mckinnon & Money, 266 F. 2d 870 (1959); Louisville Trust Co. v. Smith, 192 F. Supp. 386 (1961).

(24)　Israel v. Wood Dolson Co., 1 N. Y. 2d 116, 134 N.E. 2d 9 (1956); イズラエル判決に従う判例として Moran v. Lehmann, 157 N. Y. S. 2d 684, 686 (1955); Seide v. State, 196 N. Y. S. 2d 829, 835 (1959); Eisel v. Columbia Packing Co., *op. cit. supra note* 21.

(25)　See Currie, *Mutuality of Collatarl Estoppel, Limits of the Bernhard Doctrine*, 9 Stanford L. Rev. 281 (1957).

(26)　Cox, *Res Aajudicata: Who Entitled to Plead*, 9 Va. L. Reg. (N. S.) 239, 235ff. (1923); Comment, 35 Yale L. J. 607, 611 (1926); 18 N. Y. U. L. R. 565, 571 (1941); 35 Tex. L. Rev. 139 (1956); 15 R. Cinc. L. Rev. 349 (1941). Currie, *op. cit. supra note* 25は条件付。

(27)　See Comment, *op. cit. supra note* 26 at 607.

(28)　See Von Moschzisker, *op. cit. supra note* 4 at 303; Moor & Currier, *op. cit. supra note* 13 *at* 309; *Comment*, 23 *Ore. L. Rev.* 273, 279; *Note*, 54 *Harv. L. Rev.* 889, 890.

三　学説による判決効拡張規制の諸提案

判決効を第三者にも認める判例の右のような展開に触発されて、この点を取り扱った論稿は多い。公的利益の考慮に基づき「在廷法則」を支持し、鉄道事故の設例の結果をも認める見解を除けば、ほとんどがバーンハード事件などの事実関係を吟味し正確な判旨を規定して極端な結果を避け合理的な基準を定立しようとする。提案されたいくつかの基準の中で二つの大きな流れを指摘できる。(1)一つは実体法上の法律関係に基準と根拠を求めようとする伝統的な立場であり、(2)他はむしろ機能的に訴訟法的考慮から具体的な手続上の基準を定立し関係人の公正を期そうとする立場である。

（1）　実体法上の基準

Restatement of Judgments のレポーターであるシーヴィ（*Warren. A. Seavey*）はバーンハード事件の「在廷法則」を否定して、この判例は判決が結果的には「強制的譲渡」（*Compulsory transfer*）に等しい作用をもつとすることにより説明できると主張する。(1) これはプリヴィの一つと考えられてきた当事者の承継人に対する既判力拡張にもいえる。審判をうける訴訟対象をなす前主の権利をそのまま譲りうける承継人は判決によって敗訴者から勝訴者に「強制的に譲渡された」訴訟物を承継するので判決の結果に拘束される。この「強制的譲渡」の法則は承継関係類似の事態にも適用できる。バーンハード事件においては遺言執行者に有利な判決は遺産金の彼への譲渡として作用する。したがって銀行はこの判決による強制的譲渡の効果を援用し遺言執行者に預金を支払いうる権限があることを主張できる。一般的にも主たる責任者に有利な判決は同じ債務の派生的責任者に対する請求を排斥する。主な責任者の責任はその勝訴判決により「強制的に消滅している」のだから派生的責任者に責任があるはずがないからである。こうして「強制的譲渡」の理論は伝統的な派生的責任関係における既判力拡張の法則に実体法的見地からの根拠を提供した。

バーンハード事件がこのような派生的責任の事態に当たるか否かは別としても、大多数の判例が既にこの事態を越えて既判力拡張を認めていることは既に述べた通りである。殊にギドルウィッツ事件の如く派生責任法則の逆の事態すらこの理論によっては説明することができない。(2) *Restatement of Judgments* §96 (2) もこの場合に判決効を認める理由なしとして判例の方向を否定せざるを得ない。(3)

このギドルウィッツ事件の事態をも含めて相対効の例外を認めんとする基準を「在廷法則」でなく「当事者と第三者間の法的関係」に求めるのがモアおよびキュリエ（*J. W. Moore and T. S. Currier*）である。(4) ここにいう「法的関係」は結局派生的責任関係とその逆の事実関係を共に含む概念に他ならない。確かに大多数の判例は相対効の例外をこのような法的関係を含む場合に限って認めてきた。それにしてもなぜにこの「法的関係」があれば相対効の例外を肯認できるかは一向に明らかでない。あるいはこのような「法的関係」があれば争点の同一性が十分に明らかであるからかもしれない。[5] もしそうであれば、この点をこそ基準として強調すべきであろう。

(2)　訴訟法上の基準

実体法上の基準がいわゆる「在廷法則」という訴訟法的考慮とは全く方向を異にする説明であったのに対して、「在廷法則」と同様に機能的アプローチからであるがこれより厳格ないくつかの基準が提案された。この手続上の基準は「在廷法則」による判例の真に意図するものの具体化の試みであった。そしてこの法則の機械的な適用から生ずる不都合を肯正して関係者間の公平を計る基準でもある。ここから生ずる提案には(イ)判決の援用をうける当事者が前訴で主導的地位に立って訴訟をしたかどうか、(ロ)判決は抗弁的に利用されているか否か、(ハ)後続の訴訟が予見されえたかどうかなどがある。

(イ)　主導的地位に立って訴訟をしたか否かを基本的な基準として主張するのはキュリ（*Currie*）である。[6] 当事者が自ら訴訟の時期および場所を選んで訴えを提起し敗訴した場合と、このような点につき全く選択できなかった場合とでは重要な差がある。後者の事情では現実において争点を十分且つ効果的に争うだけの実際的な機会がなかったかもしれないからである。同様の視点は既にコカコーラ事件の判決にも示唆されていた。キュリはこの点を詳細且つ徹底化したのである。(a)第三者は前訴において被告であった者に対して不利な判決を援用することはできない。(b)主導性をもった前訴の当事者に対しては、前訴の判決を抗弁的に援用するだけでなく積極的に新請求の基礎にできる。

だがこの原則をそのまま適用することは問題である。第一にこの法則によっては、グッドヘルス事件のような派生的責任関係の一事例において相対効の例外を認めることができない。そこでは派生的責任者により前判決の援用をうけるのは前訴の被告であるからである。前訴を提起する時期や法廷の選択に主導性をもったわけではないが派生責任法則により前判決の援用は十分に根拠をもつ。第二に再び鉄道と自動車の衝突により多数の鉄道乗客が負傷した事例を考えよう。鉄道会社が自動車の運転手を訴え、汽車の機関手の過失を理由に敗訴したとする。鉄道会社は原告として主導性をもったのであるから、以後多数の鉄道乗客はこの判決を積極的に利用して次々に鉄道会社を訴えることが許されねばなるまい(7)。キュリ自身もこれら二つの事例の不合理を認め、それぞれにつき例外を設けざるをえなかった(8)。

(ロ)　第三者は判決を抗弁的にだけ利用できるが積極的には利用できないという制限をつける提案が多い(9)。一般的にいえば援用をうける前訴の当事者が不利な効果をうける点では、判決が盾として用いられるか剣として用いられるかにかかわらない。しかしこれを区別することは実際的に関係者間の公平に合することになるし、判例がこの問題の公正な解決を目ざして払ってきた努力とも一致する(10)。

しかしながら判例の中には前の判決を抗弁として利用することすら否定しているものが多い。たとえば、バスと自動車の衝突事件において、バスの乗客が自動車の運転手を訴え損害賠償をえたとしよう。その後自動車の運転手が前訴の第三者であるバスの運転手を訴えて損害賠償を請求した際に、後者が前の判決を援用することは抗弁的であっても認められない(11)。自動車の運転手は同じ争点（自己の過失）について既に在廷して争う機会をもったにかかわらず、この結論は妥当であるように見える。というのは彼は前訴において被告であり主導性をもたなかったため十分に争点を争えなかったかもしれないからである。こうして、判決の抗弁的利用という基準は一つの制限的基準とはなってもこれだけで十分ではなく、さらに他の基準との関連づけが必要となる。

(ハ)　当事者が現に十分に争点を争ったという理由で第三者による判決の援用を認めるには、続いて第三者との間に訴訟が生じうることおよびそこで援用される判決が一定の効果をもつことについて予見が可能でなければならない。判決の援用はこの予見可能性を条件にして認められるべきだという主張がある(12)。効果の予見が可能であれば当事者は十分に訴訟をするであろうし、判決の援用を認めてもそれほど酷ではない。

ところで、この予見可能性はエストッペルの一般的な適用制限の基準としても主張されるが(13)、これを厳格な公式にするには余りにも微妙である。したがって、むしろこの点を考慮して争点が十分に争われたか否かは裁判所の裁量に委ねた方が妥当であるということにもなる。[14]「在廷法則」の根底をなす政策的考慮をより具体化した基準として定立しようとする努力は、裁判所の裁量説に至って挫折する。争点を十分に争ったか否かというきわめて実質的な価値判断を含んだ機能概念に置き換えられるからである。

(3)　各基準の評価

コラテラル・エストッペルのこの分野が今だに変転極まりない状態にあることは事実である。種々の利益や政策の交錯するこの領域で統一的な基準を定立することは甚だ困難である。しかしだからといって何らかの基準を定立する努力を完全に放棄して裁判所の裁量に逃げ込むことは問題であろう。少なくとも既に確立している法則といえる派生責任法則の適用できる事例においては裁量を容れる余地はない。派生的責任者が主な責任者の勝訴判決を援用する場合である。これ以外で派生責任法則により処理し得ない事例において右の訴訟法的考慮がいくつかの基準を提供してくれる。判決の抗弁的利用に限るとする基準は一般的に認められつつあるといえる。その上にさらに「主導性」や「予見可能性」を要求することは、いわば前訴の当事者が十分に争点を争ったか否かを定めることである。とすればこの点では裁判所の裁量を容れうるとするのも一つの方向であろう。[15]

(1) *Seavey, Res Judicata with Reference to Persons neither Parties nor Privies–Two California Cases*, 57 Harv. L. Rev. 98, 100–103 (1943).

(2) See Judge Wyzanski's opinion in Eisel v. Columbia Packing Co., 181 F. Supp. 298 (O. Mass., 1960).

(3) RESTATEMENT, JUDGMENTS §96, Comment on (2) at 982 (1942); See Seavey's Note for Members in RESTATEMETN, JUDGMENTS, PROPOSED FINAL DRAFT, PT. II, 9-11 (1942).

(4) Moore and Currier, *Mutuality and Conclusiveness of Judgments*, 35 Tul. L. Rev. 301, 311-321 (1961).

(5) See Note, *Developments in the Law—Res Judicata*, 65 Harv. L. Rev. 864 (1952).

(6) Currie, *Mutuality of Collateral Estoppel, Limits of the Bernhard Doctrine*, 9 Stanford L. Rev. 281, 303-321

(1957).

(7) See Note, *op. cit. supra note* 5 at 864-865 (1952).

(8) Currie, *op. cit. supra note* 6 at 308 の認めた例外は次の通り。⑴派生的責任関係においては前訴で被告であった者にも判決の援用を認める。⑵鉄道事故のように多数の訴訟の生ずる事例では肯定的主張を認めない。

(9) Note, *op. cit. supra note* 5 at 865; Polaski, *Collateral Estoppel-Effects of Prior Litigation*, 39 Iowa L. Rev. 217, 247 (1954); Moore and Currier, *op. cit. supra note* 4 at 312, 320-321.

(10) Haverhill v. International Ry., 217 App. Div. 521, 217 N. Y. S. 522 (1926); accord Elder v. N. Y. & Penn. Motor Express, 284 N.Y. 350, 31 N. E. 2d 188 (1940); See Note, *op. cit. supra note* 5 at 865.

(11) Hornstein v. Kramer Bros. Freight Lines, 133 F. 2d 143, 145 (1943); Clark v. Naufel, 328 Mich. 249, 43 N. W. 2d 839 (1950) and cases collected in 23 A. L. R. 2d 723-724.

(12) Polaski, *op. cit. supra note* 9 at 248, 250.

(13) See Judge L. Hand's opinion in The Evergreens v. Nunan, 141 F. 2d 927, 929 (2d Cir.), cert. den. 323 U.S.720 (1944).

(14) Polaski, *op. cit. supra note* 9 at 248.

(15) See Schopflocher, *What is a Single Cause of Action for the Purpose of the Doctrine of Res Judicata*, 21 Ore. L. Rev. 319, 363 (1942). 直接この問題に関してではないが、既判力の客観的範囲について、これを規定する基準として「訴訟原因」と訴訟法上の義務違反とがあり、後者を裁判所の裁量に委ねることにより衝突する諸利益の調整を計りうるのだから、両者ははっきり区別すべきだとする点が示唆的である。

四　比較法的見地からの若干の視点

判決の第三者に及ぼす効果についてはわが国およびドイツにおいても判決の反射効あるいは既判力拡張として問題にされていることは周知の通りである。(1) そこで判決効拡張の基準とされてきた実体法上の依存関係がアメリカ法に伝統的ないわゆる派生的責任関係ときわめて類似の概念であること明らかである。保証人などについては設例自体も共通である。しかしながら基本的にコラテラル・エストッペル（Collateral Estoppel）と既判力（Rechtskraft）との制度的な差異および判例法主義と制定法主義の違いを含めた法律学のアプローチ自体の差異は、この分野の取扱にも顕著な対照を生み出さずにはおかない。ここでこの点を詳論する紙数のゆとりがないので、むすびに代えて問題点を指摘するに止めざるを得ない。

(1)　政策的利益考慮と法原則的考慮の対照

アメリカの判例および学説が右のような判決効の分野においても政策的考慮という機能的なアプローチに重点をおく傾向にあることは、既に述べてきたことから明らかである。そこにおいても伝統的に判決の相対効の原則があり、この原則をわが国と同様に当事者主義的訴訟構造によって説明する見解がなくはない。だがこれも一般のプラグマティックな思考方法の流れに沿って圧倒的な政策的考慮の渦の中に同質化された観がある。大陸法系の法制において決定的基準となる弁論主義などの法原則的な考慮はアメリカ法の風土の中では他の政策的考慮と同列の一要因にすぎなくなる。

(2)　デュー・プロセス

判例法主義のアメリカでは判決の相対効については、これが伝統的な判例法則であること以上に明文による規定は存しない。しかもこの判例法則は殊にアメリカにおいては往々にして他の政策的考慮によって覆えされる傾向にある。コカコーラ事件はその例であり、判決の相対効の原則に疑問を投じ、その根拠としてはデュー・プロセス規定だけが考えられるとした[2]。事実デュー・プロセスの要求が相対効の理由づけの出発点とされるのは一般である[3]。したがってアメリカ法においては、判決が今だ審判を受けたことのない第三者に対して不利な効力をもちうることはあり得ない。常に第三者に有利な判決の援用だけが問題とされるゆえんである。この点ではドイツの大審院が合名会社に不利な判決の社員に対する効力を認め[4]、わが国の下級審裁判所が賃借人に不利な判決の転借人に対する効力を認めるのと異なる。[5]

ところが反面判決の相対効をデュー・プロセスによって理由づけようとする立場は、これ以上には当事者間の公平の要請が根拠となるにすぎない。当事者間の公平という考慮は他の必要性と比較衡量され一般的な価値評価の対象となる。[6] こうしてこの分野でも第三者に有利な判決効の拡張が問題になるときには、広く政策的考慮が決定的な役割を果すことになる

(3)　コラテラル・エストッペルの特性

判決の第三者についての効力として問題になりうるのはコラテラル・エストッペル（Collateral Estoppel）だけであり、これは請求についてよりもむしろ現に審理判決された個々の事項について拘束力を生ずることは既に述べた。したがってこの拘束力の対象は必ずしも請求を構成する当事者間の法的関係とは限らない。まして口頭弁論終結時のこのような法的関係とも限らない。それは自動車の衝突事件におけるように運転手の過失の存否という過去の事実問題であり、あるいは他の法律問題である。これらの事項がたとえ判決の前提問題として審判された場合にもそうである。したがってわが国やドイツにおけるように、当事者が直接に訴訟の対象とした請求についての判決（主文）だけに既判力を限ろうという考慮から見れば、第三者に及ぼす効果を抜きにしてもこれでは余りに判決効の範囲を拡げることになる。[7] コラテラル・エストッペルを生ずる要件として、(1)実際に争われ且つ判断されたこと、[8] (2)判決にとり重要な事項であることなどの[9]制限が附されてきた理由である。[10] 将来合理的に別訴が予期できた場合に限るべきだという有力な提案がなされるのもこのためである。[11] 同じ当事者間でもそうであれば、第三者との間でこの点の考慮が必要なことは当然である。

しかしいかにこれらの制限を厳しくしても、拘束力を請求についての判断に限らないことは判決効の第三者への拡張の傾向を助けたといえないことはない。事実問題や法律問題についての裁判所の判断はこれらの事項自体についての裁判であり、多少とも客観的意味をもつといえる。当事者間の法的問題を離れ一応は独立した事項に

ついての判断の拘束力だからである。とすれば訴訟上の公正の要請があれば第三者でもこの判断の拘束力を援用できるとすることも不可能ではない。したがってわが国やドイツにおける実体法上の依存関係に基づく既判力拡張が予定するような当事者のする自己の法的関係についての処分や契約の効力の類推などという観念には本来なじみ難い。派生責任法則の適用範囲においてはなお類似の説明の余地は残るが（強制的譲渡説）、ギドルウィッツ事件のような事態においては問題にならない。ここではコラテラル・エストッペルは請求の前提問題としての主たる責任者の過失の有無につき生じているのであり、他人の過失の有無についての処分などはそもそも考えられないからである。これはコカコーラ事件でも同様であり、ここでコラテラル・エストッペルを支える根拠はもっぱら政策的考慮に求められることになる。[12]

（1）兼子一「判決の反射的効果」法学協会雑誌七四巻五・六号（昭三二）六五五頁、中田淳一「確定判決の反射的効果」判例時報七六号（判例評論五号）（昭三一）一四頁、鈴木正裕「既判力の拡張と反射的効果」神戸法学九巻四号五〇八頁、一〇巻一号三七頁（昭三五）、木川統一郎「判決の第三者に及ぼす影響」法学新報六四巻一一号（昭三二）九〇三頁、六五巻一号一七頁（昭三三）、六八巻三号一五九頁（昭三六）、吉村徳重「既判力拡張における依存関係」法政研究二六巻四号、二七巻一号、二八巻一号（昭三五、三六）（民事手続法研究第二巻〔民事判決効の理論下〕一頁所収）参照。Vgl. Blomeyer, *Rechtskrafterstreckung infolge zivilrechtlicher Abhaengigkeit*, 25 ZZP 1 (1962).

（2）See Coca-Cola Co. v. Pepsi-Cola Co., 36 Del. 124, 130 (1934);

（3）RESTATEMENT, JUDGMENTS, §96 Comment a (1942); Note, *Developments in the Law—Res Judicata*, 65 Harv. L. Rev. 862 (1952).

（4）Urteil von 30 Juni 1921, 102 R. G. Z. 301, 303 ; Urteil von 14 Juni 1944, 1944, DR 665; 傍論において同旨 49 R. G. Z. 343 ; 124 R. G. Z. 149

（5）大阪地判昭和三〇年八月二四日下級民集六巻八号一六九二頁、東京高判昭和二九年一月二三日下級民集五巻一号六二頁。もっとも後者の上告審はこれを「法理上の根拠に乏しい」として否定したこと周知の通りである（最判昭和三一年七月二〇日民集一〇巻八号九六五頁）。

(6) See Restatement, Judgments, §96 Comment a.

(7) アメリカにおいても判決の前提問題に拘束力を認めるにはわが国やドイツのように中間確認判決を要求すべきだという提案のなされる所以である（Millar, *The Premises of the Judgment as Res Judicata in continental and Anglo-American Law*, 39 *Mich. L. Rev.* 262 (1940); See Note, *op. cit. supra note* 3 at 821.）。

(8) Cromwell v. County of Sac, 94 U.S.351 (1876); Restatement, Judgments §68 Comment c; したがって欠席判決を含まない。Note, *op. cit. supra note* 3 at 840-841 ; See Note, *Collaterall Estoppel by Judgment*, 52 Col. L. Rev. 654-655 (1952).

(9) Restatement, Judgments §68 (2) Comment o.

(10) 谷口安平「アメリカにおける和解判決の効力」法学論叢六七巻五号三八―三九頁（同・民事紛争処理（信山社・平一二）所収）にこの点の要領のよい紹介がある。

(11) See The Evergreen v. Nunan, 141 F. 2d 927. (2d Cir), cert. den. 323 U.S.720 (1944); Note, *op. cit. supra note* 3 at 841-843 ; Polaski, *Collateral Estoppel-Effects of Prior Litigation*, 39 Iowa L. Rev. 217, 221, 250 (1947).

(12) 以上の比較法的視点は、判決効の主観的範囲についてわが国の法制との差異をもたらしたと思われる要因のうちのいくつかを示すにすぎない。このよう異なった制度を異なった風土の中でいかに受けとめるかを確かめるには、その背景をなす経済的社会的基盤を検討し、それとの関連において両者の差異および共通点を詳細に吟味する必要があろう。そして、本稿で述べたようにアメリカの判例や学説において次第に支配的になりつつあるプラグマティズム法学の方法論のアメリカ社会における役割およびそのわが国における意味の根本的検討を必要としよう。このことは、とりわけ、わが国の民事訴訟法学において「機能的方法論」の称えられている現在においては、その意味を確めるためにも必須の仕事であるように思われる。今後の研究にまつ以外にない。

（原題「アメリカにおける既判力拡張の一側面」九州大学法政研究二九巻一＝二号、一九六二年）

第八章　判決効の主観的拡張とデュー・プロセス

一　問題の所在

(1)　民事判決の効力は訴訟当事者間にかぎって生ずることを原則とするが、一定の場合には第三者をも拘束するという例外が認められてきた。この第三者に拡張される判決効には、既判力、形成力、参加的効力、反射的効力、争点効などが考えられるが、その内容はきわめて多義的であって、その相互関係もなお流動的である。しかしいずれにしても、この場合には、当事者として訴訟手続に関与する機会をもったわけではない第三者が、その手続の結果としての判決効に拘束されるのはなぜか、が問われねばならない。しかも、判決効拡張の明文規定のあるなしにかかわらず、第三者に対する拘束力を正当化する根拠を問うことなしには、判決効の及ぶべき第三者の範囲を画定することもできない。

このような古くて新しい問題をめぐるわが国の議論は、ことに近年新たな展開をとげつつある(1)。これは、従来判決効の拡張を実体法上の法律関係に基づいて根拠づけてきた立場に対して、むしろ手続的な視点、ことに第三者の利益保護のための手続保障の要請をふまえて根拠づけようとする理論の展開であるということができる。たしかに、既判力の拡張や反射的効力を実体法上の処分権限や実体法上の依存関係を根拠として正当化しようとする立場は、係争権利についての第三者の利益と手続保障との関係を必ずしも十分に説明しえていないところがあった(2)し、なによりも、もともと判決効拡張のすべての場合をカバーしようとするものでもなかった(3)。とりわけ、判決効が――既判力か形成力かは別として――対世効をもち、当事者と同等の地位にある他の適格者をも拘束するとされる場合には、法的安定性や画一的確定の必要性というほかに、これを十分に正当化する根拠を示すことがなかった。(4) その意味で、従来看過されがちであった第三者の手続保障の視点を強調して、判決効の拡張を正当化する根拠と限界を再検討することがきわめて重要な課題とされてきたのである。

ただ、ここで第三者の手続保障とされているものの内容は、きわめて多義的であって、その態様も多様である。もともと判決効を当事者にかぎるとする相対効の原則は、処分権主義や弁論主義によって正当化されてきたが、そこでは当事者としての手続権（当事者権）の保障が前提とされていた。(5) 当事者ではない第三者に判決効を拡張する場合の手続保障とされているものは、こうした当事者権とは異なった様々の態様をとることになる。(6) 一般に、⑴当事者適格者を係争権利につきもっとも利害の対立する者に制限して、熱心な訴訟追行と充実した審理が期待できること、⑵第三者に訴訟係属を通知して訴訟参加を可能にすること、⑶詐外判決に対して再審による事後的参加の途を開くこと、⑷処分権主義や弁論主義を制限して職権探知を採用することなどが、係争権利についての第三者の利益を保護するための手続保障の方法とされている。(7) そして、これらの手続保障のどれが、どういう場合に、どのような組合せで、どの程度まで保障されれば、第三者への判決効を正当化する手続保障ありといえるかは、結局、判決効の対象たる事項や第三者の立場いかんによって異なってくることになる。

こうして、判決効をうける第三者の手続保障の態様は、係争権利についての第三者の利益が判決効によってどの程度に影響をうけるかに応じて決まることになろうが、その具体的な程度や内容は個別的に決するほかはない。そこで、たとえば、会社訴訟の判決効が、当事者と同等の地位をもつ者（株主や取締役）に拡張されるのは、同じ程度の利害関係をもつ当事者の充実した訴訟追行が期待されることによって正当化される。(8) 第三者の利益の考慮がこの限度にとどまるのは、第三者の手続保障と会社訴訟判決の画一的な確定の要請との調和点がここに求められたためである。そして、さらに一般的に、第三者の手続保障は、法的安定性の要請との緊張関係の中での調和点として、当事者権とはその程度や態様を異にする多様なものとなり、場合によっては不十分なものでも足りる、とされるにいたっている。(9) しかし、もしも第三者の手続保障が法的安定性という一般的な要請によって大幅な制約をうけることになるとすれば、折角の第三者の手続保障の視点が、場合によっては、希釈化ないし空洞化され、判決効拡張の名目的な正当化根拠とされる危険性すらなくはないように思われる。(10) したがって、ここでは、そもそも第三者の手続保障の意味や内容が何であり、これが係争権利関係についての当事者の地位や第三者の地位とどのような関係に立つのか、そしてさらに、第三者の手続保障の態様とされた前述の諸方法は相互にどのような関連をもつものであるのかを検討する必要がある。これらの諸関係を解明することを通じて、第三者の手続保障の程度を決める基準を探り、その空洞化の危険性に対する安全弁とすることが要請されているからである。

(2)　同様の問題はアメリカ法にもみられる。ことにアメリカ法における判決効拡張をめぐる議論は、近年二つの重要な側面において新たな展開をみた。一つは、判決効が、従来から当事者やプリヴィ（privies：当事者的関係人）とされてきた者をこえて、第三者に不利にも拘束力を及ぼすとする新しい判例の傾向があり、これはデュー・プロセスの保障といかに関連するのかという問題である。(11) 他はクラス・アクションの代表的なケースとして注目されたアイゼン事件(12)（一九七四年）において、判別できるすべてのクラス・メンバーに対して個別的な通知を要求した連邦最高裁判所の判決の立場をいかに評価するのかという問題である。(13) 連邦民事訴訟規則の改正（一九六六年）によって、クラス・アクションの判決は、すべてのメンバーに不利にも拘束力をおよぼすことになったが、この場合に訴訟手続に関与しないメンバーのデュー・プロセスの保障が、新たに問い直されることになったわけである。(14)

従来、アメリカ法においてはデュー・プロセスの要請があるから、民事判決の効力が当事者やプリヴィをこえて第三者に不利な拘束力を及ぼすことはないとされてきた。(15) この原則が大幅に緩和されつつあるといえる。もちろん憲法上のデュー・プロセスの保障が不要とされるわけではないから、これらの場合にデュー・プロセスの保障はいかに充されるのかが問題とされざるをえないし、ひいては、そもそもデュー・プロセスとはいかなる内容をもつものであるかが問い直されることにもなった。しかも、右の二つの傾向、すなわち、一方でのプリヴィ概念の拡大ないし放棄の傾向と他方でのクラス・アクションの展開は、このデュー・プロセス保障の限界をめぐって、相互に色こく影響しあっているといえる。そしてその過程において、一方では、伝統的に不利な判決効が及ぶとされてきたプリヴィ（当事者的関係人）について、これが実質的に何を意味し、その手続保障はどうなるのかが問題とされることになるし、他方においては、当事者との一定の法律関係を基礎とした古典的なプリヴィ概念ではカバーされない第三者のデュー・プロセス保障の内容が具体的に追及されることになった。かくて、ここでもデュー・プロセス保障の基準として、適切代表（adequate representation）、通知（notice）、参加・共同訴訟（intervention, joinder）の可能性と必要性、再審理（direct or collateral attack）、裁判所の後見的介入（処分権主義の制限）などが問題とされ、これらの具体的内容や程度、さらにはその相互関係が検討されているわけである。

(3)　判決効と手続保障をめぐるわが国の理論の展開が、こうしたアメリカ法の発展と密接にかかわりあっていることは明らかである。もちろん、同様の問題は時を同じくして西ドイツにおいても、判決効拡張と審問請求権の保障をめぐって、新たな展開をみつつある[16]。本稿はさしあたってアメリカ法のこの点についての発展を検討することによって、比較法的な視点による解明の手がかりを得ようとするものである。

(1)　たとえば、谷口安平「会社訴訟における訴の利益」法学論叢八二巻二・三・四号三〇二頁（昭四三）、同「判決効の拡張と当事者適格」中務俊昌他編・民事訴訟の理論（下）（中田淳一先生還暦記念）（有斐閣・昭四五。以下、中田還暦記念論文集（下）とする）、鈴木正裕「判決の反射的効力」判例タイムズ二六一号五頁（昭四六）、新堂幸司「訴訟当事者から登記をえた者の地位―争点効の主観的範囲に関する試論をかねて」判例時報六四〇号一〇八頁・六四三号一〇八頁（昭四六）〔同・訴訟物と争点効（上）（有斐閣・平三）所収〕、上田徹一郎「判決効の主観的範囲拡大における法的安定と手続権保障との緊張関係と調和点」判例タイムズ二八一号四七頁（昭四七）、同「既判力の主観的範囲の理論の再構成」民事訴訟雑誌二〇号一七〇頁（昭四九）、水谷暢「判決効の相対性理論序説」立命館法学一一一・一一二号七二頁（昭四八）、一一三号三八頁（昭四九）、霜島甲一「民事訴訟における相対的解決とその限界」法学教室〈二期〉八号（昭五〇）などがある。

（2）もっとも、鈴木・前掲注（1）判例タイムズ二六一号二頁は、実体法上の従属（依存）関係によって既判力拡張を認め、拘束力をうける第三者には自己の利益の防御手段として、共同訴訟的補助参加、馴合訴訟に対する七一条参加や特別再審などの手続保障を認めうると論ずる。これはつとに、同「形成判決の効力」法学論叢六七巻六号五三頁（昭三五）において、既得的地位をもつ第三者に事前事後の保護手段として認められると指摘されていた手続保障でもある。

（3）伝統的な立場によれば、実体法上の依存関係によって、口頭弁論終結後の承継人に対する既判力（民訴法二〇一条一項〔現民訴一一五条一項三号〕）および判決の反射的効力の根拠が説明され、実体法上の管理処分権により、第三者の訴訟担当における利益帰属主体についての既判力（民訴法二〇一条二項〔現民訴一一五条一項二号〕）の根拠づけがなされてきたにとどまる。

（4）谷口・前掲注（1）中田還暦記念論文集（下）五三頁が鋭く指摘する。

（5）弁論権・当事者権の概念は、山木戸克己「訴訟における当事者権」民商法雑誌三九巻四・五・六号（昭三四）〔同・民事訴訟理論の基礎的研究（有斐閣・昭三六）所収〕、同「弁論主義の法的構造」中田還暦記念論文集（下）（昭四五）において提唱され論証された。

（6）第三者が共同訴訟人として参加（共同訴訟的参加や独立当事者参加）した場合には、当事者権が保障されるこというまでもない。

（7）谷口・前掲注（1）法学論叢八二巻二・三・四号三一五頁以下、新堂幸司・民事訴訟法（筑摩書房・昭四九）一九九頁。なお鈴木・前掲注（1）法学論叢六七巻六号五三頁参照。

（8）谷口・前掲注（1）中田還暦記念論文集下五三頁以下。この他にすべての株主に個別的通知を出すことはできないし、その必要もない。せいぜい公告が考えられるにとどまる（たとえば商法一〇五条四項〔現削除。なお現会社法八四九条四項参照〕など）。谷口・前掲注（1）論叢三一九頁。

（9）上田・前掲注（1）判例タイムズ二八一号四七頁は、こうした「手続保障の不十分さを、拡大される判決効の性質を既判力とは異なるものとすることで調整する」といわれる。

（10）佐上善和「当事者権という概念の効用」法学教室〈二期〉五号一四八頁（昭四九）参照。

（11）この点を取り扱った最近の論稿として、たとえば、Comments, *Nonparties and Preclusion by Judgment: the Privity Rule Reconsidered*, 56 Calif. L. Rev. 1098 (1968); Note, *Collateral Estoppel of Non-Parties*, 87 Harv. L. Rev. 1485 (1974)（紹介、アメリカ法一九七七年一号六七頁（吉村））; Vestal, *Res Judicata, Preclusion: Expansion*, 47 So. Calif. L. Rev. 357 (1974); Comments, *The Expanding Scope of the Res Judicata Bar*. 54 Tex. L. Rev. 527 (1976); McCoid, *Single Package for Multiparty Disputes*, 28 Stan. L. Rev. 707 (1976) などがある。

（12）Eisen v. Carlisle & Jacquelin, 417 U. S. 156, 94 S. Ct. 2140 (1974). この事件が一九六六年に提起されて以来の推移について、栗山徳子「Eisen 事件とクラス・アクションの問題点」立正法学八巻三・四号三九頁（昭五〇）に紹介がある。なお後述参照。

（13）この点を論じた最近の論稿も多い。たとえば、Maraist & Sharp, *Federal Procedure's Trouble Marriage: Due Process and the Class Action*, 49 Tex. L. Rev. 1 (1970); Note, *Managing the Large Class Action: Eisen v. Carlisle & Jacquelin*, 87 Harv. L. Rev. 426 (1973); Note, *Collateral Attack on the Binding Effect of Class Action Judgments*, 87 Harv. L. Rev. 587 (1974); Comment, *Importance of Being Adequate: Due Process Requirement in Class Action under Federal Rule 23*, 123 U. Pa. L. Rev. 1217 (1975) など参照。

（14）すでに谷口安平「多数当事者紛争とデュー・プロセス」法学論叢七八巻五号一頁（昭四一）、同「クラス・アクション運用上の諸問題」ジュリスト五二五号四七頁（昭四八）、小島武司「集団訴訟への提言」時の法令七六一号九頁（昭四六）、同「消費者問題への一つのアプローチ」ジュリスト五二一号八八頁（昭四七）、同「公共利益訴訟と弁護士の役割」同・民事訴訟の新しい課題（昭五〇）、田中英夫＝竹内昭夫「法の実現における私人の役割㈡」法学協会雑誌八九巻三号一頁（昭四七）、竹内昭夫「消費者・投資者の保護とクラス・アクション」ジュリスト五二五号三八頁（昭四八）、新堂幸司「クラス・アクション・アレルギー予防のために」竹内昭夫編・現代商法学の課題（上）（鈴木竹雄先生古稀記念）（有斐閣・昭五〇）〔同・民事訴訟法学の基礎（平一〇）所収〕などにおいて論及されてきたが、その後の議論の展開もみられる。

(15) 吉村徳重「アメリカにおける既判力拡張の一側面」法政研究二九巻一・二・三号六三、八三頁(昭三八)(本書二八一頁)に指摘しておいた。
(16) 吉村徳重「判決効の拡張と手続権保障―身分訴訟を中心として」山木戸克己教授還暦記念・実体法と訴訟法の交錯(下)(有斐閣・昭五三)一一八頁〔同・民事手続法研究第二巻二一三頁所収〕。

二 判決効の拡張傾向とデュー・プロセス

(1) 判決効の相対性と相互性放棄の傾向

(イ) アメリカ法における民事判決の効力は、res judicata と collaterall estoppel を問わず、[1]当事者およびプリヴィ(当事者的関係人)を拘束するが、これをこえて第三者に及ぶことはないというのが伝統的な原則とされてきた。[2]デュー・プロセスの要請によって、審判をうける機会をもたない第三者は、判決に拘束されないから、逆に、判決を有利に援用することもできないと考えられたためである。判決が不利になれば拘束される者だけが、有利な判決も援用できるという判決の相互性(mutuality)の法則は、[3]デュー・プロセスの要請とともに判決の相対効の原則の根拠となった。[4]そして、もともと対立当事者間の相対的な紛争解決を目ざす民事訴訟においては、対立当事者構造(Adversary System)がとられ、相手方いかんによって争いの程度を決めればよいわけであるから、相対効の原則は理論的にも十分に正当性があるとされてきた。[5]

(ロ) しかし、この伝統的な判決効の相対性の原則が、相互性の法則を放棄する一連の判例によって緩和されつつあることはすでに詳論する機会があった。[6]ただ、そこでは、デュー・プロセスの要請によって、訴訟手続に関与しない第三者は、判決効に不利に拘束されることはないが、有利な判決効を援用する余地を認めることはできる、という意味で相互性の放棄が問題とされてきた。はじめは、判決効の相互性の例外として、いわゆる派生的責任の法則（derivative liability rule）だけが認められた。(7) これによれば、派生的な責任を負う第三者は、主たる責任を負う当事者に責任はないとする判決を、自己に有利に援用できるとされてきたが、Bernhard v. Bank of America（1942）(8) は、さらに、いわゆる「在廷期日」（his day in court）の法則により、一般的に相互性を放棄する判例の傾向のリーディング・ケースとなった。バーンハード事件のトレイナー（Traynor）判事は次のように述べている。

「誰が判決効を〔有利に〕主張できるかを決める基準は、誰に対して不利に判決効を主張できるのかを決める基準とは基本的に異なっている。法律のデュー・プロセスの要請によって、事案の決定された前訴によって拘束されない者に対して不利に判決効を主張することは禁止される。……前訴の当事者やそのプリヴィであった者だけが前訴に拘束されるのである。しかし、判決効を〔有利に〕主張する者が前訴の当事者やそのプリヴィでなければならないことを要求する必然的な理由はない。」（傍点追加）

そして、前訴の当事者やプリヴィでない第三者が、自己に有利な前訴判決を援用できる根拠は、その相手方である前訴の当事者がすでに同じ争点について裁判所において期日をもった（he has had his day in court）点にあるとされた。「裁判所において期日をもったことのある当事者が、たんに相手をとりかえただけで同じ争点をむしかえすのを許すことは不公正である。」そこで、①前訴判決により決定されたものと同じ争点がくり返され、②本案の終局判決がなされており、③これが不利に主張されている当事者が前訴の当事者またはそのプリヴィであれば、その判決効の主張を有効とすることができる、という原則を定立した。

このバーンハード・ドクトリンは、やがて、Blonder–Tongue Laboratories, Inc. v. University of Illionis Foundation（1971）(9) において、連邦最高裁判所の判例としても承認されることになった。ブロンダー事件は、特許権の侵害の回復を求めた前訴において敗訴した原告が、今度は被告をとりかえて同じ特許権の侵害を理由に訴えた事件であったが、被告の援用する特許権を無効とする前訴判決のエストッペルが認められた。前訴の非当事者が前訴の判決効を援用できるかどうかは、「エストッペルを不利に主張される当事者が訴訟をするため十分かつ公正な機会（a full and fair opportunity to litigate）をもったか」どうかにかかる。「同じ争点について裁判所の審判をうける十分かつ公正な機会を何度も当事者に提供する」理由はないからである。すなわち、十分かつ公正な機会をもった当事者が同じ争点を再度争えないのは、能率的な訴訟運営という公益の要請によるとされることが多いが、それ以上に、被告や原告の労力の配分を誤らないようにとの配慮に基づく。さもないと、被告はすでに決まった争点に労力をとられて、何か他の生産的な目的のために労力を使うことができないし、原告の方でもギャンブル的になり、公正さを失うことになる。しかも、不利な判決効をうける当事者が「訴訟をする十分かつ公正な機会をもった」かどうかを基準にすれば、判決効拡張に対する十分の安全弁となり、デュー・プロセスに反することはない、としたのである。

(ハ)　しかし、バーンハード事件およびブロンダー事件における判例法則の射程距離がどの範囲に及ぶかについては議論のあるところであった。というのは、両事件ともに、前訴で敗訴した原告が、相手方をとりかえただけで再び訴えてきた場合に、被告とされた前訴の非当事者が同じ争点についての前訴判決を「防御的に利用」（defensive use）した事例であったからである。これに対して、たとえば、大量事故（mass accident）における多数の被害者が入れかわり立ちかわり共通の加害者とされる者を訴えてきた場合に、その一人が勝訴すれば、その後は他の被害者はこの判決を「攻撃的に利用」（offensive use）できるかについては、問題があるとされてきた。[10]

この判例法則の適用範囲をめぐって問題とされてきた論点を要約すれば、次の通りである。①前訴を主導的に提起したかどうか。前訴において自らイニシアチブをとり、時期や場所を選んで訴えを起こす機会のなかった被告は十分に審判をうける機会があったとはいえない。[11] ②第三者による判決効の「攻撃的利用」は相手方当事者にとって酷な結果をまねくのに対し、「防御的利用」はなお公平を保ちやすい。[12] ③また、「防御的利用」は前訴において被告となりうる者を併合して訴えることを促進するが、「攻撃的利用」は原告となりうる者の有利な判決待ちの傾向を助長して、多数当事者紛争の一挙の解決を妨げる。(13) ④むしろ、前訴手続において第三者を併合して審理するようにしなかったことにつき責任のある者が不利益をうけることにすれば、多数当事者紛争の一挙的解決ができる。(14)

こうしたさまざまの要素を配慮したうえで、バーンハード・ドクトリンにおける「在廷期日」法則の適用範囲をめぐる判例や学説の大勢は、ⓐ前訴において主導的な立場で「十分かつ公正な機会」をもった当事者に対しては、判決効の第三者による「防御的利用」ができるが、ⓑ主導的な立場になかった前訴被告に対する第三者の「攻撃的利用」はできないという方向にある。(15)(16) ⓒそしてさらに、前訴当事者と第三者との共同訴訟の可能性があったかどうかによって、これらの基準を修正する試みがなされている、(17) といえよう。もちろん、不利な判決効をうける前訴当事者がデュー・プロセスの保障のための「十分かつ公正な機会」をもったか否かが問題の核心であるから、一方では、判決効の相対効を弁護する立場から、そもそも誰との間で「在廷期日」をもったことになるのかが問われる(18)のに対して、他方では、「十分かつ公正な機会」をもった当事者に対しては、第三者の「攻撃的利用」を拒む理由はないとして、これを認める判例も少なくない。(19)

㈡　しかし、いずれにしても、これらすべての見解の前提とされていることは、前訴に関与する機会のなかった第三者に不利な判決効が及ぶことはありえないという原則であった。ブロンダー事件のホワイト判事は次のようにいう。

「前訴に現われなかった訴訟関係人が、その争点を争うことなしに、コラテラル・エストッペルによって排斥されることは許されない。彼らは請求について証拠や弁論を提出する機会をもたなかったからである。彼らの地位にとりまともに不利となるような同じ争点についての審判がなされているとしても、彼らを排斥することはデュー・プロセスの禁止するところである。(20)」

(2)　非当事者に不利な判決効の拡張

(イ)　アメリカの伝統的な判例法則によれば、民事判決が当事者およびプリヴィをこえて第三者に不利な拘束力をもつことはない、とされてきた。バーンハード・ドクトリンも、「判決効が不利に主張される当事者は前訴の当事者またはプリヴィ」でなければならないとしたのは前述の通りであった。しかし、近年、伝統的にはこうした当事者やプリヴィとはされてこなかった第三者にも不利な判決効を及ぼすとする判例の傾向がみられる。こうした傾向は二つの方向において推進されているようにみえる。一つは、伝統的なプリヴィ概念を拡大し、その在来の範囲をこえて判決効を及ぼす非当事者を「プリヴィ」とよぶ方向である。他は、さらにプリヴィ概念を無視ないし放棄して、新しい基準によって判決効を拡張しようとする方向である。

もともと、プリヴィ概念自体極めて多義的であって、しばしば、前訴の非当事者が前訴判決に拘束される関係にあることを示すために用いられる用語にすぎない(21)、といわれることすらある。そして、最近は、伝統的な範囲をこえて判決効が拡張されているのに、簡単に「プリヴィ」とよんでこのことを曖昧にすることが多い(22)、ともいわれる。プリヴィ概念を拡大するにせよ放棄するにせよ、判決効拡張の範囲、限界が不明確なものになる可能性が生まれているわけである。したがって、このような判決効の拡張はどのような根拠と基準によって正当化され、ことに、不利な判決効をうける非当事者のデュー・プロセスの保障は、どのような要件の下に充されるといえるのかが問題となる。この点を明らかにするためには、まず、伝統的なプリヴィ概念として判例法が形成してきたものの内容を確定しその根拠を検討したうえで(ロ)、つぎに、これを拡大ないし放棄して判決効を拡張しようとする判例の傾向の意味と限界を探る必要がある(ハ・ニ・ホ)。

(ロ)　プリヴィ（privies）ないしプリヴィティ（privity）の概念の一般的な定義はないが、古くから法律上のプリヴィ（privies in law：たとえば遺産管財人）、血縁上のプリヴィ（privies in blood：たとえば相続人）、財産上のプリヴィ（privies in estate：たとえば財産の承継人）の三種を含むとされ、さらには、これらすべてをふくめて、「プリヴィとは、財産上の同じ権利についての相互的または承継的関係（mutual or successive relationship）を意味する」として狭く解するのが一般であった。[23] しかし、そのうちに、判例が伝統的に当事者と密接に関係があるために判決効に拘束される者を広義のプリヴィに含めるようになった事例は、次の三つの類型に大別されるのが一般である。[24] (a)訴訟後の係争財産上の利益の承継人、(b)訴訟当事者ではないが訴訟手続をコントロールした者、(c)訴訟当事者によって自己の利益を代表された者。

(a)　財産上の利益の承継人が、判決言渡後に初めて係争利益を承継した者であれば、前主の判決に拘束されることは、古くから異論がない。[25] 相続、売買、贈与など[26]承継の理由を問わない。財産上の利益を承継した者は、それ故に、「終局判決の作用によって、前主の手中にある財産に付着したところの、利益をうけることができ、また不利益に服せしめられる」[27]と説明される。財産上の利益を承継した者は前主がもっていた以上のものをうけることはできない、という承継関係を意味したプリヴィティ本来の考えによって根拠づける点で、[28]実体法上の依存関係によって承継人への既判力拡張を正当化するドイツやわが国の理論と共通である。また、訴訟係属中の承継人については、判例は、ことに動産や債権が係属中であることを知らずに承継した者に判決効を及ぼすことをためらってきたが、結局、訴え提起後の承継人すべてに判決効を及ぼす傾向にある。[29] さもないと、前主は「訴訟係属中に財産を譲渡して相手方に勝訴の成果を否定する」ことができるからである。しかし、このいわゆる「訴訟係属」(lis pendens) の原則は、多くの州で修正をうけ、不動産については訴訟係属と判決を登記簿に記入して承継人に知らせないかぎり判決効をおよぼさないとして、善意の承継人の利益を保護しようとしている。[30]

(b)　正式の当事者ではないが、訴訟についての自己の利益を守るために、訴訟追行を事実上コントロールする者も判決の拘束力をうける。[31] このような非当事者は自ら「在廷期日」をもったのだからデュー・プロセスが保障されたといえるからである。リーディング・ケースとされる Souffront v. La Compagnie des Sucreries de Porto Rico (1910)[32] は、「自己の権利を確立し保護するために他人の名前で訴訟を追行するか、あるいは自己の利益のために訴訟の追行を援助する者は、相手方にも分かるように公然とこれをしたときには、当事者と同様に判決に拘束され、また相手方に対するエストッペルとして、これを有利に利用することができる」、という。このように、まず、非当事者は訴訟の結果につき直接財産上の利益をもつ場合でなければならない。被告に責任があると判決されると、これを補償しなければならない非当事者はその典型である(33)。ついで、訴訟手続をコントロールしたといえるためには、上訴の決定を含めて、証拠を提出し、証人を尋問するなど、当事者と異ならない権限をもった関与が必要であり、たんに証人や法廷助言者（amicus curiae）となったり、弁護を補助したりしただけでは不十分である(34)。さらに、伝統的法則によれば、判決効が非当事者に及ぶためには、その訴訟支配が相手方に知られていなければならない、とされてきたが、近年これを離脱する傾向がみられる。すでに判例は、かくれた当事者として相手方に知られずに訴訟を追行して敗訴しても、判決に拘束されるとするが(35)、さらに、かくれた訴訟関与者に有利な判決効を否定する理由はないとの指摘が多い(36)。

(c)　当事者により代表される者の典型的な事例とされるものには(37)、受託者（fiduciary）の訴訟の判決に拘束される受益者（beneficiary）がある(38)。たとえば、信託財産（trust estate）や遺産（decedent's estate）のために訴訟をする受託者（trustee）や遺言執行者（executor）・遺産管財人（administrator）は、それぞれ、信託設定者の委任や、通知と審理をへた選任によって、受益者のために代表権限をもつところに、判決効拡張の根拠がある(39)。また、受益者はみずから現に当事者となったわけではないが、当事者によって自己の利益が事実上効果的に保護されるように代表されているところに、判決に拘束される根拠があるとされる(40)。だから、受託者が相手方と共謀するなどの極端な事例においては、受益者の利益が保護されたことにならないから、判決効も及ばない(41)。これらの事例は、そのかぎりで、われわれの第三者の訴訟担当とほとんど共通する場合である(42)。

(ハ)　ところで、この代表による判決効の拡張は、一方では、クラス・アクション法理の展開と、他方では、一般的な代表によるプリヴィ概念自体の拡大傾向によって、新しい局面をくりひろげている。すなわち、委任や選任による受託者（fiduciary）の代表権限の範囲をこえて、さらに前訴当事者によって非当事者の利益が実質的に保護された場合には、代表関係ありとして、判決効を拡げる傾向である。[43] これは、クラス・アクションにおける適切代表による判決効の拡張を媒介として、推進されてきたように思われる。

クラス・アクションにおけるデュー・プロセスの要件についてのリーディング・ケースとなった Hansberry v. Lee (1940)[44] によれば、判決効をうける非当事者は、訴訟につき通知と審判をうける機会を保障され、その利益を守る手続を確保されなければならない。そして非当事者は代表当事者によって事実上適切に代表 (adequate representation) された場合に判決に拘束される。この適切な代表は非当事者の利益が代表当事者の利益と実質上同一であるかぎりで認められる、とされた。クラス・アクションにおいて、この適切代表の要件が通知と審判の機会などの他の要件とどのように関連するかについては議論のあるところであり、節を改めて検討する必要がある。ただここでは、さしあたって、つぎのことを確認することができる。すなわち、判決効をうける非当事者は、その利益を保護するために適切に代表されねばならないとされたことを媒介として、適切代表によるプリヴィ概念は、クラス・アクションをこえ、一般的にも代表による判決効拡張の根拠とされる傾向を生じた。[45] 判例は、代表による判決効の拡張を認めるについて、特定の法的関係に基づく代表権限を理由とする狭い法則から、「判決効をうける者の権利利益が前訴において実質的に保護された」かどうか、つまり適切に代表されたかどうか、という広い基準に重点を移しつつあるといえる。[46] そして、当事者の利益が非当事者の利益と実質的に同じであって、充実した訴訟追行が認められるなど、さまざまの実質的な考慮によって、適切代表が、根拠づけられる。[47] このようにして、判決効拡張の範囲は弾力性あるものとなったが、その限界を画する基準は必ずしも明確ではなく、個別的な検討をまたざるをえないことになった。

その結果、具体的には、代表によるプリヴィに当たるとして判決効の拡張される事件でも、その妥当性の限界が問題とされることが多い。[48] たとえば、労働組合の組合員は、一定の場合には黙示的に、自己のために訴訟追行をする権限を組合に認めているとして、組合の敗訴判決が組合員を拘束するとした判決[49]は、わが国の労働組合の当事者適格の議論と対応し、その合理性を認める余地がある。しかし、教育委員会は、自己のためではなく、その被用者である教員のために訴訟をするとして、委員会の敗訴判決が教員を拘束するとしたのは行きすぎである。[50]また、行政庁が賃貸人に対して賃料統制令を強制するため訴えたが敗訴した判決の拘束力は賃借人の賃貸人に対する後訴に及ぶとするのも問題である。[51]このように、本来、非当事者に判決効を拡張する十分の根拠がないのに、事実上の代表によるプリヴィ概念を名目として、判決効を拡げるという危険性を示す事例は少なくない。[52]

(二)　さらに、いくつかの裁判所では、場合によっては、プリヴィの概念を放棄してその範囲に含まれない第三者についても、前訴判決の不利な拘束力を認めると判示しているし、[53]アメリカ法律協会のリステイトメントの改定仮案（一九七五年）は、この用語を排除している。[54]リステイトメントがプリヴィの名称を廃止しても、これが前提にしていた判決効拡張を正当化する諸関係が放棄されたわけではない。プリヴィ概念を放棄して第三者に不利な判決効を及ぼした判例も、たんに同じ争点が前訴で審判されたという要件だけではなく、さらに、第三者が現に訴訟に関与したことや実際に通知をうけて手続に参加する機会があったことなどを根拠としている。

たとえば、Caufield v. Fidelity & Casualty Co.（1967）[55]では、墓地を冒したとの理由で埋葬者の遺族四一人のうちの一人が墓地所有者に対し訴えを提起して敗訴した判決が、これとは別の一人である Caufield の同趣旨の後訴でも拘束力を及ぼすとされた。後訴の原告は、前訴手続において証人として証言し、後訴でも前訴と同じ弁護人を選任し、さらに、新しい証拠を提出する余地がないことを認めていることなどによって、後訴を審理してもうるところはなかろうと判断されたためである。

また、In re Air Crash Disaster near Dayton, Ohio（1972）[56]では、航空機衝突事故による被害者の遺族が提起した六つの訴のうち、一つについて審理した前訴手続において航空会社（Tann）に責任なしとした判決は、他の一つの後訴においても拘束力を及ぼすとした。後訴原告は、前訴の当事者ではないが、前訴と併合された審理前の手続の通知をうけ参加する機会があったこと、前訴の審理が十分かつ完全で誤りの余地がないことなどが根拠とされた。

Friedenthal v. William（1967）[57]では、自動車の三重衝突事故により被害をうけた妻の損害賠償を夫が訴えた前訴において、相手方運転手および保険会社に責任はないとされたが、今度は被害者である妻が自分で同じ相手方を訴えた後訴において、前訴判決の拘束力が及ぶとされた。Cauefield 事件を引用しながら、妻が夫のプリヴィであるかを問うまでもなく、同じ争点について、当事者を再構成して付け加えることによって訴えを繰り返すことを許すのは不合理であるとした。

このようにプリヴィ概念を放棄して判決効を第三者に及ぼした判例は他にも多い[58]。これらの事例において判決効拡張の根拠とされた要素はさまざまであるが、結局は、適切代表によるプリヴィ概念を拡大して判決効を拡張する方向と同様の結果に達し[59]、したがって同様の問題を含むことになったといえる。そして結果的には判決効の拡張が妥当と考えられる事件でも、個々の要素だけでは適切代表や訴訟コントロールによるプリヴィを認めることはできず[60]、結局さまざまの事情を一緒に評価してはじめてデュー・プロセスの保障があるといえる場合であろう[61]。これを「代位による在廷期日」（vicarious day in court）とよんだり[62]、あるいは非公式のクラス・アクション[63]ないしは適切代表とみて[64]、判決効の拡張を根拠づける提案もなされている。

ここで、これらの事例において、非当事者のデュー・プロセス保障を充すために問題とされてきた要素をまとめて要約すれば、次のようになろう[65]。①前訴においては、どの程度に非当事者の利益を保護するやり方で、その争点の審理が十分かつ公正になされ、非当事者を適切に代表したことになるのか。②非当事者はどの範囲で前訴手続に関与し、これをコントロールしたといえるか。③非当事者はどの程度に訴訟手続の通知をうけ、これに参加、関与する機会があったのかなどである。前訴において弁論や証拠が出尽くしたこと、同じ弁護人を選んだこと、証人として証言したこと、代理人に忠告する機会があったこと、審理前手続が併合され通知をうけたことなどはすべてこれらの要素と関連する。したがって、いずれの要素も、その程度を異にしながら、相互に補充し合っていることが分かる。かりに「代位による在廷期日」や「非公式のクラス・アクション」を認めるとしても、これらの要素がそれぞれどの程度存在し、どのような組合せをとればデュー・プロセスの保障が充されるのかが問題となるわけである。

㈭　このように非当事者に不利な判決効は、プリヴィ概念を出発点として、あるいはこれを拡大し、あるいはこれを放棄することによって、拡張されてきた。その際の安全弁の役割を果たすべきデュー・プロセス保障の内容は、当事者としての「在廷期日」をもつこととはかなり異なってきたことが明らかとなった。伝統的なプリヴィにあたる前訴の非当事者は、当事者としての「在廷期日」をもったのではないが、審判をうけた前主の権利利益の承継人であるために、あるいは当事者たる受託者に自己の権利利益につき代表権限を委ねたために、自己の在廷期日によって保護すべき独自の権利利益をもたないと考えるか、あるいは、実質的に訴訟をコントロールして、当事者に準じた在廷期日をもったと考えられる場合であった。これは、独自の権利利益についての自らの「在廷期日」の要請のコロラリーとみることができる。しかし、判決効がこれらの伝統的なプリヴィの範囲をこえて拡張されることになれば、前訴当事者の訴訟追行の結果に服すべき理由のない独自の権利利益をもつ第三者が、自ら「在廷期日」をもつことなしに不利な判決効をうけることになる。

本来、憲法上のデュー・プロセスの要請によれば、訴訟関係人は自己の独自の権利利益を審判されるについては、自ら裁判所において弁論をする権利を保障され、こうした個人的な訴訟関与を通じて判決形成過程の公正さが担保される、と考えられてきた[66]。したがって、独自の権利利益をもつ第三者に不利な判決効を及ぼすには、彼自身の「在廷期日」を保障するか、さもなければ、これに代る手続保障が要請されるわけである。適切代表によるプリヴィの拡大は、非当事者の独自の権利利益が代表当事者の訴訟追行によって実質的に保護されることを、自らの「在廷期日」に代りうる手続保障と考えることに立脚していた。承継関係や代表権限により判決効を拡張するについても、なお非当事者の利益が実質上保護されるという配慮が背後にあったと思われるが[67]、こうした法的関係のない非当事者についてはこの視点があらわに表面化したともいえる。これに加えて、非当事者自身が手続に関与して判決形成の公正さを担保することがどの程度まで要請されるのか。通知による参加の機会を保障することとの相補関係が問題となってくる。プリヴィ概念を放棄して判決効を拡張する場合には、これらすべての要素――非当事者の利益保護＝適切代表、現実の訴訟コントロール、訴訟参加・関与の機会の保障などが、具体的事件においては、さまざまの程度と組合せにおいて、複合的、相補的に考量されて、デュー・プロセスの保障を充したと考えられてきたわけである。

(3)　要約と問題点

(イ)　以上によって、アメリカ法における民事判決の相対効の原則は、一方では、相互性（mutuality）の放棄を介して非当事者に有利な判決効の利用を認める形で緩和され、他方では、プリヴィ概念の拡大やその放棄を通じて、非当事者に不利な拘束力を認める形で変容をうけつつあることが明らかになった。そして、この判決効の拡張においては、つねに訴訟関係人、ことに非当事者のデュー・プロセスの保障が確保されねばならず、これが判決効の拡張傾向に対する安全弁の役割を果たしてきた。しかし、訴訟関係人の利益を保護するためのデュー・プロセスの保障といっても、その具体的意味と内容はさまざまであって、時代とともに、あるいは問題の領域ごとに、大きく変遷してきたことが明らかである。本来のデュー・プロセスの要請は、自己の独自の権利利益の審判については、自らの訴訟関与、つまり「在廷期日」を保障し、これによって判決形成の公正さを担保することにあると思われるが、この「在廷期日」の保障も、個々の相手方との相対的な関係において要求されるのかどうかによって、相互性の放棄に至るか否かの差異を生じた。そしてさらに、現実には当事者としての「在廷期日」をもたないプリヴィの概念が拡大され、あるいは放棄されて、判決効が第三者に拡張される場合には、デュー・プロセス保障の内容はさらに大きく変容することになる。その際に重要なことは、具体的にどのような場合に、どのような基準があれば、どのような意味で、デュー・プロセスの保障が充されたことになるのか、ということである。こうしたデュー・プロセス保障の基準や意味をめぐって問題とされてきた点を、結論的に要約すれば、次の通りとなろう。

(a)　伝統的にプリヴィ概念として類型化されてきたいくつかの法則、つまり権利利益の承継人、代表された受益者、訴訟をコントロールした者という基準のほかに、前訴において、第三者の権利利益を実質的に保護する訴訟追行があれば、適切代表をみとめ、あるいはプリヴィ概念にかかわらずに、判決効を拡張する傾向がある。

(b)　この第三者の実質的な利益保護という法則は、利益の実質的な同一や充実した訴訟追行などさまざまの基準によって実質的に判断されるから、一方では、判決効の範囲が弾力的に拡がることになるが、他方では、その限界を画する基準は個別的な判断に委ねられ、必ずしも明確ではない。この立場による判例のなかには結果の妥当性を疑わせるものも多い。

(c)　他方、伝統的なプリヴィ法則による判決効の拡張は、たしかに適用範囲の明確性を保ちうるという利点をもつが[68]、その形式性の故にかえって、実質的な非当事者の利益保護が看過されていないのかが問題となるものと思われる。たとえば、承継人は審判をうけた前主の権利利益を承継したために、自らの「在廷期日」を保障さるべき独自の利益をもたないというには、前主の瑕疵のすべてを承継する関係が前提とされている。係争権利についての訴訟係属や判決の登記などによって善意の承継人の保護を図る傾向[69]は、こうした実体的要件も実質的に判断されなければならない、ことを示している。代表権限を委ねた受託者に相手方との共謀があれば、判決効の拡張が否定されるのも[70]、同様の関係を示している。

(d)　しかし、さればといって、伝統的法則は、もはや非当事者の利益の実質的な保護の法則によって、その意味を失ってしまったことになるかといえば、否であろう。伝統的法則は、その典型的な事件における適用範囲の明確さを保ちうるというだけではなく、デュー・プロセス保障の視点からも、実質的利益保護の法則との間では、大きな意味内容の差異がみられるように思われる。つまり、前述のように[71]、伝統的法則には、自らの「在廷期日」の要請のコロラリーといえる妥当根拠があるが、利益保護の法則は「在廷期日」に代る実質的な配慮を根拠としている。たしかに、伝統的な法則の背景にも第三者の利益保護という実質的な配慮があるといえるが、逆に、第三者の利益保護さえあれば、自らの訴訟関与の要請は不要となるとはかぎらない。さもなければ自らの訴訟関与による判決形成の公正さを担保するというデュー・プロセスの視点が欠落することになるからである。適切代表のほかに通知による訴訟参加・関与の機会を保障すべきかが問題となる所以である。[72] その意味で、この二つの法則による判決効の拡張は、それぞれの妥当根拠と妥当領域をもつものと思われるが、具体的事例においては、相互に重なり合い、補充し合う場合が多いということになろう。

(ロ)　ところで、適切代表によるプリヴィ概念は、クラス・アクション法理の展開を介して、一般的にも拡大され、判決効を非当事者に拡張する根拠とされてきた。しかし、クラス・アクションは、もともと多数当事者の必要的併合（不可欠当事者）の困難を回避するという必要性に根ざすものであっただけでなく、ことに連邦民訴規則二三条においては、適切代表の要件のほかにも、デュー・プロセス保障のためのさまざまの要件が定められている。[73] しかも裁判所は、訴えの当初からクラス・アクションとして維持できるかどうかを決定し、手続中もこれを監視して、代表の適切性を保つため、クラスを分けて小クラスにしたり、あるいは訴訟運営上の各種の措置をとる命令を出したりして、後見的に介入できる権限をもっている。[74] さらに、同条(b)(3)のクラス・アクションにおいては、クラスのメンバーは訴訟の通知をうけ、除外の申出をして判決効を免れるか、あるいは除外の申し出をせずに手続に関与するか、いずれかの途を選ぶ機会が保障される。[75] 適切代表によるプリヴィがクラス・アクションをこえて一般的に拡大された場合には、後訴において事後的に、前訴における適切代表の有無が判断されるほかは、こうした事前における手続的なチェックを含むもろもろの配慮は十分でない。[76] プリヴィ概念を放棄して、「代位による在廷期日」や「非公式のクラス・アクション」を認めることにより、非当事者に判決効を及ぼすときにも、デュー・プロセス保障のためのこうした要件がどの程度まで必要とされるのかが問われることになる。

(ハ)　もとより、非当事者のデュー・プロセスの要請に対しては、相手方当事者の労力や費用の節約および訴訟遅延回避の利益、同一事項についての審判の繰り返しによる不経済や訴訟遅延もしくは矛盾判決をさけるという司法制度運営上の利益、さらには、多数当事者紛争を統一的かつ能率的に解決しようという社会的な利益などが対置される(77)。非当事者のデュー・プロセス保障の内容や程度も、こうした諸利益との比較考量を通じて決まることになろう。ただ、判決効をうける者が「在廷期日」をもたねばならないというデュー・プロセスの要請は、その重要性からみて、相手方や裁判所の訴訟経済という一般的な利益だけによって制約されるとするのは問題である。こうした一般的な利益であれば、すべての訴訟において考えられるからである。そこで、判決効の拡張によるデュー・プロセス保障の後退を正当化するためには、さらに、特別に強力な反対利益があるか、あるいは、事件の特性によって相手方の保護や画一的確定の要請がとくに顕著となる事情が示されねばなるまい(78)。多数当事者紛争の統一的かつ能率的な解決という要請は、このような意味で、デュー・プロセスと矛盾関係に立つことが多い(79)。クラス・アクションは両者の調整をはかったぎりぎりの到達点であるといえる。かくて、クラス・アクションは現在でも、メンバーが多数であるために共同訴訟が難しいという特殊の事件を前提とするほか、いくつかの類型のクラス（連邦規則23条(b)(1)、(2)、(3)）を想定している。そして、それぞれの類型におけるメンバー相互のかかわり合いの違いによって、デュー・プロセス保障のための手続上の手当てにも濃淡の差異が認められている。こうしたクラス・アクションによらず、したがってそこでの周到な手続的な手当てもなしに、非当事者に判決効を拡張するには、まさに「手続の性質と判決効のおよぶ権利利益の性格について適切な配慮をした」合理的な手続が保障されねばなるまい(80)。適切代表によるプリヴィを拡大して判決効を拡張するよりも、むしろ非当事者の「強制的参加」（mandatory intervention）(81)や「強制的併合」（mandatory joinder）(82)の立法的解決によって非当事者の手続保障を確保しようとする提案も、これらの諸利益の調整を図ったものといえる。したがって、判決効の拡張と手続保障との関連を明らかにするためには、これらの諸制度において非当事者のデュー・プロセスの保障が、これに対立する諸利益とのかねあいにおいて、どのように確保されているかを検討しなければならない。

（１）　res judicata は後訴の請求が前訴のそれと同じである場合に、請求自体の判断について生ずる拘束力であるのに対して、collateral estoppel は後訴請求が前訴と異なる場合に、同じ争点の判断について生ずる拘束力である。吉村徳重「アメリカにおける既判力の客観的範囲」法政研究三二巻二―六号七一三頁以下（昭四一）（本書一八七頁所収）に、それぞれの概要を説明した。Vestal, Res Judicata, Preclusion (1969) V. 13ff. 前者を claim preclusion、後者を issue preclusion とよぶ。プリヴィとの関係では双方とも問題とされるが、当事者やプリヴィでない第三者との関係では、請求も別個と考えられ collateral estoppel だけが問題とされる。

(2) 吉村徳重「アメリカにおける既判力拡張の一側面」法政研究二九巻一―三号六七頁以下（昭三八）（本書二八一頁所収）において論じたところ参照。Note, *Developments in the Law—Res Judicata*, 65 Harv. L. Rev. 861 (1952) は、「この伝統的命題には殆どの裁判所がリップ・サービスをつづけている」という。

(3) Freeman, A Treatise on the Law of Judgments, vol. 1, §428 at 390 (1925)（以後 Judgments vol. 1として引用する）は、さらに「エストッペルの作用は相互的でなければならず、訴訟関係人は双方とも同様に拘束されるか、いずれも拘束されないかでなければならない」(Bigelow v. Old Dominion Copper Co., 225 U. S. 111) とする。

(4) See Note, *supra note* 2 at 862; Restatement of Judgment, §96 (a) (1942).

(5) See Von Moschzisker, *Res Judicata*, 38 Yale L. J. 299, 303 (1929); Seavey, *Res Judicata with Reference to Persons neither Parties nor Privies*, 57 Harv. L. Rev. 98, 105 (1943). なお、吉村・前掲注(2)六八頁参照。

(6) 吉村・前掲注(2)六三頁、とくに六八頁以下。また、霜島甲一「既判力の相対性について」判例タイムズ三〇七号三一頁（昭四九）は、バーンハード・ドクトリンの新しい展開を紹介する。

(7) Portland Good Mining Co. v. Straton's Independence, 158 F. 63 (8th Cir. 1907). この派生的責任法則の展開について、吉村・前掲注(2)六九頁以下参照。

(8) Bernhard v. Bank of America National Saving & Trust Association, 19 Cal. 2d 807, 122 P. 2d 892 (1942).

(9) 402 U. S. 313, 91 S. Ct. 1434 (1971) 霜島・前掲注(6)四〇頁以下に詳しい紹介がある。

(10) Currie, *Mutuality of Collateral Estoppel, Limits of the Bernhard Doctrine*, 9 Stan. L. Rev. 281, 288 (1957) は、鉄道事故による多数の被害者と鉄道会社との訴訟を想定し、不都合な結果が生ずるとした。

(11) *Ibid.*, 303-321 は、これをバーンハード・ドクトリンの制限の原則とした。

(12) この区別は一般的である。「攻撃的利用」は、前述の大量事故の例だけでなく、前訴の原告にとってもたまたまなされた不利な判断を利用されるのは公正ではない。Note, *supra note* 2 at 864.「防御的利用」は大量事故の不都合をさけるだけでなく、予測不能な結果を生じたり、つねに全力を尽くさざるをえない危険を少なくする。James, Civil Procedure, 602（1962）.

(13) Kimmel, *The Impacts of Defensive and Offensive Assertion of Collateral Estoppel by a Nonparty*, 35 Geo. W. L. Rev. 1010（1967）の強調した視点であった。ただし、前訴において、被害者が一緒に訴える可能性がなければ、「攻撃的利用」も認めるべきことになる。*Ibid*., 1049ff.

(14) Semmel, *Collateral Estoppel, Mutuality and Joinder of Parties*, 68 Colum. L. Rev. 1457（1968）の提案するところである。併合審理を可能にする手段は何でもよい。See also, Louisell and Hazard, Cases and Materials on Civil Procedure, 660（1973）.

(15) これが一般であるが、後述注(19)本文参照。

(16) その中間に、「防御的利用」であれば、前訴の被告に対しても認められるか（James, Civil Procedure, 603 は認めるが、Currie, *supra note* 10 at 308; Note, *supra note* 11 at 864 は反対）、前訴の原告に対しては「攻撃的利用」も認められるか（Vestal, Res Judicata V. 321ff. は認めるが、Note, *supra note* 11 at 865 は反対）については見解が分かれている。

(17) Kimmel, *supra note* 13 at 1049ff.; Semmel, *supra note* 14 at 147ff. がそれぞれの立場からこうした視点の提案をしている。

(18) Moore and Currier, *Mutuality and Conclusiveness of Judgment*, 35 Tul. L. Rev. 301, 310（1961）; Moore and Currier, Federal Practice, 1B, 1811（1974）.

(19) たとえば、United States v. United Airlines, Inc., 216 F. Supp. 709（E. D. Wash & D. Nev. 1962）, aff'd 335 F. 2d 379（9th Cir. 1964）; Zdanok v. Glidden Co. 327 F. 2d 944（2d Cir. 1964）. ただし、同じ連邦第二巡回控訴裁判所が、Berner v. British Commonwealth Pac. Airlines Ltd., 346 F. 2d 532（2d Cir. 1965）では「攻撃的利用」を認めなかった。結局前訴被告が十分に争ったといえるか否かによろう。Vestall, Res Judicata, Preclusion, V. 314ff. も「攻撃的利用」を認める。

(20) 402 U. S. 314, 329.

（21）　グッドリッチ（Goodrich）判事の言葉、「それは、記録上の当事者と他の者との間の法的関係が、この他の者に判決効を及ぼすに足るだけ十分に密接であることを示すために用いられる用語にすぎない。」（Bruszewski v. United States 181 F. 2d 419, 423（3d Cir. 1950）（concurring opinion）, cert. den. 40 US 865（1950））がしばしば引用される。See e.g. Comments, *Nonparties and Preclusion by Judgment: The Privity Rule Reconsidered*, 56 Calif. L. Rev. 1098, 1102（1968）.

（22）　Note, *supra note* 2 at 818, 856.

（23）　Freeman, Judgments, vol. 1, § 438 at 961.

（24）　See e.g. Restatement of Judgments § 83(a)（1942）; Note, *supra note* 2 at 856ff.; James, Civil Procedure, 589ff. esp. 594f.（1965）.

（25）　See Freeman, Judgments, vol. 1 §438, 439; Note, *supra note* 2 at 860; James, Civil Procedure, 593（1965）.

（26）　ancester-heir, testator-devisee, vendor-vendee, assignor-assignee, donor-donee, bankrupt-trustee の関係を含むといわれる。See Note, *supra note* 2 at 860 note 318.

（27）　Freeman, Judgments, vol. 1, 964.

（28）　この点をさらに、いわゆる「権限証書」（muniment of title）の原則によって説明することがある。これは判決は敗訴者から勝訴者へ係争権利利益を移転したのと同様に作用するという原則であって、この原則によって、訴訟後係争利益を承継した者は前主の判決に拘束される。See, Restatement of Judgments, §89 (a)（1942）; Vestal, Res Judicata, Preclusion V-326（1969）; *Ibid., Res Judicata: Expansion*, 47 So. Calif. L. Rev. 357, 362（1974）. しかし、この説明は判決後の承継人にかぎらず、それ以前の承継人やそれ以外の第三者に判決効が及ぶときの説明にも使われる。Restatement of Judgments §110（1942）; Seavey, *Res Judicata with Reference to Persons neither Parties nor Privies*, 57 Harv. L. Rev 98, 100ff.（1943）. バーンハード事件もこの原則によって説明できるとする。Polaski, *Collateral Estoppel — Effects of Prior Litigation*, 39 Iowa L. Rev. 217, 249（1957）は、この原則を判決効拡張の根拠とすることに批判的である。

（29）　See e.g. Behrens v. Skelly, 173 F. 2d 715,（3d Cir. 1949）, cert. den. 338 US 821（1949）; Note, *supra note* 2 at 860; also see James, Civil Procedure, 594（1965）.

(30) Note, *supra note* 2 at 860.

(31) これを当事者、プリヴィ、第三者のいずれとよぶかについては、判例によってまちまちである。See Note, *supra note* 2 at 856 n. 278, Souffront 事件（次注(32)）では当事者とよんだが、広義のプリヴィにはこれを含めるのが一般である。Restatement of Judgments §84 (1942).

(32) 217 U. S. 475 (1910).

(33) See James, Civil Procedure, 590. 具体的には、被保険者と保険会社、使用者と被用者のように、求償権者（Indemnitee）たる前者が訴えられた訴訟に求償義務者（Indemnitor）たる後者が関与してコントロールすれば、後者は、相手方との関係でも判決効をうける。なお、求償関係においては、被告とされた求償権者は、求償義務者に対して、参加を求めるため vouch in（告知）をするか、implead（引込みの申立て）ができる。求償義務者は、告知をうけて参加しなければ、被告との間で判決効をうけるにとどまり、これはわが国の参加的効力に類する。しかし、参加すれば前述の通り相手方との関係でも判決効を生ずる。引込みの申立てをすれば当事者となるから、判決効は出欠の有無にかかわらず、相手方との関係でも生ずることになる。See, Field & Kaplan, Basic Course in Civil Procedure, 852 (1973).

(34) Souffront v. La Compagnie des Sucreries, 217 U. S. 475, 30 S. Ct. 608 (1910); Moore, Federal Practice 1B, 1564 ff.; Note, *supra note* 2 at 856; Freeman, Judgments, vol. 1, §433 at 944f.

(35) Carterpillar Tractor Co. v. International Harvester Co., 120 F. 2d 82 (3d Cir. 1941). 本判決は、さらに、かくれた訴訟関与者は判決効を後訴で利用することはできない、という。相手方当事者は予期できない結果をうけるからである。See Polaski *supra* (11) 242f.; Moore & Currier, *Mutuality and Conclusiveness of Judgment*, 35 Tul. L. Rev 301, 327f.

(36) See e.g. Note, *supra note* 2 at 858. 前述の「在廷期日」の法則により、非当事者に有利な判決効を認める傾向とも一致するからである。

(37) 代表された非当事者（プリヴィ）のなかには、受託者—受益者のほかに、将来の利益を代表（virtual representation）される者およびクラス・アクションにおいて代表されるクラス・メンバーが含まれる。将来の利益代表は、まだ出生していないか、特定できない者のために残余権（remainder）が設定されている場合に、これを適切に代表した者の判決効を不確定残余権者（contingent remainder）にも及ぼすという特殊のプリヴィ概念である。

(38)　この関係は、trustee-beneficiary, executor or administrator-beneficiary などの正式の trust や fiduciary の関係にかぎらず、agent-principal, bailee-bailor の関係も含む。See Field & Kaplan, *supra note* 33 at 851.

(39)　Louissell and Hazard, Cases and Materials on Pleading and Procedure, 827（1973）が、クラス代表と対比して、受託者の代表関係の根拠を述べるところを参照。

(40)　Freeman, Judgments, vol. 1, §435 at 950.

(41)　Restatement of Judgments, §85(f). 代表が不適切な場合として受益者の救済を認める。

(42)　同様の評価として、Engelmann-Pilger, Die Grenzen der Rechtskraft des Zivilurteils im Recht der Vereinigten Staaten, S. 107（1973）参照。

(43)　こうした傾向を指摘するものとして、Comments, *supra note* 21 at 1101ff. esp. 1103f.; Comments, *The Expanding Scope of Res Judicata Bar*, 54 Tex. L. Rev. 527, 538ff.（1976）; McCoid, *A Single Package for Multiparty Disputes*, 28 Stan. L. Rev. 707, 714f.（1976）などがある。

(44)　311 U. S. 32, 61 S. Ct. 115（1940）.

(45)　See McCoid, *supra note* 43 at 715.

(46)　See Comments, *supra note* 21 at 1103f.; McFadden v. McFadden, 239 Ore 76, 396 P. 2d 202, 404（1964）.

(47)　代表の適切性を判断する基準としては、さらに、弁護人の質や代表当事者の経済的な利害の大きさや法的・事実的な立場が同じである程度などが重要になる。逆に、代表当事者が、相手方と共謀したり、非当事者との間に利益の対立があったり、代表の責任を果さなければ、代表は不適切となる。See McCoid, *supra note* 43 at 715.

(48)　以下につき Note, *supra note* 2 at 858 参照。

(49)　Lyman v. Billy Rose Exposition Spectacles, Inc., 179 Misc. 512, 39 N. Y. S. 2d 752（1943）.

(50)　Gable v. Raftery, 65 N. Y. S. 2d 513（1945）. 教員と教育委員会との利益はむしろ対立する場合も多い。

(51)　Morris Inv. Co. v. Moore, 352 Ill. App, 653, 75 N. E. 2d 782（1947）.

(52)　Comments, *supra note* 43 at 537ff. は、「ゆがめられたプリヴィティ」として最近の判例を分析している。Aero-jet-General Corp. v. Askew, 511 F. 2d 710（5th Cir.）, cert. denied. 96 S. Ct. 210（1975）; Southwest Airlines Co. v.

Texas International Airlines, Inc., 396 F. Supp. 678 (N. D. Tex. 1975).

(53) Note, *Collaterall Estoppel of Nonparty*, 87 Harv. L. Rev. 1485 (1974); Vestal, *supra note* 28 at 47 So. Calif. L. Rev. 357; Comments, *supra note* 21 at 1120ff.; Comments, *supra note* 43 at 535ff. がこの種の判例を分析している。

(54) Restatement (2nd) of Judgments §§80-88 (Ten. Draft No. 2, 1975), See Comments, *supra note* 43 at 535, 537.

(55) 378 F. 2d 876 (5th Cir. 1967), aff'g 247 F. Supp. 851 (E. D. La 1965), cert. denied, 389 U. S. 1009 (1967).

(56) 350 F. Supp. 757 (S. D. Ohio 1972), rev'd sub nom. Humphreys v. Tann. 487 F. 2d 666 (6th Cir. 1973). 連邦第六巡回控訴裁判所はこの事件の判決効は、デュー・プロセスに反するとして連邦地方裁判所判決を破棄した。

(57) 271 F. Supp. 524 (E. D. La. 1967), aff'd per curiam, 395 F. 2d 202 (5th Cir. 1968).

(58) See esp. Vestal, *supra note* 28 at 362ff.; Note, *supra note* 53 at 1486ff.

(59) McCoid, *supra note* 43 at 715 がとくに指摘するところである。

(60) Friedenthal 事件では夫婦の密接な関係を考えれば妻は夫の適切代表によるプリヴィに当るとする余地がある (So Comments, *supra note* 21 at 1121) が、Caueffield や Air Crash 事件では、被害者相互間にそうした関係はない。共通の被害者でも利益の対立が考えられ、また弁護人が同じであるというだけで適切代表とはいえない。Caueffield 事件で a 証人として訴訟に関与したことで訴訟手続をコントロールしたとはいえない。まして、証人として呼出があれば証言せざるをえず、当事者として証人を選んだり、反対尋問をする機会もないのだから、自らの在廷期日をもったともいえない。D. Lucas, 1975 Supplement, Moore's Federal Practice 1B (1974), 138.

(61) So Comments, *supra note* 43 at 544.

(62) Note, *supra note* 53 at 1499f., 1504.

(63) See Lucas, *supra note* 60 at 138.

(64) Vestal, *supra note* 28 at 380. ただし、Comments, *supra note* 21 at 111ff. McCoid, *supra note* 43 at 717ff. は、適切代表による判決効の拡張ではカバーできないとして、それぞれ強制的参加 (mandatory intervention) や強制的併合 (mandatory joinder) を提案する。Lucas, *supra note* 60 at 139 も同様である。

(65) Note, *supra note* 53 at 1499f. の指摘する基準を参照。

(66) *Ibid.*, 1497.

(67) 前掲注(40)本文参照。
(68) See Comments, *The Expanding Scope of Res Judicata Bar*, 54 Tex. L. Rev. 527, 530 (1976).
(69) 前掲注(30)の本文参照。なお、注(29)も参照。
(70) 前掲注(41)の本文参照。
(71) とくに、前述二(2)(ホ)に(2)の結論を要約したところを参照。
(72) 後述の Eisen v. Carlisle & Jacquelin, 417 U. S. 156, 4 S. Ct. 2140 (1974) をめぐる議論参照。
(73) 連邦民事訴訟規則 (Rules of Federal Civil Procedure) 二三条(a)は適切代表の要件を定めるが、(b)、(c)、(d)、(e)もそれぞれメンバーの手続保障の規定を含んでいる。なお、クラス・アクションの要件については、一注(14)に列挙した文献および後述参照。
(74) とくに同規則二三条(c)(1)(4)、(d)および(e)参照。
(75) とくに同規則二三条(c)(2)(3)参照。
(76) See esp. McCoid, *supra note* 43 at 707, 716f. (1976). その結果、代表の不適切性を手続中に補正する余地はなくなる、と指摘する。
(77) See esp. Note, *supra note* 53 at 1485, 1500f. (1974).
(78) *Ibid.*, 1501, 1504.
(79) 谷口安平「多数当事者紛争とデュー・プロセス」法学論叢七五巻五号一頁がつとに指摘されたところである。
(80) Note, *supra note* 53 at 1498 は、このような合理的な手続が対立する諸利益の考慮によって具体的に検討さるべきであるという。
(81) Comments, *supra note* 21 at 1098, 1122 ff. (1968).
(82) McCoid, *supra note* 43 at 724ff.

三　クラス・アクションにおける判決効拡張とデュー・プロセス

(1)　クラス・アクションにおける判決効拡張の展開

アメリカにおける現行クラス・アクションの特徴は、クラス・メンバーの一人が一定の要件のもとにクラスのために訴訟追行することを許し、その判決の効力を原則としてすべてのメンバーに及ぼす点にあるといえよう。(1)そこで、直接訴訟に関与していないクラス・アクション（欠席メンバー）がなぜ判決効をうけなければならないのか、ことに不利な判決効をうける欠席メンバーのデュー・プロセスの保障はいかに確保されるのかが問題とされる。事実、一九六六年の連邦民事訴訟規則二三条の改定に際して、立案者の関心の焦点は、クラス・メンバーに対する判決効の拡張とデュー・プロセスの相克をいかに調和させるかにあったといえる。(2)

(イ)　もともと、クラス・アクションはエクィティに由来するといわれる。(3)そこでは、複数の利害関係人相互で判決効が必然的に影響を及ぼす場合には、一緒に訴えなければ訴えを却下する、とする不可欠当事者の原則（indispensable parties rule）が発達したが、これを回避するための制度としてクラス訴訟（class suits）が案出されたといわれる。(4)つまり、①こうした多数当事者の人数が大きすぎて共同訴訟をすることが実際上困難である場合には、②メンバー全員が係争事項につき共同の利益（joint interest）をもち、③名のり出たメンバーが当事者となってクラスを適切に代表するときには、クラスのための訴訟を許した。そしてこの場合には、判決効は全メンバーを拘束する、とされた。

ところが、アメリカにおいては、この種の訴えのほかに、個別的に訴えることができる場合にも、クラス訴訟の利用を認める種類のものも現われた。そこで、クラス訴訟の判決効を全メンバーに及ぼすかどうかは、ことにデュー・プロセス保障との調和の困難さのために、不明確であった。一八四二年の連邦エクィティ規則（四八条）は、「判決は当事者とならなかった者の権利を害しない」と規定したが、一九一二年の規則三八条は、この判決効を制限する規定を含まないために、その解釈をめぐって判例の混乱がつづいた。(5)

(ロ)　一九三八年にクラス・アクションについての連邦民訴規則二三条が制定されたのはこのような状況のもとであった。(6)判決効については直接の規定をおいていないが、実質的には、主たるレポーターであったムーア教授(Prof. J. Moore)の見解に従って、判決の拘束力はクラス・アクションの三つの類型によって異なるとされた。(7)つまり、クラス・アクションは、メンバーの係争権利が同一（joint or common）であるか、別個（several）であるかという伝統的な概念区別によって、三つの類型に分類された。同一であれば真正（true）、別個であれば同一財産に関するものを混性（hybrid）、全く別個であるが争点が共通で同じ救済を求めるものを擬似（spurious）クラス・アクションとした。そして、判決効は真正および混性クラス・アクションでは全メンバーに及ぶが、擬似クラス・アクションでは関与当事者だけを拘束するにすぎない、とされた。

しかしこの権利の共同または別個という伝統的な概念の区別は、曖昧で紛糾をまねくものであり、主に判決効の範囲の基準としては適切でないと批判され、(8)結局、現代のクラス・アクションに期待された新しい時代の要請には適応しえなかったといえる。(9)のみならず、判例のなかには、擬似クラス・アクションにおける欠席メンバーは、不利な判決には拘束されないが、有利な判決があればこれに参加して分け前にあずかることができるという、いわゆる片面的参加（one-way intervention）を許すものが現れ、一層の混乱をまねくことになった。(10)

(ハ)　一九六六年の連邦民事訴訟規則二三条は、旧規則のこうした欠陥に答えて、これを全面的に改めた。(1)権利の概念的な区別による三分類を廃止してクラス・アクションを維持するための機能的な類型を具体的に規定し、(2)判決効は有利不利を問わずクラス・メンバー全員におよぶとしたうえで、(3)判決効をうける欠席メンバーの利益保護のための適正手続を確保するさまざまの手当てを設けたことがその骨子であった。(11)

その結果、現行の連邦クラス・アクション(12)は、まず、連邦民訴規則二三条(a)項において、①クラス・メンバーが多すぎて全員を併合することが実際的でなく、②クラスに共通の法律上または事実上の争点があり、③代表者の請求が典型的で、クラスの利益を公正かつ適切に保護する場合でなければならない、とした。ついで、同条(b)項では、これをさらに、(1)、(2)および(3)の三つの類型に機能的に分類する。(1)はメンバーに個別訴訟を認めれば、法律上ないし事実上矛盾した基準が定立されるか、他のメンバーの権利を侵害することになる場合で、同じ要件による必要的共同訴訟（同規則一九条）の難しいときの解決策となる。(2)は公民権訴訟における差止請求や宣言的判決請求のように、個別訴訟が不適当な場合である。これら(1)、(2)のクラス・アクションの判決は、裁判所がメンバーと認めた者をすべて拘束する（同二三条(c)(3)）。(3)は、共通の争点が支配的であって、個別訴訟による時間、労力、費用を節約し、統一的な結果を確保するためのクラス・アクションである。その判決効は、有利不利を問わず、同条(c)(2)の通知をうけて除外申立てをしないクラス・メンバーすべてを拘束する（(c)(3)）。この(b)(3)のクラス・アクションによって、独禁法や証券取引法違反の行為による少額多数の被害者が、その損害をまとめて請求すれば、大企業にも対抗できる有力な武器が提供されることになった。事実、近年の統計資料によれば、クラス・アクションの半数をこえる公民権訴訟（b(2)）のほかでは、この独禁法や証券取引法違反の事件が多数を占めている。(13)

こうして、一九六六年以降の連邦クラス・アクションの判決は、有利不利を問わず、原則としてすべてのクラス・メンバーを拘束することになった。したがって、欠席メンバーは、自ら訴訟に参加して手続に関与したのではないのに、なぜ判決効をうけるのか。ことに不利な判決効をうける欠席メンバーの「在廷期日」の保障に代るデュー・プロセスの保障はいかに確保されるのかが、立案者によっても問題の焦点とされたのである。

(2)　クラス・アクションにおける手続保障――アイゼン・ケースの波紋

(イ)　一九六六年の連邦民訴規則二三条の改正においては、判決効をうける欠席メンバーの手続保障のためにさまざまの手続的手当がなされた。その中心となった適切代表と通知の内容については、それぞれについてのリー

ディング・ケースとされる次の二つの先例が基準を提供した。(14)

Hansberry v. Lee (1940)(15) においては、一定地域内の土地所有者の一部が、他の土地所有者のために、土地移転制限の捺印契約（Covenant）に基づいて訴えた前訴において、契約を有効とした判決は、その後、同じ契約により訴えられた他の土地所有者を拘束するかが問題となった。連邦最高裁判所は、「クラス訴訟の判決が当事者とされなかったクラスのメンバーを拘束するのは、この一般的法則〔判決の相対効〕に対する承認された例外である」と述べたうえで、結局前訴の原告は後訴の被告を適切に代表しておらず、これに反する原審の決定はデュー・プロセスに違反するとした。裁判所は同時に、「憲法の規定するデュー・プロセスの要件としての通知と審判の機会」を与えられたかどうかを検討しなければならないと述べるが、それ以上に通知の問題には立ち入っていない。

デュー・プロセスの保障として通知を要求したのは Mullane v. Central Hanover Bank & Trust Co. (1950)(16) であった。この事件においては、信託（trust）上の知られた受益者に個別的な通知をせずに制定法上の公告だけで、受託者による交互計算書（account）の裁判上の承認（Judicial settlement）を許す手続は、デュー・プロセスの保障に反するとされた。「終局性をもつべきすべての手続におけるデュー・プロセスの基本的かつ根本的な要件は、すべての状況のもとで、利害ある当事者に訴訟係属を知らせ、異議をのべる機会を与えるために合理的に考えられた通知をすることである」、として、住所の分からない受益者には公告による通知で足るが、分かった受益者には公告では足りず、現実に訴訟係属を知らせる通知手続を講ずべきである、としたのである。

連邦民訴規則二三条は、この二つの先例に従って、クラス・アクションの判決効をすべてのメンバーに拡げるとともに、判決効をうけるメンバーの手続保障を規定したのである。①まず、代表当事者がクラス全員の利益を公正かつ適切に保護する場合でなければならない (a)(4)。②ついで、(b)(3)のクラス訴訟においては、裁判所はクラスのメンバーに対し当該状況のもとで実現できる最善の通知をしなければならず、この通知には合理的な努力によって発見できるすべてのメンバーに対する個別的通知が含まれる。立案者によれば、この強制的通知は、(b)(1)、(2)のクラス訴訟における裁量的な通知（(d)(2)）とともに、とくにデュー・プロセスの要件を充すことを目的とする。[17] ③さらに、(b)(3)のクラス訴訟では、メンバーは指定の期日までに除外（opt out）の申出をして判決効を免れるか、あるいは、弁護士による出廷ないしは通常の参加をするかの選択の余地が認められる（(c)(2)）。[18] ④また、裁判所は手続のすべての段階において積極的に介入して、代表当事者による訴訟追行の適切さや公正さを監視するためのさまざまな命令を出すことが要請されている。すなわち、裁判所は、訴えが提起されたのち直ちに適切代表などのクラス訴訟の要件を備えて維持できるかどうかを決定し（(c)(1)）、クラスを画定し（(c)(3)）、場合によってはクラスを適切な大きさに分割し（(c)(4)(B)）、訴訟の過程においても欠席メンバーの参加を求めるなどの通知をし（(d)(2)）、代表者や参加者に条件をつけ（(d)(3)）、取下げや和解を許すかどうかを決定する（(e)）。⑤そして最後に、クラス訴訟の判決がこれらの要件を備えてメンバーを拘束するかどうかは、後訴において問題となったときに、後訴裁判所がさらに審判する（collateral attack）。[19] デュー・プロセスの要件を備えなければ、判決は無効としてメンバーを拘束しないことになる。

こうして、現行クラス・アクションにおける欠席メンバーのための手続保障の機構は、適切代表―通知―除外申出または参加の機会―裁判所の積極的関与―再審査によっていることが明らかである。しかし、これらの手続保障のそれぞれの手当てが、どのような意味をもち、相互にどのように関係するのかは必ずしも明確ではない。たとえば、立案者がデュー・プロセス保障のためとくに強調した通知の要件をみても、(b)(3)では必要的なのに、(b)(1)、(2)では裁量的なのはなぜか、[20]「発見できるすべてのメンバーへの個別的通知を含めて、当該状況のもとで実現できる最善の通知」とはどんな内容か。さらに、適切代表によって欠席メンバーの利益が適切に保護されても、通知を要するのか。もし多数のメンバーへの通知の要件を厳格にすれば費用がかさみ、クラス訴訟の維持が困難にならないか。判例や学説は、こうした問題に直面し、対処せざるをえないことになったのである。

(ロ)　Eisen v. Carlisle & Jacquelin (1974)[21]は、ことに深刻にこのような問題を提起したのである。事件は、証券取引所における独禁法および証券取引法違反の端株（odd-lot）取引によって損害をうけた取引者のために、被害者の一人アイゼンが取扱会社と取引所を相手に損害賠償を求めた、典型的なクラス・アクションであった。連邦最高裁判所は、結局、発見できるクラス・メンバーにはすべて個別的通知をする必要があり、その費用も原告が負担すべきであると判旨した。六〇〇万におよぶ被害者のうち、二二五万は発見できるとされ、その個別的な通知だけでも二二万五千ドルを要すると判断されたが、七〇ドルの被害にすぎない原告にとって、通知費用を負担して訴を維持することは不可能であった。

これに対して、本件で破棄された連邦地裁の判決（一九七一年）において[22]、テイラー（Tyler）判事は、こうした場合にもクラス・アクションを維持しうる解決策を提案していた。すなわち、通知の形式については、個別的通知として取引所加盟の会社および信託部門のある銀行すべてのほか、発見できる個人のうち一〇株以上の取引者二千名とその他から任意に選択した五千名に対して、「選抜的な通知」をし、あとは二ケ月間毎月一回の新聞紙上の公告で足り、その費用も九〇パーセントは被告の負担とするものであった。

こうした結論の違いは、民訴規則二三条および憲法上のデュー・プロセス、ことにマレーン事件の解釈をめぐる裁判所内の見解の対立によるものであった。テイラー判決は、マレーン事件の通知の要件を、具体的事件によって利益考量を許す融通性のあるものと解し、規則二三条(c)(2)もその趣旨であるとした。ことに個々の損害が少額であって、クラス訴訟の利用が独禁法、消費者・公害訴訟のように公的政策事項として重要である場合には、手続費用によってこれが阻害されないよう、通知の方式を工夫することができるとした[23]。これに対して、連邦最高裁判決は、二三条(c)(2)の規定はもちろん、マレーン事件も、合理的に発見できるメンバーへの個別的通知を要求しており、これが裁量に委ねられることはない。しかも、適切代表の要件を備えたからといって、通知が不要となるわけではない[24]、としたのである。

このアイゼン事件は、一九六六年の連邦民訴規則改正と時を同じくして提起されてから八年を経過したのち、連邦最高裁判決によってやっと結着するにいたるまで、連邦地裁と第二巡回控訴裁判所との間で判決がくり返されたこともあって、多くの人々の関心を集めた。(25) その間に現われた学説の多くは、発見された欠席メンバーのすべてに個別的通知を要求することに批判的であり、この状況は連邦最高裁判決後も異ならない。(26) その根拠は多面にわたっている。

①マレーン事件の事実関係はアイゼン事件のような典型的なクラス訴訟と異なっている。(27) そこでのデュー・プロセス保障の基準も個別的な事件に適した利益考量を許す融通性のあるものと解される。②規則二三条(c)(2)の規定も、このマレーン事件の基準を出るものではなく、立案者の意図も、知られたメンバーに常に個別的通知を要求していたわけではない。(28) ③何よりも、多数のメンバーへの個別的通知を要求すれば費用だおれになって、クラス訴訟は不可能となり、多数の少額被害者を救済するという本来の目的（救済的機能）を果すことができない。④のみならず、少額被害の個々のメンバーは、訴訟費用を考えれば、通知をうけても除外の申出をして個別訴訟をする余地はないから、この目的にとっては個別的通知を余り意味をもたない。⑤通知をうけたメンバーは、代表当事者の訴訟追行の適切性を監視する利益をもつが、これは裁判所の積極的監視によって保護されるし、テイラー判決のように選抜的通知をすれば、これらの者によっても守られる。⑥また、国家や相手方当事者は、クラス訴訟によって少額多数の紛争事件を一挙的・能率的に処理できるという利益（能率的機能）をもつ。⑦さらに、国家社会にとっては、独禁法の三倍賠償の実体法規に示されるような、大企業の違法行為を抑止する目的（抑止的機能）は、クラス訴訟によってもっとも十分に果すことができる。クラス・メンバーの個別的通知をうける利益はこれらのクラス訴訟の諸利益との比較考量によって制約されるというのである。

要するに連邦クラス・アクションにおける欠席メンバーのデュー・プロセス保障としての通知の方法は、欠席メンバーの通知をうける利益と少額被害者たる同格の多数メンバーを救済する利益や国家社会や相手方当事者の能率的解決の利益あるいは国家公共的政策としての抑止的利益との比較考量によって具体化される[29]。これは、憲法上のデュー・プロセスの保障については、諸利益の考量によって内容を具体化するという、アメリカに一般的な見解を前提とする立場であるといえる[30]。このいわゆる利益考量説によれば、デュー・プロセスの要求する手続内容は、①国家的行為によって影響をうける個人の不利益の程度、②手続を省略することによって実体的な国家目的を実現し、運営上の負担を軽減する国家的利益、および③省略される手続の相当性などの諸利益の比較考量によって具体化される。こうして、クラス訴訟におけるデュー・プロセス保障についても、欠席メンバーの個別的通知をうける利益が国家的制度の能率的運営の利益や抑止的機能を維持する国家公共の利益と比較考量され、国家的利益が強力であれば、デュー・プロセスの内容としても個別的通知を要求しない[31]。あるいはさらに、欠席メンバーの利益は代表当事者によって適切に保護され、この代表の適切性は裁判所により監視されるから、通知の必要はない、という見解を生むにいたっている[32]。

(ハ)　事実、憲法上の一般条項であるデュー・プロセスがどのような手続により具体化されるかを決めるには、侵害される個人の利益をめぐる諸利益を析出して、これを比較考量する作業が不可欠であることはいうまでもない。しかし、このような諸利益を考量した結果、それではなぜ右のような結論が導き出されるのか。そこでなされた利益考量のすじ道や価値判断の内容はどのようなものであるのか。とりわけ、国家的利益が強力であり、あるいは代表の適切性が裁判所によって監視されておれば、なぜ、欠席メンバー個人が自らの利益に影響を与える判決の公正を担保するために、自ら訴訟手続に関与する機会をもつことは必要でなくなるのか。もともと、デュー・プロセスが個人の利益に対する国家の侵害をチェックする公正手続の保障であるとすれば、これをなぜ、国家的な利益や国家機関の監視を理由に省略することができるのか。

こうした疑問はすでに、デュー・プロセスに関する利益考量論について提起されているところである[33]。すなわち、デュー・プロセスの内容を具体化するについて諸々の利益を並列して事件ごとに無原則に比較考量しただけでは、確実な準則を定立できないだけでなく、もともと個人の利益と国家的利益とを比較することはできないのに、これを比較したとして、結局、国家的利益の前に個人の権利保護をめざす権利章典本来の機能を見失う結果になっている、というのである。かくて、とうとうたる利益考量論の流れのなかにあって、デュー・プロセス本来の機能を維持するためには、そこでなされる価値判断の枠組ないし基準を示すことが要請される。

アイゼン事件における連邦最高裁判決についても、その結論自体には疑問があるが、なお、利益考量論の流れのなかにあって、右のような視点から問題を提起したものと受けとめる余地はあるように思われる。すなわち、連邦地域のテイラー判決が諸利益を比較考量することによってデュー・プロセスのぎりぎりの要件としての通知の内容を具体化したのに対して、連邦最高裁判決は知られたメンバーへの個別的通知をデュー・プロセスの不可欠の要件とすることによって、いわゆる利益考量論に枠をはめようとしたものといえるからである。しかし逆に、クラス・アクションにおける個別的通知は、アイゼン事件のような具体的事情のもとでも、デュー・プロセスに不可欠の要件であるとするこの判決の立場が、この種の訴えをめぐる諸々の利益を十分に把握し、正当に位置づけることによって導き出された妥当な結論であるといえるかは問題である。そこには、デュー・プロセスの要件として、個別的な通知を要求する目的や機能が何であり、その目的や機能がクラス訴訟をとりまく諸条件のもとで、どのように実現されるのか、についての十分の把握がないのではないか、と思われる。(34) そこで、デュー・プロセスに関するいわゆる利益考量論を枠づけるための基準は、実質的にも妥当な結論を導くためにきめこまかにリファインされねばならず、そのためには要求される手続の目的機能とこれをとりまく諸利益との関係を体系的に位置づけたうえで、相互を調整するための基本的な視座が必要とされている、と考える。そしてすでに、クラス・アクションをめぐる議論のなかに、そのような視点を見ることができる。(35)

(3)　デュー・プロセス保障の諸基準――その基本的視点と位置づけ

(イ)　クラス・アクションにおいて判決効を拡張される欠席メンバーのデュー・プロセス保障として、連邦民訴

規則二三条は、適切代表—通知—除外の申出・参加の機会—裁判所の積極的介入の手続的手当を設けた。これらの諸要件の内容を確定し、その相互関係を体系的に位置づけるために、考えられる基本的な視点として、二つの立場がある。一つは、クラス訴訟を私的権利をめぐる対立当事者訴訟としての古典的民事訴訟の延長上に位置づける立場と、もう一つは、これと異なって、公共的な実体政策を実現するための「公共的訴訟」として位置づける立場である。(36)

古典的立場には、クラス・アクションの根拠を、クラス・メンバーの権利利益の共同体（community of interest）的帰属に求めようとする見解（利益共同体説）、あるいは、メンバーの同意（consent）によって正当化しようとする見解（同意説）がある。(37) 利益共同体説は、一九世紀の初頭クラス訴訟が成立した当時からの見解であって、全メンバーの権利利益が単一的共同体として不可分であるところに、代表者による訴追の根拠をみとめる。(38) これに対して、同意説は、メンバーの権利利益が個別的に帰属することを前提として、これを代表当事者が訴追することにメンバーが同意をしたところにクラス・アクションの根拠を求める。(39) 一九三八年の旧連邦民訴規則におけるいわゆる疑似クラス・アクションでは、メンバーの積極的参加（同意）なしには判決効が及ばなかったのであり、(40) 現行クラス・アクションでも、除外の申出をしないメンバーは代表者の訴追に同意したものと推論する。(41)

しかし、ここで前提とされている権利利益が共同か別個かという概念的区別は現代クラス・アクションの要請に対応しえなかったことは、一九三八年の旧規則の失敗が示す通りであった。(42) また、現行クラス訴訟において、通知をうけたメンバーが除外の申出をしないのは、さまざまの理由によるのであって、このことから代表者の訴追に同意したものと推論することはできない。(43)

他方、いわゆる実質説（substantive theory）は、クラス訴訟が、たんにクラス・メンバーの利益保護のためだけではなく、さらにひろく相手方当事者や第三者一般、つまり社会公共的利益の保護をも目的とする実体政策を実現するための「公共的訴訟」である、という新しい視点に立脚する。(44) つまり、一方で、被害者を補償したり、不当な利得をはき出させたり、違法行為を抑止したりする救済的政策（remedial policies）だけでなく、さらに他方では、抑止的作用が不当に過剰となるような反作用にも対処すべき構造的政策（structural policies）をも実現することが目ざされる(45)。だから、クラス訴訟では、こうしたさまざまの異なった政策を裁判所に十分に把握させること（heuristic function）が要請されるし、このことから、ひいては、この手続の正当性と公正さも導き出される、という(46)。

こうした公共的な実体政策を実現するためには、まず、いわゆる「私設の司法長官」（private general attorney）とよばれる私人の訴追だけでは不十分であるから、裁判所の積極的介入が強調される。裁判所の支配（judicial control）と私的支配（private control）の組合せにより、諸利益の適切な代表が図られる(47)。ついで、公共的立場からは、クラスの勝訴判決に片面的参加を認めておけば、敗訴判決の判決効をクラスに拡げる必要はなく、これは、先例拘束力（stare decisis）で十分である、という(48)。だから、一九六六年の連邦クラス訴訟が片面的参加を廃して全面的判決効拡張を重視したのを批判する。さらに、判決効拡張による不利益は訴権を失うことを意味するにすぎないから、これはデュー・プロセス保障の問題ではなく、裁判へのアクセスの制限の問題である、という(49)。

このように公共的訴訟としてのクラス訴訟の把握は、立案者によるクラス訴訟の理解ともかなり異なっている。クラス訴訟のもつ公共性が新たに強調されたためであろう。事実、現代クラス訴訟は、メンバーの利益保護だけでなく、ひろく社会公共の利益をも保護調整すべき実体政策の実現を迫られている。しかし、社会公共の利益が、直接の利害関係者であるクラス・メンバーの頭ごしに強調されるべきではあるまい。こうした公共的訴訟においても、同時に個々のクラス・メンバーの利益保護という古典理論の価値を実質化することが看過されてはならない。だから、判決効の影響をうける欠席メンバーのデュー・プロセス保障ないし裁判所へのアクセス、つまり裁判をうける権利がどのように保障されるかは、ここでも問題とされねばならない。

(ロ)　クラス訴訟における手続保障について、このような基本的視点と問題意識とをもてば、デュー・プロセス保障の要件とされる、適切代表―通知―除外または参加の機会―裁判所の積極的介入のそれぞれの意味と位置づけが明らかになろう。

(a)　適切代表　クラスの一員にすぎない自選の代表者がクラスを代表できる根拠は、代表当事者の訴訟追行が欠席メンバーの利益を適切に保護するという実質的な判断に基づいている。この代表が適切であるためには、代表者の争点が他のメンバーのそれと共通であり、その典型であって、相互に実質的な利害の対立がなく、相手方と共謀の余地もないこと、そして代表者の弁護人に十分の訴訟追行能力があることなどが要求される[50]。

古典的な立場は、この代表権の根拠を欠席メンバーの同意や利益共同体としての法的結合性に求めたが、これが維持しえないことは前述した。いわゆる実質説は、さらに、適切代表によって、同質のクラス利益だけでなく、これと異なったさまざまの利益をも把握し調整すること（heuristic function）を要求する。そのために、裁判所の積極的介入による訴訟支配（judicial control）を強調し、これと当事者の訴訟支配（party control）との組合せによって右の機能を果たさせようとする[51]。

(b)　通　知　適切代表のほかに、(b)(3)の知られた欠席メンバーには個別的通知を要するか、あるいはテイラー判決の選抜的な個別的通知または公告で足りるかをめぐって議論があった。古典的立場では、個別的な通知は不可欠であり、欠席メンバーはこれによって常に自らの「在廷期日」をもつために、除外の申出をし個別訴訟を提起するか、あるいは参加するかを決める機会を保障されるべきである[52]。

これに対して、適切代表により欠席メンバーの利益が十分に保護されれば、個別的通知は必ずしもデュー・プロセスの要件ではない、とするのが多数の見解である[53]。つまり、デュー・プロセス保障の中心は適切代表にあり、通知はその補充として代表当事者の適切な訴訟追行を監視する機会を保障するものと位置づけられる。テイラー判決の選抜的な個別的通知で足ることになる。いわゆる実質説によれば、通知はさらに後退する。適切代表を監視する責任の主体は裁判所にあるから、通知はそのための情報を収集する手段にすぎない。だから広範に及ぶ必要はないことになる。[54]

(c)　除外の申出　欠席メンバーが、これによって個別訴訟を提起できることを保障したもので[55]、古典的立場に照応する。しかし具体的には欠席メンバーが個別訴訟を提起する余地は少ない。(b)(1)、(2)の類型では除外の申出は認められないし、これの認められる(b)(3)の類型でも、現実には、訴訟費用にくらべて請求額の小さい個別訴訟を提起する余地はない。事実、アイゼン事件のような零細な多数の被害者の救済を求める典型的なクラス訴訟では、統計的にも除外の申出は少ない。[56]

(d)　参加の機会　除外の申出をしないメンバーは、弁護士を通じて出廷する（c)(1)(C)か、一般の参加規定（規則二四）によって参加できる。[57]個別的通知により参加の機会を与えることが欠席メンバーの「在廷期日」を保障するために不可欠であるとするか、適切代表の補充とてこれを監視する程度で足るとするかについて議論があることは前述した。[58]実質説によれば、参加の機会は裁判所の支配機構の補充にすぎないことになる。[59]

(e)　裁判所の積極的介入　裁判所は訴訟のあらゆる段階において、クラスの画定、再画定、代表の適切性の判定、クラス分割、取下・和解の許可などの命令によって積極的に介入する。これは代表当事者の訴追によって欠席メンバーの利益を適切に保護するよう監視するためである。この適切代表を監視する主な責任は、欠席メンバーの参加によるより、裁判所にあるとするのが一般である。[60]裁判所は、代表当事者の利益がクラスのそれと同質であるか対立するかを基準に、適切代表の有無を判定し、同質のクラスを維持するためにクラスの画定や分割の命令を活用する。実質説によれば、さらに、クラス内に利益の対立があっても、裁判所の支配によってこれらを把握し調整できるかぎり、適切代表の要件を充すことになる。[61]

(f)　コラテラル・アタック　欠席メンバーは、判決言渡後でも、適切代表などのデュー・プロセス保障の要件を欠けば後訴手続においても判決の無効を主張できる。[62]適切代表が後訴手続の裁判官によって事後的に再吟味されることになる。Gonzales v. Cassidy（1973）[63]は、まず、前訴裁判所の適切代表の決定自体は適法としたが、ついで、代表当事者が不当に上訴しなかったことを事後的に判断すれば、代表の適切性を欠くにいたったとして、前訴の欠席メンバーは判決に拘束されないと判旨した。これは、クラス訴訟の判決効の拡がりを制限して公正さを保つために、デュー・プロセス違反により判決の無効を主張するのだから、判決の終局性に反することもないとされてきた(64)。ただ、これを余り大幅に認めるとクラス訴訟の機能をそこなうことになるとして、審査の範囲を限定しようとする提案もなされている(65)。いずれにしても、前訴裁判所が要件を慎重に判断しておれば、判決効が問題になることは少ない、と思われる(66)。

(ハ)　以上要するに、クラス・アクションにおいて判決効をうける欠席メンバーの手続保障をいかに具体化するかは、クラス・アクションをいかに把握するかという基本的な視点に大きく左右されることが明らかである。しかも、その際に、現行クラス・アクションが、私的権利をめぐる対立当事者訴訟という古典的な視点によっては把握できない新たな現代的要請に根ざす訴訟手続である、という基本的な認識を前提としなければならない。しかし、これをいわゆる実質説のように、「公共的訴訟」の典型として割り切ってしまい、その視点から欠席メンバーの手続保障を位置づけることが、果して妥当な把握といえるかは問題である。たとえば、欠席メンバーへの通知は、裁判所による訴訟支配（judicial control）のもとで、せいぜい情報を提供する目的を出ないものであり(67)、除外の申出は欠席メンバーが代表当事者に異議を表明し、訴訟から離れる機会を与えられるにすぎず(68)、その参加の機会も裁判所の支配の補充として、その許否や関与の程度は裁判所の裁量に委ねられる(69)、といってしまえるかどうか。現行クラス訴訟手続はなるほど、新たな公共的実体政策に対応するために従来の伝統的訴訟手続を変容しているが、なお伝統的手続の価値を継承し、実質化しようとしている側面のあることも見落すべきではない。

いずれにしても、一九六六年以降の現行クラス訴訟手続は伝統的訴訟手続を修正し、一定の公的色彩をもった視点に立って構想された手続であるから、一般の民事事件についての伝統的な訴訟手続といかに関連するかが問題となる。一方では、伝統的訴訟手続の視点からの架橋や適用範囲限定の試みがみられるのに対して(70)、他方では新たな公的訴訟手続の一般民事事件への拡張の試みもみられる[71]。こうしたさまざまの傾向は、同じ民事訴訟手続によって処理されている事件の種類や態様の多様性を考えれば、理由のないことではない。したがって、民事事件として提起される事件のいわゆる実体的政策の差異に応じ、これにふさわしい手続によって処理することこそが要請されているといえる。

(1) アメリカ法の現行クラス・アクションについては、すでに多くの紹介がある。一注(14)参照。だから、ここでは判決効の拡張とデュー・プロセスの保障に焦点をあわせて、簡単に触れるにとどめる。とくに、デュー・プロセスを問題にした論稿として、谷口安平教授の多くの業績がある。

(2) See Advisory Committee's Note, 39 F. R. D. 105-107 (1966); Note, *Developments in the Law — Class Actions*, 89 Harv. L. Rev. 1318, 1323 (1976). この点についても、谷口安平「クラス・アクション運用上の諸問題」ジュリスト五二五号（昭四八）五〇頁がデュー・プロセスとの相克として指摘されたところ参照。

(3) 谷口安平「多数当事者紛争とデュー・プロセス」法学論叢七八巻五号（昭四一）八頁以下のくわしい歴史的概観参照。Also see Wright & Miller, Federal Practice and Procedure, 7, §1751 (1972); Note, *Developments in the Law — Multiparty Litigation*. 71 Harv. L. Rev. 928-929.

(4) もっとも、この通説的理解に対して、Note, *supra note* 2 at 1332 (n. 13) は、利益共同体（community of interest）の不可分性がクラス訴訟成立の基本的前提であったことを強調する。この立場では①の要件より②の要件が重要になる。

(5) So Note, *supra note* 3 at 929.

(6) 一九三八年の旧規則における連邦クラス訴訟の内容についても、くわしくは谷口・前掲注(3)二五頁以下を参照。

(7) See Moore, Federal Practice, 3, 23, 08-11 (2nd ed. 1948).

(8) Esp. see Advisory Comm. Note, *supra note* 2 at 98; B. Kaplan, *Continuing Work to the Civil Committee: 1966 Amendments of the Federal Rules of Civil Procedure* (1), 81 Harv. L. Rev. 380-384 (1967).

(9) Note, *supra note* 2 at 1334-1336 は、中世の封建的な法概念を拡げて現代社会の制度を法的に構成しようとしたものと評している。

(10) Union Carbide & Carbon Corp. v. Nisley, 300 F. 2d 561 (10th Cir. 1961) では、独禁法違反の価格協定により損害をうけた鉱夫の損害賠償請求において勝訴の評決があった後に、他の鉱夫の参加を求める申立が許された。この片面的参加には批判が多く、一九六六年改正の眼目の一つはこれを廃止して、クラス訴訟の判決効でカバーすることにあった。Louisel & Hazard, Cases and Materials on Pleading and Procedure, 829 (1973); Advisory Comm. Note, *supra note* 2 at 105-106; Kaplan, *supra note* 8 at 385-386.

(11) See Advisory Comm. Note, *supra note* 2 at 98-99; Louisel & Hazard, *supra note* 10 at 829.

(12) 現行の連邦クラス・アクションについても多くの紹介がある。さしあたって、谷口・前掲注(2)四七頁以下の紹介と連邦民訴規則二三条の訳文参照。

(13) See Note, *supra note* 2 at 1325. たとえば、一九七六年前半のクラス訴訟（1,856件）のなかの制定法事件（1,707件）九〇・五%のうち、公民権訴訟（1,268件）六七・二%、独禁法・証券取引法違反事件（217件）一一・五%、その他（222件）一一・八%となっている。

(14) See Advisory Comm. Note, *supra note* 2 at 106-107 (1966); Kaplan, *supra note* 8 at 379-380, 392 (1967).

(15) 311 U. S. 32 (1940). なお、前出Ⅰ注(44)本文参照。

(16) 339 U. S. 306 (1950).

(17) Advisory Comm. Note, *supra note* 2 at 107.

(18) Kaplan, *supra note* 8 at 392, Advisory Comm. Note, *supra note* 2 at 137 は、「出廷」とは弁護士が事件の経過を知るために訴訟書類を受けとる権限をもつことを意味し、そのうえで参加するかどうかを決めることになる、と解している。

(19) Advisory Comm. Note, *supra note* 2 at 106 は、前訴裁判所が判決効の及ぶメンバーを画定すること（c)(3）によって、後訴裁判所が事後的に判決効を検討できるという確立した原則が、なくなるわけではない、とする。See Note, *Collateral Attack on the Binding Effect of Class Action Judgments*, 87 Harv. L. Rev. 589 (1974).

(20) Advisory Comm. Note, *supra note* 2 at 106 は、「クラス内に結合性や統一性のある程度、および代表が有効である程度によって、クラスに対する通知の必要性も最少限になろう」と説明する。

(21) 417 U. S. 156 (1974).

（22） Eisen v. Carlisle & Jacquelin, 52 F. R. D. 253（1971）.

（23） *Ibid.*, 52 F. R. D. 265–266.

（24） 417 U. S. 175–177.

（25） Note, *Managing the Large Glass Action: Eisen v. Carlisle & Jacquelin*, 87 Harv. L. Rev. 426（1973）; *Recent Developments, Eisen III: Fluid Recovery, Constructive Notice and Payments of Notice Costs by Defendants in Class Action Rejected*, 73 Colum. L. Rev. 1641（1973）など多数が本件を論じている。わが国でも、とくに、栗山徳子「Eisen事件とクラス・アクションの問題点」立正法学八巻三・四号（昭五〇）三九頁にくわしい紹介がある。

（26） Note, *supra note* 25 at 433–441; Recent Developments, *supra note* 25 at 1650–1660 のほかにも、Comment, *Adequate Representation, Notice and the New Class Action Rule: Effectuating Remedies Provided by the Securities Laws*, 116 U. Pa. L. Rev. 889, 910–914（1968）; R. Degnan, *Foreword: Adequacy of Representation in Class Actions*. 60 Calif. L. Rev. 705, 718–719,（1972）; Comments, *The Importance of Being Adequate: Due Process Requirements in Class Actions under Federal Rule 23*, 123 U. P. L. Rev. 1216（1975）; Wright & Miller, Federal Practice and Procedure, 7A, §1786（1972）などいずれも批判的である。

（27） マレーン事件では、①一一三の信託で数も少なく、裁判所選任の代表者である。②代表受託者と受益者間には定期的通信があり、通知は特別の費用負担とならない。③受益者間の利益は必ずしも同一ではない、などアイゼン事件とはかなり異なる。So e.g. Note, *supra note* 25 at 435; Wright & Miller, *supra note* 26 at 150; また、Comment, *supra note* 26 at 914 は、ここから、立案者がマレーン事件を個別的通知の先例としたとすれば誤っている、という。

（28） See Kaplan, *supra note* 2 at 396; see Wright & Miller, *supra note* 26 at 151.

（29） こうした利益考量をとくに強調するものとして、たとえば、Note, *supra note* 25 at 435–441 参照。

（30） See Notes, *Specifying the Procedures Required by Due Process: Toward Limits on the Use of Interest Balancing*, 88 Harv. L. Rev. 1510, 1511 *et. seq.*（1975）.

（31） Eg. Maraist & Sharp, *Federal Procedure's troubled Marriage: Due Process and the Class Action*, 49 Texas L. Rev. 1, esp. 19–20（1970）.

（32） とくに、Comments, *supra note* 26 at 1216 *et. seq.* は、この命題を論証するための論文である。

(33) Notes, *supra note* 30 は、こうした疑問に立脚して、権利章典としてのデュー・プロセス本来の機能を維持するための限界を設定しようとする興味ある論稿である。
(34) そうした評価は注(26)引用の文献の多くに共通である。
(35) 体系的な位置づけの試みとして、A. Chayes, *The Role of the Judge in Public Law Litigation*, 89 Harv. L. Rev. 1281 (1976); Note, *supra note* 2 at 1318 がある。
(36) こうした基本的視点を、後者の立場から、二つの典型として仮説的に提案し、クラス・アクションを「公共的訴訟」として位置づけるものに、Chayes, *supra note* 35 at 1281 がある。わが国における小島武司「『公共訴訟』の理論」民事訴訟雑誌二三号（昭五二）一頁以下と類似の発想である。
(37) Note, *supra note* 2 at 1318, 1329 *et. seq.* の分類による。以下の叙述はこの論文に負うところが多い。
(38) 一般的にはクラス訴訟は、不可分当事者の原則の困難さをさけるために登場したとされる（前述三三〇頁参照）が、Note, *supra note* 2 at 1332, esp. n. 13 は利益共同体としての単一不可分性により重大な根拠がある、という。重点の置きどころの差異と思われる。
(39) McCoid, *Single Package for Multiparty Disputes*, 28 Stan. L. Rev. 707, 716 (1976) はクラス・メンバーが参加しないのは代表に同意しているのだとし、Kaplan, *supra note* 8 at 356, 391-392 は除外の申出をしないのは、代表を受け入れているのだ（accept）、としている。また、Maraist & Sharp, *supra note* 31 at 1, 4, 19-20 は任意に一定の法律関係（例、会社）に入ったことにより代表への同意が推論されるという。
(40) 前述の片面的参加（one-way intervention）はこの同意機構の一種であった。Note, *supra note* 2 at 1340.
(41) In re Four Seasons Securities Laws Litigation, 502 F. 2d 834 (10th Cir. 1974) では、クラス・メンバーは適切代表を欠いても通知をうければデュー・プロセス保障を充し判決に拘束されるとされるが、これは通知をうけて除外の申出をしないことにより代表を承認したという、同意ないし放棄説に基づいていると評価される。Comments, *Importance of Being Adequate: Due Process Requirement in Class Action under Federal Rule 23*, 123 U. Pa. L. Rev. 1217, 1238-1239, 1236-1237.
(42) 一般にこの概念区分が現代的機能に対応しえないことが強調される。Eg. Note, *supra note* 2 at 1343-1344, 1334-1335. しかしもともと、全クラスの権利利益が共同であれば、なぜ名のり出たメンバーの代表訴追が可能で判決効が拡張されるのかの根拠は必ずしも明確ではなかった。See Louisell & Hazard, *supra note* 10 at 827.

(43) Comments, *supra note* 41 at 1237 は、除外の申出をしない理由は、惰性・無知・誤解・不正確な代表能力の評価などいろいろ考えられる、としている。さらに、Note, *supra note* 2 at 1352は、実質説の立場から、同意説はメンバーの利益以外の利益を保護すべきクラス訴訟の実体的目的に対処しえない、と批判する。

(44) Chayes, *supra note* 35 esp. 1288 *et. seq.* がクラス訴訟を例にしながら典型化した「公共的訴訟」は、Note, *supra note* 2 esp. 1353 *et. seq.* において具体的なクラス訴訟の内容として詳細に展開されている。

(45) Note, *supra note* 2 esp. 1360–1366.

(46) Note, *supra note* 2 esp. 1366–1372.

(47) Note, *supra note* 2 esp. 1373–1375. 裁判所の支配が偏見に陥らないよう私的支配によるチェックが求められる、という。

(48) Note, *supra note* 2 1394–1402. この点でもわが国の「公共訴訟」理論が裁判の事実的な「波及効」を問題にするのと共通である。小島・前掲注(36)参照。

(49) Note, *supra note* 2 at 1402 *et. seq.*

(50) Eg. see Wright & Miller, *supra note* 26, 7, §1765 esp. 615–630 (1972). この点については、小島武司「クラス訴訟における代表の理論」同・訴訟制度改革の理論（弘文堂・昭五二）九八頁以下にくわしい説明がある。

(51) Note, *supra note* 2 at 1471 *et. seq.* esp. 1475–1476.

(52) アイゼン事件の最高裁判決が、個別的通知を不可欠とするのは、「同意説の反映だけでなく、それとの関連性の維持を確保する努力」と評価される。See Note, *supra note* 2 at 1351; また、Maraist & Sharp, *supra note* 31 at 19 は個別的通知をデュー・プロセス保障の原則とし、適切代表と同意などの要件があれば、個別的通知の要件が緩和される、という。

(53) E.g. Comment, *supra note* 26 at 889. 910–914; Degnan, *Adequacy of Representation in Class Actions*, 60 Calif. L. Rev. 705, 718–719 (1972); Wright & Miller, *supra note* 26, 7A, §1786 (1972); Comments, *supra note* 41 *passim*. 1233 *et. seq.*

(54) Note, *supra note* 2 at 1402 *et. seq.* esp. 1415.

(55) Kaplan, *supra note* 8 at 391は、除外の申出は「個人的好み（individual preference）」によって個別訴訟の提起を許す制度である、という。

(56) See e.g. Note, *supra note* 25 at 426, 437.

(57) See Kaplan, *supra note* 8 at 392. 前出⑵注(18)参照。

(58) いずれにしても、通知―参加の機会があったというだけで、判決効拡張の根拠となるとすべきではあるまい。これでは強制的参加ないし強制的併合（mandatory joinder）を認めたに等しい（McCoid, *supra note* 39 at 718fは一般民事事件につき立法論としてこれを提案している）。また、Gonzales v. Cassidy, 474 F. 2d 67（5th Cir. 1973）（後注(63)本文参照）では、欠席メンバーは自ら参加をして上訴しなかったからといって、判決の無効（collateral attack）を主張するのを排斥されない、と判旨した。See Comments. *supra note* 41 at 1257–1259.

(59) Note, *supra note* 2 at 1482 *et. seq.* esp. 1484.

(60) Comments, *supra note* 41 at 1239–1240.

(61) Note, *supra note* 2 at 1475 *et. seq.*

(62) Collateral attackはdue process違反による判決の無効をいつ、どの手続ででも主張できる手段であるが、クラス訴訟ではこれを適切代表を欠くときにも認めることになった。See Note, *Collateral Attack on the Binding Effect of Class Action Judgments*, 87 Harv. L. Rev. 589, 593–594.

(63) 474 F. 2d 67（5th Cir. 1973）.

(64) Frankel, *Some Preliminary Observation concerning Civil Rule 23*, 43 F. R. D. 39, 46（1968）; Comments, *supra note* 41 at 1247–1248; Wright & Miller, *supra note* 26 at 176.

(65) Note, *supra note* 62 at 603–604.

(66) So Advisory Committee's Note, *supra note* 2 at 106.

(67) Note, *supra note* 2 at 1415.

(68) Note, *supra note* 2 at 1488.

(69) Note, *supra note* 2 at 1484.

(70) Eg. McCoid, *supra note* 39 at esp. 724 *et. seq.* は、クラス訴訟とは別に、多数の訴訟を包括する手段として、被

告申立や職権による「強制的併合」を提案する。事件の利害関係人は当事者として送達をうけることになるから、手続保障には最も厚い。当事者としての「在廷期日」により判決効をうけるという古典原則は維持されることになる。

(71) Chayes, *supra note* 35 esp. 1288 *et. seq.*

四 判決効の拡張における手続保障——比較法的考察

(1) 以上によって、民事訴訟における判決効拡張と手続保障の関係を、アメリカ法における一般的民事事件とクラス・アクションを例にとって検討してきた。その結論を要約すれば、およそつぎのようになろう。

民事判決の効力は、対立当事者として「在廷期日」をもった者だけを拘束するという相対効の原則に対しては、たんに伝統的な例外法則としてのプリヴィだけではなく、さらにこれをこえた第三者にも、判決効を拡張するという新たな傾向がみられる。これはクラス・アクションにおける判決効の欠席メンバーへの拡張とも密接に関連して展開している。この場合に、自ら「在廷期日」をもたずに判決効をうける第三者は、どのような内容のデュー・プロセスを保障されるのかが問題となる。

連邦クラス・アクションにおいては、判決効をうける欠席メンバーのデュー・プロセス保障のために、適切代表—通知—除外申出・参加の機会—裁判所の積極的関与などの要件が定められている。これはまた、たとえば適切代表の要件を媒介にして、一般的民事訴訟事件における判決効拡張の傾向にも色濃く影響を与えている。そこでは、判決効拡張におけるデュー・プロセス保障の具体化をめぐって、手続保障の内容やこれによって保護される利益と判決効拡張によって影響をうける諸利益との比較考量が行われる。しかし、こうした利益考量によってデュー・プロセスの内容を具体化するためには、そこで処理される訴訟事件の実体的政策に対応した訴訟手続の基本的な特性を明らかにし、こうした基本的な視座に立って、デュー・プロセスの保障の要件やこれをとりまく諸利益を体系的に位置づける必要がある。

このような観点からみれば、クラス・アクションは、従来の私的権利をめぐる対立当事者訴訟という古典的訴訟手続を修正し、公共的な実体政策を実現するために、一定の範囲で公的な色彩をもった新たな訴訟手続と位置づけられる。現代社会においては、こうした公的実体政策を背景とした事件は増加の傾向にあるから、この種の公共的訴訟手続の適用範囲も拡がる傾向にあるといえる。そしてそこでは、判決効をうける第三者のデュー・プロセスは、自ら当事者として訴訟手続に関与する「在廷期日」をもつことによってではなく、これに代って、代表当事者が裁判所の監視のもとで第三者の利益を適切に保護することによって保障される。第三者の訴訟関与の機会は、この適切代表を補充し監視する役割をもつものと位置づけられる。

しかし、現実の訴訟事件は、私的権利をめぐる古典的な通常の民事事件から、多少とも公的色彩を帯びた事件にいたるまで、さまざまの類型にわたって拡がっている。いわゆる実質説のいう「公共的訴訟」は一つの理念型であって、現実の事件は、クラス訴訟をも含めて、古典的訴訟でなければ「公共的訴訟」によるというように割り切ってしまえるものではない。そこで、現実の事件はどのような位置にあり、古典的訴訟手続によるのでなければ、これをどの程度まで修正した手続によって処理すべきかを確定しなければならない。しかしそのためには、古典的な訴訟手続がなぜその程度まで修正されなければならないのかを明らかにする必要がある。ことに、いわゆる公共的訴訟手続におけるデュー・プロセス保障は、なぜ、自らの「在廷期日」から、単に適切代表を補充し監視する地位に後退するのか。この点の体系的な構造を明らかにするのが、つぎの課題となる。

(2)　アメリカ法における判決効拡張と手続保障に関する、このような考察の結論と問題点は、わが国における同じ問題をめぐる理論状況にとっても極めて示唆的である。そこで、こうした考察をふまえれば、すでに「問題の所在」において指摘したようなわが国におけるこの問題に対応するための仮説として、つぎのような比較法的にも共通な基本的視点を設定することができるのではないか、と考える。

第一に、民事訴訟における手続保障の内容は、これによって処理される関係人の権利利益をめぐる実体的特性ないし政策に対応するものでなければならないが、その原型は、古典的な対立当事者訴訟における当事者の手続保障にみられる、と考える。

すなわち、私的な権利利益についての古典的な実体政策は、これを権利主体の私的自治に委ねるところにあり、古典的な民事訴訟法も、これを反映して、処分権主義・弁論主義の支配する対立当事者構造をとってきた[1]。民事訴訟の判決効が原則として対立当事者だけを拘束するのは、自ら当事者として訴訟に関与し、判決の基礎となる訴訟対象を特定し、提出する資料の範囲を決定するためである、と考えられた。自己決定による処分の結果には自己責任を負うという私的自治の原則の訴訟手続上の反映である[2]。民事訴訟における当事者権や弁論権とよばれる手続保障は、処分権主義や弁論主義の支配する対立当事者訴訟においてもっとも典型的に充足されるが[3]、そのかぎりで、自己決定＝自己責任という私的自治の原則の訴訟手続上の反映として、判決効を正当化する根拠となる[4]。

職権探知主義の支配する人事訴訟においては（人訴一四条・二六条・三一条〔現人訴二〇条〕）、処分権主義や弁論主義が制限される（人訴一〇条・二六条・三二条一項〔現人訴一九条〕）が、当事者としての弁論権（積極的効果）は保障される[5]（人訴一四条但書・三一条二項但書〔現人訴二〇条但書〕参照）。したがって、この種の手続における判決効[6]は、当事者に対する拘束力でも、私的自治＝自己責任の訴訟上の反映として正当化することは難しい。むしろ、私的自治の制約された権利関係について、当事者として訴訟追行をする機会をもつことによって弁論権を保障され、しかも職権探知の後見的な関与により、実質的にもその利益が保護されるところに求められよう。この場合の弁論権は、私的自治の制約された権利利益についてのデュー・プロセス保障、つまり裁判をうける権利の具体化されたもの、と解される。

(3)　第二に、このような古典的立場に立脚して、判決効の第三者への拡張を正当化するためには、判決効によって影響をうける第三者の権利利益について、その私的自治＝自己決定ないしその手続上の反映としての当事者権が保障されるか、あるいは実体法上の関係によってその制約が正当化されねばならない。

まず、第三者の授権又は同意によって当事者に処分権限＝訴訟追行権限がある場合（任意的訴訟担当）には、第三者の自己決定権が実体的に保障されており、また、第三者が現に、自ら訴訟参加をし（民訴七一条・七三条・七五条・六四条[7]〔現民訴四七条・五二条・四二条〕）、あるいは訴訟に引込まれて（民訴七四条〔現民訴五〇条〕・六二三条三項[8]〔現民執一五七条一項〕）、訴訟当事者となった場合には、その当事者権＝「在廷期日」が保障されている。ついで、第三者と当事者の一方との間の実体的法律関係によって、当事者に処分権限が認められる場合（法定訴訟担当）や第三者が当事者の処分に服せざるをえない場合（口頭弁論終結後の承継や依存関係）には、第三者は私的自治＝自己決定権を制約され、当事者の処分権行使＝訴訟追行の結果たる判決に拘束されることが正当化される。アメリカ法における伝統的なプリヴィ概念として判決効の拡張されてきた、訴訟コントロール・代表権限・承継がこれに相当する。

しかし、当事者の実体法上の処分権に服すべき第三者も、たとえば、当事者間の共謀により第三者を詐害するための（商二六八条ノ二〔現会社八五二条二項〕参照）訴訟追行のように、処分権の正当な行使とみられない場合にまで、その結果である判決に拘束されることはない。もともと、こうした実体関係が判決効拡張の正当化根拠とされるのは、処分権の行使にあたる訴訟追行が適正に行われれば、第三者の権利利益をも適切に保護することになるという実質的な考慮を、同時に背景としているものと解される。アメリカ法における伝統的プリヴィとしての代表権限にはそうした配慮があったことは前述した。

したがって、まず事後的に判断して、第三者を詐害するための訴訟追行によって判決がなされた場合には、訴訟担当における被担当者や口頭弁論終結後の善意の承継人[9]は、詐害再審の規定（商二六八条ノ三〔現会社八五三条〕）を類推して[10]、判決効の拡張を否定することができると、解される[11]。

ついで、事前的にも、つまり判決確定前の訴訟係属中にも、第三者のこのような地位は保障されねばならない。任意的訴訟担当における被担当者が授権を取り消すことによって、不当な訴訟追行を阻止できることはいうまでもない。一般的にも、被担当者は、訴訟担当者の適切な訴訟追行を監視するために、独立当事者参加（民訴七一条〔現民訴四七条〕）、共同訴訟参加（民訴七五条〔現民訴五二条〕）、共同訴訟的補助参加（民訴六四条〔現民訴四二条〕）などによる訴訟参加ができる。これらの参加形態の差異は、第三者たる本人の権利利益についての私的自治＝自己決定権が制約されてはいるが、なお本人にのこされている場合（独立当事者参加と共同訴訟参加）かそうでない場合（共同訴訟的補助参加）かを示している。だから、これらの場合の第三者たる本人の手続保障は、憲法上のデュー・プロセス保障が、私的自治＝自己決定権の制約されたところで具体化されたものと解される。しかも、訴訟担当者の訴訟追行は、実体法上の管理処分権によって、通常は本人の権利利益を適切に保護することが推論されるから、被担当者にいちいち通知をして参加を促すことは、必ずしも必要とされない。しかし、訴訟担当者の適切な訴訟追行が疑われるような事情がある場合には、なお本人の手続保障のため個別的な通知が要請されるものと思われる。(12)この間の事情はすべて、実体法上の依存関係によって、いわゆる反射的効果ないし既判力が拡張される場合にも、同様である。(13)

(4)　第三に、クラス訴訟理論の導入が解釈論あるいは立法論として問題となるのは、右のような古典理論の限界とその克服が問われるためである。だから、この新理論の導入は、古典理論によっては事実上個人の権利を救済することができないという矛盾を解決して、古典理論における価値を実質化することができるかぎりにおいて、正当性をもつことになろう。もちろんクラス訴訟は、たんにメンバーの利益保護のためだけでなく、ひろく公的実体政策の実現のための「公共的訴訟」であると位置づけられる。(14)しかし、これは古典理論における価値の否定によってではなく、その実質化を含めた公的実体政策実現のための訴訟手続として正当化されねばならない、と考える。

まず、クラス・アクションが登場したのは、利益共同体としての多数当事者が共同提訴の必要を実際上充しえないために、代表者の訴追を認めなければ、個々のメンバーの権利救済の途がとざされるためであった。わが国でも、すでに個有必要的共同訴訟における共同提訴の困難さを解決するために、クラス訴訟理論を導入して、民訴法四七条〔現民訴三〇条〕の選定当事者の制度を再構成すべきであるとの提案がなされている。(15)事実、判例によれば、一部の部落民の提起した入会権の確認訴訟は不適法として却下され、入会権者の権利救済の途は事実上とざされている。(16)そこで、判例がすでに頼母子講の講元(17)や民法上の組合の業務執行組合員(18)について、授権による任意的訴訟担当を認めている、その「緩和された形式」での授権の法理を、入会関係における選定当事者にはより大胆に推進することができる、という提案である。ここではすでに、各メンバーの個々の授権行為に代って、代表者とクラス間に「利害の一致と緊密な関係」があれば、「適切代表」を認めうるという現代クラス訴訟理論がたくみに取り入れられている。メンバー間の利益が共同であれば、その代表者の訴追によって各メンバーの利益が適切に保護されるという実質的考量によって、訴訟追行権限と判決効拡張を正当化する視点である。古典理論によって共同提訴を必要的とすれば実際上は権利救済の途が杜絶される矛盾を克服して、実質的に入会権者の利益を保護するところにその正当性がみとめられよう。(19)

ついで、メンバー間にこのような法的結合関係のみられない(b)(3)の類型のクラス訴訟を導入するには立法的対処が必要である。(20)たとえば、消費者クラス訴訟のようなこの種の訴の典型においては、メンバー相互に密接な結合関係がないから、授権なしに代表権限を正当化することはむずかしいからである。しかし、すでに入会権者の代表権限の根拠となった、利益共同の代表者による「適切代表」の視点は、この種のクラス訴訟を立法化する場合の正当化根拠となろう。また、(b)(3)のクラス訴訟は、形式上は各メンバーの個別訴訟をさまたげないが、事実上はやはり費用だおれになって、個別的に権利救済を求めえない零細な多数の被害者を救済することを眼目とする制度である。だから、公害・薬害・大交通事故などにみられる個々の請求が多額にのぼる事件にまでクラス・

アクションを拡大しようとする見解には、被害者救済を実質化するという正当理由は少ない(21)。

さらに、クラス訴訟理論の導入を正当化するためには、欠席メンバーの手続保障をいかに確保するかが問題となる。クラス訴訟を「公共的訴訟」と把握しても、各メンバーのデュー・プロセス保障が当然に後退することにはならない、と考える。なるほど一般に、デュー・プロセス保障は国家公共的利益によって制限されざるをえないという見解が多い(22)。しかし他方、もともと国家権力の行使に対する個人的基本権としてのデュー・プロセスの保障が国家公共的要請によって後退するのはおかしい、という疑問もあった(23)。問題解決の鍵は、欠席メンバーの私的自治＝「在廷期日」をもつ利益を、一般的に抽象的な国家公共の利益と対比ないし調整するところには見出せない(24)。むしろ、具体的にこれを各メンバーの実質的な権利救済の利益や相手方の訴訟をむし返されない利益などと調整するところに求められる。こうして関係人の権利利益が相互に調整・制約されることによって、その手続保障の内容も具体化される。国家公共の利益といっても、これが個々の市民の利益として具体的に把握できるかぎりで、関係人相互の制約を正当化するのではなかろうか(25)。このように解すれば、個人の利益をこれとは比較できない異質の国家的利益と無理に比較考量することなしに、デュー・プロセスの内容を具体化し、その権利章典としての機能を維持することができるのではないか、と考える。

かくて、クラス・アクションの導入は、古典理論における私的自治＝「在廷期日」のもつ二つの価値が実質化されることによって正当化される。一つは、この古典理論を形式的に貫けばかえって杜絶される権利救済を適切代表によって実質的に可能にすることであり、もう一つは個人的な訴訟関与による手続形成の公正さを担保する機能を実質的に確保することである。適切代表と個別的通知の関係は、このように解して初めて正しく位置づけることができる。だから、アイゼン事件における連邦最高裁判決のように、知られたメンバーすべてに個別的通知を要求して、かえって権利救済の途をふさぐことは妥当ではない。結局、連邦地裁のテイラー判決の提案する選抜的個別通知のように、実質的に利害関係人の手続関与の機会を保障して、手続形成の公正さを担保する解決が結果的には妥当であると解される。

(5)　第四に、こうした古典理論の限界を克服するためのクラス訴訟理論の新しい展開は、通常の民事訴訟において判決効を拡張する場合の手続保障についても、新たな反省を迫っている。ことに判決効の拡張が、実体的処分権限によって正当化されるかが疑問とされ、あるいはもともとこうした正当化によってはカバーされないと考えられてきた場合がそうである。たとえば、(イ)従来から法定訴訟担当の事例とされてきた債権者代位訴訟や取立訴訟における判決効拡張の正当化根拠をめぐる議論は前者の例であり、(ロ)身分関係や会社関係のように判決効の対世効が認められてきた場合に、判決効をうける第三者の手続保障をめぐる反省は後者の例である。

(イ)　まず、代位訴訟や取立訴訟においては、訴訟担当者である債権者は、法律上（民四二三条、民訴六〇〇条一項〔現民執一五五条一項〕・六二三条〔現民執一五七条〕）、債務者の債権について管理処分権を与えられ、ここに判決効拡張を正当化する根拠があるとするのが従来の通説であった。[26]これに対して、この場合の取立・代位債権者には、債務者の債権の取立権は与えられても、処分権は認められていない。しかも、債権者は自己の債権の保全のために訴訟をするのであって、債務者のために訴えるのでもない。むしろ、債権者と債務者は一つの権利をめぐって利害の対立・拮抗する関係にある。そうであれば、取立・代位債権者のうけた判決が、有利、不利を問わず、債務者に対して効力を生ずるのは不当である、として、いわゆる片面的既判力拡張説が主張される。[27]取立・代位債権者の勝訴判決は結果的には取立権行使の効果にとどまるから、判決効を及ぼしうるが、敗訴判決は処分権行使と同じ効果をもつから債務者を拘束しえないからである。アメリカ法において、第三者に有利な判決効だけの援用を認めるバーンハード原則は、さらに、相手方当事者は同じ事項につきすでに「在廷期日」をもったが、第三者はまだ「在廷期日」をもたないことによってこれを根拠づける。[28]

しかしその結果、相手方当事者である第三債務者は、取立・代位債権者に勝訴しても、債務者からの再度の訴に応訴しなければならない。[29]のみならず、取立・代位債権者と同格の債権者が多数いる場合には、取立・代位債権者の勝訴判決の反射効をうけるが、敗訴判決には拘束されないことになるから、第三債務者は、誰か一人の債権者に敗訴してしまうまでは、次々と応訴して勝訴をくり返さざるをえないという窮地に立つ。これはバーンハード原則の限界として論じられてきた「攻撃的利用」の場合に当る。[30]

相手方当事者のこのような窮状を解決する方法の一つは、相手方から債務者や他の債権者に「訴訟への引込み」ないし「強制的参加」をさせる手続を認めることが考えられる。[31] 民訴法六二三条三項〔現民執一五七条一項〕の適用ないし類推適用によって解釈論としても主張されている。[32] 第三者である債務者や他の債権者はこれによって当事者の地位を与えられるから、判決効をうける第三者の手続保障としては最も厚い解決策である。[33]

他は、取立・代位訴訟においても、クラス訴訟と同様に、訴訟担当者による「適切代表」ありとして、判決効の拡張を正当化する立場が考えられる。つまり、取立・代位債権者と同格の他の債権者や債務者の利益は取立債権者の熱意ある訴訟追行によって適切に保護されるとともに、[34] これらの第三者には独立当事者参加〔民訴七一条〔現民訴四七条〕〕や共同訴訟的補助参加の機会を保障すれば、判決効の拡張を正当化できるという立場である。[35] ただ、この場合はクラス訴訟とは違って、通常の民事訴訟手続であるから、裁判所の積極的関与により適切代表を監視し補充することは期待できない。判決効拡張のためには、同格の債権者や債務者への個別的通知により参加の機会を保障することが不可欠となる[36]（民訴六一〇条・六二三条三項〔現民執一五七条一項〕を代位訴訟にも準用すべきか）。

(ロ)　身分関係や会社関係の判決の効力が一般第三者に拡張される〔人訴一八条・二六条・三二条〔現人訴二四条〕、商法一〇九条・一三六条二項・一四二条・二四七条二項等〔現会社八三八条〕〕のは、相対的個別的解決では多数の利害関係人の法律関係を混乱させることになるため、これを画一的に確定する必要があるからであるとするのが通説の立場である。[37] その際に、判決効の拡張によって影響をうける第三者の利益は手続的にどのように保護されているのかが改めて問い直されている。[38] そして、この第三者の手続保障の具体的内容は、判決効の画一的確定の要請との調整によって決まるとされる。その結果、具体的には、クラス訴訟における手続保障の要件同様に、①適格当事者による充実した訴訟追行、②通知による参加の機会の保障、③処分権主義・弁論主義の制限と職権探知、④詐害再審の適用などの手続が考えられている。そこで、これらの手続保障のうち、どれが、どの程度に、どのような組合せで充されれば判決効拡張を正当化する手続保障ありといえるかが問題となる。

たとえば、会社訴訟の判決効が、適格当事者と同格の第三者に拡張されるのは、同じ程度の利益をもった者の充実した訴訟追行を期待できることによって正当化され、第三者への通知はせいぜい公告（商一〇五条四項〔現削除。なお、現会社法八四九条四項参照〕とその準用）だけで足りるといえるだろうか。[39] たしかに、会社訴訟は多数の利害関係人の権利関係を画一的に確定する必要のある点で公共的色彩を帯びた訴訟手続であるが、個人の手続保障の内容がこうした抽象的な公共の利益との考量によって具体化されるべきでないことはすでに論じた。また具体的にも、適格者による訴訟追行の適切性を公告だけによって監視することができるかは疑問である。[40] もちろん、会社訴訟の判決によって影響をうける多数の株主のすべてに個別的通知をすることは実際上不可能であり、これを要求すれば訴を維持することすらできなくなる。だから、ここでは会社訴訟の公共性にかんがみて、クラス訴訟におけるように、必要であれば、裁判所の積極的な関与（人訴一〇条〔現人訴一九条〕・一四条〔現人訴二〇条〕類推）と重大な利害関係者への個別的通知によって、[41] 適格当事者による適切な訴訟追行を補充しかつ監視する手段を保障すべきである、と考える。

（1）　弁論主義の根拠については、周知のように、本質説、手段説、多元説の対立がある（さしあたって、鈴木正裕「弁論主義」中野貞一郎他編・民事訴訟法講義（有斐閣・昭五一）一九五頁以下の説明および同所引用の文献参照）。私的自治を基礎とする本質説に原型を求めたうえで、その現代的な要請による修正の限界を論じた方が、ことに多元説（竹下守夫「弁論主義」小山昇他編・演習民事訴訟法（上）（青林書院・昭四七）三二九頁以下）のいう、真実発見の便宜、不意打ち防止、裁判の公平さへの信頼確保などの、その他の要請との関係を構造的に明らかにすることができる、と考える。
（２）　山木戸克己「弁論主義の法的構造」中務俊昌編・民事訴訟の理論（下）（中田淳一先生還暦記念）（有斐閣・昭四五）一頁以下、ことに一一―一二頁における解明参照。
（３）　山木戸・前掲注（２）四頁以下によれば、弁論主義のもとでは弁論権の積極的効果だけでなく、消極的効果をも貫徹される。
（４）　具体的に判決の客観的範囲や失権効の限界が問題となるときには、ここでの自己責任の限界は、信義則ことに相手方当事者の信頼保護による補完が予定される。私的自治＝自己責任は、意思主義にかぎらず、信義則によるその内容的な補完ないし修正による自己責任をも含むものと考えられる。その具体的な一適用例として吉村徳重「一部請求」竹下守夫・谷口安平編・民事訴訟法を学ぶ（有斐閣・昭五二）九七頁、ことに一〇〇頁以下参照。
（５）　山木戸克己「訴訟における当事者権」民商法雑誌三九巻四・五・六号（七六九頁）（昭三四）同・民事訴訟理論の基礎的研究（一九六一年。以下、基礎的研究とする）五九頁以下は、非訟と対比した訴訟における弁論権、立会権、などを当事者権とした。
（６）　いわゆる既判力外の失権効（人訴九条・二六条・三二条三項〔現人訴二五条〕）を正当化する根拠については、さらに別途に考察すべきである。
（７）　いわゆる共同訴訟的補助参加と補助参加を含む。補助参加者に対する判決効（民訴七〇条）が参加的効力か既判力（ないし争点効）拡張かについては周知の議論があるが、ここでは立ち入らない。吉村徳重「既判力か参加的効力か」小山昇他編・演習民事訴訟法（下）（昭四七）七七頁〔同・民事手続法研究第二巻二七一頁〕参照。アメリカ法において、vouch in（告知）をうけて参加した者が、判決効をうけることにつき、前出二三二四頁注（33）参照。
（８）　このほか一般的に当事者による第三者の訴訟引込みが考えられる。山木戸克己「追加的共同訴訟」基礎的研究七三頁、井上治典「被告による第三者の追加」甲南法学一一巻二・三合併号（昭四六）二八五頁、同「第三者の訴訟引込」演習民事訴訟法（下）一一三頁、霜島甲一「当事者引込みの理論」判例タイムズ二六一号（昭四六）一八頁など参照。
（９）　通説によれば、口頭弁論終結後の善意の承継人は、動産取得については保護される（民一九二条）が、不動産については保護されない。アメリカ法では不動産の善意取得者を保護するため、判決の登記制度を採用する州が多い

（前述二(2)(ロ)(a)三二四頁）。

(10) 鈴木正裕「判決の反射的効果」判例タイムズ二六一号（昭四六）一〇頁以下参照。

(11) 最判昭和四〇年一二月二一日民集一九巻九号二二七〇頁は、詐害判決に対する口頭弁論終結後の承継人の請求異議の訴えを斥けた。再審事由と再審の訴えによらなければならない、との理由による。しかし再審事由が類推できれば、再審の訴えによらずとも判決の無効を主張できると解される（新堂幸司・民事訴訟法（筑摩書房・昭四九）四〇一頁）。そのように解すれば、アメリカ法のコラテラル・アタックと同様の取扱と配慮が認められることになる（前述二(2)(ロ)(f)三四三頁参照）。

(12) いわゆる「担当者自身のための法定訴訟担当」については、こうした事情が考えられる。取立訴訟・代位訴訟について後述三五八頁参照。

(13) 鈴木・前掲注(10)一〇頁以下は、一般の既判力拡張と異ならないことを論証する。

(14) 小島武司「『公共訴訟』の理論」民事訴訟雑誌二三号（昭五二）一頁以下は、主に「原則訴訟」と「モデル訴訟」を想定して論ずる。クラス訴訟が導入されればそうした位置づけが与えられるものと思われる。Chayes, *The Role of the Judge in Public Law Litigation*, 89 Harv. L. Rev. 1281, 1291 (1976) は、クラス訴訟をその典型としている。

(15) 小島武司「共同所有をめぐる紛争とその集団的処理」ジュリスト五〇〇号（昭四七）三二八頁（同・訴訟制度改革の理論（弘文堂・昭五二）一一七頁以下所収）。

(16) 最判昭和四一年一一月二五日民集二〇巻九号一九二一頁。

(17) 最判昭和三五年六月二八日民集一四巻八号一五五八頁。

(18) 最判昭和四五年一一月一一日民集二四巻一二号一八五四頁。

(19) 小島武司「クラス訴訟における代表の理論」訴訟制度改革の理論九八頁、一〇七頁はこの本人の利益の保護のほかに「高度の必要の存する場合に限られざるをえない」とする。

(20) 谷口安平「クラス・アクション運用上の諸問題」ジュリスト五二二号（昭四八）五四頁、新堂幸司「クラス・アクション・アレルギーの予防のために」竹内昭夫編・現代商法学の課題（上）・鈴木竹雄先生古稀記念（有斐閣・昭五〇）五〇一頁注(3)（同・民事訴訟法学の基礎（有斐閣・平一〇）所収）も同旨。

(21) 谷口・前掲注(20)五四頁もあまり利用価値がないという。See *Advisory Commitee's Note*, 39 F. R. D. 69, 103

(1966).

(22) E.g. Maraist & Sharp, *Federal Procedure's Troubled Marriage: Due Process and the Class Action*, 49 Tex. L. Rev. 1, 9 (1970). 国が直接かつ強力な利益をもてばデュー・プロセスの保障は不要とするのが判例である、という。

(23) Notes, *Specifying the Procedures Required by Due Process: Toward Limits on the Use of Interest Balancing*, 88 Harv. L. Rev. 1510, esp. 1523 *et. seq.* (1975).

(24) 伊藤眞「民事訴訟法理論における『公益性』の観念の意味を明らかにせよ」法学教室〈二期〉一号（昭四八）一三八頁は私人の利益をこえた「公益性」は再検討を要する、という。

(25) So Notes, *supra note* 23 esp. 1528 *et. seq.*

(26) たとえば、兼子一・民事訴訟法体系（酒井書店・昭四〇）一六〇頁。

(27) 三ヶ月章「わが国の代位訴訟・取立訴訟の特異性とその判決の効力の主観的範囲」小山昇他編・兼子博士還暦記念・裁判法の諸問題（中）（有斐閣・昭四四）三八八頁以下（同・民事訴訟法研究六巻（有斐閣・昭五三）四八頁以下所収）、福永有利「当事者適格理論の再構成」山木戸克己教授還暦記念・実体法と手続法の交錯（上）（有斐閣・昭四九）三四頁以下。

(28) 前述三〇九―三一一頁参照。

(29) 新堂・前掲注(11)一四頁は相手方の応訴の煩雑を強調して、訴訟参加の機会を与え、不利な判決効も拡張する。

(30) 前述三一一―三一二頁参照。

(31) 三ヶ月・前掲注(27)民事訴訟法研究五〇頁は、フランスの強制的参加のように当事者として強制的に参加させる立法的な手当ての可能性を示唆される。

(32) 福永・前掲注(27)七二頁、七六頁。

(33) McCoid, *Single Package for Multipatry Disputes*, 28 Stan. L. Rev. 707, 724 の「強制的併合」の提案も同様の効果をもつ。

(34) 取立・代位債権者と債務者間に利益の対立があれば、こうした「適切代表」を認めうるかは問題が残る。

(35) 新堂・前掲注(11)一九四―一九五頁は、さらに、被告の応訴の煩、公平・訴訟経済の要請によって判決効拡張を正当化する。

(36) 斉藤秀夫編・注解民事訴訟法(3)〔第一法規出版・昭四八〕三七四頁〔小室直人執筆〕同旨。この結果、強制参加説とは、参加の有無にかかわらず、当事者としての送達をするかどうかの差異となる。
(37) たとえば兼子・前掲注(26)三四六頁。
(38) 谷口安平「会社訴訟における訴の利益」法学論叢八二巻二・三・四号〔昭四三〕三一五頁以下、新堂・前掲注(11)一九九頁。
(39) 谷口・前掲注(38)三一九頁参照。
(40) 公告はしばしば形式的な通知の擬制にすぎない〔代表訴訟についての現会社法八四九条四項参照〕。
(41) 判決効によって影響をうける第三者の利益がどの程度重大であれば個別通知を要するかが問題となるが、こうした通知―訴訟関与によって、適格当事者の訴訟追行の利益がどの程度阻害されるかと比較考量すべきことになろう。Vgl. Wolf, *Rechtliches Gehör und die Beteiligung Dritter am Rechtsstreit*, JZ 1971, 405, 407. 最も重大な利害関係人についてはさらに当事者とすべきである。谷口安平「判決効の拡張と当事者適格」中務俊昌編・中田淳一先生還暦記念・民事訴訟の理論（下）（有斐閣・昭四五）五一頁以下。

五　結　語

判決効の拡張によって影響をうける第三者の手続保障の具体的内容を手続権の保障と法的安定性の要請との調整による調和点に求めるという近年の利益考量論は、ややもすれば、折角の手続保障の視点を空洞化するおそれがある、という疑問が本稿の出発点であった。第三者の手続保障を具体化するには、判決効の拡張によるさまざまの利益を析出して、第三者の手続保障の利益と比較考量することが必要であることはいうまでもない。が、その利益考量を左右する価値基準は何によって決まるのかという常日頃からの疑問を、アメリカ法を素材として解明しようとするのが、本稿作成の主な目的であった。アメリカ法では、デュー・プロセス保障は利益考量によって具体化されるという顕著な傾向がみられるからである。

しかし、判決効拡張におけるデュー・プロセス保障をめぐってのアメリカ法理論の展開をみると、滔々たる利益考量論の流れのなかにあって、なお、考量すべき諸利益を位置づけるための体系的思考や権利章典としてのデュー・プロセス保障の基本的価値をしっかりとみすえようとする努力のあることが分かった。こうした傾向は積極的に評価されなければならない、とわたしは考える。しかし、体系的思考はややもすれば図式的に理念化され、尊重すべき個々の利益や価値を無視する傾向のあることもまた否定できない。いわゆる「公共的訴訟」の提案には、承継さるべき古典理論の積極的価値を実質化して生かして行くという視点を欠くのではないかと思われる。

本稿では、アメリカ法における判決効拡張の展開をたどる（二、三）なかで、このような理論の傾向を紹介する（三(2)(3)）とともに、これを踏まえて、わが国におけるこの問題についての理論状況を解明する独自の視点を提起しようと試みた（四）。これは民事訴訟における手続保障を支える実質的な価値は何であるかを確定しようとするわたしなりの模索にほかならない。そこで荒けずりながら、仮説として述べようとした基本的視点を結論的にまとめればつぎのようになろう。

民事訴訟における判決効をうける者のデュー・プロセス保障は、係争権利利益についての私的自治の反映として具体化するときには、処分権主義・弁論主義の支配する古典的民事訴訟における当事者としての「在廷期日」、つまり当事者権として現われる。これに対して、判決効の拡張によって影響をうける第三者のデュー・プロセス保障は、こうした当事者権ないしこれと同視しうる内容をもって確保されるとはかぎらない。しかし、その場合には、デュー・プロセス保障の具体化としての当事者権に含まれる二つの価値が実質的に実現されることが要求される。一つは、適切な訴訟追行によって係争の権利利益が十分に保護されることであり、もう一つは、自らの訴訟関与の機会を保障されることによって手続形成の公正さを担保することである。当事者としての「在廷期日」に代えて、適切代表—通知—参加の機会—裁判所の介入が、第三者のデュー・プロセス保障の内容とされるときには、適切代表—裁判所の介入による第三者の利益の実質的な保護が第一の価値を実現し、第三者への通知—参加の機会の付与による手続形成の公正さの担保が第二の価値に連なる。

国家公共的な要請によって、第一の価値が維持されれば、第二の価値は後退せざるをえないという見解は、憲法上の権利章典としてのデュー・プロセス保障の本来の価値を見失っている。しかし、第三者の権利利益についての私的自治の反映としての当事者権は、第三者の私的自治が他の関係人（適格当事者、相手方当事者、同格の他の第三者、その他の利害関係人）との間の公平の観念や信義則によって制約される場合には、そのかぎりで制約をまぬがれない。適切代表—裁判所の介入によって第三者の利益が実質的に保護される場合には、通知—参加の機会が一定の範囲で制約をうけざるをえないとされるのはこのためである。だから一般的には、この場合にも、憲法上のデュー・プロセス保障によって、重大な利害関係人には訴訟関与の機会を保障することによって、手続形成の公正さを実質的に担保することが要請される。

本稿では、具体的事例として、入会権訴訟へのクラス訴訟理論の導入や取立・代位訴訟および身分関係・会社関係訴訟における第三者の手続保障などの解釈問題を取りあげて、こうした基本的視点による処理を試みた。その多くは、すでに先人の見解として述べられているところである。ただ、ここでは右に仮説として設定した基本的視点に立って、それぞれを体系的に位置づけ、これに新しい意味を与えようと努めたつもりである。しかしこれはいうまでもなく、一つの仮説としての問題提起であって、さらに論証と修正を重ねて行くことを予定したものであることを留保しておきたい。

（原題「判決効の主観的拡張とデュープロセス——アメリカ法の視点から㈠㈡」
九州大学法政研究四四巻一号・二号、一九七七年）

第五編　ベトナム民事訴訟法

第九章　ベトナム民事訴訟法の制定

——成立の背景と審理手続の基本的特徴（第一審手続を中心として）

一　はじめに

ベトナム民事訴訟法は、二〇〇四年六月一五日ベトナム社会主義共和国第一一期国会において可決制定され、二〇〇五年一月一日から施行されることになった。国際協力機構（ＪＩＣＡ）による法整備支援の一環として、ベトナム民事訴訟法の立法支援活動に従事してきた者として、その立法の背景と法典の内容について、特徴的な側面を概観することにする。支援活動において分担してきた分野である第一審の審理手続を中心に取り上げる。

二　ベトナム民事訴訟法成立の背景とその特徴

(1)　成立の背景

(イ)　民事訴訟法成立の契機は、一九八六年のドイモイ開放経済政策の採用によって市場経済が導入され、ベトナム経済が国際化への門戸を開いたことに遡る。市場経済導入によって市民間や国際間の商取引が一般化するようになると、これを規律する法制度の整備が要請されるようになった。とりわけ、商取引をめぐる紛争が生ずる場合には、これを解決する基準となる民法や商法の実体法とともに、これを解決する手続を規律する民事訴訟法の整備が必要とされるようになった。

(ロ)　このような状況に対応するために、さしあたっての民事裁判手続を規律する法令として次の四つの国会令が制定された。従来の民事裁判手続はこの諸手続法令によって実施されてきた。

①　民事訴訟解決手続に関する法令（一九八九年制定）（民事手続法令と略称）

②　経済訴訟解決手続に関する法令（一九九四年制定）（経済手続法令と略称）

③　労働訴訟解決手続に関する法令（一九九六年制定）（労働手続法令と略称）

④　行政訴訟解決手続に関する法令（一九九六年制定）

これらの手続法令のうち民事・経済・労働手続の三法令を統一するために民事訴訟法が制定されることになった。その結果、この三法令は廃止され、別に行政事件訴訟法が制定される予定である。

(ハ)　民事訴訟法制定の立法政策(1)

まず、「民事、経済、労働の手続法令を統合し、一貫性、統一性のある事件処理を保障するため、その実施状況の総括を基礎として、理解し易い、詳細かつ具体的な民事訴訟法を制定する」ことが立法政策の一つであったことは明らかである。ついで、同時に開放経済政策導入以来、市場経済が益々浸透するとともに、ベトナム経済の国際化が進展することを展望して、これに対応するためにも民事訴訟法を制定することが必要とされた。ベトナム経済の国際化の一こまとして、ベトナムは二〇〇〇年にアメリカ合衆国と通商条約（Agreement of Trade Relations）を締結した。この協定の定める内容の民事訴訟法を利用できるようにするという合意を実現する必要にも迫られていた。また、準備中の世界貿易機構（ＷＴＯ）加盟にも適合する民事訴訟法を制定する必要があった。

(ニ)　民事訴訟法の立法経過

すでに、一九九三年にベトナム最高人民裁判所（ＳＰＣ）を中心に民事訴訟法編纂委員会が設置され、その補佐機関として起草班が設けられた。一九九五年に第一次草案起草以降、第三次草案まで、起草班が中心となって

順次草案を作成した。当時の起草班は主として中国や旧ソ連邦の民事訴訟法を参照して起草したようである。(2)
外国の法整備支援は、日本のほかは、国連開発計画（UNDP）、アメリカのスタープロジェクトなどの専門家によるワークショップなどによって行われた。一九九七年一月に第四次草案についてUNDP派遣の専門家によるワークショップが行われた。

日本の国際協力事業団（JICA）による法整備支援が開始されたのは、支援プロジェクトのフェーズ1（一九九六・一二～一九九九・一二）からであったが、当時のカウンターパートは司法省であった。最高人民裁判所がそのカウンターパートとなったのはフェーズ2（一九九九・一二～二〇〇三・三）以降であり、それからは民事訴訟法草案がその主要な立法支援活動の対象となった。

二〇〇二年六月に第七次草案についてのハノイの現地セミナーが開催されてからは、二〇〇三年七月にベトナム民訴法共同研究会が組織されたことを経て、二〇〇四年六月の民訴法制定に至るまで、JICAの立法支援はチームとして継続的に実施された。(3)

(2)　ベトナム民事訴訟法成立の基本的特徴

(イ)　従来の三つの民事訴訟手続法令の特徴

従来の三つの民事訴訟手続に関する国会法令は、相互に若干の相違はあるが、その基本的な特徴は共通である。これらの手続法令の基本的な特徴として以下のような審理原則を指摘できる。

第一に、当事者の自己決定権が認められていたことである。当事者は自己の権利保護を求めて裁判所に訴えを提起する権利がある（提訴権：民事手続法令一）。また、訴えを提起した者は請求を取り下げ、変更する権利をもち（訴えの取下げ・変更：同二、二〇—一）、被告は原告の請求に対して自らの請求を行う権利を有する（反訴：同二〇—一）。さらに、当事者は当事者間において和解をする権利を有する（和解：同二）。

第二に、当事者は自己の権利・利益を立証するため証拠を提出する権利と義務を負うとともに（同三、二〇—

二)、裁判所は必要に応じ適切な解決を図るため証拠を収集する権利をもち義務を負う（同三、三八—一)。結局、当事者の証拠提出責任と裁判所の証拠収集義務が並存し、いかなる場合に裁判所が職権によって証拠収集を行うべきかは不明であった。その結果、実務上は、当事者は訴えを提起したまま何もせず、裁判所が事案の適切な解決を図るためには証拠の収集をせざるを得ないという、職権による証拠収集への依存的状況が一般的となったといわれる(4)。

第三に、検察院は、民事訴訟手続における遵法性について監督する責任を負う（同九)。検察院は、社会的利益が侵害されるなど一定の場合には訴えを提起する権利を有するとともに（提訴権：同二八—一)、提訴した事案だけでなく、その他の事案についても、必要とみなすいずれの段階からでも訴訟手続に参加できる（立会権：二八—二)。さらに、検察院は第一審の判決・決定に対して控訴する権利をもつだけでなく（同五八—二)、法的拘束力をもつ判決・決定に対して監督審及び再審を申し立てる権利も認められた（同七二—一、八〇)。

第四に、祖国戦線委員会やその所属組織等の社会団体もまた、自ら訴えを提起する権利が認められた（同八)。

第五に、原告・被告のほかにも、当該事案につき権利、利益及び義務を有する利害関係人も当事者とよばれ、当事者として平等の手続上の権利を持つほか、独立の請求をするか、原告または被告の側に立って手続に参加することができるとされてきた（同一九、二〇—一)。訴えを提起した原告と提起された被告だけではなく、一定範囲の利害関係人の手続参加を求めて統一的・包括的な紛争解決を図ろうとしたものと評価できる。

また、確定判決・決定の拘束力を対世的な広がりにおいて認めるように解しうる規定がされていることも（経済手続法令一〇)、上述した利害関係人の当事者化や社会団体に提訴権を認めていることなどとともに、統一的・包括的な紛争解決を図ることを目指してきたのではないかと考える。

(ロ)　民事訴訟法成立過程の特徴

民事訴訟法の立法過程において、第七次草案まではこれらの特徴が基本的にはそのまま維持されていた。外国の法整備支援活動がまだ十分には反映されなかったためと思われる。しかし、第九次草案以降は日本側の提案をかなりの程度反映した改革がなされた。すなわち、第九次草案～一二次草案を経て成立した民事訴訟法典においては、審理原則としての当事者主義（自己決定の原則や弁論主義）をより徹底するなどの進展が見られた。また、検察院の手続関与権については、提訴権を廃止し、立会権を一定の場合に限定するなど、かなりの程度の進展がみられたが、控訴権と監督審・再審への異議権を中心に、一定の範囲で従来の特徴が維持されることになった。この点については、国会の審議において賛否夫々の立場からかなり厳しい議論があったようである。(5) さらに、婦人会などの社会団体の提訴権や利害関係人の当事者化と判決・決定の対世的効力による統一的・包括的紛争解決のシステムも一定の範囲で維持された。

(ハ)　民事訴訟法の基本的特徴

民事訴訟法は、その第一条に、「社会主義体制の擁護に貢献し、社会主義法制を高め、……、人民が真摯に法を遵守するように教育する」ことをその任務として規定している。他方、民事訴訟法は、同時に、市場経済の浸透と国際化の進展に対応するという立法政策に基づいて制定された。前者の民事訴訟法の任務からは、裁判所・検察院・国家機関・社会団体・利害関係人などの積極的手続関与が要請されるが、後者の市場経済へ対応という立法政策からは市場経済の前提である私的自治の原則を反映する当事者主義の貫徹と当事者の手続権の平等な保障によって当事者主導による紛争の相対的解決が要請される。民事訴訟法の以下の基本的特徴はこの対立する二つの要請を手続の夫々の側面において調整した結果であるといえる。その具体的な内容は以下の通りである。

第一に、当事者主義の貫徹として、当事者の自己決定の原則が、訴え提起やその取下げ・変更、和解をする権利だけでなく（五―一・二）、当事者の「申立ての範囲内でのみ事件を解決する」という申立主義を採用することによってさらに徹底化された（五―一）。

第二に、当事者の証拠提出の権利・義務が原則となり、裁判所の証拠収集は民訴法の定める場合に限ることとし（六）、裁判所は当事者の申立てによってのみ証拠収集ができることとなった（八五）。さらに、当事者の自白法理が認められた（八〇―二）。

第三に、検察院の提訴権は廃止され、手続立会権も非訟事件などの一定の場合に限定して認められることになった（二一、三二三―二）。しかし、検察院の控訴権と監督審・再審異議権は維持された（二五〇、二八五、三〇七）。

第四に、一定の住民・社会団体の提訴権を法定の場合に認めるとともに（四、一六二）、関連する権利、義務を有する者もその申立てや他の当事者の申立てによるだけでなく、申立てがなければ裁判所の参加命令によって手続に参加することを強制され（五六：当事者化）、さらに、確定判決・決定に対世的効力を認めること（一九）によって統一的・包括的な紛争処理のシステムは維持された。

（1）「第一三回ベトナム民事訴訟法共同研究会議事録」ICD NEWS二一号（二〇〇五年五月）一〇八頁以下の、立法政策をめぐる議論参照。

（2）同上「議事録」ICD NEWS二一号一二三頁参照。

（3）以上の立法過程と法整備支援の経過およびその評価につき、吉村徳重「ベトナム民事訴訟法の成立と法整備支援の評価」ICD NEWS二〇号（二〇〇五年三月）三九頁、特に、四三頁以下、森永太郎「ベトナム民事訴訟法制定について」ICD NEWS一六号（二〇〇四年七月）三四頁など参照。

（4）民事手続法令下の実務の状況につき、前掲注(1)「議事録」ICD NEWS二一号一一四頁参照。

（5）検察院の手続関与権限定の立法過程につき、ダン・クァン・フォン（Dang Quang Phuong）「ベトナム民事訴訟法の制定と施行におけるベトナム最高人民裁判所の役割」ICD NEWS二〇号三五頁、前掲注(1)「議事録」ICD NEWS二一号一一九頁参照。なお、その背景事情につき、クアッ・ヴァン・ガー（Khuat Van Nga）「ベトナム司法制度改革の現状と課題」ICD NEWS一六号（二〇〇四年七月）四二頁、特に四九―五〇頁参照。

三　規定範囲の広範性と基本原則の多様性

(1)　規定範囲の広範性（第一部総則第一章一条）

(イ)　民事訴訟法の規定範囲は広範であり、以下のような多様な分野にわたっている。

第一は、訴訟事件である。民事紛争、婚姻家族紛争、営業・取引紛争、労働紛争を解決するための訴えによる事件である（二五・二七・二九・三一）。訴訟事件に関する第一審手続（第二部：一六一〜二四一）、控訴審手続（第三部：二四二〜二八一）、監督審・再審手続（第四部：二八二〜三一〇）を規定する。

第二は、非訟事件である。民事、婚姻家族、営業・取引、労働上の要求を解決するための申立てによる事件である（二六・二八・三〇・三二）。非訟事件解決に関する通則（第五部二〇章：三一一〜三一八）、行為能力喪失制限宣言・捜索通知発付・失踪宣言・死亡宣告・商事仲裁活動の各則手続（三一九〜三四一）を規定する。

第三に、判決・決定の執行手続（第七部：三七五〜三八三）、外国の判決・決定・仲裁判断の承認執行手続（第六部：三四二〜三七四）、渉外民事事件・非訟事件の解決手続・司法共助（第九部：四〇五〜四一八）などの各種の個別手続がある。

また、第一部総則規定の中に、緊急保全処分手続（第一部八章：九九〜一二六）が規定されている。

(ロ)　このように、①訴訟事件手続（第二部〜第四部）、②非訟事件手続（第五部）、③その他判決・決定の執行手続などの各種個別手続（第六部〜第九部）に分類して規定されている。第一部総則規定（一〜一六〇）はこれらの広範な各則の個別的手続に共通する基本原則と手続規律を定めたことになる。

(2)　基本原則の多様性（第一部第二章三〜二四条）

(イ)　基本原則の規定は、このように広範な全ての各則手続の領域について共通に適用される総則として、審理手続上の基本原則を定めたものである。その規定内容は多岐にわたり多様である。多様な基本原則を、規律対象となる主体別に分類すれば下記の通りである。

(a)　当事者等の権利義務に関する基本原則

第一は、処分権主義の原則によって、当事者の訴え提起権と自己決定の原則、特に中立主義、訴えの取下げ・変更、和解の権利を規定する（五）。ただ、訴えの提起権は、自己の権利を擁護するためだけでなく、他人の権利を擁護するためにも認められる場合がある（四）。また、裁判所は、本法の規定に従って和解手続を進める責任を負う（一〇）。

第二に、当事者は証拠提出と証明の権利及び義務を有するとして、証拠提出・証明責任の原則を明らかにするとともに、裁判所の証拠収集は、本法の定める場合にのみ認めることにした（六）。

第三に、当事者が民事手続上の権利義務において平等であるとともに（八後段）、自らの防御権又は弁護士等による防御を依頼する権利を保障している（九）。

第四に、当事者以外の個人、機関及び組織についても、裁判手続において一定の権利義務をもつことを規定している（七、八前段、二三）。すなわち、当事者以外の者も、当事者や裁判所の請求によって、その占有・管理する証拠を提出しなければならない（七）。また、一般的にも、法律の下、裁判所でも平等であり（八前段）、法律の定めに従って民事手続に参加し、事件の解決に貢献する権利義務を有する（二三）。

(b)　裁判所、手続機関、訴訟審理に関する基本原則

第一に、民事裁判には人民参審員が参加し、公判では裁判官と同一の権限をもつ（一一）。公判においては裁判官及び人民参審員は独立して法にのみ従う（一二）。

第二に、公判審理は公開することを原則とし（一五）、合議体による審理を行い、多数決によって決定する（一四）。

第三に、民事手続を行う者及び機関は、法律上その任務及び権限を遂行する義務を負うとともに、法律に違反した場合には、法令の規定に従って責任を問われることがある（一三）。民事手続を行う者、又は民事手続の参加者は、公平でない可能性があれば手続に関与してはならない（一六）。

第四に、裁判は二審制で行い、一審の判決又は決定に対しては控訴又は異議申立てができる（一七）。厳正で統一的な法適用を保障するため、上級裁判所は下級審裁判の裁判を監督し、最高裁判所は全審級裁判所の裁判を監督する（一八）。

第五に、法的効力を有する判決、決定は、全ての市民、機関及び組織が執行し、遵守しなければならない（一九）。

(c)　検察院の権限に関する基本原理

人民検察院は、民事手続における法遵守を検察し、法令の規定に従い訴え、又は異議申立てをする権利を行使し（二一―一）、一定の事件についての公判期日に立会う（二一―二）。

(ロ)　審理手続の基本原則の特徴

第一に、これらの多様な基本原則の特徴は、当事者、裁判所、検察院それぞれの審理手続上の権限と責任が規定されていることである。

まず、当事者の審理手続上の権利が、自己決定権（五）、証拠提出・証明の権利と義務（六）、防御権（九）、平等権（八後段）など多面的に規定されている。

ついで、公判期日における裁判官と人民参審員の独立・平等・法遵守義務（一一・一二）や公判審理の合議制・多数決・公開の原則（一四・一五）など公正な手続維持の任務が規定されている。

また、裁判の二審制を保障し（一七）、上級裁判所の下級審裁判の監督権と最高人民裁判所の全審級裁判の監督権を認めた（一八）。これが最高裁判所長官や上級裁判所長官の監督審・再審への異議権が認められる根拠である（二八五・三〇七）。

さらに、人民検察院の民事手続における法遵守の検察権限を前提として、検察院の提訴権と控訴・監督審・再審への異議権を法定の場合に認めるとともに（二一―一）、公判期日への立会権を非訟事件のほかは、これらの提訴事件や異議事件と裁判所の証拠収集に当事者が不服申立てをした場合とに限定した（二一―二）。

第二に、これらの基本原則は、一方で、当事者の審理手続上の権限と責任を強調するとともに、他方で、裁判所の公正な審理手続維持の任務と検察院の法遵守検察権限を規定しているが、このことが民事訴訟法の立法政策と任務規定の対立する二つの要請を反映したものであることは前述したとおりである(6)。

ただ、従来の手続法令の特徴と対比すれば、当事者の権限と責任を徹底化し、裁判所や検察院の監視権限を制限する方向にあることは明らかである。裁判所や検察院の権限を制約した例として、裁判所の証拠収集権限を民訴法の規定する場合に限るとし（六―二）、検察院の提訴権や異議権を法定の場合に限るとしたこと（二一―一）などがある。しかも、裁判所の証拠収集権は当事者の申立てある場合に限って認め（八五）、検察院の提訴権は法定しないことによって認めなかったのである。

第三に、この基本原則は第一部の総則規定であるから、第二部以下の各則における訴訟事件、非訟事件、執行事件手続などの広範かつ多様な手続に共通の通則として、特則がない限り適用されることが原則である。例えば、公判の合議体・多数決・公開の原則は、非訟事件において、単独裁判官によって解決される申立事件では（五五―二）、合議体・多数決の規定（一四）の適用はないが、法廷審理公開の規定（一五）は適用される（三一三―一）。ただ、総則としての基本原則自体が法定の場合に限ると規定されている場合には、例えば、検察院の権限については、特別の規定のない提訴権は認められないが、特別の規定のある控訴権、監督審・再審への異議権は認められることになる（二四三・二八五・三〇七）。

第四に、基本原則の中で、当事者主義（自己決定原則と証拠提出責任）を原則とし（五、六―一）、裁判所の職権主義（裁判所による証拠収集）を法定の場合の例外として規定した（六―二）。従って、日本法が人事訴訟や非訟事件手続において例外として認めている処分権主義の制限や職権探知は（日人訴一九・二〇、非訟一一、家審七）、特別の法規定がなければ認められないことになる。ベトナム民事訴訟法の規定対象はこれらの事件をも含む広範なものであるが、非訟事件手続については、後述のように、一定の範囲で処分権主義を制約する特則はあるが、裁判所の職権探知を認める特則はなく、当事者の証拠提出責任は維持されているものと解される。(7)

(6) すなわち、市場経済の浸透と国際化の進展に対応するという立法政策と社会主義体制の擁護と社会主義法制遵守のための人民教育という任務規定の二つの要請である。本稿二(2)(ハ)「民事訴訟法の基本的特徴」（本書三七三頁）参照。

(7) 前掲注(1)「議事録」ICD NEWS二一号一一六頁参照。裁判所の職権探知を認めることになると、当事者は裁判所に頼りきりになり、裁判所が全てを探知せざるを得なくなり収拾がつかなくなるという政策判断があったといわれる。なお、後述本稿五(4)「当事者主義の原則と職権主義の適用領域の問題」(ハ)（本書三九三頁）参照。

四　民事裁判権と管轄（第一部第三章）

(1) 民事裁判権の範囲（第三章第一節）

(イ) 民事裁判権の範囲に関する規定は、「裁判所の管轄権」として、民事、家事、営業・商事、労働の事件ごとに訴訟事件と非訟事件を区別して、各事件に属する具体的事件類型が列挙されている。これは民事訴訟法が民事・経済・労働事件に関する三つの手続法令を統合して立法された経緯に由来するといえる。

具体的には次の通りである。

① 民事事件と民事非訟事件（二五・二六）

② 家事事件と家事非訟事件（二七・二八）

③　営業・商事事件と営業・商事非訟事件（二九・三〇）
④　労働事件と労働非訟事件（三一・三二）

(ロ)　これらの規定は、日本法が裁判権の及ぶ範囲として「裁判所は、……一切の法律上の争訟を裁判し、その他法律において定める権限を有する」（日裁判所法三条一項）と規定することと顕著な違いである。ベトナム国内における裁判所間の裁判権の配分である管轄の問題ではなく、裁判権一般の範囲について具体的事件類型を列挙して規定することが合理的であるかは問題である。

ただ、この一般的な民事裁判権の範囲に関する規定（二五〜三二）を前提として、国内の裁判所間の管轄配分である事物管轄や土地管轄についてはこれらの規定条項を引用して規定されている。ことに、第一審手続についての県級裁判所と省級裁判所との事物管轄を訴額によって決めるのではなく、事件類型の難易度によって決めるベトナム民事訴訟法では、この方式も立法技術の一つといえなくはない。いずれにしても、これでは規定内容が煩雑となって、分かりにくくなっていることは否めない。民事裁判権に関する規定条項の引用ではなく、事物管轄に必要な限りで、具体的事件類型を列記すれば足りるのではないかと考える。(8)

具体的事件類型の列挙により裁判権の及ぶ範囲を規定することの最も重要な難点は、列挙された類型の事件ではないが、「法律上の争訟」に当たる事件が訴えられた場合に、裁判所は裁判ができるのかという問題であろう。現に、ベトナム民事訴訟法の管轄に関する論文において、例えば、商事紛争に当たる全ての事件類型を列挙することは無理であるという指摘がなされている。(9)そのような場合への対策として、夫々の事件類型の管轄規定に「法令が定めるその他の事件」という条項が付加されているが、これとても夫々の事件類型に属することを前提とすることになる。

従って、そもそも民事裁判権の及ぶ範囲を規定するについて、民事、家事、商事、労働の各事件を分類して、夫々に属する具体的事件類型を列挙する必要があるか否かが問題である。仮に、管轄権のある同一裁判所内で夫々の事件につき専門的部門が決まっているとしても、それは同一裁判所内の事務分掌の問題であって管轄の問題ではなく、ましてや民事裁判権の問題ではない[10]。

(2)　事物管轄（第二節三三・三四条）

(イ)　第一審手続についての「異なる審級の裁判所の管轄権」として、県級裁判所と省級裁判所の間の事物管轄については事件類型の難易度によって配分するという原則に立っている（三三・三四）。日本法のように訴額によって一律に事物管轄を決めるのでない以上（日裁判所法二四条一号、三三条一項一号参照）、事件の難易度を判断できる事件類型を基準とする必要がある。具体的事件類型の分類に従って民事裁判権の範囲を定めた一般的規定の条項を引用して事物管轄の規定がなされた所以である。その具体的な内容は以下の通りである。

(ロ)　県級裁判所の管轄（三三）

第一に、県級裁判所は、民事事件については、民事・家事事件規定（二五、二七）の婚姻家族事件、商事事件規定（二九―一―a～i）の営業・取引事件、労働事件規定（三一―一）の個別労働事件について管轄権を持つ（三三―一）。

第二に、県級裁判所は、非訟事件については民事非訟事件規定（二六―一～四）の非訟事件、家事非訟事件規定（二八―一～五）の婚姻家族非訟事件について管轄権を持つ（三三―二）。

(ハ)　省級裁判所の管轄（三四）

第一に、省級裁判所は、民事事件については、県級裁判所の管轄する事件（三三―一）以外の民事、婚姻家族、営業・取引または集団労働事件について管轄権を持つ（三四―一―a）。

第二に、省級裁判所は、非訟事件については、県級裁判所の管轄する非訟事件（三三―二）以外の民事、婚姻家族、営業・取引又は労働非訟事件について管轄権を持つ（三四―一―b）。

第三に、県級裁判所の管轄に属する民事事件、非訟事件であっても、渉外的要素をもつ事件は省級裁判所の管

轄に属する。（三四―一―ｃ）

第四に、省級裁判所は、県級裁判所の管轄に属する民事事件、非訟事件であっても、これを取り上げて解決することができる（三四―二）。

㈡　事物管轄規定は、民事事件、非訟事件の事件類型による事件処理の難易度を基準として分配されたものである。従って、事件処理の容易な訴訟・非訟事件を県級裁判所の管轄と規定した上で、それ以外の事件を省級裁判所の管轄としたといえる。

ここでも、具体的事件類型を列挙している民事裁判権に関する規定を引用しているところから、その類型に含まれない事件はいずれの類型の事件としていずれの級の裁判所に属するかが不明となり、事物管轄が決められないという問題が生ずる。この難点を避けるためには県級裁判所の管轄に属する事件類型を列挙したうえで、それ以外の事件はその事件類型にかかわらず「法律上の争訟」及び「その他法令が定める事件」であればすべて省級裁判所の管轄とすると規定すべきであろう。

⑶　土地管轄（第二節三五・三六条）

(イ)　土地管轄は第一審の裁判所として管轄権をもつ同級裁判所のうち、どの地域の裁判所が特定事件につき管轄権を持つかという問題である。一般的に、被告の住所（ないし最後の住所）や主たる営業所の所在地（ないし代表者の住所）によって決まる普通裁判籍による管轄が認められ（日民訴法四条）、さらに、これとは別の事由による特別裁判籍によって管轄が競合して認められる場合には（同五条）、原告は裁判所を選択して訴えを提起できることになる。ベトナム民事訴訟法の土地管轄に関する規定である三五・三六条も、まず、民事事件については、被告の住所・就業地や本店所在地の裁判所に管轄権を認める規定をおき（三五―一―ａ）、ついで、原告の選択による管轄として、様々な管轄原因を規定しているのは（三六―一）、同様の趣旨であるようにも解される。しかし、仔細に検討するとその趣旨は必ずしも一貫しない。

(ロ)　具体的な規定の内容は次の通りである。(11)

第一に、民事事件について、被告の住所・就業地や本店所在地の裁判所に管轄を認める（三五―一―a）。しかし、同時に、原告の住所・就業地や本店所在地の裁判所についても、当事者の同意による管轄を認めると規定する（三五―一―b）。さらに、不動産に関する紛争については、不動産の所在地の裁判所に土地管轄を認めると規定する（三五―一―c）。

第二に、原告の選択による管轄として、民事事件について、多数の管轄原因を列挙している（三六―一―a～i）。

第三に、非訟事件についても、個別的な事件類型ごとに、当事者の住所地・就業地や本店所在地などによる管轄を認めるとともに（三五―二―a～m）、三六条二項は、選択的管轄として、一定の管轄原因による管轄を認めている（三六―二―a～c）。

(ハ)　ところで、ベトナム民事訴訟法の管轄規定三五・三六条は、民事裁判権が及ぶ範囲に属する事件である限りはどこかの裁判所の管轄を認めるべきであるという趣旨の普通裁判籍（三五）とこれとは競合する特別裁判籍（三六）を規定したものと解することができるであろうか。そのように解するには次のようないくつかの問題点がある。

まず、そのような趣旨の普通裁判籍であれば、被告の住所、それが知れないときは最後の住所、又は被告の本店所在地、それがないときは代表者の住所によって決まると規定するべきであろう（日民訴四条二・四項参照）。ベトナム民訴法三五条一項aは、被告の住居地・就業地又は本店所在地の裁判所の管轄を認めるが、三六条一項aは、原告がこれらの場所を知らないときは、被告の最後の住居・就業地又は最後の本店所在地の裁判所を原告の選択による管轄として認める。しかし、両者は選択できる競合関係にはなく、補充関係に立って、普通裁判籍を構成すべき要件である。

ベトナム民訴法三五条一項は、さらに、原告の住居・就業地又は本店所在地に合意管轄を認め（三五―一―b）、不動産に関する紛争につき不動産の所在地の管轄を認めている（三五―一―c）。これらはいずれも特別裁判籍に関する規定と解されるが、三五条一項aの普通裁判籍との関係はどのように解すべきであろうか。競合関係にあって、原告の選択に委ねられるとすれば、三六条一項との関係はどうなるのか。この点も明確にすべきである(12)。

原告の選択による管轄として三六条一項が列挙する管轄には二個以上の裁判所が列挙されていることも多いが、例えば、契約履行地の裁判所の管轄のように一個だけの場合もある。この場合には三五条一項aによる普通裁判籍の管轄と競合し、原告はそのいずれかの裁判所を選択できるという意味と解される。三六条一項が二個以上の管轄原因を規定している場合にも、原告は普通裁判籍の管轄裁判所をも含めて選択できるという趣旨であると解されるが、必ずしも明らかでない。その趣旨であればその旨を明確にする解釈指導が必要である。

(4)　事件の移送と管轄についての紛争の処理（三七条）

(イ)　事件の移送

裁判所が受理した事件がその管轄に属しないときは、その裁判所は事件記録を管轄裁判所に移送する決定をし、事件記録簿からその事件を削除する。移送決定の送付を受けた当事者・組織は、決定に対する不服申立てをすることができ、移送決定をした裁判所の長官は不服申立てを解決する（三七―一）。

(ロ)　管轄についての紛争の解決

同一省内の県級裁判所間の管轄に関する紛争は、省級裁判所が解決する（三七―二）。異なった省の県級裁判所又は省級裁判所間の管轄に関する紛争は最高人民裁判所長官が解決する（三七―三）。

(5)　事件の併合と分離（三八条）

裁判所は別々に受理した二つ以上の事件を併合し（三八―一）、異なった訴えを含む一つの事件を二つ以上に分離することができる（三八―二）。

(8)　同様の指摘は法整備支援過程において一貫して行ってきた。その報告書「ヴィエトナム民事訴訟法現地セミナーの結果について」の「第三　管轄の規定について」ICD NEWS 第六号（二〇〇二年一一月）八一頁参照。

(9)　ファン・チ・ヒュウ（Phan Chi Hieu）「民事訴訟法における商事事件、商事非訟事件の管轄権」一二頁参照。同論文は、その解決策として、商事紛争を民事紛争の特別種類として、商事事件の類型に含まれないときは民事紛争として処理すべきであると提案している。

(10)　ヒュウ・前掲注(9)論文一一頁も同趣旨の指摘をしている。そして、事件類型の帰属についての判断に誤りがあることを根拠に、控訴、抗告の理由にし、監督審、再審における破棄、取消の理由とする従来のやり方を続けるべきではないと論じている。

(11)　新民訴法の土地管轄規定は、複雑で錯そうしていた草案段階に較べれば、大幅に整理されているといえる。ことに管轄原因が共通でも、事件類型ごとに重複していた土地管轄規定が整理統合されて分かり易くなった。その点につき、前掲注(8)ICD NEWS 六号八一頁参照。なお、吉村徳重「ヴエトナム民訴法第七次草案の検討」ICD NEWS 六号（二〇〇二年一一月）一三六頁参照。

(12)　選択的管轄であるとすれば、三六条一項に規定すべきであろう。もっとも、経済手続法令では、不動産所在地の土地管轄は専属管轄であると規定し（同法令一四後段）、民事手続法令では、契約紛争について管轄の合意があれば専属的合意管轄であると規定していた（同法令一四―五）。いずれにしても、専属的管轄が選択的管轄のどちらの趣旨であるかを明確にする解釈指導が必要である。ヒュウ・前掲注(9)論文八―九頁も同趣旨の主張をしている。

五　審理原則としての当事者主義と職権主義との関係

(1)　ベトナム民事訴訟法は、当事者主義を徹底して処分権主義（自己決定の原則）と証拠提出責任を原則とし（四、五、六―一）、裁判所の証拠収集権限を法定の場合に限って認めるとしたが（六―二）、裁判所は当事者の申立てがあった場合に証拠収集ができると規定した（八五―二）。

旧民事手続法令のもとでも、当事者の自己決定の原則が規定されていたが（同法令一、二、二〇―一）、新民訴法は新たに中立主義の規定を追加した（五―一）。また、旧手続法令のもとでは、当事者の証拠提出責任とともに裁判所の証拠収集の権利・義務が規定されていたため（同法令三、三八―一）、当事者は訴えを提起したままで何もせず、裁判所の証拠収集に依存するという傾向があった。新法の下では、裁判所は当事者が自分では証拠収集ができない証拠を指定して申立てをしたときに証拠収集ができることになったから（八五―二、九四―一）、まずは、当事者が証拠収集活動をすることが必要となった。また、新法は新たに自白法理を認める規定をおいた（八〇―二）。

(2)　処分権主義（自己決定の原則）

(イ)　提訴権（五―一前段、一六一）

民訴法は、当事者は訴えを提起する権利をもち、裁判所は訴えの提起を受けたときにのみ事件を受理し解決すると規定する（五―一）。他方、個人又は組織・機関は自己又は第三者の権利保護のために訴えを提起する権利をもつと規定する（四）。

処分権主義（自己決定の原則）からすれば、当事者は自分自身の権利について訴えを提起する権限をもつことが原則であって（五―一、一六一）、他人の権利について訴えを提起する権利を認めることはないはずである。ただ、例外的に、個人又は組織・機関が他の者の権利であっても社会的・公的利益に関するなどの理由によって、法が特別に認めるときには訴えを提起する権限を認めている場合がある（一六二）。具体的には、住民・家族・児童機関・婦人団が法定された家族関係事件につき提訴権をもち（一六二―一）、労働組合が法定された労働事件につき提訴権をもち（一六二―二）、機関・組織が所管する領域内の公益・国益を擁護するために任務の範囲内で提訴権をもつ場合に限定した（一六二―三）。

同様の趣旨から、検察院が訴えを提起できるのは法令の定める場合に限るとし、（二一―一）、法令に特別の規定を設けないことによって、訴え提起権を認めないことになった。

(ロ)　申立主義（五一一後段）

当事者主義の原則としての自己決定の原則（処分権主義）を徹底して申立主義を認める規定が新設された。「裁判所は、……訴えの提起又は書面による申立ての範囲内でのみその事件を解決する。」（五一一後段）。ただ、訴え又は申立ての範囲を特定して、裁判所の審理・判決の対象を決めるためには、訴状や申立書によって審判の範囲を特定するに足る記載事項を規定すべきである（日民訴一三三一二一二参照）。この点についての具体的規定の提案は採用されず、不十分のままである（一六四一二一g）[13]。

(ハ)　訴えの取下げ・変更（五一二、五九一一一b、二一七〜二一八）

当事者の自己決定原則によって、原告が訴えの全部又は一部を取り下げ、訴えの内容を変更することも認められる（五一二、五九一一一b）。被告の反訴や関連する権利、義務を有する者の独立請求の取下げ、変更も認められる（二一七一二・三）。訴えの取下げ・変更・補足を認めるかどうかは公判期日における裁判長による原告、被告及び独立請求者の尋問手続を経て処理される（二一七）。合議体は、訴え・反訴・独立請求の変更・補足が、元の訴え、反訴、独立請求の範囲を超えないときにこれを認容する（二一八一一）。訴えの取下げが任意になされた場合には、訴え取下げの申立てを認め審理を中止する決定をするが（二一八一二、一九二一一一c）、再起訴が許される（一九三一一）。

訴えの取下げ・変更についてこれだけ慎重な手続がとられるのは、訴えの取下げが任意にではなく、強制的に行われることを防止するためであるといわれる。また、訴えの変更は元の訴えの範囲を超えないときに限って認められるという要件が付されている（二一八一一）が、その趣旨は訴訟費用を免れる手段として訴えの変更が使われることを防止するためであると説明されている[14]。

㈡　反訴、独立請求（六〇―一―c、一七六～一七八）

被告の原告に対する反訴は、原告の請求を排除するために提起された場合、又は原告の請求に関連しており、同一事件で解決すれば、事件の処理がより正確かつ迅速である場合に認められる（六〇―一―c、一七六）。また、関連する権利、義務を有する者が、独立した請求を提起するための要件も、独立した請求が継続中の事件に関連しており、同一事件で解決すれば、事件の解決がより正確かつ迅速である場合である（一七七）。

反訴又は独立した請求の提訴手続は、その要件を備えておれば、原告による訴えの提起と異なるところはないから、その手続に従うことになる（一七八）[15]。

㈭　訴訟上の和解（五―二後段、五八―二―e、一八〇～一八八、二二〇）

裁判所は、第一審の準備手続中に和解期日を開いて事件について合意に達するよう和解を行わなければならない（一八〇―一）。和解をするに当たっては、裁判官は事件解決に関係する法令の概要を当事者に説明し、自発的に合意に達するように努める（一八五）。当事者の任意の合意を重んじ、強制力を行使してはならず、その合意内容は法令及び社会倫理に反してはならない（一八〇―二）。当事者間の合意が成立すれば、和解調書を作成する（一八六）。当事者は合意調書作成後七日間以内であれば合意を撤回することができるが、その期間が経過した後に、裁判官は合意が事件全体を解決するものであった場合にのみ合意を承認する決定をする（一八七―一・二）。この合意を承認する決定の効力は、決定発付後、控訴又は異議の申立てがなければ、直ちに効力を生ずる。

第一審の公判期日においても、裁判長は当事者が合意に達することができるかどうかを尋ねる。当事者が合意に達し、合意が任意で法令又は社会倫理に反していない場合には、合議体は事件解決に関する合意を承認する決定をする（二二〇）。

㈬　請求の放棄・認諾（五九―二、六〇―一―b）

請求の放棄と認諾が日本法のように認められているかは明らかでない（日民訴二六六参照）。被告が請求を認諾することは、被告の権利として認められているが（六〇―一―b）、これを裁判所が承認する手続と承認した場合の効果についての規定がない。

請求の放棄については、原告が裁判所から二回の召喚を受けたのに出頭しなかった場合には、訴えを放棄したものとみなすと規定するが（五九―二）、これは訴えの取下げとみなすと解すべきであろう。この場合、訴えの取下げと同様に、手続は中止され再起訴が許されることになる（一九二―一―e、一九三―一）。

しかし、請求の放棄や認諾は、審判の要求である訴えを維持しながらその内容である請求自体を一方的に放棄するか又は認諾することによって紛争を解決しようとする訴訟行為である。訴訟上の和解が訴えの内容である請求について相互に互譲することによって紛争を解決しようとする行為であることと異ならない。訴訟上の和解については詳細な規定を置いているのであるから、基本的には同様の手続的対応をして紛争を解決できるように規定すべきである。(16)

(3)　弁論主義

(イ)　自白法理（八〇―二）

一方当事者が相手方当事者の主張した事実関係、事件を認め、又は否認しないときは、相手方当事者は証明を要しないと規定した（八〇―二）。自白ないし擬制自白された事実は証明を要しないという自白法理が認められたものといえる。これは第九次草案によって新設された規定がそのまま維持されたものである。ただ、証明を要しないとする規定だけでは、裁判所がこれと異なった心証を持ったときにも、なお拘束される効力を生ずるかについては疑問が残る。

一般的な自白法理を認めたのであれば、裁判所は自白に反した認定はできないから、この場合にも拘束力を受けることになる。もっとも、自白した当事者が自白を錯誤による真実に反するものとして撤回するか、あるいは、当初は争わなかったが結局は否認して擬制自白とならなかったときは、裁判所は拘束されないことになる。この

点は今後の解釈による運用によって処理されるものと思われる。(17)

(ロ)　当事者の主張責任と証拠提出・証明責任（六、七九、八四―一）

また、弁論主義の法理によれば、当事者は主要事実を主張する責任を負い、当事者の主張しない主要事実を裁判所は認定できない。第九次草案はこの当事者の主張責任についての規定を新設していたが（同草案七―一、六九―一・二）、新民訴法典では削除されている。すなわち、同草案六十九条一項二項は「当事者は請求の基礎となる具体的な事実を主張し、裁判所に提出する義務を負う」と規定していたが、これに相当する民訴法五八条には同趣旨の規定がない。その結果、主張責任及び事実と証拠の区別が不明確となったといえる。従って、当事者が請求や防御の基礎となる具体的な事実を主張していないが、裁判所が証拠によってその事実を認定できる場合に、その事実を判決の根拠にすることができるかは不明である。(18)

しかし、他方では、「一方の当事者がもう一方の当事者の提示した事実関係、事件を認め、又は否認しないときは、もう一方の当事者は証明しなくてもよい」（八〇―二）とする自白法理を明記していることからみて、事実と証拠を区別しないという趣旨ではないと理解すべきであろう。この点もまた今後の解釈による運用に任されたものといえよう。(19)

他方、民訴法は、「自己の権利及び利益の擁護を裁判所に申し立てる当事者は、その請求に十分根拠があり、適法であることを証明する証拠を提出しなければならない」と規定する（七九―一）。また、「他の者の請求に対して防御する当事者は、その防御に十分根拠があることを証明し、それを証明する証拠を提出しなければならない」と規定する（七九―二）。さらに、「証明のための証拠を提出する義務を負う当事者が、証拠を提出せず、又は適切な証拠を提出しなかったときは、証明不能又は不適切な証拠の結果に対する責任を負う」とも定める（七九―四、八四―一）。これは当事者の証拠提出・証明責任及びその分配法則を明記した規定であるということができる。もっとも、ここでも事実と証拠が明確に区別されていないために、証明の対象が事実であることは明記さ

れていない。(20)

しかし、この規定が、原告は自己の請求を根拠づける請求原因事実を証明する証拠を提出する責任を負い、被告は請求に対する防御を根拠づける抗弁事実を証明する証拠を提出する責任を負うという趣旨であることは明らかである。最高人民裁判所はそのような運用基準を提供することになると思われる。(21)

(ハ)　当事者の証拠提出責任（六―一、七九）と裁判所の証拠収集（八五―二）

民訴法典は、このように、当事者の証拠提出・証明責任の原則を明記し（六―一、七九―一・二・四）、裁判所の証拠収集は本法の定める場合に限るとしている（六―二）。そのうえで、当事者が自ら証拠を収集できず、証拠収集の申立てをした場合には、裁判官は証拠を収集するため、以下の措置をとることができるとして、当事者・証人の陳述聴取など多様な証拠収集手段を規定している（八五―二）。この当事者の証拠収集の申立てが個別的に証拠を指示した証拠収集の申立てを前提とするものかは必ずしも明確ではない。

他方、第三者の所持する証拠の提出命令の申立てについては（七、九四）、当事者が個別的に証拠を指示して裁判所に対して証拠収集の申立てをすることが前提とされている（九四―一）。この点については、立法を担当した責任者であるフォン最高人民裁判所副長官との疑問点についての討論において、当事者の裁判所に対する証拠収集の申立ては、九四条一項の規定するとおり、証明すべき点、収集すべき証拠、自ら収集できない理由などを明記した申立書を提出して行わなければならないという趣旨であるとの説明があった。

また、証人尋問について、「裁判官は、当事者が請求する場合又は必要と思われる場合には、裁判所の事務所内外で証人を尋問することができる」と規定する（八七）。この規定にある「必要と思われる場合」とは当事者の申し立てた証人についてさらに尋問が必要な場合であると解すべきであるということであった。

そのような趣旨であるとすれば、これらの点は立法技術の問題であると思われるから、既に、法解釈や運用上不明確な点については、最高人民裁判所が民訴法解釈についての指導基準を作成して、明確化するよう努めているということであった[22]。

(4)　当事者主義の原則と職権主義の適用領域の問題

(イ)　当事者主義の原則としての処分権主義（自己決定の原則）と弁論主義に関する上述の規定は、民訴法第一部の総則規定であるから、一般的な審理原則を定めたものであるといえる。従って、各則における民事事件手続や非訟事件手続などの個別手続について、処分権主義の制限や裁判所の職権探知を認める特則があれば、例外が認められることになろう（六―二参照）。

(ロ)　まず、民事事件手続（第二部～第四部）については、提訴権、控訴権、監督・再審への異議権について当事者以外の第三者、検察院、上級裁判所の権限が認められている範囲で処分権主義を制限する特則がある（一六二、二四三、二八五、三〇七）。これらの規定以外については総則と異なる特則は規定されていないようである。

従って、民事事件の第一審手続については、上記の例外以外は処分権主義（自己決定の原則）と弁論主義、とくに当事者の証拠提出・証明責任の規定によって規律されるものと思われる。裁判所の証拠収集についても、当事者が自分では特定の証拠を収集できないとして証拠収集の申立てをした場合に、裁判所はその証拠の収集手続を行うことになる。準備手続段階においては、当事者が自らの陳述書や収集した書証や物証などの証拠を提出するほか、裁判所の関与を要する当事者や証人の供述聴取、鑑定人の召喚、財産査定の決定、現場検分・検証などは当事者の申立てによって準備裁判官が収集手続を行うことになるものと思われる（八五―二）。準備手続裁判官はこれらの証拠収集の結果を事件記録として作成する（一七三）。公判期日においては合議体裁判所がこうして収集された証拠について公開・対審・直接・口頭による継続的な審理を行うことになる（一九七）。合議体裁判所は、この公判期日において原告・被告及び利害関係人（当事者）の請求、防御、その根拠（事実）、及びこれを証明する証拠の提示を受けた後（二二一）、当事者・証人・鑑定人の尋問をはじめとする証拠調を行うことになる（二二二～二三二）。

(ハ)　ついで、非訟事件手続については(第五部)、中立提出権自体は、自己又は他人の権利の承認ないし権利、義務の発生根拠事実の承認・不承認を申し立てる権限であるから(三一一)、関連する権利、利益を有する第三者に委ねられることが多い(三一九、三二四、三三〇、三三五など)。また、検察院は、非訟事件手続期日の開始決定と同時に手続関与権を保障されるとともに(三一三―一・二)、決定に対する異議申立権も認められる(三一六)。処分権主義は非訟事件の性質上大幅に制約されることになる。

ただ、証拠収集と証拠調手続については、まず、申立人は申立書に申立ての根拠を証明する書類及び証拠を添付すべきであり(三一二―三)、ついで、期日においては、申立人(又は代理人)は、申立書に記載した、裁判所に申し立てた特別事項、申立ての理由、目的及び根拠を提示する(三一二―二―d、三一四―一―c)。そのうえで、「裁判所は、必要な場合は、証人、鑑定人、……を期日に出頭するよう召喚できる」とし(三一三―四)、期日では、「証拠を取り調べる」、「証人が証言をし、鑑定人が鑑定の結果を提示し、不明確又は矛盾している事項を説明する」と規定するだけである(三一四―一―dd・e)。

非訟事件の公開期日における証拠調手続についてのこれらの規定が、総則に規定する当事者の申立てによる証拠収集手続の特則を規定したものとして裁判所の職権による証拠収集を認めたものといえるかは甚だ疑問である(六―二)。裁判所は申立人をはじめ、関係者やその代理人、証人、鑑定人又は通訳など期日に出頭すべき者を召喚できるのが一般であって(三一三)、特別の規定ではない。やはり、総則の規定する当事者の申立てによる証拠調手続を前提とする規定であると解せざるを得ない(23)。その意味では、非訟事件手続でも申立人の証拠提出責任が貫かれ、裁判所の職権探知は認められないことになる。社会的、公的な利益にも絡む非訟事件の解決手続としては問題を残したと思われる(24)。

(5)　当事者主義の徹底化の背景

第一に、ベトナム民訴法が当事者主義を一般原則として徹底化した背景が、改革開放政策による市場経済の浸透と国際化の進展に対応するものであることは前述したとおりである。市場経済の浸透に伴い私的取引が一般化し、私人間の権利・利益をめぐる紛争が増大するにつれ、その紛争解決のための民事事件の審理手続も私的自治を反映した当事者主義の原則によって規律される必要があった。また、当事者主義によって当事者の手続権を保障する審理手続が行われることになれば、訴訟結果の予測可能性を確保することによって、国際化による投資の促進にも対応できるからである。

第二に、民訴法が当事者主義の原則を徹底化したことの、より直接的な背景は、裁判所の負担軽減と効率化を図る必要があったことであると思われる。市場経済の浸透に伴い私的権利をめぐる紛争が増加すれば、裁判所はこれまでのように職権主義によって全面的に面倒を見て紛争を解決する余裕がなくなってくる。従来の民事手続法令のもとでも、当事者による証拠提出責任が原則であって、裁判所は必要に応じて職権探知を行うと規定されていたが、当事者は訴えを提起するだけで、すべてを裁判所の職権探知に委ねるという依存的状況があったといわれる。(25) 民事紛争の増加に伴い裁判所に持ち込まれる事件が激増するようになると、裁判所の従来のような対応は不可能になるからである。

第三に、私的権利・利益をめぐる私人間の紛争については当事者が最もよく事情を知っているのであるから、特に、審判の資料となる事実や証拠の提出責任を当事者に負わせる審理手続が最も真実に近づき易く合理的であるという政策的配慮もあったといえよう。(26) 弁論主義の根拠についての手段説といわれる見解は、さらに、当事者は私的紛争につき最も強い利害をもつところから、自己に有利な資料を最大限の努力を払って収集しようとする筈であるから、当事者に提出責任を負わせることが真実発見の最良の手段であるとする。いずれにしても、このような政策的配慮が当事者主義徹底化の背景となったものと思われる。

(13) 吉村・前掲注(11)「ヴエトナム民訴法第七次草案の検討」ICD NEWS 六号一三八頁以下、「ベトナム民事訴訟法起草支援現地セミナー記録」ICD NEWS 一三号（二〇〇四年一月）二一頁などによって、訴状の記載事項として何度も具体的な提案をしてきた。
(14)　民事法立法担当責任者であるフォン最高人民裁判所副長官の説明である。フォン・前掲注(5)講演 ICD NEWS 二〇号三六頁。
(15)　吉村徳重「民事訴訟法典の適用範囲と当事者の自己決定原則との関係（ペーパーコメント）」及び前掲注(13)「現地セミナー記録」ICD NEWS 一三号九二頁及び一〇頁等において提案してきたことが一部反訴については採用されたことになる。
(16)　前掲注(13)「現地セミナー記録」及び吉村・前掲注(15)「ペーパーコメント」ICD NEWS 一三号二一頁、九三頁において提案してきたことは、採用されなかったことになる。
(17)　なお、この点については、本稿六「民事訴訟法における証拠及び立証」—(2)「不要証事実」（本書四〇一頁）において後述するところを参照。
(18)　吉村徳重「民事手続における当事者の事実・証拠提出責任と証拠収集過程における裁判所の介入（ペーパーコメント）」ICD NEWS 一三号九四頁、及び前掲注(13)「現地セミナー記録」二二頁以下は、九次草案の主張責任規定を前提として、証拠提出・証明責任の分配規定を具体的に提案したものである。しかし、新民訴法では、主張責任に関する規定自体が設けられず、削除されることになった。
(19)　フォン副長官の説明によれば、九次草案までは主に法律専門家が外国の経験などを集めて彼らなりのレベルの法案を作ったが、その後編纂委員会が関与するようになり、一〇次草案からは非常に高いレベルで改正するようになった、ということである。前掲注(2)「議事録」ICD NEWS 二一号一二二頁参照。要するに、細部にわたる理論的なことまでは規定せず、最高人民裁判所の指導文書による運用に委ねるという趣旨と思われる。
(20)　前掲注(13)「現地セミナー記録」及び吉村・前掲注(18)「ペーパーコメント」ICD NEWS 一三号二二頁以下、及び九四頁以下は、当事者の証拠提出・証明責任の分配について具体的な規定の提案をしている。しかし、この提案も結局前注のフォン副長官の説明のような理由によって採用されなかったものと思われる。
(21)　ここでも最高人民裁判所の裁判官評議会の議決による指導文書として、これらの解釈基準が編纂されることになろう。前掲フォン「ベトナム民事訴訟法の施行における最高人民裁判所の役割」ICD NEWS 二〇号（二〇〇五年三月）三八頁参照。

(22)　以上のフォン副長官の説明は、いずれも「ベトナム民訴法共同研究会」の討論におけるものである。前掲注(2)「研究会議事録」ICD NEWS二一号一二四頁参照。
(23)　フォン副長官の説明によれば、当事者の申立てなしに裁判官の職権探知を認めるとすれば、濫用される可能性もあるし、裁判所の集めた証拠が一方に有利だと他方が反対することになって収拾がつかなくなるということであった。前掲注(2)「議事録」ICD NEWS二一号一一八頁参照。
(24)　家事事件や非訟事件などのように、当事者の主導による証拠収集の申立てだけに委ね得ない一定の事件については、裁判所の職権による証拠収集を認める法定の例外規定をおくべきであるとする日本側の提案が採用されなかったことになる。そうした提案として、前掲注(13)「現地セミナー記録」及び吉村・前掲注(18)「ペーパーコメント」ICD NEWS一三号二五頁以下、及び九六頁参照。
(25)　その結果、裁判所が証拠を収集することになると、今度は一方当事者寄りだという批判を受けることになるなどの問題もあったとされる。前掲注(2)「議事録」ICD NEWS二一号一一八頁参照。
(26)　トン・ズイ・ロン（Tuong Duy Luong）「証拠及び立証―ベトナム民事訴訟法における認識の変化」七頁にそのような指摘がある。

六　民事訴訟における証拠及び立証（第一部第七章）

(1)　民事訴訟における証拠の概念（八一・八二・八三条）

(イ)　証拠の定義（八一）

民事訴訟法は、証拠の概念について規定している（八一・八二・八三）。証拠の一般的な定義として、「証拠とは、この法律の定める順序、手続に従って当事者、個人、機関若しくは組織が裁判所に提出し、又は裁判所が収集した事実に関するものであって、当事者の請求又は防御に十分証拠があり適法であるか否かを決定し、……事件解決に必要なその他の事実関係を決定するために裁判所が使用するものをいう。」（八一）と規定する。

ここでも、事実と証拠が明確に区別されていないために、証拠を「事実に関するもの」と定義するだけであってその内容は明確でない。証拠が「事実に関するもの」であるとしてもいかなる意味で事実に関するのかが明らかでない。「当事者の請求又は防御が十分証拠をもち適法であることを証明する」（七九―一・二）ためには、請求の内容である権利を発生させる法律要件に該当する事実（請求原因事実）又は防御の根拠となる権利発生の障害・抑制ないし消滅の効果を生ずる法律要件に該当する事実（抗弁事実）を証明する証拠を提出する必要がある。「当事者の請求又は防御に十分根拠があり適法であるか否かを決定するために……裁判所が使用するもの」（八一条中段）とする規定の内容も「請求原因・抗弁事実（主要事実）を認定するための証拠」という意味で「事実に関するもの」であると解すべきであろう。

また、「事件の解決に必要なその他の事実関係を決定するために裁判所が使用するもの」（八一条後段）という規定の「その他の事実関係」の意味も不明である。主要事実と間接事実が必ずしも明確に区別されていないからである。ここでは一応、上述の請求原因・抗弁事実（主要事実）を推認することを可能にする間接事実を意味すると解釈することにする。すなわち、この場合の証拠とは、間接事実を証明するための間接証拠という意味で「事実に関するもの」ということになる。

さらに「当事者、個人、機関若しくは組織が裁判所に提出し、又は裁判所が収集した」（八一条前段）証拠が準備手続、あるいは、公判手続のいずれの段階において提出・収集したものかも明確でない。例えば、「証拠の出所源」としての「当事者の供述と証人の証言」（八二―三・四）は、「証拠の認識」としては、「本条二項の定めに従って書面、録音テープ等に記録された場合又は公判廷において口頭でなされた場合に証拠と見なす」（八三―四）と規定されている。当事者や証人の供述でも、準備手続段階と公判手続段階では証拠としての存在形態や意味が全く異なってくるのである。このように、同じ証拠の用語が多義的に使用されているところから、その違いを明確に認識する必要がある。

この点では、公判手続の裁判所（民事事件では裁判官・人民参審員の合議体、非訟事件では裁判官）が当事者の請求又は防御について審判をするのであるから、公判手続段階における証拠の存在形態によって証拠の種類が決まると解すべきであろう。従って、公判廷における当事者や証人の証拠調は尋問手続による人証であり、その供述や証言内容が証拠（資料）となるのが原則であって、準備手続段階において当事者や証人尋問の内容を録取した記録はあくまでも書面（文書）であって、公判廷では証人の欠席や証言内容が矛盾するなどの一定の場合に限って書証として開示されるに過ぎない（二二七―一）。すなわち、証拠の出所源としては証人の証言であっても、公判手続段階における証拠方法は証人と文書であり、尋問調書である文書の証拠能力は一定の場合に限定して認められ、裁判所の証拠調も人証としての尋問手続と書証の方法によることになり、その結果として裁判所の得た証拠資料は証言内容と文書の記載内容であり、これが持つ要証事実にとっての証拠価値（証拠力）を評価して事実認定がされたときに証拠原因となるのである。このように証拠の用語は、証拠方法、証拠能力、証拠資料、証拠価値（証拠力）、証拠原因など多様な意味に使われていることを留意すべきである。

(ロ)　証拠の出所源（八二）と証拠の認識（八三）

「証拠の出所源」として列挙されているものも多様であり（八二）、その夫々について、「証拠の認識」として一定の要件の下に証拠と見なすと規定されているが（八三）、これがいかなる意味で証拠となるのかも多義的である。

第一に、「判読可能な資料は、適法に公証若しくは認証され、又は権限のある機関若しくは組織によって提供及び認定された原本又は謄本である場合に証拠と見なす」（八三―一）と規定する。「判読可能な資料」とは、日本民訴法の文書に相当するものであるが（日民訴二一九条参照）、適法に公証・認証され、又は権限ある機関等により提出・認定された原本又は謄本に限って文書の証拠能力を認めたことになる。日本法も民訴規則に同趣旨の規律をしている（日民訴規一四三条参照）。

第二に、「可聴、可視資料は、その資料の源を証明する書類、又は録音・録画に関連する書類とともに提出された場合に証拠とみなす」と規定する（八三―二）。「可聴、可視資料」とは、録音テープ・ディスクや録画テープ・ディスクなどの新種証拠を意味することになるが、その作成の源を証明する書類や録音・録画に関する書類とともに提出することを要求している。これらの新種証拠の証拠能力についても一定の制限を付したことになる。日本民訴法の準文書に対応するものであるが（日民訴二三一条参照）、書証のみではなく、検証を要する場合もありえよう。

第三に、「証拠とみなすものは、原物で……なければならない。」（八二―二、八三―三）。証拠物は、検証の対象となる証拠方法である。原物である証拠物が証拠方法として証拠となることはいうまでもない。しかし、民訴法は、「証拠物、写真又は証拠物を認証する記録は、公判期日に証拠調のために提示することができる」と規定している（二一九前段）。公判期日において証拠物が提出できないときは、写真又は証拠物を認証する記録も証拠方法として証拠調の対象となると解せざるを得ない。「事件に関連していなければならない」ことは当然である。

第四に、「当事者の陳述と証人の証言」については（八二―三・四）、前述したとおり、公判手続においては、尋問手続によって供述された内容は証拠資料として、その証拠価値につき裁判所の評価を受ける。準備手続における尋問の結果が書面、録音テープ・ディスク又は録画テープ・ディスクに記録された場合には、公判廷では一定の条件の下に、文書ないし準文書として開示され、書証乃至検証として証拠調べを受けることになる（八三―四）。従って、この場合の文書、準文書としての証拠は証拠方法であり、「公判廷において口頭でなされた場合」の証拠は証拠資料である。

第五に、「鑑定結果は、鑑定が法令の定める手続に従って行われた場合に証拠とみなす」と規定する（八二―五、八三―五）。鑑定は鑑定人の専門的な知識に基づく意見を述べることによって裁判官の判断を補充する証拠調である。この場合にも、公判廷における鑑定人尋問によって鑑定結果を供述した内容が証拠資料となって、その証拠価値を裁判所が評価して事実判断の基礎とするのが原則である。従って、準備手続段階で鑑定人が提出した鑑定結果としての鑑定書や鑑定人尋問による尋問調書は、鑑定人が公判期日に欠席した場合に公開され、公判手続では文書を証拠方法とする証拠調が行われ、文書の記載内容が証拠資料となるに過ぎない（二三〇―二）。いずれにしても、鑑定結果は、鑑定が法令の定める手続に従って行われた場合に証拠資料として証拠となる。

第六に、「現場検証の記録は、検証が法令に定める手続に従って行われ、検証の参加者が署名した場合に証拠となる。」と規定する（八二―六、八三―六）。現場検証は、関係機関の立会いのもと、当事者の立会権を保障したうえで、裁判官が行ない記録を作成する（八九―一）。ここでも、公判手続において裁判所が証拠物の検証を行うときは、当事者とともに行う現場検証についても、検証の結果自体が証拠資料となる（二二九後段）。しかし、準備手続において行われた現場検証の記録は、公判手続においては記録文書であって、検証が法令の定めた手続に従って行われ、参加者が署名した場合に、証拠能力を備えた証拠方法として証拠となる。

第七に、「習慣は、その習慣が存在する地方公共団体が認証した場合に証拠と見なす」と規定する（八二―七、八三―七）。この習慣を古くから繰返し行われている慣行であると理解すると、そのこと自体は証拠ではなく、事実上行われてきた慣行として一種の事実関係であろう。例えば、こうした習慣に従って一定内容の契約を締結したということが争点になったとき、習慣は契約成立の主要事実を証明する間接事実に当たり証拠ではない。ただ、事実たる習慣を証明することによって、契約成立の事実を推論することは可能である。むしろ、地方公共団体が習慣の存在を認証した公文書があれば、事実たる習慣を証明することができる。従って、この場合には、慣習の存在を認証した公文書が証拠方法として証拠となると解すべきである。

第八に、「財産の査定結果は、査定が法令の手続に従って行われ、又は査定官の作成した書類が本条第一項の規定を遵守している場合に証拠と見なす。」と規定する（八二―八、八三―八）。財産の査定は鑑定の一種と考えられるが、民訴法は裁判所の決定による価格評議会を設立して査定を行わせるほか、当事者の参加や意見陳述権を認めるなどの慎重な手続を定めている（九二）。従って、財産の査定結果は、査定がこうした法令の定める手続に従って行われた場合には、価格評議会の構成員、当事者及び証人の署名がなされた査定調書に記載されることになり、この査定調書が証拠能力のある証拠方法として証拠となる。また、査定官の作成した書類については、本条一項の規定する文書に要求される一定の認証・認定を受けた原本又は謄本が証拠能力のある証拠方法として証拠となる。

(2)　不要証事実（八〇）

(イ)　概　説

民事訴訟法は証明を要しない事実関係、事件として、一定の場合を列挙している（八〇）。日本民訴法が証明を要しないとする事実と同趣旨の場合とそうでない場合とがある（日民訴一七九・一五九条参照）。そのすべての場合について、証明を要しないとされている「事実関係、事件」が何を意味するのか、「事実関係と事件」とがどのような基準によって区別されるのかも明らかでない。主要事実と間接事実ないし事情とが明確に区別されていないことの結果であろうと思われる。以下では、特別に断らないときは、両者を含めて事実という。

本条は九次草案においてはじめて導入され民訴法に定着した規定であるが、特に、不要証事実として自白と擬制自白を認めたことによって（八〇―二・三）、当事者の主張する事実と証拠とを区別する視点が明記されている点で注目すべきである。(27)

(ロ)　自白及び擬制自白（八〇―二・三）

民訴法は、「一方の当事者がもう一方の当事者の提示した事実関係、事件を認め又は否認しないときは、もう一方の当事者は証明しなくてもよい」と規定する（八〇―二）。この自白法理については前述したが、日本民訴法の自白及び擬制自白の規定（日民訴一七九条前段、一五九条一項）と同趣旨である。弁論主義の原則と理解すれば、自白法理は主要事実に限り、間接事実（事実関係）については適用されないことになりそうである。ことに裁判所に対する拘束力の点では、間接事実の自白が裁判所の心証とくいちがっているときは、拘束されないと解すべきであろう。

自白法理を認めたことによって、当事者が証明の対象とすべき事実は相手方の否認によって争点となった主張事実に限られることになった。公判期日の集中審理における立証の焦点を限定できることになる。

また、「当事者が手続に参加する代理人を有している場合において、当該代理人が認めたときはその当事者が認めたものとみなす」（八〇―三）と規定するのも、当事者の事実主張を証拠と区別していることに対応するものと解される。証拠としての当事者の供述であれば、代理人による代行を認めるべきではないからである。

(ハ)　公知の事実と裁判所が認めた事実（八〇―一―a）

まず、「明白でだれでもが知っている事実関係、事件」（八〇―一―a）が、公知の事実として、歴史上の大事件や大災害など一般的に知れ渡っている事実を指すことは明らかである。

ついで、「裁判所が認めた事実」（八〇―一―a）が、何を指すかは必ずしも明らかではないが、職務上顕著な事実を意味するものと解する。裁判官が職務上知りえた事実であって、他の事件についてみずからした判決や他の裁判官がした破産宣告などが存在するという事実である。

いずれの場合にも、日本民訴法が裁判所に顕著な事実は証明を要しないと規定する場合に相当する（日民訴一七九条後段）。弁論主義の下では、顕著な事実であっても主要事実については当事者の主張がなければ裁判の基礎にすることはできないと解すべきである。

(ニ)　確定判決・決定又は権限ある国家機関の決定によって認定された事実（八〇―一―b）

まず、確定判決・決定によって認定された事実は証明を要しないということは、当事者を異にする他の訴訟事件における確定判決・決定によって同じ事実が認定された場合も含むものと思われる。そうであるとすれば、一方当事者が他方の主張事実を争い争点となっているのに、証明なしに裁判の基礎とされるということは、判決・

決定における事実の認定が客観的にも主観的にも絶対的な拘束力をもつことが前提となる。後述するように、ベトナム民訴法では確定判決の対世的効力を認めて紛争の統一的包括的解決を図っていると解されるところがあり（一九参照）、そのことが前提となっているのかもしれない。(28) しかし、民事裁判は当事者間の請求につき当事者の提出した資料だけに基づいて審判した結果としての判決・決定であるから、その理由中での事実の判断が当事者を越えて一般的に対世的効力を生ずることは問題である。このことは確定判決・決定の効力との関係で後に問題とする。少なくとも日本民訴法では、判決・決定理由中の事実の判断に拘束力が及ぶことはないし、当事者を越えて対世的効力を生ずることもないのが原則である（日民訴一一四・一一五条参照）。

つぎに、権限のある国家機関の決定によって認定された事実は証明を要しないということも問題である。民事訴訟の審理手続において争点となっている事実について、他の国家機関の決定によって事実認定がされているとしても、裁判所が証明なしに事実認定ができるということにはならない。他の国家機関の決定による事実認定に、訴訟当事者の手続関与が保障されているわけではないから、訴訟当事者を拘束するなんらの根拠もないからである。

(ホ)　書類に記載され、正当に公証され又は認証された事実（八〇―一―c）

公証人が作成した公正証書によって公証され又は認証された事実であっても、訴訟上の審理手続において争点となっている以上は、証明を要しない事実とすべきではない。裁判手続は公開対審による審理手続として当事者の手続権が最もよく保障された手続であるから、公証された事実でも裁判手続による認定事実に代わりうるものではない。むしろ、事実を公証した公正証書があるとすれば、それを有力な証拠として事実の証明をすれば足りる筈である。例えば、公正証書遺言によって遺言が有効に行われたという事実の証明をする場合がそうである。

(3)　証拠提出責任と証拠収集権限（六、七、七九、八四―一、八五、九四）

(イ)　当事者の証明・証拠提出責任と裁判所の証拠収集権限については、当事者主義と職権主義との関係の一項目として既に詳論した。(29) 結論を要約すれば、当事者は自己の請求を根拠づける請求原因事実を、その相手方当事者は請求に対する防御を根拠づける抗弁事実を証明し、そのための証拠を提出する責任を負う（六―一、七九、八四―一）。裁判所は、本法の定めた場合に限り証拠を収集することとし（六―二）、当事者が自ら証拠を収集することができず、裁判所に証拠を特定してその収集を申し立てたときに証拠を収集することを原則とする（八五―二、九四―一・二）。非訟事件手続においても、この総則上の原則に対する特則を規定しているとはいえず、当事者の申立てがなければ裁判所の証拠収集はできない。

(ロ)　第三者の証拠提出責任（七）と申立てによる裁判所の証拠提出命令の申立て（九四）

民訴法は、当事者以外の第三者が事案解明に必要な証拠を占有・管理している場合にも、当事者の申立てによって証拠を収集できる手続を新設した（七、九四）。まず、第三者は、当事者や裁判所の請求により、その占有・管理する関係証拠を提出する義務を負うと規定した。すなわち、「個人、機関及び組織は、当事者、裁判所の請求により、自己が占有し、又は管理する事件に関する証拠を、自己の任務及び権限の範囲内で、当事者及び裁判所に提出する義務を有する」（七）。

そのうえで、当事者が必要な証拠を占有、管理する第三者の氏名、住所を明記した証拠収集の申立書を裁判所に提出すれば、裁判所は第三者にその証拠を提出するよう請求し、第三者は請求を受け取ってから一五日以内に証拠を提出する責任を負うと規定する（九四―二・三）。さらに、裁判所の提出命令を受けた第三者が、これに従わないときは「裁判所は、決定により警告し、罰金を科し、又は証拠提出を強制することができる」ことにした（三八九―一）。

これは日本民訴法の文書提出命令に対応する手続を、文書に限定せずに、証拠一般に拡張して認めたことになると評価できる（日民訴二二一～二二五条参照）。ただ、この提出命令の相手方に証拠を占有する対立当事者が含まれていない点で日本法と異なっている。しかし、これでは相手方当事者が自己に不利な証拠を占有していて提出しない場合には、これに対処する手続上の手段がないことになって問題がある。もっとも、民訴法が規定する「証拠を占有若しくは管理している個人、機関及び組織」の中に相手方当事者を含むと解釈することができないわけではない。もしそのような趣旨であれば、最高人民裁判所の指導文書によって明確化する必要があろう。

(4)　証拠収集手続としての各種証拠調べ等（八五～九二）

(イ)　総　論

民訴法は、当事者主義を徹底して、当事者が第一次的に証拠を収集し裁判所に提出する責任を負うことを強調している。従って、当事者が収集し裁判所に提出した証拠では、「当該事件の解決の十分な証拠にならないと思われる場合には、裁判官は当事者に追加の証拠提出を求める」（八五―一）。そのうえで、「当事者が自分自身で証拠を収集できず、証拠収集の申立てをした場合は、裁判官は証拠を収集するため、次の措置の一つ、又はいくつかを採ることができる。」として、各種の証拠調べ手続を規定する（八五―二、八六～九二）。

これらの証拠調べは、財産の査定（九二）以外は、いずれも裁判官が行うものとして規定されているから、準備手続段階における裁判官による証拠収集手続を想定した規定であると思われる。しかし、公判手続において公開対審手続による証拠調べ、特に人証の尋問が行われる場合には（二二二～二二六、二三〇）、準備期日において収集された陳述書、鑑定書、尋問調書などは、手続参加者が期日に欠席したり、供述内容が矛盾したりする場合などに公開され（二二七―一、二三〇―三）、既に述べたように、証書としての証拠調べが行われるものと思われる。(30)

他方、「各証拠は、平等に公開し、使用しなければならない」（九七―一）とも規定されているから、公判期日においては尋問調書などが一定の場合に限って公開されるとする規定（二二七―一、二三〇―三）との関係が問題となる。公判期日の手続は総則に対する特則であるから、公判廷においては人証の尋問による供述内容が直接証拠資料となるのが原則であって、準備手続において収集された尋問調書などは一定の場合に例外的に公開され、書証として証拠調べの対象になるものと解すべきであろう。準備手続において収集された人証以外の証拠物又はその証拠調記録や調書は、総則規定によって一般的に公開され、公判期日においても証拠調べの対象になるものと思われる（二二八・二二九参照）[31]。

(ロ)　各種証拠調べ

民訴法が規定する各種証拠調べ手続は以下の通りである。

(a)　当事者尋問（八五―二―a、八六）

当事者の尋問は、当事者が自分で陳述書を作成していないか、陳述書の内容が不十分又は不明確である場合のみ行われる。裁判官の尋問は、当事者が自ら陳述書を作成できないときに、裁判所の事務所内外で行い、供述の内容を調書に記載する。調書には当事者、尋問者、聴取者が署名するほか、裁判所の事務所外で作成された調書は、証人、調書を作成した機関等が認証する。

(b)　証人尋問（八五―二―a、八七）

「当事者が請求する場合又は必要と思われる場合には、裁判官は、裁判所の事務所内外で証人を尋問することができる。」（八七―一）。「必要と思われる場合」とは当事者の申立てによる証人の尋問が不十分であって、さらにその証人を尋問する必要があると思われる場合であると解すべきことについては既に述べた[32]。証人尋問の手続は当事者尋問の手続と同じである（八七―二）。

(c)　対質（八八）

「当事者が請求する場合又は当事者や証人の供述に齟齬があると思われる場合には、裁判官は、当事者間、当事者と証人間、又は証人間において対質を行なわせる」（八八―一）。

(d)　現場見分・検証（八五―二―d、八九）

裁判官が現場見分・検証を行うが、検証を要する証拠物の所在地の社級人民委員会等の代理人の立会いの下、当事者も立ち会うことができるように事前に通知するなどの手続が保障される（八九―一）。現場見分・検証の結果などは調書に記録され、調書には見分・検証を行った者、立会った機関の代理人、当事者等が署名する（八九―二）。

(e)　鑑定（八五―二―b、九〇、九一）

当事者の合意又は請求によって、裁判官は、鑑定請求の決定をする。鑑定人の氏名、鑑定対象、鑑定事項などの記載された鑑定要求の決定を受け取った鑑定人は、法令の規定に従って鑑定を実施する（九〇―一・二）。

(f)　財産の査定（九二）

裁判所は、当事者が請求した場合、又は当事者が訴訟費用削減等の目的で合意した場合に、係争財産を査定する決定をする（九二―一）。裁判所の決定によって設定された価格評議会がその構成員全員の出席のもとで査定を行う。当事者は、事前に通知を受け査定に参加して意見を述べる権利を有する（九二―二）。査定は調書に記録し、価格評議会の構成員、当事者及び証人は査定調書に署名する（九二―四）。

(g)　証拠収集の嘱託（九三）

裁判所は、別の裁判所又は権限ある機関に、当事者・証人を尋問し、現場検証・財産査定を実施し、又は証拠を収集し事件の事実関係を確認するその他の措置をとることを嘱託決定することができる（九三―一）。

(27)　不要証事実としての自白と公知の事実・裁判所に顕著な事実については、日本側の提案が採用されたことになる。吉村・前掲注(11)「ヴエトナム民訴法第七次草案の検討」ICD NEWS 第六号一四一頁以下、及び、「ヴィエトナム民事訴訟法セミナーの結果について」同八五頁以下参照。

(28)　後述本稿一〇(2)「確定判決の効力範囲、特にその対世的効力」（本書四三四頁）参照。

(29)　前述本稿五(3)(ハ)「当事者の証拠提出責任と裁判所の証拠収集」（本書三九一頁）参照。

(30)　前述本稿六(1)(イ)「証拠の定義」・(ロ)「証拠の出所源と証拠の認識」（本書三九七頁・三九八頁）参照。

(31)　後述本稿九(5)「証拠物等の物証としての証拠調べ」(イ)「総説」（本書四二五頁）参照。

(32)　前述本稿五(3)(ハ)「当事者の証拠提出責任と裁判所の証拠収集」（本書三九一頁）参照。

七　第一審手続における事件の提訴及び受理手続（第二部第一二章）

(1)　民事事件の提訴手続

(イ)　提訴権（四、五—一、二二—一、一六一、一六二条）

第一審手続は訴えの提起によって開始される。処分権主義（自己決定の原則）によれば、当事者が自己の権利・利益の擁護のために訴えを提起する権限をもち、裁判所は当事者の訴え提起を受けたときにのみ事件を受理することが原則である（五—一、一六二）。しかし、例外的に、他者の権利・利益についても、それが社会的・公的利益に関するときには、一定の権限ある個人、機関及び組織にも提訴権を認めることとしたが（四、一六二）、従来、民事手続法令によって検察院にも提訴権を認めてきた慣例は廃止することになった（二一—一）ことは、既に詳しく述べたところである。(33)

(ロ)　提訴の範囲（一六三）

処分権主義（自己決定の原則）によれば、訴えの提起によって裁判所の審判の対象と範囲を決める必要がある。その審判の範囲については、「裁判所は、……訴えの提起又は書面による申立ての範囲内でのみその事件を処理する」（五—一後段）として、中立主義を明記したことは前述した。(34)しかし、この規定は、当事者としては原告側と被告側が単一であり、審判の対象も単一の権利関係である場合を前提とし、これらのいずれかが複数である場合についてまで想定して規律したものとはいえない。

そこで、当事者や審判の対象のいずれか又は双方が複数となる場合にも、訴えの提起によってこれらの範囲を特定することができるかが問題となる。日本民訴法では訴えの客観的併合（請求の併合）及び主観的併合（共同訴訟）と呼ばれている場合に対応する（日民訴一三六・三八～四一条参照）。この場合にどの範囲で請求の併合や共同訴訟を認めるかは、一方での紛争の統一的包括的解決の要請と、他方での審判手続の迅速かつ効率的運用の要請とをいかに調整するかの立法政策の問題である。

ベトナム民訴法は、当事者が原告側も被告側も単一の場合について、「同一事件の解決のため、単一又は複数の相互に関連する法律関係に関して、……訴えを提起することができる」（一六三―一）と規定する。訴えの客観的併合である請求の併合については、「同一事件の解決のため、複数の相互に関連する法律関係に関して」であることを条件として認めたことになる。

訴えの主観的併合である共同訴訟をどの範囲で認めるかに関しても、基本的には同一の条件、つまり「同一事件の解決のため、単一又は複数の相互に関連する法律関係に関し、……訴えを提起できる」と規定する（一六三―一・二）。ただ、原告が単一の場合には複数の当事者を被告として（一六三―一）、また、原告が複数の場合には単一の被告に対して（一六三―二）、同一の条件によって、訴えを提起できると規定している。従って、共同訴訟においては、審判の対象が、複数の原告又は被告の夫々につき別個に主張される法律関係として複数である場合と、複数の原告又は被告にとっても単一の法律関係である場合とがあることになる。

また、一定の個人、機関又は組織が他者の権利・利益を保護するために訴えを提起する場合にも（一六二）、審判の対象となる原告の権利関係につき、やはり同一の条件によって、単一又は複数の当事者を被告として訴えを提起することができると規定する（一六三―三）。従って、この場合にも、まず、同一の条件によって、請求の併合が認められ、ついで被告側を複数とする共同訴訟が認められることになる。

(ハ)　訴状の形式・記載事項等（一六四～一六六）

訴えの提起手続については、訴状の形式・記載事項、添付資料、裁判所への提出について規定している（一六四～一六六）。

訴状には、受訴裁判所、原告、被告、関連する権利、義務を有する者、証人などを特定する名前や住所を記載するほか、審判の対象を特定すべき「申立てられた具体的な事項」（一六四―二―g）、と「提訴に十分根拠があり、適法であることを証明する書類及び証拠」（一六四―二―i）を含まなければならない（一六四）。中立主義によって裁判所の審判の対象が訴状によって特定された請求の範囲に限られるのであるから、訴状の記載事項として、審判の範囲を特定するに足る具体的事項を規定すべきである。「申立てられた具体的な事項」というだけでは不十分である。少なくとも「請求の趣旨と請求原因事実」を記載して請求を特定すべきであろう（日民訴一三三―二―②、同規則五三―一参照）[35]。最高人民裁判所の評議会決議によって、この点の訴状の記載内容についても指導基準の提示が必要である。

訴状には「自己の請求に十分根拠があり、適法であることを証明する書類及び証拠を添付して」裁判所に提出しなければならない（一六五・一六六）。

(2)　事件の受理手続

(イ)　訴状の移送・返却・補正（一六七、一六八、一六九）

訴状を受理した裁判所は、事件が裁判所の管轄下にあるかなどの形式的要件を備えているかどうかを検討する。その結果によって、訴状を管轄裁判所に移送するか、訴状を訴訟人に返却するか、事件受理手続を進めるかの決定をする（一六七）。

訴状の提出が提出期間を徒過しているとき、申立人に提訴権がないとき、提訴事項が既に確定判決・決定、又は権限を有する国家機関の法的効力をもつ決定によって解決済であるとき、裁判所の裁判権に属しないときなどには、訴状を訴訟人に返却する（一六八）。

ただ、訴状の記載事項が十分に記載されていないときは、三〇日以内で裁判所の定める時間内に訴状を補正すべきことを命じ、補正がなされたときは事件受理を継続する。期間内に訴状の補正がないときは訴状、関係資料を訴訟人に返却する（一六九）。訴訟人は訴状の返却に対しては裁判所の長官に不服申立てができる（一七〇）。

(ロ)　事件の受理・通知（一七一、一七四）

訴状提出が形式的な要件を備え、事件が裁判所の管轄下にもあると考える場合には、訴訟費用を前納すべき事件については、その手続をとったうえで、前納領収書が提出された後に、裁判所は事件を受理する（一七一）。事件を受理した裁判所は、被告、関連する権利、義務を有する者、及び同級の検察院に事件受理に関する書面の通知を送付しなければならない。この通知書面には、通知作成日、受訴裁判所の名称、訴訟人が処理を求める特別な事項、訴状とともに提出した書類・証拠一覧、訴訟人の請求に対する意見書、通知を受けた者のそれに対する意見書の提出期限などが含まれなければならない（一七四）。

(ハ)　通知を受けた者の権利、義務（一七五）と答弁書提出規定の後退

「通知を受けた者は、通知を受け取った日から一五日以内に、訴訟人の請求及び添付書類、証拠に関する意見があれば、書面で裁判所に提出しなければならない」（一七五―一）。この規定は九次草案において初めて導入され一二次草案でも維持された被告の答弁書についての規定に対応するが、やや後退した感がある（九次草案二〇六―二参照）。

例えば、一二次草案は「通知を受け取った被告は、通知を受け取った日から一五日以内に、原告の請求に対する答弁書とこれを支持する書類又は証拠を裁判所に提出しなければならない」（一二次草案一七七―一）と規定していた。これは日本側の提案に従って導入された規定であって、さらに、答弁書には請求原因事実に対する被告の認否とともに抗弁事実を記載すべきであると規定することを提案してきた（日民訴規則八〇―一参照）[36]。この点についても最高人民裁判所の指導基準の提示が必要であると考える。

(3)　反訴・独立請求の提訴手続（一七六～一七八）

(イ)　被告の反訴提起（一七六）

民訴法は、「被告の原告に対する反訴は、次の場合の一において受理される。ａ原告の請求に対する責任を排除するために反訴を提起した場合、ｂ反訴が受理された場合に、原告の請求の一部又は全部の受理を破棄することができる場合、ｃ反訴と原告の請求との間に相関関係があり、これらの請求が同一事件で解決された場合に、事件の解決がより正確かつ迅速である場合」（一七六―二）と規定する。

被告の反訴の提起は、原告の請求が係属中に被告の請求を提起することであるから、「両請求が相互に関連しており、同一事件で解決できれば、事件の解決がより正確かつ迅速である場合」に、反訴が受理されるのは良く理解できる。しかし、反訴が認められれば、原告の請求が排除されたりする場合は、日本法によれば、原告の請求に対する被告の抗弁とすべき場合であると思われる。

例えば、原告の被告に対する一〇〇万元の売買代金請求に対して、被告の原告に対する同額又は一部の額の貸金債権が反訴として請求されたとき、被告が相殺の抗弁を提出するのでなければ、原告の請求の全部又一部が当然に排除されることはないはずである。

しかし、ベトナム民法では、「両債務の履行期が到来すれば互いに履行しなくとも両債務は終了する」と規定され（ベ民法三八六条）、民訴法では、被告は、「原告に対して、その請求に関連する反訴を提起すること、又は原告が請求する義務の相殺を提案すること」が、その権利として規定されている（六〇―一―ｃ）。相殺の提案が請求に対する抗弁としてではなく、反訴請求と同列の予備的提案と位置付けられているのかもしれない。ベトナム民訴法では、請求に対する反訴ではなく抗弁として相殺を主張する概念が理解されていないことの結果であると思われる。(37)

(ロ)　独立請求の提起（一七七）

「関連する権利、義務を有する者が原告側又は被告側について手続に参加しない場合は、次の条件が充たされたときに、その者は独立した請求をする権限を有する。１．事件の解決が当該者の権利、義務に関連している。

２．その者の独立した請求が、解決中の事件に関連している。３．その者の独立した請求が同一事件で解決された場合に、当該事件の解決がより正確かつ迅速である。」（一七七）。関連する権利、義務を有する者の独立請求の提起が認められる要件は、反訴提起が認められるための第三の要件と類似したものであり、合理的な要件であると思われる。これは日本民訴法の独立当事者参加に対応した制度であるが、その要件はより緩やかである（日民訴四七条一項参照）。この場合の独立請求の提起者は原告と同様の権利、義務をもつことになる（六一—二）[38]。

(33)　前述本稿五(2)(イ)「提訴権」（本書三八六頁）参照。
(34)　前述本稿五(2)(ロ)「申立主義」（本書三八七頁）参照。
(35)　前掲注(13)参照。
(36)　日本側の提案として、前掲注(13)「現地セミナー議事録」及び吉村・前掲注(15)「ペーパーコメント」ICD NEWS 一三号二一頁、九三頁参照。
(37)　グエン・ゴック・カイン（Nguyen Ngoc Khanh）「民事訴訟法における当事者の自己決定の原則」四頁は、原告に対する義務相殺を目的とする反訴として抗弁と解すべき事例を挙げて説明している。
(38)　民訴法六一条の規定する「関連する権利、義務を有する者の権利、義務」として認められた「独立した請求を行う権利」を前提とした制度である（六一—一—b）。後述本稿一〇(1)(ロ)（本書四三一頁）参照。

八　準備裁判官による公判審理のための準備手続（第二部第一三章）

(1)　準備裁判官の指名（一七二）と準備手続終了後の公判開始決定（一七九、一九五）

裁判所が訴状の提出による訴え提起の適法要件を審査して正式に事件を受理してから三日以内に、裁判所長官は準備裁判官として事件を解決する裁判官を指名する（一七二—一）。準備裁判官は、事件によってその受理の日から原則として二か月又は四か月の公判準備期限内に準備手続を終了し、裁判所はその期限内に事件に応じて次の決定の一つをするとされている（一七九）。すなわち、訴訟上の和解が成立したときは調書作成などを経て当事者間の合意を承認する決定（一八七）、当事者が死亡してその相続人がいない場合などの事由により事件の解決を停止する決定（一八九）、訴えが取下げられた場合などの事由により事件解決を中止する決定（一九二）、公判を開く決定（一九五）のいずれかである。

公判を行う決定には、公判が行なわれる事件、裁判所、原告・被告・関連する権利、義務を有する者等の氏名、裁判官・人民参審員等の氏名、公判期日の日時・場所などが記載される（一九五―一）。決定は当事者及び同級の検察院に送付しなければならない（一九五―二）。

(2)　準備裁判官による証拠収集手続と事件記録作成（一七三、八四～九四）

準備裁判官の主な任務と権限は、事件の受理を通知するほかは、当事者に書類及び証拠を裁判所に提出するように求めるとともに、当事者の証拠収集の申立てによって、証拠を収集するため、各種の証拠調べ手続をすることである（一七三、八五―二、八六～九四）。各種の証拠調べについては既に詳しく論じた(39)。

このようにして当事者が提出し、準備裁判官が収集した文書や証拠物あるいは証拠調べの記録・調書などは、準備裁判官によって事件記録として編綴・作成される。準備裁判官の作成した事件記録は、証拠として、「国家機密、国民の醇風美俗、職業上の秘密、企業秘密又は当事者の正当な請求により私生活の秘密に関連する証拠でないかぎり、「平等に公開し、使用しなければならない」と規定されている（九七）。しかし、公開対審手続の保障された公判審理手続において、自ら裁判をする裁判所（合議体又は裁判官）が証拠調べを行う場合には、特に当事者、証人、鑑定人の尋問手続については、その供述内容を証拠資料として裁判の基礎とするのが原則でなければならない。従って、公判期日では、供述内容が矛盾するか、証人・鑑定人が欠席するなど一定の場合に限って事件記録・書類の開示を認めるに過ぎない（二二七―一、二三〇―三）。

(3)　非公開・非対審による証拠収集手続の問題点

(イ)　問 題 点

準備裁判官による証拠収集手続は、裁判所内外において非公開・非対審の手続によって行われるのが原則である。例外的に現場見分・検証や財産の査定手続については当事者に参加の機会を保障する手続が規定されているに過ぎない（八九—一、九二—二）。従って、準備裁判官による証拠収集のための証拠調べは、当事者の申立てによるものではあるが、非公開手続によるだけでなく、当事者の対席もなしに行なわれるのが原則である。準備手続段階における当事者の手続保障は、上述の例外規定以外は、全く配慮されていない。

準備裁判官が非公開・非対席の手続によって収集した証拠がそのまま公判期日において裁判の基礎となるのであれば、折角、公判期日の審判手続につき公開対審手続を保障した意味がなくなることになる。特に、公判期日での当事者、証人、鑑定人の尋問手続においては、参加人の欠席や供述内容の矛盾などの例外的場合にしか準備段階で収集された事件記録を開示しないことにしたのはこのためである（二二七—一、二三〇—三）。

しかし、準備裁判官が公判期日における合議体の裁判長となる慣行はこれからも維持されるとすれば、なお問題が残ることになろう。すなわち、合議体の裁判長は準備段階での人証の供述内容をはじめ、すべて証拠調べの内容を知り尽くしたうえで公判期日に臨むことになるからである。合議体の他の構成員である人民参審員は公判期日においてはじめて審理をするのであるから、その限りでは意味がないわけではない。しかし、従来から指摘されてきた公判審理の形骸化や尋問手続の重複性などの問題点は依然として解消されたとはいえない。

(ロ)　改 革 案

この問題を解消するためには、いくつかの改革案が考えられる。そのうちのいくつかは、既に立法過程において、日本側の提案として指摘してきたが結局は採用されなかった点である(40)。

第一は、合議体の裁判長を準備裁判官とは別の裁判官とすることである。そうすれば、公判審理の形骸化や尋問手続の重複性などの問題は解消される。しかし、合議体による公判手続を継続的、集中的に行うためには重要な争点に審理を集中して進める必要があるが、準備手続に全く関与しない裁判官では効率的な運用を期待できないという難点がある。準備裁判官が公判期日における合議体の裁判長になるという従来の慣行を変えることは容易ではないと思われる。

第二に、準備段階の証拠調べ手続に当事者の対席の機会を与える手続的手当てを規定することである。既に現場検証や財産の査定については当事者の立会権を保障する手続を規定しているのであるから、その他の証拠調べ、特に人証の尋問手続にその手続を規定することは可能と思われる。ただ、このことによって当事者の手続権を保障したことにはなるが、尋問手続の重複性や公判審理の形骸化の問題を解消することはできない。

第三に、準備手続では当事者対席の下での尋問手続を進めることができないとすれば、人証の尋問手続は当事者対審手続の保障される公判手続に留保することである。すなわち、準備手続においては、準備裁判官は人証以外の当事者の陳述書を含む文書、準文書、その他の証拠物の提出を求め、第三者の所持・保管するこれらの証拠については当事者の申立てによる提出命令によって提出させ、さらに必要な限りで、現場検証や財産の査定などの証拠調べを行う。しかし、人証尋問については準備段階では当事者の申立てを受け付け、争点・証拠の整理に基づいて必要な当事者、証人、鑑定人尋問を決定し、公判審理手続において、初めてこれらの人証尋問をするという提案である。

そこで、準備裁判官は準備手続で収集した文書、証拠物、検証記録などの証拠調べ調書を参考として当事者対席の下で争点・証拠の整理をすることによって公判審理の準備を整える。公判期日では、審判をする裁判所（合議体）が、準備手続の事件記録を引き継いだうえで、絞り込まれた争点について人証尋問を中心として必要な証拠調べを集中的に行う審理をするという改革案である。[41]

(39)　前述本稿六(4)「証拠収集手続としての各種証拠調べ等」（本書四〇五頁）参照。

(40)　吉村・前掲注(3)「ベトナム民事訴訟法の成立と法整備支援の評価」ICD NEWS二〇号四九頁参照。

(41)　基本的には、日本民訴法による争点・証拠整理のための弁論準備手続（日民訴一六八～一七四条）を経た集中的証拠調べ手続（同一八二条）のモデルによった提案であった。もっとも、ベトナム民訴法では準備段階と公判段階とが単独裁判官手続と合議体手続に分離されている点で異なるから、公判廷では人証以外の物証の証拠調べも行うのが原則である。

九　合議体による公判審理手続（第二部第一四章）

(1)　合議体の構成——裁判官と人民参審員（五二、一九八）

民事事件の第一審公判手続は、裁判官一名及び人民参審員二名で構成する合議体によって審理判決をすることを原則とする。ただし、特別な事件の場合には、第一審合議体は、裁判官二名及び人民参審員三名で構成することができる（五二）。

審理合議体の構成員である裁判官、人民参審員又は裁判長が継続して公判に参加できない場合に、補充の裁判官又は人民参審員が最初から公判期日に出席しているときには、その者が交代して公判を継続できる手続を規定している（一九八—一）。審理合議体の構成員である裁判官、人民参審員又は裁判長に交代する補充の者がいない場合は、事件は最初から再審理する（一九八—二）。

(2)　公判審理の公開・対審・直接・口頭・継続審理の原則（一五—一、一九七、一九九～二〇三）

裁判所は、公判期日においては、審理合議体を構成し、公開の法廷で、当事者対席の下、直接主義、口頭主義に基づき、継続的な審理を行う。審理合議体の構成員は、上述した合議体の構成員交代の場合を除き、最初から最後まで事件を審理する（一五—一、五二、一九七—二）。そのうえで、裁判所は、公判期日における弁論及び審尋の結果、並びに公判期日における証拠調べによる証拠に基づいてのみ判決を言い渡す（一九七―一後段）。このようにして、公判手続においては、審理合議体が公開・対審・直接・口頭主義の原則によって審理を行い、その公判期日における審理の結果に基づいてのみ判決を言渡すという基本原則を宣言したことになる。このことは新民事訴訟法の基本的な審判原則の規定として特筆すべきである。

さらに、その具体的な審理内容として、裁判所は、まず、原告、被告、関連する権利、義務を有する者、適法な代理人、当事者の弁護人、及びその他の手続参加者に質問しその陳述を聴取することによって、事件の事実関係を直接確認し、ついで、収集された書類及び証拠を取り調べて確認しなければならない。さらに、裁判所は、公判期日に検察官が参加している場合には、事件解決について検察官の意見を尋ねなければならない（一九七―一前段）。

また、裁判所は、当事者対席の下に審理を進めることができるように、原告、被告、関連する権利、義務を有する者、及び当事者の弁護人が期日に出席するよう、期日への召喚状を送付し、これらの者が正当な理由で一回期日に欠席した場合には、期日を延期しなければならない（一九九―一、二〇〇―一、二〇一―一、二〇三）。もっとも、二回にわたり召喚を受けて欠席した場合には、原告及び独立の請求提起者は請求を放棄したとみなし（一九九―二、二〇一―三）、その他の当事者やその弁護人についてはそのまま審理を続行する（二〇〇―二、二〇一―二、二〇三）。

(3)　審判手続の進行と当事者の冒頭陳述――当事者尋問手続との区別

(イ)　審判手続の進行（二一三～二四一）

公判期日における審理は、裁判長が公判期日を開始し、事件の公判を開く旨の決定を読み上げることによって開始される（二一三―一）。その審理・判決手続は、裁判長の質問に対する当事者の冒頭陳述から始まり（二一七～二二一）、その終了後に当事者尋問、証人尋問、その他の証拠調べ手続に進み（二二二～二三二）、最終弁論を経て（二三二～二三四）、合議体による審議及び判決の言渡しに至る（二三六～二四一）。

このように、公判期日における審判手続は、公判期日の開始後に、当事者の冒頭陳述、当事者の尋問を初めとする証拠調べ手続、及び最終弁論の三つの段階に明確に区別される審理手続を経て、合議体による審議及び判決言渡しに至ることになった。当事者の冒頭陳述と最終弁論は、ともにその訴訟主体としての口頭弁論であって、冒頭と最終の二つの段階に分かれて弁論の機会が保障されたことになる。従来の民事手続法令では、この審理手続における三つの段階の区別が明確でなかったことからみれば、新民訴法の特徴として特筆すべきであるといえる。

(ロ)　当事者の冒頭陳述（二一七～二二一）

民訴法が当事者の冒頭陳述と当事者尋問を区別して規定したことは特筆に価する。当事者の訴訟主体としての地位と審理・証拠調べの客体としての地位とが明確に区別されたことになるからである。従来の手続法令だけでなく、第九次草案にいたるまではその点の区別が未だ明確でなかったことに較べれば格段の進展であると評価できる。(42)

当事者の冒頭陳述は訴訟手続の主体としての陳述であるから、審理の客体としてではなく、訴訟主体としての立場の表明である。すなわち、原告側では訴え提起による請求、その根拠となる請求原因事実の主張及びそれを証明する証拠の提出、被告の側では訴えによる請求に対する応答、請求原因事実に対する認否と抗弁事実の主張及びそれを証明する証拠の提出のいずれについても、訴訟主体としての立場の表明である訴えと請求の提起とそれに対する応答、事実の主張、証拠の提出を行う訴訟行為である。従って、裁判所はそのような当事者の申立てないし主張に対して、一定の対応をする必要がある。

第一に、訴えと請求の提起に関しては、訴えの取下げ・請求の変更・補足と訴訟上の和解について、裁判長が当事者の訴訟主体としての立場について質問をして、審理合議体はその意向を確認のうえ、要件を備えておればこれを承認し必要な手続をとる。訴えの全部又は一部の取下げについてはその部分に関する審理を中止する決定をし、訴訟上の和解については合意を承認する決定をする。これは原告の訴え、被告の反訴、関連する権利、義務を有する者の独立請求のいずれについても共通である（二一七、二一八、二二〇）。

原告がその訴えを取り下げたのに、被告が反訴を継続するときには、被告が原告になり原告が被告になる。また、同様に、原告が訴えを取り下げ被告も反訴を取り下げたのに、関連する権利、義務を有する者がその独立の請求を継続する場合には、独立請求の提起者が原告になりその相手方が被告になる（二一九）。

第二に、当事者が訴えと請求をそのまま維持する場合には、当事者とその弁護人が請求に関する陳述（申立てと主張）をする内容について規定している（二二一）。すなわち、「当事者がその請求を維持する……場合は、審理合議体は次の順序で当事者の陳述を聴取し、事件の審理を開始する。

ａ．原告の弁護人が原告の請求を提示し、その請求に根拠があり、適法であることを証明する証拠を提示する。原告は追加意見を陳述する権限を有する。

ｂ．被告の弁護人は、原告の請求に関する被告の意見（答弁）、被告の反訴、提案を提示し、その提案に根拠があり、適法であることを証明する証拠を提示する。被告は追加意見を陳述する権限を有する。

ｃ．関連する権利、義務を有する者の弁護人は、原告及び被告の請求及び提案に関するその者の意見（答弁）、並びに関連する権利、義務を有する者の独立した請求及び提案を提示し、その提案に根拠があり、適法であることを証明する証拠を提示する。関連する権利、義務を有する者は、追加意見を陳述する権利を有する。」（二二一―一）。

また、これらの者が「弁護人を有しない場合は、自己の請求及び陳述並びに当該請求及び陳述に根拠があり、適法であることを証明する証拠を自分自身で提示する」（二二一―二）。

民訴法二二一条の規定では原告の請求、それに対する被告の答弁と反訴請求及び独立請求提起者の答弁と独立請求についての陳述内容が、同時に規定されているため複雑な条文になっている。特に、被告と独立請求者の陳述内容は、原告の請求に対する答弁と反訴・独立請求を根拠付ける陳述とが重なり合って規定されているために分かりにくい。そこで、まず反訴と独立請求の部分を切り離して、原告の請求と被告の答弁だけについての当事者の陳述である申立てと主張から説明する。

第一に、原告側は、「原告の請求を提示し、その請求が十分に根拠があり、適法であることを証明する証拠を提出する。」そのために、原告は請求の根拠となる請求原因事実を主張し、その事実を証明する証拠を提出して、その証拠についての証拠調べの申立てをしなければならない。訴状の記載事項として述べたところであり、原告は公判期日では訴状に従ってそのように陳述すべきことになる。(43)

第二に、「被告は、原告の請求に関する被告の意見（答弁）…を証明する証拠を提出する。」そのために、被告は原告の請求に対して請求棄却の申立てをし、その根拠として請求原因事実の認否の主張をし、さらに抗弁事実を主張して、これを証明する証拠を提出してその証拠調べの申立てをする。答弁書の記載事項としてのべたところであり、被告は答弁書に従ってそのように陳述すべきことになる。(44)

第三に被告が原告の請求に対する答弁とともに反訴をも提起する場合は、「原告の請求に関する被告の意見（答弁）、反訴、提案を提示し、反訴、提案に根拠があり、適法であることを証明する証拠を提示する。」と規定する。この「提案」の意味が明らかではない。この部分をのぞけば、反訴もまた被告の訴え提起であるから、独立請求の提起とともに「原告の訴え提起の手続に関するこの法律の規定に従う」（一七八）のであり、被告は、訴状に準ずる反訴状に従って、原告の訴え提起におけると同様の陳述をすれば足るはずである。

そこで、この「反訴、提案」とは、反訴提起の要件とされる「反訴が受理された場合に、原告の請求の一部又は全部の受理を破棄することができる場合」（一七六―二―b）などに、反訴として自己の反訴請求の認容を申し立てるとともに、予備的請求として、仮に原告の請求にも理由があるとすれば、原告の請求の一部又は全部を排除することを予備的提案として申し立てる場合が考えられる。(45)独立請求の提起があった場合も事情は全く同様である。

(4)　当事者・証人・鑑定人尋問（二二二一～二二六、二三〇）と事件記録開示の制限（二二七、二三〇―三）

(イ)　総　説

当事者、証人及び鑑定人の証拠調べは、いわゆる人証として尋問手続によって行なわれる。既に、準備手続において当事者の申立てに基づき準備裁判官による尋問手続が行われ、その尋問調書が事件記録として編綴・作成されている場合が多いと思われる。しかし、公開・対審の公判手続における口頭主義・直接主義による審理の要請を充たすためには、審理合議体の下での尋問手続が不可欠である。

公判手続における人証尋問の準備としては、当事者以外の証人、鑑定人についても、準備段階における当事者の申立てによって、証人、鑑定人とされた者には期日への召喚状による呼出しがなされ、その出席が確保される（二〇四、二〇五）。ことに鑑定人については、準備段階において、準備裁判官が当事者の申立てによって鑑定要求の決定をし、鑑定人は法令にしたがって鑑定を実施しなければならない（九〇）。

(ロ)　当事者尋問

公判期日における当事者の尋問については、その尋問順序が法定されている。「各人への尋問は、裁判長、人民参審員、当事者の弁護人、当事者及びその他の手続参加者の順に実施する。検察官が公判期日に参加する場合は、その尋問は当事者に続く」（二二二）。裁判長や人民参審員だけでなく当事者やその弁護人、その他の手続参加人にも尋問が認められる点で、交互尋問に一歩近づいたと評価することができる。(46)

当事者に対する尋問としては原告、被告、関連する権利、義務を有する者の尋問が規定されているが、基本的にはその規定内容は共通である（二二三～二二五）。

まず、当事者が一名以上いる場合は、一名ずつ別々に尋問する（二二三―一）。つぎに、尋問事項は、当事者やその弁護人の陳述が不明確であり、以前の証言と矛盾し、相手方やその弁護人の以前の陳述と矛盾するような事項に関してのみ尋問するとして限定されている（二二三―二）。

さらに、いずれについても当事者本人だけでなく、その弁護人が答弁することができる（二二三―三）と規定する。ただ、当事者尋問における供述は、当事者の主張ではなく、証拠調べの客体として自己の見聞などによる認識内容を証言するものであるから、弁護人が本人に代わって供述するのは疑問である。また、実務上も、当事者尋問が証人台に立って行なわれるのではなく、当事者席に立ちながら行われている状況である。当事者の主張と証言が区別されないことは、こうした実情からくる制約なのかもしれない。

(ハ)　証人尋問（二二六）

証人尋問については、その客観性を保障するための一定の手続が規定されている。証人が一名以上いるときには別々に尋問するだけでなく（二二六―一）、裁判長は、前もって一定の措置を取ることができる（二二六）。すなわち、裁判長は、証人を尋問する前に、「証人が証人同士の証言を聞くことができず、証人が関係者と連絡を取れないように必要な措置を採る決定をすることができる」（二二六―一）。また、当事者の証言と関連する場合には「裁判長は証人を尋問する前に当事者を証人から隔離する決定をすることができる」（二二六―二）。

さらに、証人尋問については裁判長だけによる尋問が規定されている（二二六―三）。

当事者やその弁護人による尋問が認められなかったことは、交互尋問に近づいた当事者や鑑定人に対する尋問に較べて不徹底である。一般第三者である証人の立場に対する配慮や交互尋問の能力がまだ備わっていない実務の実情を踏まえた立法政策的配慮によったものと思われる。

(ニ)　鑑定人の尋問（二三〇）

鑑定尋問においては、まず、「裁判長は、鑑定を課された事項に関する結論を提示することを鑑定人に求める。鑑定人は、陳述中に鑑定結果及びその鑑定結果の根拠に関して追加説明をすることができる」（二三〇―一）。鑑定人が、公判期日において鑑定結果についての尋問に対して供述できるためには、前述のように、予め鑑定要求の決定を受けて、鑑定を実施しておくことが前提となる（九〇―一・二）。

鑑定尋問においては、さらに、当事者やその弁護人を含む「手続参加者は、鑑定結果に関する意見を陳述し、鑑定結果中の不明確な若しくは矛盾している事項、又は事件のその他の事実関係と矛盾している事項について尋問する権利を有する」（二三〇―二）。この点については当事者尋問についてと同様の評価ができよう。

(ホ)　事実記録開示の制限（二二七、二三〇―三）

公判手続における人証の尋問手続については、準備手続段階において収集された人証尋問調書などの事件記録は、供述内容が矛盾するなどの一定の場合にしか公開しないことにして（二二七、二三〇―三）、証拠は公開するという一般規定（九七）の例外を認めた。これは公開・対審による口頭・直接の審理手続を保障している公判期日においては審理合議体による人証の尋問手続が必要であると解されるためである。非公開・非対審による準備手続における尋問調書をそのまま公判期日における証拠調べの対象とすることは明らかに公判期日の審理原則に反するからである。

ただ、当事者、証人及び鑑定人を含む手続参加者が公判期日に欠席した場合、あるいは、公判期日の供述が従前の供述と矛盾する場合には、例外的に従前の陳述や供述を記録した事件記録についても証拠調べを認めざるをえないとしたのである（二二七―一―a・b）。ただ、「審理合議体が必要と考え、又は検察官若しくは手続の参加者が請求したその他の場合」（二二七―一―c）にも、開示を認めるべきかについては問題のあるところであると思われる。

(5)　証拠物等の物証としての証拠調べ（二二八、二二九）

(イ)　総　説

公判期日の証拠調べについては、人証以外の物証としては、証拠物の取調べと録音テープ・録画ビデオ等のいわゆる新種証拠の取調べについて規定している。証拠物が何を意味するかは必ずしも明らかではないが、民訴法の定める「証拠の出所源」（八二）と「証拠の認識」（八三）としての分類によれば、検証の対象となる「物」を指すように思われる。新種証拠の取調べについては、その意味内容を対象とする書証に相当する部分とそれ以外を対象とする検証に相当する部分とがあるが、公判廷での聴取・映写などによるとすれば、検証の方法に類似する新種の証拠調べということになる。そうであれば、公判廷の証拠調べの規定としては、文書の証拠調べである書証の規定を欠くようにも思われる。

しかし、準備裁判官の証拠調べによって収集された証拠のほとんどは証拠調べ調書として編綴して事件記録となっており、公判期日においては文書として証拠調べの対象となるはずである。もっとも、人証による尋問調書については公判期日では例外的にしか開示されない（二二七、二三〇―三）。しかし、それ以外にも元々文書として裁判所に提出された証拠はもちろん、財産査定の調書、現場見分・検証記録、例外的であっても開示される尋問調書など、公判期日における文書の証拠調べが必要とされる場合も多いはずである。民訴法は、第一部総則において、「証拠の出所源」（八二）と「証拠の認識」（八三）として「判読可能資料」である文書とその証拠能力について規定するとともに、証拠が国家機密等の一定の秘密事項に関する場合を除き、「各証拠は、平等に公開し、使用しなければならない」（九七―一）と規定している。従って、民訴法は、公判期日における文書の証拠調べを当然の前提としているものとして、証拠物の証拠調べ（二二九）には、検証物のみならず、文書の証拠調べをも含むと解釈すべきことになろう。ただ、そうであるとすれば、ここでの証拠物の証拠調べには、「判読可能資料」の証拠調べをも含むとする指導文書が必要であると思われる。

(ロ)　証拠物の証拠調べ（二二九）

「証拠物、写真又は証拠物を認証する記録は、公判期日で取調べのために提示することができる」（二二九―一）。ここでの証拠物は書証又は検証の対象であるから、証拠物としての文書又は検証物が裁判所に提示され、公判廷で合議体による書証又は検証の対象になり、その結果が証拠資料として判決の基礎として評価されることになる。証拠物自体でなくその写真が提出されたときにも、写真が書証又は検証の対象となる。検証物を認証する記録は、検証ではなく、書証として証拠調べされることになろう。「必要な場合に、審理合議体は、当事者とともに公判期日に運ぶことができない証拠物の現場検証に行くことができる」(二二九—二)。準備裁判官による現場検証の検証記録を書証として証拠調べをするよりは、審理合議体が当事者とともに直接現場検証をしたほうが、直接主義の要請に沿うことになる(八九参照)。

(ハ)　録音テープ・録画ビデオ等の証拠調べ(二二八)

録音テープ・録画ビデオ等のいわゆる新種証拠の証拠調べについては、国家機密等の一定範囲の秘密事項を除き、「審理合議体は、検察官若しくは手続の参加者の請求により、又は審理合議体が必要と考える場合に、公判期日で聞く録音テープ、ディスク、公判期日で映写するビデオテープ、ディスクを準備することができる」(二二八)。この場合には、これらの新種証拠の証拠調べをするためにテープやディスクの内容を聴取又は映写する機械設備を公判廷に導入することが予定されているようである(47)。

また、ここで、「審理合議体が必要と考える場合に」とは、当事者の申立てがあることを前提としていると解すべきであろう。もともと、この種の新種証拠も当事者自らが提出するか、その申立てによって準備裁判官が収集したものであり(八三—二・四、八五—二参照)、公判期日においても、当事者の冒頭陳述において証拠として提示されているのであるから(二二一)、証拠調べの申立てを含むものと解しうるからである。こうした新種の証拠については、当事者の申立てを前提として、その請求があるときだけでなく、審理合議体が必要と考えた場合にも、公判廷での証拠調べを実施することができるという趣旨であろう。

(6)　最終弁論手続(二三二〜二三五)

証拠調べ手続終了後に、最終弁論手続に移行する。当事者の冒頭陳述も弁論であるから、この段階では、最終弁論と呼ぶほうが適切である。この段階の弁論については、従来の民事手続法令においても一か条だけの規定があったが（同法令五一条）、民訴法はより充実した規定をした。

まず、弁論の順序は、原告（組織の訴え提起のときは、その組織）、被告、関連する権利、義務を有する者の順に、各々その弁護人（組織の代理人）が陳述をする。各々の順序に従って、弁護人について本人（組織の訴え提起のときは、利益帰属主体）が追加陳述をする。夫々に弁護人がついていないときは、本人がこの順序に従って自分自身で陳述をする（二二二）。

ついで、弁論の内容は、証拠調べについての意見を陳述する場合と事件の解決に関する自己の意見を陳述する場合にわたる。いずれの場合にも、「弁論に参加する者は、公判期日において収集し、取り調べ、確認した書類及び証拠並びに公判期日の尋問の結果に基づいて陳述しなければならない。弁論の参加者は、他の者の意見に対し、答弁することができる」（二二三前段）。

さらに、「裁判長は、弁論時間を制限してはならず、弁論に参加する者が十分に自分の意見を陳述できる状況を作らなければならないが、事件に関係しない意見の陳述は中断できる」（二二三後段）。

これらの規定は、従来、裁判長が当事者双方に弁論のために十分な時間を与えない場合や時間を与えてもその弁論内容にあまり関心を示さない場合があったことに対処する規定であるといわれる。また、裁判長自身は事前に用意した意見を当事者だけではなく審理合議体のその他の構成員にも押し付けた場合もあったといわれる(48)。

もっとも、このことは、従来のベトナムの経済状況などのために、国民の法律の理解程度が十分でなく、弁護人の活動も組織化されず不十分であったことなどによって、公判期日における弁論があまり重視されていなかったことの結果であった。しかし、ベトナムにおける市場経済の浸透と国際化の進展に伴い、法制度の客観性、民主性、公開性、透明性をより高めて、市民の権利を保障するための改革が必要であるという認識が一般化しつつあるようである。公判期日における当事者の弁論権の拡充強化もその流れに沿った立法政策の結果であるということができる[49]。

(7)　審議と判決の言渡し（二三六～二四一）

(イ)　審理合議体の評議（二三六）

弁論の終了後、審理合議体は評議室に入って事件について評議するが（二三六―一）、審理合議体の構成員のみが評議に参加することができる（二三六―一前段）。従来の民事手続法令にも、同趣旨の規定はあったが（同法令五三―一）、すべての裁判所がこれを正しく実施していたわけではなく、実際には、検察官等合議体の構成員以外の者が評議に参加することがあったといわれる[50]。

また、審理合議体の構成員は、評議中、事件の全争点について個別的に多数決で処理しなければならないが、人民参審員が最初に投票し、裁判官が最後に投票する（二三六―一後段）。人民参審員の審理過程への参加及び能力を強化するために、最初に投票することを規定したといわれる[51]。さらに、評議は、公判期日で取り調べ、検討した書類及び証拠、公判期日における尋問の結果並びに手続の参加者及び検察官の意見をすべて十分に検討した結果に基づかなければならない（二三六―三）。

(ロ)　判決の言渡し（二三八～二四一）

判決書の記載内容について、「判決には、導入、事件の内容、裁判所の認定及び主文を含む」（二三八―一）と規定し、更に詳細な記載内容を列挙している（二三六―三・四・五）。判決の言渡しは、判決の全文を読み上げて行われる（二三九）。裁判所は、判決の言渡しの日から一〇日以内に、当事者、訴えを提起した機関又は組織及び同級の検察院に判決書を手渡し又は送付する（二四一―一）。

(42)　吉村徳重「公判期日における尋問と弁論手続における当事者対立主義的特性の強化（ペーパーコメント）」ICD NEWS 一三号（二〇〇四年一月）九四頁以下、及びこのペーパーコメントに基づく前掲注(13)「現地セミナー記録」同四〇頁以下は、当事者の冒頭陳述と当事者尋問を区別すべきことを強調した提案をしたものである。その提案がかなりの程度反映して民事訴訟法となったといえる。

(43)　原告の冒頭陳述として、訴状に沿った口頭弁論をすることになる。
(44)　被告の冒頭陳述として、答弁書に沿った口頭弁論を展開することになる。
(45)　被告が反訴を提起するときは、被告としての答弁書の弁論とともに、反訴請求を根拠付ける弁論及び予備的提案の弁論をすることになるのであろう。
　この点につき、前述七(3)「反訴・独立請求の提訴手続」（本書四一二頁）参照。そこでの設例：反訴とともにその請求内容の債権による相殺の抗弁を提出した場合には、日本法では次の通りとなる。すなわち、反訴請求を主たる請求とし、もし、原告の請求にも理由がある場合には、予備的に相殺の抗弁を主張し、原告の請求の棄却乃至一部棄却を求める場合である。
(46)　交互尋問の提案が一部充たされたことになる。吉村・前掲注(42)「ペーパーコメント」ICD NEWS 一三号九九頁参照。
(47)　ファム・スアン・ト（Pham Xuan Tho）「第一審公判―司法改革の精神に基づく弁論権の拡大における突破口」一〇頁参照。
(48)　前掲注(47)論文一一頁参照。
(49)　前掲注(47)論文一二頁参照。
(50)　前掲注(47)論文一三頁参照。
(51)　前掲注(47)論文一三頁参照。

一〇　関連する権利、義務を有する者の当事者化と確定判定・決定の効力範囲

(1)　関連する権利、義務を有する者の当事者化（第六章第一節五六、五八～六一）

(イ)　民事事件の当事者（五六）

民訴法は、原告、被告の他に関連する権利、義務を有する者をも当事者として（五六―一）、係属中の訴訟の

原告、被告と同一の訴訟手続に参加させ（五六—四）、基本的には原告、被告と同一の訴訟上の権利、義務を持つことにして（五八～六一）、包括的・統一的な紛争解決を目指しているという特徴がある。すなわち、

まず、「民事事件の当事者とは、原告、被告及び関連する権利、義務を有する個人、機関、組織をいう。」（五六—一）と規定して、民事事件の当事者には、原告、被告だけでなく、関連する権利、義務を有する者も含まれることを前提とする。

ついで、「民事事件に関連する権利、義務を有する者とは、訴えを提起した者又は訴えられた者ではなく、民事事件の解決が自己の権利、義務に関連しており、それ故、関連する権利、義務を有する者として手続に含まれることを自分自身で、又は他の当事者が申し立て、当該申立てが裁判所に受理された者である。」（五六—四前段）

さらに、「民事事件の解決がある者の権利、義務に関連しているが、その者を関連する権利、義務を有する者として手続に含むことをだれも請求しなかった場合には、裁判所は、当該者を関連する権利、義務を有する者として手続に含まなければならない。」（五六—四後段）。

このようにして、民事事件に関連する権利、義務を有する者は、自分自身の申立て又は他の当事者の申立てによって手続に参加するときだけでなく、さらに、そのような申立てがないときには裁判所によって訴訟に引き込まれて手続に参加することによって、原告、被告とともに当事者に含められることになったのである。その結果、関連する権利、義務を有する者は、原告、被告に共通の当事者としての訴訟上の権利、義務をもつだけでなく（五八）、参加した訴訟手続における地位によって原告や被告として独立の請求や訴え取下げ、さらには反訴提起などの訴訟上の権利、義務をも持つことになって（五九～六一）、広範囲な利害関係人の間における包括的・統一的な紛争解決が図られることになったのである。

(ロ)　関連する権利、義務を有する者の権利、義務（六一）

関連する権利、義務を有する者は、原告、被告に共通の当事者としての訴訟上の権利、義務（五八）を有する

とともに（六一―一―a）、独立した請求を行うこと、又は原告側若しくは被告側について手続に参加することを許可される権利、義務を有する（六一―一―b）。このことを前提として、関連する権利、義務を有する者は、それぞれが参加した地位に応じて、原告又は被告としての訴訟上の権利、義務を有すると規定する（六一―二～四）。

これは、関連する権利、義務を有する者が、自らの申立て、又は他の当事者の申立て、若しくは裁判所の命令によって手続に参加する場合（五六―四）、それぞれの方式に対応する手続参加の形態と訴訟上の権利、義務について規定したものであると解される。

第一は、関連する権利、義務を有する者が自ら手続に参加することを申し立て、受理された場合に対応する参加形態としては、独立の請求を行うこと、及び原告側について手続に参加することを許可されることがその典型であろう。いずれの場合にも、この者は関連する権利を主張して独立当事者となるか共同原告として手続に参加することになる（六一―二・三前段）。これらの場合には、参加者は関連する権利については原告と同じ訴訟上の権利及び義務を有することになろう（六一―二・三後段）。

しかし、関連する権利、義務を有する者が、自ら被告側について手続参加を申し立てる場合も考えられる。例えば、主債務の支払請求の訴訟係属中に、保証債務者が被告である主債務者側について、共同被告として、主債務が消滅したため自らの保証債務も消滅したことを主張するために参加する場合が考えられる。

第二に、他の当事者が関連する権利、義務を有する者の手続参加を申し立て受理された場合に対応する参加形態としては、被告側について手続に参加することが許可された場合が典型である（六一―四）。例えば、債権者が原告となって主債務の支払を求める訴訟の係属中に、保証債務の支払いを求めて関連する義務を有する保証債務者の手続参加を申し立て許可された場合が考えられる。この場合の参加者は、共同被告として、関連する義務については被告と同じ訴訟上の権利、義務を有することになろう（六一―四後段）。

しかし、係属中の訴訟の原告の申立てだけではなく、被告の申立てによって関連する権利、義務を有する者が原告側について手続に参加することを許可される場合も考えられる。たとえば、共有者の一人から家屋明渡しの訴訟を提起された被告が、自己には家屋を明け渡す義務がないことを他の共有者についても明確にするために、他の共有者にも原告側に参加することを求めて許可された場合が考えられる。

第三に、六一条は、さらに、「関連する権利、義務を有する者は、……権利のみを有する場合には、この法律第五九条の定める原告の権利、義務を有する」（六一―三後段）、「関連する権利、義務を有する者は、……義務のみを負う場合には、この法律第六〇条の定める被告の権利、義務を有する」（六一―四後段）と規定する。関連する権利、義務を有する者が係属中の手続に参加することもなしに、原告や被告の訴訟上の権利、義務を有するとは考えられないから、これは、手続関与の申立てがない場合に、裁判所がこれらの者を手続に関与させた場合の訴訟上の権利、義務について規定したものと解するべきであろう。

このように解することができるとすれば、関連する権利、義務を有する者が、独立した請求を提起する場合は、日本法の独立当事者参加に類似した制度を認めたことになり（日民訴四七条参照）、原告側又は被告側に参加した場合は、夫々の場合に共同原告又は共同被告となって、共同訴訟的参加と呼ぶべき制度を認めたことになる（同五二条参照）と解することができる。しかし、これらの制度が認められる要件は日本法とは比較にならないほどに緩やかであり、従って、適用される範囲は極めて広範に及ぶことになろう(52)。

(ハ)　共同訴訟（一六三）と共同訴訟的参加（六一）

ところで、民訴法は、前述したように、多数の者が共同原告となり、又は共同被告となって、関連する単一又は複数の法律関係について共同して訴えを提起したり、提起されたりする共同訴訟をも認めると規定している（一六三）(53)。そこで、共同訴訟と共同訴訟的参加との相互関係が問われることになる。共同訴訟が訴え提起段階から共同して訴え又は訴えられた場合であるのに対して、共同訴訟的参加は訴訟係属中の参加によって共同訴訟となる場合であることはいうまでもない。

ただ、いずれの場合にも、共同訴訟の対象が単一の法律関係である場合はもちろん、複数の法律関係であって、共同原告又は共同被告の相互に関連する夫々の権利、義務であっても、訴え取下げや請求の認諾などによる場合以外には、いわゆる共同訴訟人独立の原則による相対的解決が妥当することはないものと解される（日民訴三九参照）。いずれの場合にも、当事者としての共通の訴訟上の権利、義務を持つと規定されているからである（五八・六一―二）。一種の類似必要的共同訴訟が認められていることになろう（同四〇条参照）。共同訴訟や共同訴訟参加によって紛争の統一的解決を図るという趣旨によるものであると思われる。

(ニ)　裁判所の参加命令による共同訴訟参加の問題（五六―四）

関連する権利、義務を有する者が、自らの又は他の当事者の申立てによって訴訟に参加しないときには、裁判所の参加命令によって訴訟に参加させられる（五六―四）。関連する権利、義務を有する者が、自己又は当事者の申立てによって参加しないときには、参加命令によって訴訟へ引き込まれることを認めたことになる。

これは関連する権利、義務を有すると主張される者もまた訴訟に引き込んで広い範囲での紛争の統一的解決を図ろうという趣旨によるものと考えられる。しかし、このことは新民訴法が当事者の自己決定の原則を徹底し、訴え提起権や審判の対象の決定を当事者に委ね、当事者の提出した事実や証拠だけを基礎にして審判をする原則を貫こうとしていることと矛盾するように思われる[54]。

(2)　確定判決の効力範囲、特にその対世的効力（一九）

(イ)　総　説

上述したような関連する権利、義務を有する者の共同訴訟参加への引込みや共同訴訟人独立の原則の排除は、同時に確定判決の効力範囲をいかに規律するのかと不可分の関係にある。ことに、確定判決の効力の主観的範囲を当事者として訴訟を追行した原告と被告に限定することなく、訴訟に関与しない第三者にも拡張する対世的効力を認めることになれば、係争事件に関連する利害関係をもつ者にも訴訟に参加する機会を保障することが必要になる。従って、自ら又は他の当事者の申立てによって参加しない場合には、裁判所の参加命令による訴訟への引込みを必要とする場合も考えられる（日人訴一五、二四―一参照）。そこで、新民訴法が確定判決の効力の範囲をどのように規定しているかが問題となる。

(ロ)　確定判決の効力の主観的範囲―対世的効力か（一九）。

民訴法は、確定判決・決定の効力について、「法的効力を有する判決、決定は、すべての市民、機関及び組織が執行し、遵守しなければならない。判決、決定を執行する義務を負う個人、機関及び組織は、それを厳正に執行しなければならない」（一九前段）と規定している。民訴法一九条後段は、もっぱら判決、決定を執行する任務を課された裁判所や機関の任務遂行責任を規定するだけである。従って、この規定が確定判決や決定の執行力について規律していることは明らかであるが、この規定のほかには、既判力を含む一般的な確定判決・決定の効力に関する規定は見られない(55)。

しかし、確定判決・決定の執行力も既判力を含む一般的な効力を前提にするものであることが原則でなければならない。そうであるとすれば、確定判決・決定の効力の主観的範囲については、対世的効力を前提にしているのではないかと解される。

そうであるとすれば、係争事件に利害関係を有する者に訴訟手続に参加する機会を保障するために、裁判所の参加命令による訴訟への引込みが必要となる場合があろう。しかし、他方では、市場経済の浸透に対応して私的権利利益をめぐる紛争については私的自治を反映した自己決定の原則を徹底しようとしていることといかに調和するかが問題になるように思われる。

(ハ)　確定判決の効力の客観的範囲

民訴法は確定判決の効力の客観的範囲についても明確な規定をしていない。しかし、原告が訴えの提起によって審判の対象を特定し、裁判所もその申立ての範囲についてのみ判決をする自己決定の原則を前提とする以上

(五一一)、確定判決効の客観的範囲も限定されざるをえないはずである(日民訴一一四参照)。

民訴法が判決効力の客観的範囲に関して規定するのは、判決理由中の事実判断を不要証事実とするものだけである(八〇一一一b)。この規定が判決・決定の効力の客観的範囲だけでなく、主観的範囲についても問題であることは既に論じたところである。(56)

(ニ)　いずれにしても、民訴法の規定に関する限りは、判決・決定の効力については、一旦裁判所において審理判断された以上は、客観的・主観的範囲を問わず、絶対的な効力を生ずることが前提となっているといわざるをえない。そうだとすれば、その背景には裁判所における真実発見に基づく審判の原則があるものと思われる。当事者の自己決定の原則も証拠提出責任の原則も、私的自治の反映というよりは、裁判所よりは事情を良く知っている当事者に委ねたほうが、より真実に近づきやすいという配慮によるということになろう。その視点からすれば、実情を知っているのは訴えを提起した原告や被告に限らず、関連する権利、義務を有する者も含まれることになろう。それらの関連する権利、義務を有する者がすべて当事者となって審理手続に参加して事実や証拠を提出して真実を解明することによって、真実に基づく統一的な紛争解決が可能になると考えられているように思われる。

(3)　裁判による統一的紛争解決指向の背景と当事者主義との関係

(イ)　統一的紛争解決指向の背景

民訴法が、一方で、民事事件に関連する権利、義務を有する者をも原告や被告とともに当事者として訴訟に関与させ、他方で、確定判決の対世的効力を認めていることは、その限りでは、裁判による統一的・包括的な紛争解決を目指しているといわざるをえない。しかし、その根拠となっている背景が何であるかは一概にはいえない。

第一に、社会主義社会における裁判の理念は、裁判所における真実発見に基づく審判によって人民を説得できるものでなければならないということであった。従来は裁判所の職権探知によって真実発見が図られたが、これからは原告・被告だけでなく、同様によく事情を知った関連する権利、義務を有する者をも含めた当事者の証拠提出責任を強化して真実を発見し、統一的な紛争解決を図るという配慮が背景になっていると考えられる。

第二に、儒教的伝統に根ざした共同体思想が、社会主義的共同体として受け継がれてきた背景があると考えられる。革命期における人民裁判においては、裁判が人民の参加による社会主義理念の教育の場とされてきた背景がある。地域社会における多くの利害関係人が当事者として訴訟に関与して、共同体としての視点から紛争を統一的に解決するという背景があるのではないかと考える。

(ロ)　当事者主義との関係

元々、新民訴法が市場経済の浸透と国際化の進展に対応して、当事者自治の反映としての自己決定の原則や当事者の証拠提出責任を徹底強化してきたことは疑いを入れない。市場経済のもとで私人の自由な処分に委ねられる私的権利をめぐる紛争は、その権利の保護をめぐって争っている原告・被告間の自己決定に委ねられるべきである。当事者主義の原則はそのような理念に基づいている。従って、当事者主義の下では、私的権利関係をめぐる紛争は原告・被告間の相対的解決に委ねられるのが原則である。

これに対して、民事事件に関連する権利、義務を有する者を原告・被告とともに当事者として常に訴訟に関与させ、統一的な紛争解決を図ることが、自己決定の原則とは矛盾した理念に基づいていることは明らかである。原告・被告だけではなく、広範な利害関係人の手続関与を求めることによって、真実の発見による絶対的な紛争解決を図ること、あるいは共同体的な包括的・統一的な紛争解決を図ることは、これからの市場経済社会においては維持することの困難な要求とならざるをえない。ベトナム社会が社会主義社会から市場経済社会への移行期にあることを反映して、相互に矛盾する理念に基づく審理手続原則が民訴法の中にも並存しているといわざるを得ない。

この問題の解決策は、民訴法の広範な適用領域のうち、本来の民事事件として当事者主義原則によって相対的解決を図るべき領域と職権主義乃至必要的共同訴訟の原則によって絶対的・統一的解決を図るべき領域を区別した審理原則を適用することであると考える。日本民事手続法は、民事訴訟法において当事者主義による審理原則によって相対的解決を図る手続を原則として規定し、その特別法として人事訴訟法や家事審判法によって家事事件における統一的な解決を図る特則を規定し、さらに非訟事件手続法によって多様な非訟的事件についての特則を規定するなどによって対処している。ベトナム民訴法の立法過程においてもそのような提案をしてきたが、十分に理解をうることができなかった。今後の改革の方向として検討すべき課題であると考える。

(52)「関連する権利、義務を有する者」の範囲が明確でなく、極めて広範に解される可能性があるだけでなく、共同訴訟参加については、自らの申立てだけでなく、他の当事者の申立てによっても認められることや、これらの申立てがないときは裁判所の参加命令によって引き込まれることなど、日本法とは全く異なった制度であることは言うまでもない。

(53) 前述七(1)「民事事件の提訴手続」(ロ)「提訴の範囲」(本書四〇八頁) 参照。

(54)「関連する権利、義務を有する者」というだけで、参加命令によって訴訟への引込みを認めるべきでないと提案してきた理由であった。吉村・前掲注(3)「ベトナム民事訴訟法の成立と法整備支援の評価」ICD NEWS二〇号二二頁以下参照。

(55) 確定判決・決定の効力範囲についても規定を置くべきであると提案してきたが採用されなかった。吉村・前掲注(11)「ヴエトナム民訴法第七次草案の検討」ICD NEWS六号一四三頁以下参照。

(56) 前述本稿六(2)「不要証事実」(ニ)「確定判決・決定又は権限ある国家の決定によって認定された事実」(本書四〇一頁) 参照。

(ICD NEWS二一号、二〇〇五年)

第一〇章　ベトナム民事訴訟法の今後の課題

――日本民事訴訟法との比較法的視点から

一　総論――今後の課題と改正の基本的方向

(1)　ベトナム民事訴訟法の今後の課題を論ずるためには、その制定の背景となった多面的な立法政策とこれを反映した審理手続の多様な特徴を正確に把握することから出発する必要がある。ベトナム民訴法の審理過程を規律する手続の基本的な特徴は、その立法政策の多面性を反映して多様な側面を含んでいるために、これを相互にいかに調整するかがこれからの大きな課題であると考えるからである。(1)

(2)　ベトナム民訴法制定の背景となった立法政策の多面性

ベトナム民訴法制定の背景となったのは、なによりも、一九八六年のドイモイ開放経済政策によって導入された市場経済の浸透と国際化の進展に対応するために法制度を整備する必要があったことである。それと同時に、ドイモイ以降暫定的に制定された、民事・経済・労働の三つの手続法令としての「国会令」を統合して伝統的実務の現状を踏まえた統一的な民事訴訟法を制定することが要請されていたという事情があった。(2)

その結果、一方では、市場経済の浸透に対応して、自由市場経済原理に基づく私的自治の原則によって民訴手続を規律することが必要とされるとともに、他方では、「社会主義体制の擁護に貢献し、社会主義法制を高め、……人民が真摯に法を遵守するように教育する」（民訴法一条）という社会主義法制の任務によって民事手続を規律することを要請するという立法政策があった。

このような多面的立法政策に基づく多様な要請を調整するプロセスとしての立法過程を経て成立したベトナム民訴法が、多様な側面を持つことは当然の帰結である。

(3)　民訴法の審理手続の基本的特徴

民訴法は上記のような多面的な立法政策を反映して、次のように多様な審理手続上の基本的特徴を持つことになった。

(イ)　審理手続の当事者主義的側面を貫徹して、当事者の自己決定の原則（処分権主義）を徹底した中立主義を認めるとともに（五条）、弁論主義的なルールとしての自白の法理を認め（八〇条二項）、当事者の証拠提出の権利・義務を徹底化した（六条）。

(ロ)　検察院は民事手続における法遵守の検察権を持つことを前提とした上で、従来からの訴え提起権は廃止したが、一定の手続の立会権を認め、控訴審、監督審、再審への異議申立権は維持することになった（二一・二五〇・二八五・三〇七条）。また、上級裁判所長官の下級審の裁判に対する監督審、再審への異議申立権も維持した（二八五・三〇七条）。

(ハ)　一定の住民や社会団体に、社会的・公的利益に関する事件につき、訴え提起権を認めた（四・一六二条）。

(ニ)　関連する権利、義務をもつ利害関係人の手続参加を強制するとともに（五六条四項：当事者化）、法的に有効な判決・決定につき対世的効力を認めることによって（一九条）、紛争の包括的・統一的な処理のシステムを維持した。

(4)　今後の課題と改正の基本的方向

(イ)　ベトナム民訴法は、このように、一方では、自由市場経済の原理による私的自治の原則を反映した当事者主義的な審理原則を徹底した。しかし、他方では、従来からの社会主義法制や民事手続法令の下での実務慣行に従って、一定の範囲で検察院の民事手続についての検察権や社会団体や利害関係人の手続関与権を維持することによって、当事者の自己決定の原則に大幅な制約を認めることになった。

(ロ)　このような民訴法における多様な審理原則の特徴を踏まえて、その将来の課題としての改革ないし改正の方向を提示することは容易ではない。

しかし、長期的展望に立てば、ベトナム社会においては今後ともますます市場経済が浸透し、国際化が進展するであろうことは疑いを入れない。したがって、自由市場経済の妥当する領域においては、私的権利・利益に関する紛争である限り、その解決のための民事手続についても、私的自治の原則の反映としての当事者主義的審理原則が貫徹されるべきであると考える。

こうした視点に立てば、民訴法の当事者主義に関する自己決定の原則（処分権主義）や弁論主義の内容には、なお不十分な点がある。当事者主義に関する法規定につき、改正すべき点として、あるいは当面は最高人民裁判所の裁判官評議会決議（以下最高裁決議という。）の通達によって補充すべき点として、提案してきたところである。(3)

(ハ)　しかし、他方、私人間の紛争を解決するための民事手続が、すべて私的自治の反映としての当事者主義的審理原則だけによって規律され得ないこともまた当然である。私人間の紛争であっても、なお、社会的・公的利益が絡むことも多いからである。日本法は、人事訴訟法や家事審判法により、さらには、非訟事件手続法によって、検察官の手続関与（日人訴二三条、日非訟一五・一六条）や処分権主義の制約を認め（日人訴一九条）、弁論主義の例外としての裁判所の職権探知を規定している（日人訴二〇・三三〜三五条、日非訟一一条、日家審七条）。また、人事訴訟や会社訴訟などの一定の事件については確定判決の対世的効力を認めるとともに（日人訴二四条、日会社法八三八条）、利害関係人の手続関与の機会を保障するなどの特則を規定している（日人訴一五・二八条、日会社法八四九条三〜四項）。

ベトナム民訴法においては、その規定領域は、民事、家事、商事、労働などの訴訟事件だけでなく、非訟事件をも含む広範な範囲にわたるにもかかわらず、対象領域の特則としてではなく、一般的総則として、上述した当事者主義的審理原則とその大幅な例外規定を置いているところに基本的な問題があると考える。私的自治の妥当する領域とそうでない領域とを区別して、当事者主義的審理原則とこれに対する例外の特則を規定すべきであると提案してきたゆえんである。(4)

(二)　以上のような基本的視点のほかにも、多くの規定の中には、その相互関係が必ずしも明確ではないために、解釈上疑義の残るものも少なくない。これらの規定は、おそらく立法技術に由来するものと思われるが、将来の改正すべき点として、あるいは、当面は最高裁決議の通達によって補充すべき点として、指摘してきた。(5)以下では、今後の課題についての各論として、改正すべきであると考える点につき、結論の部分をできるだけ要約して指摘することにする。

二　民事裁判権と管轄（第一部第三章）

(1)　民事裁判権（第三章第一節）

民事裁判権の及ぶ範囲について、包括規定主義と類型別事例列挙主義のいずれを採るかは立法政策ないし立法技術の問題である。ベトナム民訴法のように、事件類型別の列挙主義を採ると、事件類型に当てはまらない事例の取扱いが問題となる。列挙された事件類型に属しない事例についても、私人間の「法律上の争訟」である限り、裁判を受ける権利を保障するためには、一般民事事件として民事裁判権が及ぶという一般条項を規定すべきであろう。

(2)　事物管轄（第二節三三・三四条）

事物管轄を訴額ではなく、事件の難易度によって決する立場に立つベトナム民訴法では、事件類型によって区別をする必要がある。この場合にも県級裁判所の事件類型に属しない事件は省級裁判所に属するとする一般条項の規定が必要となろう。

(3)　土地管轄（第二節三五・三六条）

土地管轄に関する三五条と三六条は、普通裁判籍と特別裁判籍を区別して規定する趣旨であるように解されるが、必ずしも一貫していない。例えば、三五条一項ａと三六条一項ａはともに普通裁判籍の規定であり、一体として三五条一項ａに規定すべきである。また、三五条一項ｂは原告の住所・就業地や本店所在地の裁判所にも、当事者の合意による管轄を認め、同項ｃは不動産に関する紛争につき不動産の所在地の裁判所にも管轄を認めるが、これが普通裁判籍の例外としての専属管轄を認める趣旨か、競合する特別裁判籍を認める趣旨かも不明である。これも立法技術の問題であろうが、いずれの趣旨かを明らかにする必要がある。

三　当事者主義の審理原則の徹底と残された問題点

(1)　自己決定の原則（処分権主義）（五条）

(イ)　当事者主義の審理原則としての自己決定の原則を徹底化して、中立主義を採用するとともに（五条一項後段）、訴えの提起・取下げ・変更及び反訴の提起を認める規定を整備した（五条一・二項、五九条一項ｂ、六〇条一項ｅ、一七六～一七八条）。さらに、訴訟上の和解についても、これを認める手続を整備した（五条二項後段、五八条二ｅ、一八〇～一八八条）。

(ロ)　このように、中立主義を採用して自己決定の原則を徹底したが、裁判所が裁判によって解決すべき訴えの範囲である審判の対象を特定するための訴状の記載事項に関する規定が不十分である。民訴法一六四条二項ｇは、「被告及び関連する権利、義務を有する者に対して、裁判所による解決を申し立てられた具体的事項」と規定するだけである。裁判所による判決を求める申立ての内容としての請求の趣旨とその原因となる請求原因事実を記載することによって、十分に審判の対象を特定できるような訴状の記載事項の規定を置くべきである（日民訴一三三条二項二号、同規則五三条一・二項参照）。当面は、最高裁決議の通達によってその旨の補充をすべきである。

(ハ)　また、自己決定の原則（処分権主義）の一つのルールである請求の認諾を認める規定はあるが（六〇条一項b）、請求の放棄を認める規定はない。さらに、請求の放棄はもちろん、請求の認諾をする当事者の陳述をどのように取り扱うかを規律する具体的な手続規定もない。請求の放棄・認諾は、ともに訴えを維持しながらその内容である請求について当事者の処分を認める点では、訴訟上の和解と異なるところはないのだから、訴訟上の和解と同様の手続的な手当てを規定すべきである。

(2)　弁論主義

(イ)　自白法理（八〇条二項）

弁論主義のルールとしての自白法理を不要証事実として認める規定を置いたが（八〇条二項）、自白又は擬制自白の対象とされる「事実関係、事件」が何を指すのかは明らかでない。主要事実、間接事実ないし補助事実のいずれを意味するのかも明らかでない。また、自白された事実は、証明を要しないとするだけで、一定の範囲で裁判所に対する拘束力や当事者に対する不可撤回性の効力までも認めたことになるのかも明らかでない。

実務の現状からは、主要事実と間接事実の区別や裁判所や当事者に対する自白の拘束力までも意識した規律がなされることは期待できないという趣旨かもしれない。しかし、不要証事実としての自白法理が規定されたことを前提として、新民訴法についての実務の解釈・運用が重ねられていくにつれ、主要事実と間接事実の区別やそれに基づく裁判所や当事者に対する自白の拘束力の有無に関するルールも定着するようになることが期待される。その過程では、最高裁決議の通達による解釈運用の指導が必要であろう。

(ロ)　主張責任と証拠提出・証明責任（六条一項、七九条）

弁論主義のもう一つのルールである当事者の証拠提出責任と証明責任に関する規定はあるが（六条一項、七九条）、当事者の主張責任の規定がない。その結果、当事者が証拠を提出して証明すべき対象が一方当事者の主張する事実で相手方当事者が争う争点であることが、必ずしも明確には規定されていない。むしろ、証拠提出や証明の対象については、「当事者は裁判所に証拠を提出し、自己の申立てに十分に根拠があり、適法であることを証明する権利及び義務を有する」と規定していること（六条一項）（七九条一項も同趣旨）を前提とすれば、事実と証拠が明確には区別されていないようにみえる。

しかし、他方では、不要証事実として自白法理を規定し（八〇条二項）、証明の対象は当事者の主張する事実で相手方が争う争点に限られることを認めたことから、証拠提出や証明の対象は当事者の主張する争点事実であることが前提とされているはずである。その限りでは、事実と証拠は明確に区別されているというべきである。そのことを前提とすれば、当事者の証拠提出責任や証明責任の分配法則を規定したと解される七九条は次のように解釈すべきである。すなわち、原告は請求を根拠付ける請求原因事実につき、被告は請求に対する防御を根拠付ける抗弁事実につき証拠を提出し、証明すべき責任を負うという趣旨である（七九条一・二・四項参照）。そして、その手続的手当てとして、原告の訴状には請求原因事実を記載し、被告の答弁書には抗弁事実を記載すべきことを規定することが望ましい（日民訴規則五三条一項、八〇条一項、ベ民訴一六四条一項g、一七五条一項参照）。

もっとも、ベトナム民訴法の立法過程において、第九次草案では、当事者の主張責任を前提とする規定がなされたのに（同草案七条一項、六九条一・二項）、その後これが削除されたという経緯がある。[6] ベトナムにおける実務の現状からみて、当事者の主張しない主要事実は判決の基礎にすることができないという主張責任は認められないという趣旨であったかどうかは不明である。しかし、市場経済が浸透し私的自治原則の妥当する領域が拡充する将来を展望すれば、弁論主義のルールとしての主張責任を認めるべきであると考える。

当事者の主張責任及び証拠提出・証明責任の分配について、当面は最高裁決議の通達による上記の趣旨の解釈指導が必要であり、将来は法改正が望ましい。

(3)　当事者の申立てと裁判所の証拠収集権限との関係（八五・九四条）

(イ)　当事者の申立てによる裁判所の証拠収集権限（八五・九四条）

民訴法は、当事者が証拠提出責任を負うことを原則とし、裁判所は本法の定める場合にのみ証拠を収集するとした上で（六条）、当事者が自分で証拠収集ができず、証拠収集の申立てをした場合には、裁判所は多様な証拠収集の手段をとることができると規定する（八五条二項）。この当事者の証拠収集の申立てが個々の証拠を指定した収集の申立てを前提とするかどうかは不明である。立法担当者であるフォン最高人民裁判所副長官の説明によれば、九四条一項後段の規定と同様に「当事者は、証明すべき点、収集すべき証拠、自ら証拠を収集できない理由……を明記した申立書を提出しなければならない」という趣旨であるということであった(7)。これも立法技術の問題であると思われるが、そのような趣旨であれば、やはりその旨の最高裁決議の通達が必要であろう。

(ロ)　当事者の申立てによる裁判所の証拠提出命令（九四条）

当事者が自分で証拠収集ができない場合として、証拠を管理若しくは占有する個人、機関又は組織が当事者の要求に応じて証拠を提出しない場合がある。この場合には、当事者の申立てによって裁判所がこれらの個人、機関又は組織に対して証拠を提出するよう請求することができ、この請求を受取った者は証拠の提出責任を負うことになると規定した（九四条）。この裁判所の決定に従わないときは、「裁判所は決定により警告し、罰金を科し、又は証拠提出を強制することができる」（三八九条一項）。ただ、この裁判所の証拠提出命令が自己に不利な証拠の提出に応じない相手方当事者に対しても出され得るのかは必ずしも明らかでない。そのような趣旨であれば、その旨の最高裁評議会決議の通達による補充が望ましい。

(4)　当事者主義の適用領域と裁判所の釈明権の問題

(イ)　当事者主義の徹底とその適用領域

民訴法は当事者主義による審理原則を徹底したが、その広範な規定範囲の中で、通常の民事事件と家事事件や非訟事件とを区別することなく、通常の民事事件の審理原則が、基本的には家事事件や非訟事件にも該当し、家事事件や非訟事件だけの特則が認められることは極めて少ない。ただ、非訟事件について、その性質上、通常の民事事件よりはやや広い範囲で当事者の自己決定の原則を制約する特則が規定されているだけである(8)。

しかし、弁論主義のルールとしての自白法理（八〇条二項）や当事者の証拠提出責任（五条一項、七九条一・二・四項）については、家事事件や非訟事件については例外として裁判所の職権探知を認める特則規定は見当たらない。これが基本的に問題であることは、既に総論として述べたところである。単なる私的権利・利益にとどまらず、社会的・公的利益も絡む事件である、家事事件や非訟事件においては、検察院の関与（日人訴三条、日非訟一五・一六条参照）、処分権主義の制約（日人訴一九条参照）及び裁判所の職権探知（日人訴二〇条、日非訟一一条参照）を認める特則を規定すべきである。

(ロ)　当事者主義の徹底と裁判所の釈明権

他方、私的自治の原則の妥当する通常の民事事件については、当事者主義的審理原則を徹底するとしても、すべてを当事者の自己責任として放置してよいということにはならない。法的に公正な紛争解決のための裁判をする責任を持つ裁判所としては、当事者の自己決定や主張・証拠提出責任が法的にみて不十分にしか果たされていないときには、後見的にこれを補充するために釈明権を行使すべきである（日民訴一四九条参照）。民訴法八五条一項は「民事事件又は非訟事件の記録に含まれる証拠が、当該事件の解決に十分な証拠にならないと思われる場合には、裁判官は当事者に追加の証拠提出を求める」と規定するが、これは証拠提出責任について裁判官が釈明権を公使する事例であるといえる。当事者の訴訟上の請求や主張責任についても同様の釈明権の行使が必要な場合が考えられる。そのような趣旨の一般的な裁判所の釈明権に関する規定を置くことが望ましい(9)。

四　準備裁判官による準備手続と合議体による公判審理手続との関係

(1)　準備手続裁判官による非公開・非対審による証拠収集手続の問題点

(イ)　公判審理開始前の準備手続段階においても、当事者の証拠提出責任が原則であって、当事者の準備裁判官に対する証拠提出によって公判審理に必要な証拠の収集が図られる（八五条一項参照）。当事者が自分自身では証拠を収集できず、証拠収集の申立てをした場合には、裁判官が証拠収集の処置をとることができる（八五条二項）。

(ロ)　ただ、この準備裁判官による証拠収集手続は、裁判所内外において非公開・非対審の手続によって行われるのが原則である。例外的に現場検証や財産査定手続では当事者の参加の機会が保障されるが（八九条一項、九二条二項）、それ以外の証拠収集のための証拠調べは当事者の対席もなしに行なわれる。このようにして収集された証拠が原則として開示され（九七条一項参照）、そのまま公判審理における裁判の基礎となるとすれば、公判期日において公開・対審の審理手続を保障した意味がなくなることになる。そこで、公判期日における当事者・証人・鑑定人尋問等の人証手続においては、手続参加者が欠席したり、その供述内容が矛盾するなどの例外的な場合にしか、準備手続で収集された事件の書類を開示しないことにしたのである（二一七条一項a、b、二三〇条三項）。従って、検察官の請求があるときなどには開示するという規定（二一七条一項c）は問題があり、少なくとも検察官の請求については削除すべきではないかと考える。

(ハ)　また、準備裁判官がそのまま公判期日における合議体の裁判長となる従来の慣行がこれからも維持されるとすれば、従来から指摘されてきた公判審理の形骸化や尋問手続の重複性などの問題は依然として残ることになる。合議体の裁判長が、準備手続におけるすべての証拠調べの内容を知り尽くしたうえで公判期日に臨むことになるからである。この点をいかに改革するかは、極めて困難ではあるが、これからの最も重要な課題の一つであると考える。

この点の幾つかの改革案については別に論じたところに譲らざるを得ない(10)。準備裁判官が合議体の裁判長となる慣行を廃止することにならないとすれば、準備手続段階では、人証以外の文書、準文書、検証、鑑定書などの物証による証拠収集を行ない、人証については当事者・証人・鑑定人尋問の申立てとその採否決定にとどめ、尋問手続自体は公判期日において行うという改正を提案したい。準備段階では訴状、答弁書などを前提とし、物証によって収集された証拠を基礎にして、当事者対席の下で争点・証拠の整理を行い、公判審理の準備を整えるという趣旨である。日本民訴法の弁論準備手続に類似した手続となるが（日民訴一六八～一七四条参照）、公判期日においては人証の尋問手続だけではなく、物証としての証拠調べも行われる点で異なることになる。

(2)　合議体による公判審理手続における証拠調べ

(イ)　合議体による公判審理においては、公開・対審・直接・口頭・継続審理が保障され（一五条一項、一九七条）、裁判所は、公判期日における弁論及び審尋の結果並びに証拠調べによる証拠に基づいてのみ判決を言渡す（一九七条一項）。したがって、公判審理においては、判決の基礎となるべきすべての証拠について証拠調べが行われる必要があることはいうまでもない。

(ロ)　公判期日における当事者・証人・鑑定人の尋問手続については、これらの者の欠席や供述内容の矛盾などの場合に限って、準備段階で収集された人証による尋問調書が開示されることは前述した（二二七条一項a、b）。したがって、開示されない尋問調書以外の文書、録音テープ、ビデオなどの準文書、証拠物などの物証についてはすべて合議体による公判審理手続において証拠調べを行う必要がある。

(ハ)　民訴法は、「証拠の出所源」（八三条）と「証拠の認識」（八四条）として、文書、準文書、証拠物の区別をしているが、公判期日における証拠調べについては、準文書と証拠物の取調べの規定をするだけであり（二二八・二二九条）、文書については、「事件の書類の開示」として、開示の条件を規定するにすぎない（二二七条）。

公判期日における証拠調べの対象となり得る文書には、準備裁判官による人証の尋問調書のほかに、当事者が提出した文書、その申立てによる文書提出命令によって提出された文書など様々なものがある。国家機密、職業上の秘密、企業秘密又は個人的秘密に関する文書などとともに（二二七条二項）、準備裁判官による尋問調書の開示の制限には合理的な根拠があるが（二二七条一項ａ、ｂ）、それ以外の当事者が提出した文書や提出命令によって提出された文書については、合議体が事件の解決にとって必要と認める限り、当然に開示して証拠調べをすべきであるように思われる。二二七条はそのような文書の証拠調べを前提とした趣旨の規定と解釈すべきである。この点についてもその旨の最高裁決議の通達による解釈指導が必要であり、将来の法改正が望ましい[11]。

五　関連する権利、義務を有する者の当事者化と法的に有効な判決・決定の効力範囲

(1)　総　説

民訴法は、関連する権利、義務を有する利害関係人の当事者化と法的に有効な判決・決定の対世的効力を認めることによって包括的・統一的な紛争解決を図るシステムを維持したが、このことは、私的自治の原則を前提とする当事者主義による審理原則と矛盾しないのか。矛盾しないようにするためには両者をどのように調整すべきであろうか。これは、前述のとおり、ベトナム民訴法の基本的な課題である。すなわち、一方、関連する権利、義務を有する利害関係人につき、当事者や利害関係人の申立てがないときには、裁判所の参加命令によって訴訟に引き込んで強制的に当事者とする点において（五六条四項）、当事者の自己決定の原則に反することになる。他方、法的に有効な判決・決定の効力範囲について、手続に関与した当事者に限定する相対的効力の規定を置くことなく、一般的に対世的効力を前提とする規定を置いていることも（一九条参照）、当事者の証拠提出責任に基づく審理原則と矛盾することになるからである。

この課題に答えるためには、基本的には、私的自治を前提とする私的権利・利益に関する通常の民事事件においては、自ら自己の権利、義務について訴えを提起し提起された当事者間において相対的解決を図ることを原則とし、包括的・統一的紛争解決を図るシステムは、家事事件や会社事件などのように、社会的・公的利益も絡むために、合一的確定を必要とする事件における特則として規定すべきではないかと考える。その上で、個別的に改正ないし補充すべき点を指摘すれば次のとおりである。

(2)　関連する権利義務を有する利害関係人

(イ)　通常の民事事件においても、関連する権利、義務を有する利害関係人が、それぞれの権利、義務について、共同原告となって訴えを提起し、共同被告として訴えを提起された結果、共同訴訟として審判が行われることは一般的に認められる（一六三条）。しかし、訴訟の継続中に他の利害関係人が自己の申立てによって訴訟に参加し、当事者の申立てによって訴訟に引き込まれることをどの範囲で認めるかは、立法例によって異なる。日本民訴法では、特殊の場合や形態についてしかこれを認めていない。すなわち、独立当事者参加（日民訴四七条）、訴訟承継人の訴訟参加・引受け（引込み）（同五〇・五一条）及び共同訴訟参加（同五二条）は、継続中の訴訟において係争中の権利、義務が自己に帰属すると主張する場合や判決効が拡張される場合などの特定の理由によって合一的確定を要求する特殊の場合である。また、補助参加（同四二〜四六条）は、自己の権利、義務についてではなく、継続中の被参加者の権利、義務をめぐる訴訟を補助するための参加である。

(ロ)　ベトナム民訴法においても、総説で述べた方向で区分けをするとすれば、一方で、相対的解決を前提とする通常の民事事件においては、関連する権利、義務を有する者の申立てによる参加や当事者の申立てによる引込みによる追加的共同訴訟を認めるにしても（べ民訴五六条四項前段参照）、第一審に限って従来の審理を遅延させないなどの条件を付す必要があろう。ましてや、裁判所の参加命令によって、利害関係人を強制的に引き込むことは（同五六条四項後段）、認めるべきでない。また、参加人と被参加人との訴訟上の地位はそれぞれの権利、義務について独立であり、いわゆる共同訴訟人独立の原則が妥当することを原則とすべきであろう（日民訴三九条参照）。もっとも、関連する権利、義務の関連の度合いによっては、合一確定が必要とされるために、一定の限度では共同訴訟人相互間でも訴訟行為の効力を認める規律が必要になろう（日民訴四〇条参照）。例えば、共有者による共有権をめぐる訴訟に他の共有者が参加ないし引き込まれた場合や継続中の権利が自己に属するとして独立請求をした場合（ベ民訴一七七条、日民訴四七条参照）などである。

他方で、家事事件や会社事件など、社会的・公的利益に絡む事件において、例外的に、合一的に確定すべき必要性がある場合には、判決・決定の対世的効力を認めるとともに（ベ民訴一九条、日人訴二四条一項、日会社八三八条参照）、利害関係人の共同訴訟参加（ベ民訴六一条一項b、日民訴五二条参照）ないし共同訴訟的補助参加を認めるほか、当事者の申立て又は裁判所の参加命令による訴訟への引込みを認め（ベ民訴五六条四項参照）、利害関係人に手続参加の機会を保障すべきである（日人訴一五・二八条参照）。また、この場合に参加した利害関係人と当事者の相互間において、合一確定の必要な限りで訴訟行為の相互作用を認める必要がある（日民訴四〇条参照）。

(3)　法的に有効な判決・決定の効力範囲

(イ)　民訴法は、通常の上訴手段が尽きて法的に有効となった判決・決定の効力範囲については、第一部総則第二章基本原則として、対世的効力を前提とすることをうかがわせる第一九条の一か条だけしか規定していない。この趣旨をいかに解すべきかが問題となる。法的に有効な判決・決定の効力範囲について規定を置くことは、同一紛争の蒸し返しがどの範囲で禁止されるかを明確にする重要な規律であるからである。判決・決定の効力範囲は、客観的にも主観的にも制限なしに拡張され、特別の規定を要しないという趣旨であるとすれば、私的自治を前提とする当事者主義の審理原則とは基本的に矛盾すると言わざるを得ない。したがって、判決・決定の効力範囲を明確に規定することは、ベトナム民訴法のこれからの大きな課題である。

(ロ)　判決・決定の効力の客観的範囲については、自己決定原則のルールとして申立主義が認められた以上は

（五条一項）、訴え提起によって特定された審判の対象である請求についての判断に限って効力を生じ、その理由中の判断には効力を生じないとする規定を置くべきである（日民訴一一四条一項参照）。審理過程における当事者の攻撃防御の目標は審判の対象である請求の当否の判断に集中し、その前提としての多様な攻撃防御方法についての理由中の判断は付随的な結果にすぎないからである。また、このことが審理過程における裁判所の審理や当事者の攻防の柔軟性を保障することにもなるからである。

ベトナム民訴法は、「法的に有効な判決若しくは決定……によって認定された事実関係、事件」を「証明を要しない事実」と規定する（八〇条一項b）。これは判決理由中の事実の判断にも拘束力があることを前提とした規定であるといえる。特定の当事者間の訴訟において争点となっている主張事実でも、他の訴訟の判決・決定の理由中で認定された事実であれば証明を要しないとすれば、判決・決定における判断は主観的範囲と客観的範囲を問わずすべて絶対的な効力を持つことが前提とされていることになろう。そのような裁判書が当面の争点事実を認定するための一つの証拠となることはあっても、不要証事実と規定することは行き過ぎであり、削除されるべきであろう。

ついでながら、同様のことは、「権限ある国家機関の有効な決定により認定された事実関係、事件」（八〇条一項b）や「書類に記載され、正当に公証され、又は認証された事実関係、事件」（八〇条一項c）を不要証事実とする規定についても言える。

(ハ)　判決・決定の効力の主観的範囲についても、一方、相対的紛争解決を目指す通常の民事事件については、当事者主義による審理手続によって、当事者の提出した事実や証拠によってのみ審判がなされたのであるから、裁判の効力も審理手続に関与してきた当事者に限って生ずることを原則とすべきである（日民訴一一五条一項一号参照）。ただ、例外的に裁判後に当事者の地位を承継した承継人や目的物の所持者には、裁判の効力が及ぶとの規定を置く必要がある（同一一五条一項三・四号参照）。これらの者は実質的に当事者と同視し得るからである。

また、ベトナム民訴法では、他人のために訴えの提起が認められる場合において、その他人と相手方は、自ら訴えを提起し提起された者とともに、原告と被告であると規定されているから（五六条二・三項）、当事者として裁判の効力が及ぶことになる。

さらに、関連する権利、義務を有する利害関係人が、当初から共同原告又は共同被告として共同訴訟が提起された場合（一六三条）や、訴訟係属中に自らの申立て又は当事者の申立てによって参加し又は引き込まれることによって追加的に共同訴訟となった場合（五六条四項前段）にも、それぞれの権利、義務についての裁判は、それぞれの当事者についてのみ効力を生ずるのが原則である。共同訴訟人独立の原則が妥当するからである（日民訴三九条参照）。ただ、関連する権利、義務関係の関連の程度によって、合一確定の必要がある場合には、共同訴訟人全員につき合一的に裁判の効力が及ぶことになる。

他方、家族事件や会社関係事件のように、社会的・公的な利益にも関連するために、合一的な確定が必要な場合には、例外的に、裁判に対世的効力を認める特則をおくことが必要になる（ベ民訴一九条、日人訴二四条一項、日会社法八三八条参照）。この場合に、関連する権利、義務を有する利害関係人が訴訟手続に参加する機会を保障するとともに、合一画定に必要な限りでの訴訟行為の相互作用を規律する規定を置く必要があることは既に前述したとおりである。

（１）　二〇〇四年六月一五日に制定され、二〇〇五年一月一日から施行されたベトナム民事訴訟法成立の背景と基本的特徴については、吉村徳重「ベトナム民事訴訟法制定―成立の背景と審理手続の基本的特徴―（第一審手続を中心として）」ICD NEWS 二一号（二〇〇五年）一〇頁（本書三六九頁）以下を参照されたい。本稿は、同論文で将来改正すべき点として指摘してきた問題点のうち主要なものを要約したほか、二、三の新しい論点を付け加えたものである。

（２）　以上の経過につき、丸山毅「ベトナム民事訴訟法制定―我が国の起草支援」ICD NEWS 二一号六頁（二〇〇五年）参照。なお、「国会令」は、国会常任委員会の定める法令であり、ベトナム法体系によれば、憲法の下に国会の定める法律と政府の定める政令との中間に位置する。丸山・前掲論文六頁注（５）参照。

（3）吉村・前掲注（1）ICD NEWS二一号二一頁以下参照。なお、ベトナム最高人民裁判所の裁判官評議会の決議によって民訴法の解釈を指導する通達については、ダン・クァン・フォン最高人民裁判所副長官「ベトナム民事訴訟法の制定とベトナム最高人民裁判所の役割」ICD NEWS二〇号（二〇〇五年）三八頁、同副長官の説明、「第一三回ベトナム民事訴訟法共同研究会議事録」ICD NEWS二一号（二〇〇五年）一一四頁参照。

（4）吉村・前掲注（1）ICD NEWS二一号二五頁（本書三九二頁）以下参照。

（5）本稿二の「民事裁判権と管轄」に関する規定はその例であるが（詳細には、吉村・前掲注（1）ICD NEWS二一号一七頁（本書三七九頁）以下参照）、そのほかにも立法技術上の問題と思われるところが各所に見られる。以下では、それぞれの箇所で指摘することにする。

（6）フォン副長官の説明によれば、九次草案までは、起草班の法律専門家による研究の結果を反映したものであったが、九次草案ではじめて編集委員会が関与するようになり、一〇次草案に至り非常に高いレベルで大幅に変更されることになったということである。ベトナムの現状に合わせる方向での変更も一つの原因となったとの指摘もあった。前掲注（3）「議事録」ICD NEWS二一号一二二頁以下参照。

（7）前掲注（3）「議事録」ICD NEWS二一号一一三頁以下参照。

（8）この点の検討につき、吉村・前掲注（1）ICD NEWS二一号二六頁（本書三九三頁）参照。

（9）この裁判所の釈明権は新しい提案である。この点につき、ベトナムの訴訟実務において当事者による証拠調の申請を示唆する裁判官の釈明の余地を指摘する井関発言、前掲注（3）「議事録」ICD NEWS二一号一一八頁参照。

（10）吉村・前掲注（3）ICD NEWS二一号四二頁（本書四一六頁）参照。

（11）吉村・前掲注（3）ICD NEWS二一号四八頁（本書四二五頁）以下では、文書の証拠調である書証の規定がないところから、証拠物の取調べを規定する二一九条に文書の証拠調をも含むと解すべきであると提案した。しかし、「証拠の出所源」（八二条）や「証拠の認識」（八三条）が文書と証拠物とを区別して規定していることと統一的に解するためには、本文のように二一七条を解釈乃至改正する提案に改めるべきであると考える。

（ICD NEWS二六号、二〇〇六年）

第六編　判例研究

一　選任による送達受領代理人——agent authorized by appointment

National Equipment Rental Ltd. v. Szukhent, 375 U. S. 311 (1964)

一　事　実

原告はニュー・ヨークの農具賃貸業会社であるが、ミシガン州の被告に農機具を賃貸したが賃料が支払われないと主張して、訴を提起した。当該賃貸借契約条項によれば、賃借人はニュー・ヨーク州において訴訟手続の送達をうけるための代理人としてニュー・ヨーク市の Weinberg 夫人を選任すると規定されていた。この婦人は被告とは一面識もない人であったが、訴えの提起に基づいて、呼出状および訴状の送達をうけたので、同日これを被告に郵送した。そして、これは賃貸借契約上の合意に基づいて、ニュー・ヨーク州における送達受領代理人としての彼女に送達されたものである旨の書状を添えた。

連邦地方裁判所は被告の申立によって、この送達を不適法として却下した。なるほど、Weinberg 夫人は被告に呼出状と訴状の送達があった旨を告知し、これを郵送したが、賃貸借契約自体はこれらの行為を明示的に要求してはいない。したがって、本来的かつ継続的に実現できる代理関係の取決めが存しない、という理由による。

二　判　旨

最高裁判所の多数意見は、Weinberg 夫人を連邦民訴規則四条(d)(1)の規定する「選任による送達受領代理人」

に当るとし、被告はニュー・ヨーク裁判所の裁判権に服するとして、原審判決を破棄した。契約によって選任された代理人が、かりに当事者本人の面識のない者であっても、かつまた本人に告知すべき旨を契約上明らかに引き受けていなくとも、現実に適切な告知（adequate notice）がなされた以上は、連邦規則にいう送達受領代理人であるというのである。被告は現実に十分な告知をうけている点で、公示送達（service by publication）による告知を十分な告知でないという判例（Mulane v. Central Hanover Bank & Trust Co., 339 U. S. 306（1950; Walker v. Hutchinson City, 352 U. S. 112（1956））と異なる。他方、州の非居住者運転規則（nonresident motorist statute）において、明文をもって本人に告知することが要求されていなければ、現に告知がなされたとしても、その代理送達は違憲であるとする判例があるが（Wuchter v. Puzzutti, 276 U. S. 13（1928））、これは州の立法に対する第一四修正の制限であって、私人の契約には該当しない。

契約条項によれば、当事者があらかじめ当該裁判所の裁判権に服し、相手方による告知の送達をみとめている点は疑いがない。しかもWeinberg夫人が呼出状および訴状を直ちに受理し郵送したことは、有効な代理関係をみとめるに十分であり、本人に告知すべき明示の引受けがなくとも、これを無効にすべき何らの州の法律も見当らない。本人の面識のない者を代理人にするのは、利害関係の対立する代理人であって無効であるとの主張があるが、送達の受領という制限的な権限をもつ代理関係においては利害の対立は存しない。

上の多数意見に対して二つの少数意見がある。第一にブラック裁判官の少数意見、適法な代理関係があるかどうかは州法によるべきだが、連邦規則の基準によるとしても、利害関係の対立があり、かつ契約上本人に告知すべきことを保障する条項の存しないことからみて、連邦規則のいう代理人に当らない。

かりに、これらの要件がすべて充されたとしても、被告には自己の住居地で裁判をうけ遠隔の地では訴えられないという権利があり、裁判所の裁判権につき異議をのべうる。もしこの送達を有効とすれば、この約款によってこれらの権利はすべて放棄されたとされざるをえないが、これは不当である。ことに、自己の州以外で送達をうけず、従って出廷を強制されないという Pennoyer v. Neff, 95 U. S. 714 (1877) のみとめた憲法上の権利は、due process の保障するところであって、連邦裁判所でも尊重されるべきものであり、本件の契約条項がこれらの憲法上の権利を放棄したとみるのは不可能である。

ブレナン裁判官の少数意見（ウォーレン首席裁判官、ゴウルドバーグ裁判官同意）。連邦規則の基準によっ、連邦規則にいう代理人に対する送達の有無を定めるべきであるが、当該契約による代理人は、利害の対立があり、かつ送達後本人に告知すべき明示の条項がないために、基準を充すとはいえない。Wuchter 事件において州制定法に対してみとめられた制限の趣旨は、私人間の契約においても貫かれねばならない。そして最後に、本件の如き会社作成の例文契約 (printed form contract) による場合には、個人がその居住地外の裁判所で訴えられることを了解した上で合意した旨の証明がない限りは、単に署名があるだけでは当該代理人の選任に拘束されないと判旨した。

三　説　明

訴訟手続の送達が有効になされるためには、被告が裁判所の裁判権 (jurisdiction) に服することが必要とされてきた。そして、送達による告知 (notice) と裁判権とは同一事項の二つの側面と考えられたこともあった。というのは、直接送達 (personal service) がなされる場合には、これによって被告が訴訟の告知をうけたことと同時に、同一州内にいる (presence) という裁判権の根拠を証明することにもなったからである。ところが、公示送達や制定法による代理人 (statutory agent) に対する送達がみとめられるようになると、訴訟手続の送達による適切な告知の問題は、裁判権の問題とは一応区別され、訴訟の予告をうくべき due process 上の要件として別個に吟味されることになったのである (See, *Developments in the Law* ——, *State-Court Jurisdiction*, 73 Harv. L.

REV. 909, 987.（1960））。

本件の判決は、直接には当該の送達が連邦民訴規則にいう選任による送達受領代理人に対する送達に当るかどうかを問題にしているが、これは基本的には被告に対する適切な告知を保障したことになるのかどうかの吟味に他ならない。被告は郵送によって現実の訴訟の告知をうけている点からみて、公示送達を適切な告知なしとしたMulane事件やHutchinson事件と区別できる点は問題がない。しかし、従来の判例が、Wuchter事件において、州の制定法上非居住者（non-resident）に代って州務長官に送達すればよく、さらに本人に告知することが要求されいない場合には、現実に告知されたとしてもなおdue processの違反ありとしていた立場といかに関連づけるかは問題である。多数意見は、Wuchter事件があらかじめ本人に対する適切な告知の保障がなければ憲法違反であるとするのは、州の制定法に対する制限であるに止まり、私人の契約については適用されないとした。少数意見はこれに反して上の判例の趣旨を私人の契約についても貫こうというのである。本人と利害関係の対立する代理人が有効に送達を受領する権限をもつのかという問題も、適切な告知を保障したことになるのかという点との関連において吟味される。

次に、非居住者である被告に対する裁判権の有無の問題は、上の適切な告知の有無の問題と区別して考えられる。つまり、本件では当該契約によって、裁判権に服すべき合意があったかどうかが別に検討されねばならない。多数意見はこの点の合意があったことを当然の前提とするが、少数意見は、自己の居住地以外の州では訴えられないという憲法上の権利が、本件のような一方的かつ形式的な契約条項によって放棄されたとみるのは不当であるとする。もともと、裁判権の根拠として、本居（domicile）立入り（presence）の外に、同意（consent）がみとめられてきたが、本件の契約が裁判権の根拠としての同意に当るかどうかの問題に他ならない。一般的には、*supra*, 73 HARV. L. REV. 911, 943. 参照。

（アメリカ法、一九六五年）

二　非居住者の裁判権の取得

Wangler v. Harvey, 41 N. J. 277, 196 A. 2d 513 (1963)

一　事　実

被告はニュー・ヨーク州の住人であるが、ニュー・ジャージ州に住んでいた父親の遺産の遺言執行者でありかつ受益者である。初め遺産の瑕疵によって損害をうけたと主張する原告によって、遺言執行者の資格においてニュー・ジャージの裁判所において訴が提起された。そこでこの第一の訴訟に出廷中に、今度は個人の資格で被告とされた現在の訴訟の呼出状と訴状の送達をうけたのである。第一審裁判所は、訴訟手続きに出廷中の非居住者に対しては他の訴訟の送達はできないという免責の法則に基づいて、当該の送達を却下した。そこで、原告は上訴したが、上訴裁判所は職権で事件を最高裁判所に移したのである。

二　判　旨

最高裁判所の多数意見は、前の訴訟手続に出廷した被告に対する新しい訴訟の送達は、もし第一の訴訟が非居住者を裁判権に服させるための手段として用いられたことが明らかにならない限りは、免責の法則によって却下されないと判旨して、原判決を破棄した。その理由とするところは、要するに、出廷中の免責の法則がその根拠とするものを検討してみれば、最早これを維持するだけの根拠に乏しく、現代の時代的要請に照らしてこの原則も訂正されねばならないというにある。すなわち、免責法則の根拠とされてきたものに、訴訟中の送達は係属中の訴訟の適切な弁論を阻害し、裁判所の威厳を殺ぎ、送達をおそれて当事者が出廷することをさしひかえることにより裁判所の機能を妨げることなどがあった。これらは、免責法則が出廷中の被告の逮捕の禁止を意味していた限りでは妥当するが、送達までも禁止する根拠とはならないし、また州内に居住する者（resident）とそうでない者（non-resident）で差異をみとめるのもおかしい。被告が訴訟に出廷するのも自己の利益を守るためのものに他ならないから、別の訴訟の送達をうけるか欠席判決をうけるかはその責任で選択せざるをえない。逆に、免責の法則をみとめれば、債権者は債務者のいるところではどの裁判籍においても訴えうるという債権者の権利を奪うことになり、他の州の裁判所に出かけるべき負担を州の非居住者から居住者に移すことになるというのである。

裁判権を拒否して他の裁判所に訴えさせるかどうかは、forum non conveniens の原則によって処理すべきである。つまり、訴訟当事者や証人の便宜およびフェア・プレイと実体的正義の要請からみて裁判権をみとめえないときにこれを拒否するに止まり、そうでなければ裁判権をみとめることになる。したがって、送達の免責をみとめることは原則ではなくて例外であるにすぎず、本件の場合にはこの例外に当らないというのである。

プロクタ（Proctor）裁判官の補足意見は、多数意見と理由を異にする。つまり、免責法則の根拠は、他の事件の送達をみとめることが係属中の訴訟への被告の出席を妨げる点にあるが、本件の場合は原告が送達を求める請求は、係属中の訴訟と同一事件に基づくものであるために、無関係の訴訟の送達の場合のような障害を生ずる可能性はない。逆に、この場合に送達の免責をみとめない方が、全紛争の迅速かつ一挙の解決というすぐれた政策に合致するゆえんである。したがって、本件において、従来から永くみとめられてきた免責の原則をその根底から検討する必要は必ずしも存在せず、多数意見は不必要な判断を示している。

フランシス（Francis）裁判官の少数意見。ニュー・ジャージ州の法則によれば、州内に居住しない者で被告や証人として強制的に出廷させられたものは、他の訴訟の送達について免責をうける。州内に居住しない者で自ら原告となって訴えを提起したものにはこの免責はみとめられないが、強制的にかつ代表者の資格で訴えられたものに対する送達をみとめることはなかった。したがってこの法則を覆すのは、フェア・プレイや実体的正義に照らして、州内に居住しない者の不利益などを考慮した上でなければならず、これは将来においてはありえても本件ではみとめられない。本件被告から免責の権利を奪うのは、フェア・プレイおよび実体的正義の伝統的な概念に反することになるからである。

三　説　明

州内に立ち入った（physical presence）者に対しては裁判権を生ずるという原則は、従来から一般的にみとめられてきた法則であるといわれる。*Developments in the Law — State-Court Jurisdiction*, 73 Harv. L. Rev. 909, 937–938（1960）.（ただし、Ehrenzweig, *The Transient Rule of Personal Jurisdiction: The "Power" Myth and Forum Conveniens*, 65 Yale. L. J. 289（1956）はこれを否定する。）しかし、かりに州内に立ち入った場合でも、その州の住人でない者が当事者あるいは証人として訴訟手続に出席するために州内に立入中であれば、他の訴訟手続の送達をうけることから免責されるというのが、伝統的な免責法則の内容であった。ただ、自ら進んで州内に立ち入ってきた場合には、免責が否定されるという例外がみとめられていたにすぎなかった。しかしながら、この免責の法則は近年に至り根本的に批判されるようになり、判例の中にもその適用を制限する傾向がみられるようになった。本判決の多数意見は、この傾向をつきつめて、訴訟手続に出廷した被告について送達の免責法則を適用すべき根拠を否定し、問題は forum non conveniens の原則によって解決すべきであるとして、結局裁判権を否定すべき理由はないとしたのである（以上の点につき、Louisell and Hazard, Pleading and Procedure 402–403（1962）および同所引用の文献参照)。

ところで、訴訟手続に出廷中は送達の免責をうけるという法則は、当事者や証人の出廷をうながして訴訟の機能を高めるためにみとめられるといわれ、ことに欠席判決をさけるためには出廷せざるをえない被告を、他の訴訟手続の送達から保護する役割をもっていた。欠席判決を阻止するための出廷が強制的な出廷に当るかどうかは議論のあるところである。ただ、このような被告に他の訴訟の送達をみとめることが違憲になるかどうかは問題としても、係属中の訴訟の弁護をうながすためには免責法則をみとめる方がより妥当な政策であるとするのが一般であるように見える(See, *supra*, 73 Harv. L. Rev. at 940–941)。

Forum non conveniens の原則は、州内に立ち入った者に対しては裁判権を生ずるという法則から生ずる不都合を緩和するために、裁判所は当事者や証人や裁判所の審理の便宜からみて必要と判断すれば、その裁判権を否定して送達を却下することができるという原則である。Gulf Oil Corp. v. Gilbert, 330 U. S. 501 (1947)。(その後 Judicial Code, 28 U. S. C. §1404 は、この場合には事件を本来訴えの提起できた他の連邦地方裁判所に移送することができるとした。) 州においても、関係人の便宜を衡量して、送達を却下できるという forum non conveniens の原則は、Gulf 事件を契機にして更に広くみとめられるようになった。免責の法則を forum non conveniens の基準の中に解消しようという傾向は、州内に立ち入った者についての裁判権を否定するための基準が、法則的なものから、種々の便宜を比較衡量できる裁判官の裁量事項に移りつつあることを示すものとして注目に価する(以上につき、Louisell and Hazard, *supra* at 396–398 参照)。

(アメリカ法、一九六五年)

三　州裁判所の裁判権

Durfee v. Duke, 375 U. S. 106 (1963)

一　事　実

まず甲は乙に対して、ネブラスカ州裁判所にネブラスカ州とミズーリ州の境にある土地の所有権保全の訴えを提起した。当該土地が、ネブラスカ州にあればネブラスカ州裁判所の裁判権に属することになるが、同裁判所はこれをみとめて、裁判権ありとして所有権保全をみとめた。その後、今度は逆に乙が甲に対して同じ土地がミズーリ州内にあると主張してミズーリ州裁判所に所有権保全の訴えを提起した。事件は、市民権の異なることに基づいて連邦地方裁判所に移された。地方裁判所は、証拠を調べた後に土地はミズーリ州にあることをみとめたが、争点はすでにネブラスカの訴訟で審理決定されており、この判決は res judicata（既判力）を生じ、連邦地方裁判所を拘束すると判決したのである。上訴裁判所はこの判決を破棄し、連邦地方裁判所は、ネブラスカ裁判所の判決に full faith and credit を与える必要はないと判旨した。紛争が土地に関するときは通常の res judicata の原則は適用されず、したがってミズーリ州裁判所はネブラスカ州裁判所の裁判権を自由に再審理できるとしたのである。これに対する上訴をうけつけた最高裁判所は、更にこの判決を破棄して、次のように判示した。

二　判　旨

当該事件についていずれの裁判所が裁判権をもつかという問題は、すでにネブラスカ州裁判所において十分かつ公正に審理判決がなされたことは明らかであるから、ミズーリの連邦地方裁判所がさらにこの点を審理するのは排除されるとするのが正当である。合衆国憲法上の full faith and credit の要請によれば、合衆国におけるすべての州は、他の州の判決のもつ res judicata をみとめる必要がある。もっとも、従来この効力をみとめるためには、初めて判決を言い渡した裁判所が、事件についての裁判権をもつことが前提要件とされ、この裁判権の有無については、再び審理することができるとされるのが一般であった。しかしながら、最近の連邦裁判所の判決の傾向はこの範囲を制限する方向にあり、その一般的な原則は、裁判権の問題が既に初めの裁判所において十分かつ公正に審理判決されたことが明らかになった場合は、判決はこの裁判権の問題についても full faith and credit をもつというにある。

まず、この原則は、人に対する裁判権 (jurisdiction over the person) の問題について、Baldwin v. Iowa State Traveling Men's Ass'n, 283 U. S. 522 (1931) 事件において明確に確定された。初めの裁判所に裁判権がないとの主張がなされたが、この点がすでに十分に審理されたことが証明された以上は、その判決に拘束されるとした。つまり、公共の政策からみても訴訟には終結が必要であり、同一当事者間で一旦この点が争われ十分に審理がなされた以上は、その結果である判決には永久に拘束されねばならないというのである。

Baldwin 事件の原則はその後、物に対する裁判権 (juridiction over the subject matter) が問題となった場合でも同様に適用されてきた。物に対する裁判権の問題は、初めの裁判所において十分に審理されたのであるから、この点をその後の訴訟で再び審理することはできないというのである。ただ従来の判例では物に対する裁判権の中でも動産や離婚についての判決の裁判権に関する判断の拘束力をみとめてきたにすぎず、本件のように不動産についての裁判権に関する判決は存しなかったが、この場合に別異に解すべき理由はない。他の州の土地についての権利に直接関係するような裁判権については例外がみとめられるという主張があるが、これは、離婚事件において他の州の本居（domicile）の裁判権に関する従来の判例と同様に考えるべきである。のみならず、土地に関する裁判権についてのいかなる裁判も、両州の境界についていずれの州を拘束するわけでもなく、各州はこの訴訟とは別個にいつでもその利益を保護することができるのである（ブラック裁判官の補足意見あり）。

三　説明

裁判権がないのに言い渡された判決について、その後の訴訟手続において何らかの効力が主張されるときには、collateral attack によってこれを阻止することができるというのが原則である。もともと裁判をする根拠としての裁判権のない裁判所の判決は無効であって、何らかの効果をみとめられないからである。ところが、もし裁判権の存否自体について前の裁判所のした判断につき、res judicata がみとめられ、更に他の州の判決については合衆国憲法上の full faith and credit がみとめれれば、この点の再審理が排除されるために、右の原則は制限されることになる。最近の連邦裁判所の判例の傾向は、判旨にものべてあるように、裁判権の欠缺による collateral attack を制限する方向にある。つまり当事者が訴訟に出廷してこの点を争ったのに裁判権をみとめた判決には res judicata がみとめられるのである。人に対する裁判権についての Baldwin 事件はこの原則を確立した判例である（それ以前は、裁判権を争うための special appearance が general appearance と同様に裁判権をみとめる根拠になるとするにすぎなかった。York v. Texas, 137 U. S. 15 (1890)）。ただ被告が全く出廷しない場合には、due process の要請から、以後の訴訟において裁判権を争う機会が保障されねばならず、前判決にはこの点の拘束力はみとめられない。

物に対する裁判権についても、この点が審理判決された場合には、res judicataがみとめられるとして、Baldwin事件の原則を貫くことになったのである（Stoll v. Gottlieb, 305 U. S. 165（1938））。ただStoll事件の判決は、その原則は必ずしも身分や不動産上の権利については適用されないとして、適用に制限のありうべきことを留保していたが、Davis v. Davis, 305 U. S. 32（1938）や、Sherrer v. Sherrer, 334 U. S. 343（1948）は離婚事件における裁判権についての判決に、res judicataとfull faith and creditをみとめたのである。そして本件は新たに、不動産に関する裁判権についての判決にも同様の拘束力をみとめることにした新判例である。もっとも、右の要件を備える場合にもなお、res judicataを適用すべきでない強い配慮（policy consideration）が存する場合については、なお裁判権を争うためのcollateral attackをみとめる判例（Kalb v. Feuerstein, 308 U. S. 433（1940））もみられることを付言しておく必要があろう。以上の点につき、*Developments in the Law—Res Judicata*, 65 Harv. L. Rev. 817, 850-855（1952）, Blume and Joiner, Jurisdiction and Judgment, 431-432, 525-531（1952）など参照。

（アメリカ法、一九六五年）

四　Collateral Estoppel

Little v. Blue Goose Motor Coach Co., 346 Ill. 266, 178 N. E. 496 (1931)

一　事実の概要

自動車とバスの衝突事件において、第一の訴訟では、バス会社Yが、そのバスのうけた損害賠償を求めて、Xを訴え勝訴した。第二の訴訟では、逆にXがYを訴え、身体傷害の損害賠償を求めた。

そのうちに、Xが死亡したので、その遺言執行者（女性）X′が原告となった。その訴状には、第一に、Xの死はYの過失によると主張し、第二に、Yの重過失によるとした。Yは第一の訴訟がestoppel by verdictをなすとの抗弁を提出した。

第一審はX′勝訴。

Yの上訴に基づき、第二審は第一審の判決を破棄した。第一の訴訟におけるY勝訴の判決は、必然的に、この衝突とバスの損害は、Xの過失によるものであることを確定している、という事実認定に基づくものであった。

X′は、更に、イリノイ州のSupreme Courtに上訴した。

上訴棄却。

二　判　旨

estoppel by verdict は、前訴で主張事実が確定され、かつ、これが訴訟にとり重要である場合に生ずる。前訴での争点は、XとYとのそれぞれの過失の存在であり、これは、Xの不利に認定されたのだから、当事者間およびそのプリヴィ（privies）間では、永久に確定したことになる。以後同じ争点が問題になれば、「訴訟原因」の差異や訴えの性質目的にかかわらず、再び審理することはできない。Xの死亡を理由とする本件の訴えにおいても、過失の争点は、前訴のそれと全く同一であるために、必然的に、前訴において確定され、再び問題にする余地はない。

第二に、Yの重過失を主張し、これには寄与過失（contributory negligence）の抗弁は成立しないというが、当該衝突がXの過失による原審の認定は、必然的に、Yの重過失のないことをも含んでいる。

三　解　説

(1)　Sutcliffe 事件（本書判例研究五・四七七頁）で説明した res judicata が「訴訟原因」の同一の場合に限られたのに、本件では、「訴訟原因」の異なる場合に、現に審理判決された事項について生ずる拘束力が問題になった。同一の事項についての訴訟の繰返しを禁じ、訴訟経済を計るという点において、res judicata 一般の趣旨と異ならない。しかし、現実に審理判決された事項に限られるという点で、「訴訟原因」が同一の場合と異なり、「審理されえたであろう事項」には及ばない。

このような終局判決の拘束力を、判例では、estoppel by judgment や estoppel by verdict と呼ぶことも多いが、Restatement, Judgment（1942）の用語に従って、collateral estoppel と呼ぶのが一般である（Scott, *Collateral Estoppel by Judgment*, 56 Harv. L. Rev. 1（1942））。沿革的には、ゲルマン法に起源をもつ estoppel by record に由来するが、ローマ法の訴権消耗に基づく res judicata との交錯の中で、この概念は、しばしば混乱した。しかし、Cromwell v. County of Sac, 94 U. S. 351, 24 L. Ed. 195（1876）以来、右のような区別が一般的となった。

(2) collateral estoppel は、「訴訟原因」が異なる場合の拘束力であり、わが国の既判力が、訴訟物の同一である限りで生じ、原則として判決の理由中には生じないのと非常に異なる。判決の拘束力も、当事者が直接に紛争の目的とした部分、つまり主文に限るべきであるというわが法の趣旨とは一致しない。そこで、当事者にとっては、余り重要でない理由についての判断が、将来予期できない訴訟において拘束力をもつとなると、当事者に酷となることがある。

このような collateral estoppel に内在する危険をできるだけ避けるために、いろいろの配慮がなされてきた。判例の到達した一般的な要件は、①実際に当事者により争われ、②裁判所により現に判断され、かつその必要のあった事項で、③判決にとり主要事実でなければならないという原則である（Note, *Collateral Estoppel*, 52 Col. L. Rev. 647（1952））。

(イ) collateral estoppel の効果は、実際に争われた事項に限り、「争われえた事項」には及ばないという要件は、一般に承認されてきた（Cromwell 事件）。したがって、訴状や抗弁で主張しない事項はもちろん、相手の主張を否認せず、あるいは、多くの主張のうち一つだけを否認する場合のように、自認があっても、この点には、collateral estoppel の効果を生じない（Jacobson v. Miller, 41 Mich. 90, 1 N. W. 1013（1879）など）。欠席判決（judgment by default）や和解判決（consent judgment）の場合には、判例は必ずしも一貫しないが、現実に争点が争われたわけではないから、この効果を否定する立場が一貫している（Restatement, Judgment §68(f)）。

(ロ) 訴訟上争われても、実際に判断されない事項については、collateral estoppel は生じない。一旦争われたが、その後、合意により取下げたような場合である。

この点に関連して、多数の争点が提起されている場合が問題となる。このLittle事件のような衝突事件においては、原告の勝訴判決にとっては、被告に過失があり、原告に寄与過失のないことの認定が、必然的に、要求される。したがって、たとえ一般評決（general verdict）によった場合でも、この点が再び後訴で問題になれば、collateral estoppelによって拘束される。

逆に、被告が勝訴した場合はどうであろうか。特別評決（special verdict）により、被告に過失はなく、原告に過失があったと認定されていたとすれば、過失についてのいずれの認定も、それぞれこの判決の理由になりうる。判例は、両者を区別すべき理由がないとして、いずれにも拘束力を認める傾向にある（これに反対する見解もある）。

ところが、被告も過失だが、原告も寄与過失であるとして、被告が勝訴した場合には、判決の唯一の理由は寄与過失であって、被告の過失は判決にとって必要ではないとして、この点のcollateral estoppelが否定される（Cambria v. Jeffery, 307 Mass. 49, 29 N. E. 2d 555（1940）; Restatement, Judgment, §68（o））。

(ハ)　このような判決にとり必要な事実認定でなければならないという要件は、さらに、単なる間接事実（evidential facts）ではなく、主要事実（ultimate facts）の認定に限るという限定に従う（Louis Paulos v. William Janetakos, 129 P.（2d）636, 142 ALR 1237（1942））。

この要件は、collateral estoppel成立の起源をなすThe Duchess of Kingston事件（20 How. St. Tr. 355（1776））が、「附従的に問題となり認定された事項」には及ばぬとしたところに始まり、アメリカのリーディング・ケイスKings v. Chase, 15 N. H. 9（1844）以来確立した原則である。The Evergreens v. Nunan, 141F. 2d 927, cert. den. 323 U. S. 720（1944）においてL・ハンド（L. Hand）裁判官は、これを定義して、「法律上の権利義務を生ずる基礎をなす事実」であるとし、Restatement, Supp.（1948）はこの定義を採用した（*Ibid.* at 336-7）。

The Evergreens 事件は、さらに、前訴での認定事実が後訴で「主要事実」になる場合にのみ、collateral estoppel の効果を認める。この方が、判決の拘束力を、将来合理的に予期しうる訴訟に限定できるであろうからである。この趣旨の判例は未だ多くは現われていない。しかし、何らかの基準によって、collateral estoppel の効果を、初めの訴訟のときに予見できた訴訟に限るべきだとするのが一般の傾向である（たとえば、Note, *Developments in the Law —— Res Judicata*, 65 Harv. L. Rev. 840-3 (1952)）。

(3) collateral estoppel の同様の効果は、事実問題だけでなく、法律問題についても認められる。しかし、さらに、同じ法律問題を含んだ訴訟が、同一事件（the same transaction）から生じた場合に限られる（United States v. Moser, 266 U. S. 236 (1924)）。したがって、異なった事件から生じた場合には、拘束力は生じない（Restatement, Judgment, §70）。

同一事件から生ずる二つの訴訟の間に、法的な事情に変更があった場合に問題がある。Moser 事件は、同類の別事件についての内容の違った判決が介入して、前訴の判決が誤っていることが明らかになっても、なお、同じ法律問題について、拘束力を保つとした。これでは、公正な結果を期し難いので、Restatement, Judgment は、不正が生ずるときは、法律問題の判断に拘束力は生じないとした（*Ibid.* §70(f)）。さらに、Commissioner v. Sunan, 333 U. S. 591 (1948) のマーフィ（Murphy）裁判官の見解と同様に、二つの訴訟の間に、別の判決によって法的事情が変化すれば、collateral estoppel は適用されないと修正した（Restatement, Supp. 341-42 (1948)）。

(4) ここで法律問題とは、事実に法を適用した法的な結論を指すが、ある場合にはこれは、請求自体をなす法律関係と一致することもあろう。殊に、権利関係の存否を宣言する宣言的判決（declaratory judgment）の後訴における拘束力も、同様に、collateral estoppel によって説明されている。たとえば、Britt v. Trailmobile Co., 179 F. 2d 569 (6th Cir.), cert. den. 340 U. S. 820 (1950)。Restatement, Judgment は、この効果は bar または merger では説明できぬとし（*Ibid.* §77）、これを、本案に関しない訴訟判決の拘束力とともに、特に、direct estoppel と名づけている（*Ibid,* at 159-160, §45(d), §49(b)）。一般に、請求をなす法律関係の判断が、後訴の前提問題となる場合の拘束力もまた、同様に、collateral estoppel で処理されるであろう。この点ではわが既判力と同様の作用を collateral estoppel が果していることになる。

同様の作用は、collateral estoppel の効果が、プリヴィ（承継人や利益帰属主体）以外の第三者に拡大される場合、たとえば、主債務者の勝訴判決を保証人が援用できる場合にも見られる。わが国で、学説上反射効と呼ばれている場合に当たる。この場合の collateral estoppel の効果は、さらに法律関係の判断のみでなく、事実問題についても認められる。そこで、第三者に有利な場合だけに限定されはするが、いわゆる反射効よりも遙かに広範囲に拡がることになる（拙稿「アメリカにおける既判力拡張の一側面」法政研究二九巻六頁（本書二八一頁）以下参照）。

（我妻栄編集代表『英米判例百選――重要判例の集大成』、一九六四年）

五　Res Judicata——Rule against splitting a cause of action

Sutcliffe Storage & Warehouse Co. Inc. v. United States, 162 F. 2d 849 (1947)

一　事実の概要

原告は、合衆国を相手に、既に弁済期到来の土地の賃貸料を請求するために、これをほぼ一年ごとの期間の賃料に四分して、四回にわたって訴えを提起した。全額を一時に訴えれば、訴額が大きく、連邦地方裁判所の管轄（一万ドル）を越えるので、ワシントンにあるCourt of Claimsの管轄となる。ワシントンに行かずに済ますため分割したのである。

第一審のマサチューセッツ州所在の連邦地方裁判所は、後の三つの訴えを却下した。被告の訴訟係属の抗弁をいれて、これらは、第一の訴えにおける請求と不可分の一部をなすという理由であった（68 F. Supp. 446）。原告は、連邦巡回控訴裁判所に上訴した。

上訴棄却。

二　判　旨

訴訟係属の抗弁は、訴訟の重複を避け、紛争を一時に審理する趣旨で正当であり、原告も、終局判決の効力により排斥されるよりも、まず一時に審理を受ける方が利益であろう。その基準は、判決の既判力（bar）と同様に、請求の同一性である。

賃貸料の賃料のような分割払の金銭債権の請求は、訴え提起時に弁済期にあるすべての金額を含まなければならない。これは古来確立した法原則である。同一事項を一挙に審判することを強制し、一旦訴えられた被告に既判力（res judicata）の原則の保護を与える点で正当である。

管轄の制限は何ら請求の分割を禁ずる原則の例外をなさない。管轄規定の立法の趣旨は、巨額の請求はすべて、首府ワシントンにある裁判所で審理するというにある。原告が自己の便宜から近くの裁判所で訴えたいというのは、この立法の趣旨に反する。

三　解　説

この判決は、英米民事訴訟法上、rule against splitting a cause of action と呼ばれるものを、金銭債権の一部請求について適用した事例である。

(1)　Rule against splitting a cause of action とは、同一の「訴訟原因」または「請求」に属する事項は、その一部を、異なった訴訟において、分割して訴えることはできないという原則である。res judicata と訴訟係属の抗弁（abatement）を含む。すなわち、一つの「訴訟原因」につき、異なった訴訟が提起された場合に、第一の訴訟が係属していることは、他の訴訟の妨訴抗弁になる。どれか一つに終局判決があれば、res judicata を生じ、他の訴訟を排斥する。Secor v. Sturgis, 16 N. Y. 548（1858）がこの点のリーディング・ケイスである。同一の「訴訟原因」については、一挙に紛争を解決することによって、訴訟の重複を避け、裁判所および当事者（殊に被告）の無用の費用と時間の浪費を防ぐという意味では、共通の原則に基づいている。

res judicata は、終局判決の効果であって、再訴を禁ずることによって紛争を終結させ、判決に安定性を与え、二重の救済を避けるという趣旨をもっている。一般には、Little v. Blue 事件（英米判例百選一二〇事件（本書判例研究四・四七一頁））の collateral estoppel を含めて用いられる場合が多いが、ここでは、これを除き、厳格な意味での（strict）res judicata だけを指す立場に立っておく。

Restatement, Judgment §47(a)(b) は、この効果について、bar および merger という名称を採用し、一般に受け入れられている。つまり、原告が敗訴すれば、「訴訟原因」は消滅し、これに基づく再訴を"bar"（排斥）する。原告が勝訴すれば、「訴訟原因」は判決に"merge"（混同）されて消滅する。後者の場合には、元の「訴訟原因」による再訴は bar されるが、判決に基づく新しい「訴訟原因」による訴えは、時効中断の必要ある場合などは、許されるというのである（merger については異論もある）。

(2) res judicata の範囲は、結局、「訴訟原因」の範囲によって決まる。「訴訟原因」が同一である限り、現に審判された事項だけでなく、「審判できたであろう（might have been litigated）」事項をも提出できなくなる。従って、「訴訟原因」の範囲をいかに決するかは、決定的に重要になる。

一八四八年のニュー・ヨーク州の法典以来、現在では、大多数の州および連邦裁判所、さらにイギリスでも、法典が採用されている。法典が、コモン・ロー上の訴訟方式を廃止し、コモン・ローとエクイティを融合して、すべての訴えは単一の訴訟手続によるとしたことから、従来の訴訟方式に代わり、「訴訟原因」の範囲を決める基準が必要になった。この点についての判例や学説の紛糾するゆえんである。

res judicata の範囲との関係でも、種々の基準がとられている。初期においては、訴訟方式に代えて、実体法上の権利関係あるいは救済を求めうる権利を基準にして「訴訟原因」の範囲をも決めるという伝統的な立場が維持されていた（Troxell v. Delaware, L. & W. R. R., 227 U. S. 434 (1913) など）。

しかし、一九三八年に連邦民事訴訟規則（Federal Rules of Civil Procedure）がこの法典訴訟を採用した頃には、州裁判所でも、連邦裁判所でも、このような権利関係に拘束されないという傾向が強くなった。さもなくば訴訟方式を維持するに等しく、裁判所における「便宜」つまり効果的な訴訟が期待できないという理由である。res judicata についていえば、当事者間の全紛争を一挙に解決することにより、訴訟の反復を避けて訴訟経済を計り、判決の安定を維持できるという趣旨である。この Sutcliffe 事件のクラーク（Clark）裁判官は、このような主張の急先鋒であり、その立場では、「訴訟原因」の範囲は、一般的に拡げられる傾向にある。すなわち、素人の目から見て行為や事件が同一であるかどうかによって決まることになるが、結局は、審判上の「便宜」により裁判官の自由裁量に委ねられる（Clark, Code Pleading, (1947), 137-140, 477）。pragmatic concept と呼ばれる。

これによれば、第一に、実体法上の権利関係、つまり請求の法的な性質決定が異なっても res judicata が及び、再訴が禁じられる（Williamson v. Columbia Gas & Ele. Corp., 186 F. 2d 464 (1950), cert. den. 341 U. S. 921）。第二に、さらに、求められた救済の内容、つまり、わが「請求の趣旨」に当たるものが異なっても、res judicata が及ぶことになる。Hahl v. Sugo, 169 N. Y. 109, 62 N. E. 135 (1901) では、コモン・ロー上の土地占有回復の訴え（ejectment）が認められたが、執行が不能なので、エクイティ上当該土地上の建物を被告に収去させる訴え（mandatory injunction）を提起した。しかし、これは同じ「訴訟原因」に基づくとして排斥された。反対の趣旨の判例もあり、学説の反対も多い（たとえば、McCaskill, *Action and Causes of Action*, 34 Yale Law J. 614, 648 (1925)）。しかし、pragmatic concept をとる判例や学者によって強く支持されている（たとえば、Moore, Federal Practice, vol. 2, 390-393 (1962)）。

(3)　金銭債権については、原因となった契約や不法行為が別個のときは、別訴の対象にできるが、単一で不可分な場合には、これを分割して請求することはできない。問題は何をもって別個といい、あるいは不可分とするかにかかる。

一つの契約でも、いくつかの条項が含まれる場合には、その履行も別個に要求されていることがあり、それぞれの不履行は別々の「訴訟原因」を生ずる。したがって、賃貸借に基づく賃料請求のように、分割払（installments）の金銭債権でも、弁済期の到来ごとに別々に訴えることはできる。しかし、Sutcliffe 事件の判旨に示されているように、訴えを提起するときに、既に弁済期にあるものはすべて訴えねばならず、分割して一部を訴えれば残部は放棄したものになり、res judicata により再訴を妨げられる（Burritt v. Belfy, 47 Conn. 323（1879）; See v. See, 294 Mo. 495, 242 S. W. 949, 24 A. L. R. 880（1992）など）。

もっとも、このように確立した金銭債権の分割請求禁止の原則にも、例外が認められる。全額を一挙に請求することが却って困難であり、分割請求を認めても、訴訟の無駄な繰返しとはいえないような具体的事情の存する場合である（White v. Adler, 289 N. Y. 34, 43 N. E. 2d 798（1942）など）。

不法行為によって生じた金銭債権についても、一つの行為が身体と財産を侵害した事例で、両者は分割できない一つの「訴訟原因」をなすかどうかについて、判例の対立がある。ここでも伝統的な見解は、両者により生ずる権利は性質を異にし、出訴期限や被害者死亡の時の譲渡可能性などに差異があり、別々の「訴訟原因」をなすとする。いわゆる pragmatic concept の立場では、行為や多くの証拠など同じだから、一つの「訴訟原因」をなし、残部の再訴は阻止される。

(4) Pragmetic concept については、「訴訟原因」の範囲を、結局は、裁判官の自由裁量に委ねるとする点では、基準が曖昧であり、先例を形成し、一定の法則を定めることが望ましい点から、問題が多い。もちろん、そのためにはいろいろの基準が提案されてきた。一般に主要な事実関係あるいは証拠が同一であれば、再訴を禁ずるという判例が多い。しかし同時に、事実関係や証拠が異なっても、必ずしも「訴訟原因」が異なることにはならないとするので、決定的でない（Restatement, Judgment（1942）§61）。結局は、res judicata の趣旨、つまりは、いわゆる policy considerations を比較考慮しながら、類型化された事実関係の範囲で適用できる合理的な法則を探しているのが一般の傾向である（Cleary, *Res Judicata, reexamined*, 57 Yale L. J. 339（1948））。他方、「訴訟原因」については、伝統的に先例も確立しているのだから、これの他に、同一事件から生じた異なった「訴訟原因」の「必要的な併合」を提案する立場もある。併合しなければ、再訴できなくなるが、これはいわば一種の手続上の罰則であるから、原告の責に帰すべき事由あるときに限られる。こうすれば裁量を認めうる限界もはっきりして、その限りで、裁判所に種々の policy conciderations を調整する役割を与えうるというのである（Schopflocher, *What is single cause of action for the purpose of doctrine of res judicata*, 21 Oreg. L. Rev. 319, 363（1942））。

（我妻栄編集代表『英米判例百選――重要判例の集大成』、一九六四年）

六　既判力と争点効

Blonder-Tongue Laboratories, Inc. v. University of Illinois Foundation, 402 U. S. 313（1971）

一　事実の概要

本件の原告イリノイ大学財団は、ラジオやテレビの中継および受信のために使える高性能の特殊アンテナの特許権を譲りうけて所有していたが、この特許権の侵害を主張して何度も訴えを起こした。その第一の侵害訴訟はアンテナの製作者Aを相手にアイオワ南部地区で提起された。連邦地方裁判所は、この特許権が通常その技術を身につけた者にとっては公知のものであるから無効であるとして、原告敗訴の判決をした。第八区連邦高等裁判所もこの判決を支持し、連邦最高裁判所も上訴を棄却した。

ところが原告は、一九六六年三月にこんどはイリノイ北部地区において本件被告ブロンダー・トング研究所の顧客を相手に、問題の特許を含む特許権の侵害を主張して本件訴訟を提起した。被告はこの顧客を保護するために自ら裁判権に服したうえで反訴を提起した。連邦地方裁判所は、原告の特許権は有効であって、被告はこれを侵害したとして、原告勝訴の判決をした。この特許権はすでに別の相手方であるAに対する第一の訴訟において無効と判決されていたが、本件裁判所はこれに拘束されずに、証拠によって自由に認定できるとして、逆の判決をしたのである。被告の上訴に対して、第七巡回区連邦高等裁判所は上訴棄却。連邦最高裁判所は被告の上訴を受理して、破棄差戻。

二　判旨

ホワイト裁判官。「すでにのべた先例や学説がエストッペルの相互性（mutuality）の要件を侵食しているのは、争点のむし返しを制限するという目的を具体的な事件の公正さをそこなわずに達成できる場合においてである。裁判官はしばしば、相互性の法則を無視するについて、事件簿の混雑や事実審理前の遅延にふれるが、能率的な司法運営という公益自体で相互性を放棄する十分な理由となるかについては学説は分かれている。しかし、ことは事件簿の混雑以上の重大事であることが明らかである。より大きな問題は、同一争点について裁判所における解決を求めるための一回の十分かつ公正な機会以上のものを訴訟関係人に与えることを、これ以上維持できるかということである。……どのような訴訟においても、相互性の原則のために、原告が前訴で十分に争って敗訴した請求に対しても被告は本案についての完全な防御方法を提出せざるをえないことになって、労力の配分をあやまらせているという問題である。……裁判所も当事者も、そしてまた対立当事者の原則も、すべての場合に完全にその役割を果たしてはいないけれども、エストッペルを不利に主張される当事者が十分かつ公正な争いの機会をもったかどうかを基準とすれば、これがもっとも重要な安全弁となる。」

「前訴に現われなかった訴訟関係人が、その争点を争うことなしに、コラテラル・エストッペルによって排斥されることは許されない。……彼らを排斥することはデュー・プロセスの禁止するところである。……しかし、当面の事件にはデュー・プロセスの問題も『攻撃的利用』の問題もふくまれていない。むしろ本件できめてとなるのは、十分かつ公正な事実審の機会をもったうえでひとたび無効と判決されたのに、その特許権に基づいて特許権保持者が訴えを提起することを許すかどうかを評価する配慮である。」

〔判決はさらに、特許訴訟がことに被告にとって非常に高くつくために、特許権保持者は一たん無効と判決されても、相手をかえて訴えることによって、訴訟をきらう相手方から使用料を出させる和解をかちとっていることを指摘し、これは許さるべきではない、という。」

「……Triplett v. Lowell におけるエストッペルの相互性の原則を無批判にうけいれることが今日では場違いであることは明らかである。だから、トリプレットは、一たん無効と宣言された特許権の侵害の訴えをうけた者によるエストッペルの抗弁を排斥するというかぎりにおいては廃棄さるべきであるという結論にたっした。」

三　解　説

この判決はアメリカ法における民事判決の効力（res judicata）の相互性（mutuality）の法則を放棄して、前訴の非当事者が原告に対して collateral estoppel（争点効）を援用できるとした事例である。いわゆるバーンハード・ドクトリンを連邦最高裁の判例としても確立した点で重要な判決である。

(1)　res judicata（判決効）は終局判決の後訴手続における拘束力であるが、狭義の res judicata（既判力）と collateral estoppel（争点効）に区別される。これはわが国の学説における既判力と争点効の区別とほぼ対応する。前者は後訴の請求が、前訴のそれと同じ場合の拘束力であり、bar 又は merger ともよばれる。請求ないし訴訟原因が同じであるかぎり主張できたであろうすべての事由を遮断するから、claim preclusion とよぶものもある。この既判力の遮断効は、請求概念の変遷につれ、プラグマティックに同一事件（same transaction）に広がる傾向にある（『英米判例百選』（ジュリスト臨時増刊・一九六四年。以下、英米判例百選とする）一一九事件、res judicata（本書判例研究五・四七七頁）参照）。リステイトメントも、Judgment（Second）§41（Tent. Draft No. 1 1973）でその方向を採用した。

これに対して、争点効は後訴の請求が前訴のそれと異なる場合に同じ争点の判断について生ずる拘束力である。

issue preclusion と呼ばれることもあり、わが国の争点効理論の基礎である。既判力と異なって判決理由中の判断にも拘束力を生ずるから、当事者に不測の効果を及ぼすのを防ぐために判例の伝統的法則が成立した。すなわち、争点効は前訴において現に争われかつ判断された争点であって、この争点の決定が前訴判決にとって必要であった場合に認められる（英米判例百選一二〇事件 collateral estoppel（本書判例研究四・四七一頁）参照）。さらに端的にこの点が後訴で問題になることの予測可能性を要件に加える傾向があり、リステイトメントも、Judgment (Second) §68 e (ii) でこれを採用した。

(2)　ところでこの判決効は、その主観的範囲については、当事者および privies（当事者的関係人）だけを拘束して、第三者には及ばないとするのが伝統的な判例法則であった。このプリヴィには、有利、不利に判決効が及び、一般に、①係属中の財産上の利益を承継した承継人、②信託における受託者の訴訟の場合の受益者のように自己の利益を代表される者、および③自己の利益を守るために実質的に訴訟を支配した者をふくむとされてきた。

争点効の相互性（mutuality）の法則によれば、不利な判決効果に拘束されない第三者は、逆に、有利な判決効を援用することもできないとされ、これが右の判決の相対効を支える法則となっていた。しかし、この相互性の法則に対しては判例もまた伝統的に例外を認めてきた。いわゆる派生的責任の法則によれば、前訴において主たる責任者（たとえば被用者）に責任がないとの判決があれば、これに依存する責任者（たとえば使用者）はこれを自己に有利に援用できる（Good Health Dairy Products Corp. v. Emery, 275 N. Y. 14, 9 N. E. 2d 788 (1937)）。これはわが国の反射効を第三者に有利にのみ認めたものに近いが、アメリカ判例法は、この種の事例にとどまらずさらに相互性の例外を広げる方向に展開していった。

この傾向に決定的な影響を与えたリーディグ・ケースは Bernhard v. Bank of America, 19 Cal. 2d 807, 122 P. 2d 892 (1942) であった。前訴の当事者でもプリヴィでもない後訴の被告（銀行）は、原告（バーンハード）に対して前訴判決（贈与の有効判断）の争点効を自己に有利に援用できるとしたが、その理由は、「裁判所において期日をもったことのある当事者が、たんに相方をとりかえただけで同じ争点をむしかえすのを許すことは不公正である。」というにあった。そして、①前訴判決により決定されたものと同じ争点がくり返され、②本案の終局判決がなされており、③これが不利に主張されている当事者が前訴の当事者またはそのプリヴィであれば、その判決効の主張を有効とすることができるとした。

このバーンハード・ドクトリンは、アメリカの判例法に次第に影響をひろげて行ったが（e. g. Bruszeski v. United Stetes, 181 F. 2d 419（3d Cir. 1950））、本件ブロンダー事件はこれを連邦最高裁の判例としても承認することになった。バンハード事件におけるいわゆる「在廷期日」がここでは「同じ争点を争う十分かつ公正な機会」という基準によって示され、これが争点効を不利に主張される者にとっての「もっとも重要な安全弁」とされたのである。

(3)　しかし、この判例法則の射程距離がどの範囲におよぶかについては議論がある。この両事件はいずれも前訴で敗訴した原告が被告をとりかえただけで訴えてきた後訴において、前訴の非当事者である被告が、同じ争点についての前訴判決の争点効を「防御的に利用」した事件であった。これに対して、たとえば大量事故の多数の被害者が同じ被告を相手に入れかわり立ちかわり訴えを提起し何回も敗訴したのち、一人でも勝訴すれば他はこの判決の争点効を「攻撃的に利用」できるのかという問題が提起された。

判例や学説の一般的傾向は、右の「防御的利用」は認めるが、「攻撃的利用」には消極的であるといえる。「攻撃的利用」は一般的に被告には酷なだけでなく、原告となりうる者に有利な判決待ちの傾向を助長するからである。しかし判例のなかには、現に「十分かつ公正に争う機会」をもった当事者に対しては第三者の「攻撃利用」を認めるものもある（e. g. State of Maryland for the Use of Cliedman v. Capital Airlines, Inc., 267 F. Supp. 298（1967）; Zdanok v. Glidden Co., 327 F. 2d 944（2d Cir. 1964））。学説のなかには、前訴手続において第三者をも一緒に併合審理して一挙に解決する手続をとれたのは誰であったかを配慮して、右の基準を修正しようとする提案もなされている。

(4)　他方、判決効が当事者やプリヴィをこえて第三者に不利に及ぶことはないというのが、伝統的な判例法則であった。デュー・プロセスの要請するところだからである。しかし、近年、伝統的なプリヴィ概念を拡大するか、あるいは放棄することによって、従来のプリヴィをこえて第三者に不利な判決効を拡張する判例の傾向がある。

この傾向に重大な影響を与えたのは近年におけるクラス訴訟法理のめざましい展開であるといえる。ことにクラス訴訟におけるデュー・プロセス保障の要件とされるいわゆる適切代表（adequate representation）の基準が（Handsberry v. Lee, 311 U. S. 32, 61 S. Ct. 115（1940））、クラス訴訟をこえて一般事件にも拡大される傾向にある。つまり、非当事者に判決効を拡張する根拠を、一定の法的関係による代表権限に求めた伝統的立場から、適切代表による非当事者の利益の保護という実質的配慮に重点を移しつつあるといえる。プリヴィ概念を放棄して、第三者に不利な判決効を拡張しようとする判例の傾向も、さまざまの手続によって第三者の利益が実質的に保護されれば足るとの配慮を背景にするものと解される。しかしこれによって、非当事者のデュー・プロセス、ことに自ら訴訟手続に関与する機会をもって判決形成の公正さを担保するという手続的正義の保障がどのように充されることになるのかが問われることになろう（Eisen v. Carlisle & Jacquelin, 47 U. S. 15（1974），田中英夫他編『英米判例百選Ⅱ私法』（一九七八年）八〇事件「クラス・アクション」参照）。

〈参考文献〉

吉村徳重「アメリカにおける既判力拡張の一側面」法政研究二九巻一―三号六七頁（昭和三八）（本書二八一頁所収）

霜島甲一「既判力の相対性について」判例タイムズ三〇七号三一頁（昭和四九）

吉村徳重「判決効の拡張とデュー・プロセス——アメリカ法の視点から㈠㈡」法政研究四四巻一号一頁、二号一八二頁（昭和五二）（本書三〇三頁所収）

（田中英夫他編『英米判例百選Ⅱ私法』、一九七八年）

〈著者紹介〉

吉 村 徳 重（よしむら・とくしげ）

1931年　福岡県に生まれる
1954年　九州大学法学部卒業
1958年　九州大学法学部助教授
1970年　九州大学法学部教授
1995年　西南学院大学法学部教授
2004年　広島修道大学法科大学院教授
現　在　九州大学名誉教授，弁護士

〈主要著作〉

『民事訴訟法』（1982年，有斐閣，共著）
『講義民事訴訟法』（1982年，青林書院，共編著）
『演習民事訴訟法』（1982年，有斐閣，共著）
『講座民事訴訟(6)――裁判』（1984年，弘文堂，共編著）
『注解人事訴訟手続法』（1987年，青林書院，共編著）
『民事訴訟法入門』（1999年，有斐閣，共著）
『講義民事訴訟法』（2001年，青林書院，共編著）
『民事判決効の理論（上）』（2010年，信山社）
『民事判決効の理論（下）』（2010年，信山社）

学術選書
43
民事訴訟法

比較民事手続法

2011年（平成23年）2月10日　第1版第1刷発行
5443-3：P512　¥14000E-012-040-025

著　者　吉 村 徳 重
発行者　今井 貴　渡辺左近
発行所　株式会社　信 山 社
〒113-0033　東京都文京区本郷6-2-9-102
Tel 03-3818-1019　Fax 03-3818-0344
henshu@shinzansha.co.jp
エクレール後楽園編集部　〒113-0033　文京区本郷1-30-18
笠間才木支店　〒309-1611　茨城県笠間市才木515-3
笠間来栖支店　〒309-1625　茨城県笠間市来栖2345-1
Tel 0296-71-0215　Fax 0296-72-5410
出版契約 2011-5443-3-01010　Printed in Japan

印刷・製本／松澤印刷・渋谷文泉閣
ISBN978-4-7972-5443-3 C3332　分類327.100-a121 民事訴訟法
5443-0101：012-040-025

◇塙浩　西洋法史研究著作集◇

1　ランゴバルド部族法典
2　ボマノワール「ボヴェジ慣習法書」
3　ゲヴェーレの理念と現実
4　フランス・ドイツ刑事法史
5　フランス中世領主領序論
6　フランス民事訴訟法史
7　ヨーロッパ商法史
8　アユルツ「古典期ローマ私法」
9　西洋諸国法史（上）
10　西洋諸国法史（下）
11　西欧における法認識の歴史
12　カースト他「ラテンアメリカ法史」
　　クルソン「イスラム法史」
13　シャヴァヌ「フランス近代公法史」
14　フランス憲法関係史料選
15　フランス債務法史
16　ビザンツ法史断片
17　続・ヨーロッパ商法史
18　続・フランス民事手続法史
19　フランス刑事法史
20　ヨーロッパ私法史
21　索　引　未刊